TAI'YUAN
STATISTICALYEARBOOK

# 太原统计年鉴 2017

太原市统计局 编

**图书在版编目(CIP)数据**

太原统计年鉴. 2017 / 太原市统计局编. -- 北京 : 中国统计出版社, 2017.8
ISBN 978-7-5037-8292-3

Ⅰ. ①太… Ⅱ. ①太… Ⅲ. ① 统计资料-太原-2017-年鉴 Ⅳ. ①C832.251-54

中国版本图书馆 CIP 数据核字(2017)第 197395 号

**太原统计年鉴-2017**

作　　者 / 太原市统计局
责任编辑 / 陈越月
装帧设计(或封面设计) / 崔　晰
出版发行 / 中国统计出版社
地　　址 / 北京市丰台区西三环南路甲 6 号　邮政编码 / 100073
电　　话 / 邮购(010)63376909　书店(010)68783171
网　　址 / http://csp.stats.gov.cn
印　　刷 / 太原市中远新印刷有限公司
经　　销 / 新华书店
开　　本 / 890mm×1240mm　1/16
字　　数 / 1200 千字
印　　张 / 21.625 印张
版　　别 / 2017 年 8 月第 1 版
版　　次 / 2017 年 8 月第 1 次印刷
定　　价 / 400 元

**如有印装差错，由本社发行部调换。**

# 太原统计年鉴2017

## 编委会和编辑出版人员

# Taiyuan Statistical Yearbook 2017

## The Editorial Board And Staff

# 编 者 说 明

一、《太原统计年鉴》收录了全市和各县(市、区)经济、社会各方面的统计数据，是一部统计信息密集、综合性强、全面反映太原市国民经济和社会发展情况的资料性年刊。

二、全书内容共分 14 个篇章，即：1.综合；2.人口、计划生育和社会治安；3.从业人员和劳动报酬；4.固定资产投资、建筑业；5.能源消费与库存；6.物价指数；7.住户调查；8.公用事业；9.农业；10.工业、交通运输和邮电；11.国内外贸易和旅游；12.财政、金融、税务和保险；13.科教、文卫、体育和民政；14.县(市、区)经济概况。

三、本年鉴总量指标计算所采用的价格，除注明外均为当年价格。

四、本年鉴资料主要来自年度统计报表、抽样调查和业务部门统计年报。

五、本年鉴表中符号使用说明：

"空格"表示该项统计数据不详、不足计量单位或无。

"#"表示其中主要项。

六、读者在使用历史资料时，凡与本年鉴有出入的，均以本年鉴为准。

七、本年鉴中部分数据合计数由于单位取舍不同而产生的计算误差，均未作机械调整。

八、本年鉴出版发行，受到社会各界的关心和支持，对此深表谢意，并欢迎提出宝贵意见。

# Compiler´s Notes

Ⅰ. *Taiyuan statistical yearbook* 2016 covers major statistic data of Taiyuan society and economic in 2015.It is a reference book with sufficient and comprehensive information.

Ⅱ. The yearbook contains 14 chapters: 1. General Survey; 2. Population, Family Planning and Social Security; 3. Emplyment and Wages; 4. Investment in Fixed Assets a nd Construction; 5. Energy Consumption and Inventory; 6. Price Indicators; 7. Household Survey; 8. Public Utilities; 9. Agriculture; 10. Industry, Transportation and Telecommunications; 11. Domestic and Foreign trade, Tourism; 12. Finance, Banking, Taxation and Insurance; 13. Science, Education, Culture, Public health, Sports and Civil Affairs; 14. Basic Economic Statistics of at County Level (districts, counties and cities).

Ⅲ. The gross items in this yearbook are calculated at current prices unless otherwise specified.

Ⅳ. The data and materials in this yearbook are mainly obtained from annual statistical reports, the sample survey and the annual statistical bulletion of related department.

Ⅴ. Notation used in this yearbook: the mark of "blank" indicates that the figure is not large enough to be measured with the smallest unit or the data are not available. The mark of "#" indicates the major items of the total.

Ⅵ. If there is any discrepancy, when using the historical data, please refer to the newly pubished version of the yearbook.

Ⅶ. Statistical discrepancies on totals and relative figures due to rounding are not adjuested in the Yearbook.

Ⅷ. The publishing yearbook gets lots of care and support from the society. We express deeply gratitude to the attentions, and welcome providing valuable suggestions.

# 太原市概况

太原，古称晋阳、并州，是山西省的省会和全省的政治、经济、文化、教育、科技和交通中心。

**地形地貌：**太原位于山西省境中央，太原盆地的北端，于华北地区黄河流域中部，黄河的第二大支流——汾河，自北向南横贯太原市全境。西、北、东三面环山，中、南部为汾河河谷平原。平原1240平方公里，占总面积的17.7%；山地3631平方公里，占52.0%；丘陵2117平方公里，占30.3%。

**面积人口：**太原国土面积6988平方公里，占全省的4.5%。建成区面积364.25平方公里，2016年常住人口434.44万。现辖小店、迎泽、杏花岭、尖草坪、万柏林、晋源城六区，清徐县、阳曲县、娄烦县、古交市3县1市和高新技术开发区、经济技术开发区2个国家级开发区，民营经济开发区、不锈钢园区、清徐技术开发区3个省级开发区。

**气候条件：**太原为四季分明的北温带大陆性季风气候。冬季，受西伯利亚冷空气的控制，夏季受东南海洋湿热气团影响。冬季干冷漫长，夏季湿热多雨，春季升温急剧，秋季降温迅速，春秋两季短暂多风，干湿季节分明的特点。

**自然资源：**太原矿产资源、物产丰富，已探明具有工业开采价值的矿石有20多种。金属矿产主要有铁矿、铝土矿、锰铁矿、铜矿、铅锌矿等；非金属矿产有煤、石膏、硫磺、硝石、耐火粘土、明矾、白云石、石灰石、云母、石英、大理石等。特别是煤炭、铁矿、石膏，被称为太原三大矿产。

**文化历史：**太原是国家历史文化名城，自古就有“锦绣太原城”之美誉，始建于公元前497年的春秋时期，具有2500多年建城史，素有“龙城”之美誉。悠久的历史孕育出太原深邃璀璨的晋阳文化，产生过李世民、武则天、狄仁杰等杰出的政治家和王之焕、元好问、罗贯中等伟大的文学艺术家。

**旅游资源：**太原旅游资源丰富，悠久的历史给太原留下了众多的名胜古迹，较为著名的有晋祠、天龙山石窟、永祚寺、纯阳宫、崇善寺、窦大夫祠等国家级重点文物保护单位13处和省级重点文物保护单位32处，被称为中国的“地上文物宝库”。

**经济建设：**2016年，市委、市政府团结带领全市人民，深入学习习近平总书记系列重要讲话精神和治国理政新理念新战略，全面贯彻党的十八大，十八届三中、四中、五中、六中全会精神，坚决落实省委“一个指引，两手硬”重大思路和要求，对照太原“两个走在前列”的要求，坚持以经济建设为中心，把发展的主攻方向放在创新驱动、转型升级上，全市经济稳中有进、稳中有好。2016年(全年完成地区生产总值2955.60亿元，增长7.5%，一般公共预算收入282.69亿元，增长3.1%)，人民生活水平稳步提高(城镇常住居民人均可支配收入29632元，增长6.9%，农村常住居民人均可支配收入14591元，增长7.1%)，城市建设管理力度加大，各项社会事业不断进步，实现了“十三五”良好开局。

# 政府工作报告

## ——2017年3月26日在太原市第十四届人民代表大会第一次会议上

太原市市长　耿彦波

各位代表:

现在，我代表市人民政府，向大会报告工作，请予审议，并请政协委员和列席人员提出意见。

### 一、过去五年工作回顾

全市上下在省委、省政府和市委的正确领导下，认真贯彻落实习近平总书记系列重要讲话精神和治国理政新理念新思想新战略，按照省委“一个指引、两手硬”重大思路和要求，迎难而上，砥砺前行，积极适应经济发展新常态，坚持稳中求进总基调，统筹做好稳增长、促改革、调结构、惠民生、防风险各项工作，努力实现“两个走在前列”，较好完成市十三届人大一次会议确定的经济社会发展主要目标任务。

**——经济运行持续稳定增长。**经济发展首位度有所提升，占全省的22.9%。2016年实现地区生产总值2955.60亿元，年均增长7.8%；规模以上工业增加值571.81亿元，年均增长7.2%；固定资产投资2027.71亿元，年均增长14.6%；一般公共预算收入282.69亿元，年均增长10.1%；社会消费品零售总额1666.24亿元，年均增长11.4%；外贸进出口总额133.14亿美元，年均增长9.4%；城镇居民人均可支配收入29632元，年均增长9.1%；农村居民人均可支配收入14591元，年均增长10.2%。

**——产业结构优化升级初见成效。**特色农业稳步发展，亿元以上农业龙头企业17家。非煤产业占规模以上工业增加值的90.2%，富士康手机制造、太重高铁轮对、阳煤化机制造等一批项目建成投产，新能源、新材料、节能环保、电子信息、食品药品等新兴接替产业占比由34.2%提高到70.9%。万达综合体、绿地中央广场、茂业天地等一批服务业项目加快推进，服务业增加值占地区生产总值的62.6%。

**——发展新动能逐步积累。**推进科技创新，全社会研究与试验发展经费年均增长6.3%。新增5个国家级科技企业孵化器和7个国家级重点实验室、工程技术中心；国家级高新技术企业533家，高新技术产业增加值占地区生产总值的8.4%。创建国家小微企业创业创新基地城市示范，推进大众创业、万众创新，各类市场主体35.3万户，建成清控等8个国家级众创空间，2016年实现民营经济增加值1701.22亿元,年均增长9.8%。鼓励发展多层次资本市场，新三板挂牌企业37家，占全省三分之二，金融业增加值占地区生产总值的14.8%。

**——城市基础设施建设成效明显。**新建改建府东府西街、五一路、并州路、南内环街、长风街、学府街、东峰路等城市主次干道160余条，改造支路近400条，建设总里程750余公里；建成中环路、卧虎山路、建设路、阳兴大道、滨河西路、南沙河路、马练营路等快速路213公里，快速交通体系初步形成。新建北中环桥、摄乐桥两座汾河大桥，完善提升柴村桥、双塔街、学府街与滨河东路立体互通体系。太原高铁南站建成投入使用，地铁2号线全面开工建设。敷设供水、供热、燃气、电力、通讯等各类地下管线8453公里，公共供水普及率达到85.15%，燃气普及率达到98.65%。推进80多个城中村和108片棚户区总计10万余户改造，人民群众居住条件进一步改善。

**——省城环境质量继续改善。**集中供热扩网1.3亿平方米，覆盖率达到90%，替代分散燃煤采暖锅炉

3198台，拆除城中村烟囱43700余个，关停搬迁太化、煤气化、狮头水泥等污染企业301家，年减少燃煤近千万吨。古交兴能、太二、太钢等电厂366万千瓦热电燃煤机组完成超低排放改造。老旧建筑节能改造近千万平方米。淘汰老旧机动车和黄标车27.3万辆，2500辆公交车全部使用天然气，8292辆出租车整体更新为纯电动汽车；投放公共自行车4.1万辆，日租车人数超过50万人次。新建城南污水处理厂和晋阳污水处理厂。饮用水源地水质达标率保持100%。二级以上天数由162天增加到232天。加强东西北山生态建设，完成营造林168万亩，森林覆盖率达23%；新建晋阳公园、和平公园等13个公园和46个小游园，道路绿化375万平方米，建成区绿化覆盖率、绿地率、人均公园绿地面积分别达到41.7%、36.7%、11.9平方米。

**——民生保障能力不断提高。**累计民生支出1467亿元，占一般公共预算支出的82.7%。每年城镇新增就业保持在10万人左右，城镇登记失业率控制在4%以内。城乡居民养老、医疗保险和低收入群体基本生活保障实现制度全覆盖，城乡低保5年7次提标，分别提高49%和84%，"新农合"实现应保尽保。扶贫攻坚首战首胜，7万农村贫困人口实现脱贫。推进教育医疗资源标准化、均衡化、优质化发展，新建改扩建五中、成成、一外、二外等学校606所，小学、初中90%以上学区实现就近入学，普通高中实现网上录取；新建改扩建市中心医院、妇幼医院、人民医院等医疗机构47所，可新增床位5000余张。建成城乡老年日间照料中心448个，开工建设儿童福利院。持续举办太原国际马拉松赛，积极承办全国第二届青运会。全国双拥模范城创建实现"八连冠"。人防工作获得全国先进城市称号。推进"平安省城"建设，安全生产和社会稳定形势总体平稳向好。

**——文化事业文化产业加快发展。**推进晋祠景区完善提升，太山龙泉寺、明太原县城、青龙古镇保护性开发取得阶段性成果，文殊寺、普光寺、圆通寺、关帝庙等府城历史文化遗存保护加快实施。改扩建太原图书馆，建成开放太原美术馆、赵梅生美术馆，成功举办第十二届全国美术作品展览雕塑作品展、2015太原国际雕塑双年展，连续四年在太化工业遗址举办国际青年金属雕塑创作营活动。晋剧《傅山进京》《于成龙》和舞剧《千手观音》等作品入选国家艺术基金项目。建成西山文化创意、清徐陈醋等特色文化产业园。

**——政府自身建设不断加强。**严格执行政府决策议事规则和工作程序，自觉接受人大依法监督、政协民主监督，认真听取各民主党派、工商联、无党派人士建言献策，累计办理人大代表建议1341件、政协提案2800件，办复率100%。积极推行权力清单和责任清单制度，推进"放管服"改革，市级行政权力事项精简54%。认真落实政府党组全面从严治党主体责任，严格执行八项规定，坚决反对"四风"，加大监察审计力度，加强党风廉政建设。扎实开展党的群众路线教育实践活动、"三严三实"专题教育和"两学一做"学习教育，干部队伍作风进一步转变，干事创业氛围更加浓厚。

过去五年，全市经济社会发展取得的成绩，是在省委、省政府和市委坚强领导下，市人大、市政协监督支持下，全市广大干部群众攻坚克难、团结奋斗的结果。在此，我代表市人民政府，向全市人民、驻并部队、武警官兵和公安干警，向各位代表、各位委员和社会各界人士，表示崇高的敬意和衷心的感谢！

我们也清醒认识到，当前太原正处在滚石上山、爬坡过坎的关键时期，还存在不少困难和问题。主要表现在：发展水平不高，发展速度不快，首位度不够，特别是工业不大不强，经济下行压力仍然较大；创新驱动、转型升级任务艰巨，传统产业改造提升不快，引领发展的战略性新兴产业发展不足；城市基础设施欠账较多，城市管理水平不高，影响人民群众的幸福感；省城环境质量改善形势严峻，燃煤污染依然突出，全面治理亟需加强；发展环境不优、服务意识不强、行政效能不高，少数干部不作为、慢作为、庸懒怠和腐败现象依然存在。我们要直面问题，担当负责，努力以改革发展的新举措认真解决。

## 二、今后五年工作目标任务

今后五年，是全面深化改革、全面实现小康社会目标的决胜期，是实施创新驱动、推动转型升级的攻坚期，也是实施"十三五"规划、实现太原振兴崛起的重要战略机遇期。我国经济发展进入新常态，供给侧结构性改革深入推进，"一带一路""京津冀协同发展"等重大战略深入实施，省委、省政府建设山西转型综改示范区重大战略加快落实。我市正站在振兴崛起的历史关头，处于转型升级的历史拐点，面临干事创业的历史机遇，我们要坚定信心、攻坚克难、开拓进取，努力实现省、市第十一次党代会提出的目标任务。

**未来五年经济社会发展的主要目标是：**

**经济结构达到新优化。**创新驱动、转型升级成效显著，战略性新兴产业加快发展，先进制造业、信息产业、新能源、新材料、现代服务业成为主引擎。地区生产总值年均增长7.5%以上，第一产业增加值年均增长3%以上，规模以上工业增加值年均增长7.5%以上，服务业增加值年均增长8%以上、占地区生产总值60%以上。省会城市的首位度进一步提升，地区生产总值占全省的30%左右。

**民生改善体现新水平。**城乡居民人均收入与经济增长同步，城乡收入差距进一步缩小。城镇登记失业率控制在4%以内，力争2018年实现贫困人口脱贫、贫困县摘帽。2020年全面完成170个城中村拆迁改造任务。教育、文化、社保、医疗、住房等公共服务体系更加健全，基本公共服务均等化水平得到提高。安全生产形势持续稳定好转，人民群众的幸福指数明显提升。

**城市功能完成新提升。**城市空间布局更加优化，基础设施不断完善，主次干道、支路级次配比科学合理，立体化综合交通体系基本形成。地铁1、2、3号线基本建成，初步形成地铁网络体系。城市综合管廊和海绵城市建设成效明显，城市防洪排涝体系强大健全，雨污分流体系完整，城市综合承载能力和城市管理水平全面提高。道路更加通畅，环境更加优美，城市更加宜居，在全国省会城市中位次前移，凝聚力、竞争力和影响力进一步增强。

**文化建设出现新进步。**社会主义核心价值观更加深入人心，人民群众思想道德素养、科学文化素质、健康生活水平明显提高，进入全国文明城市行列。公共文化基础设施更加健全，现代公共文化服务体系逐步建立。文化软实力明显提升，文化旅游产业发展壮大，战略性支柱产业的框架形成，旅游目的地的目标基本实现，国家历史文化名城影响力进一步扩大。文化产业增加值年均增长20%，占地区生产总值的7%左右。

**生态环境得到新改善。**生态绿色屏障基本形成，生产方式、生活方式绿色低碳水平显著提高。市区污水处理、集中供热、垃圾无害化处理实现100%全覆盖。PM2.5浓度逐年下降，市区优良天气率达到80%左右。森林覆盖率达到30%以上，建成区绿化覆盖率达到42%左右，天蓝、山绿、水清的目标基本实现，城乡人居环境全面改善。

**改革开放实现新突破。**转型综改示范区建设取得重大成果，重点领域和关键环节改革取得突破性进展，发展动力和活力显著增强，要素集聚、体制改革、创新活跃、生产力解放，对外开放的深度广度进一步拓展。太原成为开放高地、投资热土、增长引擎，在全省对外开放格局中的带动作用进一步增强。

**法治政府建设取得新进展。**人民民主不断扩大，法治建设更加完善，合法权益得到切实保障，司法公平正义进一步彰显，法治政府、法治社会一体化推进。办事依法、遇事找法、解决问题用法、化解矛盾靠法的法治意识提升到一个新高度。政府治理体系和治理能力不断提高，社会各项事务治理更加规范化、程序化、制度化。

## 三、2017年工作安排

今年政府工作的总体要求是：**深入贯彻习近平总书记系列重要讲话精神和治国理政新理念新思想新战略，统筹推进“五位一体”总体布局，协调推进“四个全面”战略布局，认真落实省、市第十一次党代会总体部署和省委、市委十一届二次全会暨经济工作会议精神，按照省委“一个指引、两手硬”重大思路和要求，坚持新发展理念，坚持稳中求进工作总基调，坚持深化供给侧结构性改革与深化转型综改试验区建设有机结合，坚持以提高发展质量和效益为中心，以转型综改示范区为引擎，全面实施创新驱动、转型升级战略，全力做好稳增长、促改革、调结构、惠民生、防风险各项工作，努力实现“两个走在前列”，以优异成绩迎接党的十九大胜利召开。**

主要预期指标是：**地区生产总值增长8%左右，规模以上工业增加值增长7.5%左右，固定资产投资增长7%左右，社会消费品零售总额增长7.5%左右，一般公共预算收入增长3.5%左右，城乡居民人均可支配收入分别增长7.5%和8%左右，居民消费价格涨幅控制在3%左右，城镇登记失业率控制在4%以内，圆满完成省下达的约束性指标任务。**

### （一）以供给侧结构性改革为主线，推进创新驱动、转型升级

用改革的办法深入推进“三去一降一补”。扎实有

效淘汰落后产能，严格执行环保、能耗、质量、安全等相关法律法规和标准，坚决淘汰技术落后、污染严重、安全隐患较大的煤焦冶电企业。有效处置“僵尸企业”，落实职工安置政策。分类施策去库存，通过改变商业模式、降低运营成本等多元化途径消化商业写字楼库存。进一步采取减税降费、降低“五险一金”缴费比例、全面清理规范政府性基金、推进大用户直供电等举措，促进企业降成本。

用供给侧结构性改革的力量振兴实体经济。实体经济是发展的根基。要以创新驱动为主动力、转型升级为主引擎、实体经济为主战场，大力发展电子信息、先进装备制造、新材料、新能源、节能环保等战略性新兴产业，努力形成若干千亿、百亿级产业集群，构建供给侧结构性产业新优势。着力抓好富士康手机智能化制造和维保、江铃重汽整车及发动机、比亚迪新能源汽车、太重地铁盾构和风电装备、中车地铁装备、太钢T800碳纤维和轮轴钢、大明不锈钢深加工、晋西春雷高精度铜合金、中电科二所碳化硅半导体等重点项目，以项目促转型，以创新添活力，建立高质量、多层次、宽领域的有效供给体系。弘扬工匠精神，厚植工匠文化，创建质量强市，推动经济发展进入质量时代。深入实施《中国制造2025》，推进大数据、云计算、物联网运用，推动传统产业生产、管理和营销模式变革。实施煤焦冶电等传统产业技术改造、智能改造、绿色改造。发挥军工基地产业优势，创新军民产业融合机制，开展军民协同创新，推动军民融合深度发展。

创新是第一动力，人才是第一资源。功以才成，业由才广。认真落实省委《关于深化人才发展体制机制改革的实施意见》，推进人才强市战略，构建科学、开放、高效的人才管理体制。以识才的慧眼、爱才的诚意、容才的雅量、用才的胆识，创新以增加知识价值分配为导向的人才政策，促进创新要素向高端人才流动、高端人才向转型综改集聚。加强与科研机构、高等院校产学研用深度结合，引进站在行业科技前沿、具有国际视野和能力的领军人才，加快新材料、人工智能、集成电路、生物制药、第五代移动通信等技术研发成果转化，培育高科技引领的产业集群。

着力提升服务业发展水平。开展“互联网+”产业集群行动，加快建设国家小微企业创业创新基地城市示范，打造面向大众的“双创”全程服务体系，推进大众创业、万众创新，发展新制造、新技术、新业态。大力发展现代服务业，推动生产性服务业向价值链高端延伸、生活性服务业向精细化高品质延伸。积极发展总部经济、数字经济、互联网服务等新兴产业，培育壮大金融、科技服务等重点产业，推进电子商务示范工程，发展跨境电子商务。着力抓好华润万象城、苏宁广场、润恒农产品冷链物流、万科现代仓储、传化公路港等重大服务业项目建设。完成农村信用社体制改革，设立支撑创新驱动、转型升级两个百亿元产业基金。开工建设12万平方米大型会展中心，创新太原低碳发展论坛等重点会展办会机制，培育会展品牌，打造全省会展核心区。推进农业供给侧结构性改革。发展具有省城特色的城郊型农业，重点抓好设施农业、观光农业、休闲农业、龙头企业、中药材基地、农产品加工销售产业链，开发和发展功能食品，打造农村一二三产业融合发展新格局，加快培育农业农村发展新动能。

**（二）以关键环节和重点领域改革为突破口，增强内生发展动力和优势**

把改革放在更加突出的重要位置，勇挑最重的担子，啃最硬的骨头，扑下身子，狠抓落实。加快推进基础性、关键性改革，以改革先人一招实现发展快人一步。

持续推进政府职能转变。深化简政放权、放管结合、优化服务改革。全面实行清单管理制度，以清单管理推动简政放权。实施政府部门权力和责任清单，清单之内依法规范履职，清单之外市场主体选择。对政府自身进行“正面清单约束”，对市场进行“负面清单管理”，减少政府的自由裁量权，增加市场的自主选择权。深化商事制度改革，实行多证合一、证照分离。完善事中事后监管制度，实现“双随机、一公开”监管全覆盖，推进综合行政执法。发展“互联网+政务服务”，实现政府信息系统互联互通，公共资源交易、土地招拍挂网上办理。创造公平竞争、开放创新的制度环境，实现审批最少、流程最优、体制最顺、机制最活、效率最高、服务最好，让企业和群众实实在在感受到“放管服”改革成效，增强人民群众改革获得感。

深化投融资体制改革。坚持问题导向，与中央要求“对表”、与发达地区对标、与国际惯例对接，大幅减少投资项目前置审批，大幅缩减政府核准投资项目范围。对核准类项目，只保留选址意见、土地征用以及重特大项目环评审批；对备案类项目，不得设置任何前置条件，实行属地办理。创新企业投资管理，探索建立多评合一、多审合一、多图联审、联合验收等新模式，除烦苛之弊、施高效之策、开便利之门。创新拓宽投融资渠道和方式，大力推广利用PPP、债券、基金等市场化融资模式，降低政府负债风险。推进多层次资本市场发展，培育上市企业，积极发展主板、创业板、新三板、区域性股权交易市场。

继续推进财税体制改革。落实和完善营改增政策，进一步减轻企业税费负担。深化财政预算改革，推进政府预决算公开，超前谋划和科学编制预算，合理安排财力，及时拨付到位，盘活沉淀资金，提高资金使用效率。公款姓公，每一笔钱都要花在明处、用出实效。

深化国企国资改革。以提高核心竞争力和资源配置效率为目标，形成有效制衡的公司法人治理结构、灵活高效的市场化经营机制。推动国资监管体制向管资本为主转变，确保资产保值增值、法人主体放开经营。彻底剥离企业办社会职能，解决历史遗留问题，瘦身健体、提质增效、健康发展。

积极争取创建国家可持续发展议程创新示范区。对标世界先进水平，加强国际交流合作，以可持续发展理念为引领，发挥科技创新的核心作用，破解资源型城市路径依赖的难题，打造可复制、可推广、可持续发展的现实样板。

更好激发非公有制经济活力。鼓励企业家创新创业，保护企业家合法权益，尊重企业家社会地位，按“亲”“清”二字处理好政商关系，努力形成亲商、安商、容商、富商的良好氛围。进一步优化政务服务环境，公正公平对非公有制人士综合评价，宽容失败，激励创新，促进发展。持续深化“万名干部入企服务”活动，真心帮助，真情服务，真正解决企业发展的瓶颈障碍，做大做强民营经济支撑的半壁江山。

**（三）以转型综改示范区建设为载体，打造转型升级新引擎**

转型综改是习近平总书记为山西发展指明的金光大道。省委、省政府建设转型综改示范区的重大决策部署，为我市转型综改、创新驱动创造了历史性的重大机遇，我们要解放思想，抢抓机遇，举全市之力管理好、支持好、服务好示范区建设。

加快启动起步区建设。按照“整合改制扩区调规”要求，用好用足国家调整土地利用规划、核减基本农田的政策，加快小店、清徐、阳曲土地利用总体规划调整和永久基本农田划定，落实起步区土地规划指标，尽快完成3.5万亩土地征收任务，确保4月份启动起步区建设。

优化产业布局。高点起步、高端发展、高标准规划建设管理，打造聚集先进生产要素的政策洼地和发展高地。加大招商引资引智引技力度，力争在智能制造、电子信息、新能源、新材料、节能环保、生物医药等领域，引进一批高质量的大项目、好项目，推进高端化、智能化、绿色化、品牌化战略性新兴产业发展。巩固、提升、拓展示范区已经形成的产业基础，实现存量扩能提质、增量倍增发展，持续发力保增长。推动区区融合，深化不锈钢园区产业规划，优化空间布局，围绕不锈钢深加工形成产业集群，做大做强产业链。

创新体制机制。借鉴国家自贸区可复制、可推广的改革试点经验，营造法治化、国际化、便利化营商环境，创造改革创新发展新优势。建立专业化、市场化、国际化管理运行机制，实行领导班子任期制、全员岗位聘任制和绩效工资制。加强全面深化改革开放各项措施系统集成，加快具有较大影响力的科技创新步伐，大胆试、大胆闯、自主改，当好改革开放排头兵、创新驱动先行者、率先发展领头雁。

**（四）以建设宜居宜业幸福城市为目标，推进城市基础设施建设和城市管理水平提升**

统筹推进太原都市区现代化建设，坚持建管并重，注重增强城市功能，彰显城市特色，着力打造创新、开放、品质、智慧、绿色、低碳、平安、幸福城市，提升省会城市核心竞争力和知名度、美誉度。

发挥规划先行引领作用。规划是百年尺度，城市以规划论输赢。要有全球化视野、特色化定位、现代化品质，彰显太原显山露水、绿色宜居的自然格局，文化厚重、人文荟萃的历史底蕴，功能完备、活力迸发的都市风范。顺应城市发展规律，以新的城市文化发展理念，提升规划的前瞻性、科学性和综合性，年内完成“五规合一”试点工作。高起点规划晋阳湖片区，加强汾河两岸及主要干道的规划控制和城市设计，点线面结合、山水城一体，打造太原历史文化底蕴和现代都市风貌的靓丽名片。

继续加大城市基础设施建设力度。树立大交通、

大格局意识，优化提升市域道路综合体系。开工建设太原西北二环高速，拉大城市框架。完成环城高速与北中环东延、南中环西延等互通工程，推进太长高速太原段改线，实现滨河东路南延发展。发展轨道交通，加快地铁2号线建设，启动3号线、1号线建设。新建改造东中环北延、西中环南路、学府街东延等50条300公里城市快速路和主次干道，45条60公里支路。继续推进公交都市建设。加大城市综合管廊、海绵城市建设力度。推进220千伏汾东等24项供电工程，提升完善电力输配网络体系。加快太原南站东广场、汽车客运东南站建设及功能配套。高标准完成高铁沿线环境综合整治。继续优化提升"铁、公、机"，更加重视"岸、港、网"建设。改造提升南坪头、马庄、七府坟等水库、缓洪池以及太榆退水渠防洪设施，以百年一遇标准夯实防洪排涝体系。

大力推进城中村和棚户区改造。新启动30个城中村和25个集中连片棚户区改造，新建开工棚户区保障房2.96万套，基本建成2.2万套。推进县城、集镇和城边村改造提升，建设特色小镇和美丽乡村。加快城中村、棚户区改造拆迁清零，尽快完成安置回迁，切实兑现承诺，提高政府的公信力。安置回迁是良心工程，各级政府都不能透支人民群众的信任，要让被安置群众尽快告别租住日子，在住有所居中创造新生活。

深入开展城市管理全面提升行动。推进交通秩序、环境卫生、户外广告、打违拆违等十项综合整治，全面改善市容市貌。2017年全面攻坚，2018年巩固提升，形成常态化管理和长效工作机制。推进智慧城市建设，运用大数据、互联网等科技手段，提升城市现代化、精细化、智能化管理水平。

扎实做好全国第二届青运会筹办工作。这是我市历史上第一次承办全国性综合体育盛会，是提升我市城市基础设施建设和管理水平、塑造城市文明形象的重大契机。全市上下要树立主人翁精神，精心做好二青会比赛场馆和青运村建设，积极开展全民体育健身运动，大力加强宣传教育，携手提升文明素养，全面推进"五城联创"，以文明、开放、热忱、美丽的城市形象，迎接二青会胜利召开。

**（五）以生态文明发展理念为引领，持续加大环境污染治理力度**

实行最严格的生态环境保护制度，坚守生态保护红线，开展铁腕治污行动，压实各级党政环保责任，强化环保问责和执法，坚决打好蓝天保卫战，确保省城环境质量持续改善。

全面改善空气质量。以"控煤、治污、管车、降尘"为重点，坚持问题导向，采取坚决措施，确保$PM_{2.5}$浓度均值下降9.09%，$SO_2$指标下降10%，力争在全国74个重点监控城市排位稳定向好。全力解决燃煤污染，加快实施集中供热全覆盖，新增供热能力3500万平方米，实现市区151个35吨以下分散采暖燃煤锅炉全部替代。按照企业为主、政府推动、居民可承受的方针，全力推进86个城中村、188个城边村、37个集中连片棚户区分散燃煤整治，通过采取整村整片拆除改造一批、集中供热一批、电化一批、气化一批、新农村建设改造一批等措施，完成10万户清洁供暖，全年减少燃煤100万吨。继续推进既有建筑节能改造。严控工业污染排放，提升绿色企业标准，对达不到排放标准的，停产限期达标改造；太原一电厂和清徐、阳曲等不达标焦化厂停产，太钢原料场和渣场全封闭改造；加强太钢和二电厂周边综合整治，实现原煤、原材料铁路运输。涉煤企业要逐步退出建成区，夯实绿水青山的基础。全面控制扬尘污染，严格落实绿色施工标准，实施在线全程实时监控管理，对不达标工地重处重罚，停工整治；渣土清运全程清洁化，湿法拆迁、密闭运输、车辆清洗、达标运营。彻底淘汰黄标车，取缔非法经营黑车，施工车辆全面达标准入，提高燃油品质，严控机动车尾气排放。加强露天烧烤、秸秆焚烧等面源污染整治，建成区餐饮业全部加装高效油烟净化装置。推进畜禽粪便治理。加强对大气污染源解析和雾霾形成机理研究，提高治理的科学性和精准性，积极应对气候变化，强化预警和应急措施。

加强水生态建设。综合整治北涧河、北沙河、北排洪渠、玉门河、虎峪河、九院沙河、冶峪河、风峪河等8条河流，源头治理、蓄水调洪，雨污分流、河水复清，快速交通、绿色长廊，连片改造、全面提升。推进晋阳湖和晋阳湖湿地为中心的大生态建设，打造山水一体、河湖连通、古今交融、人文自然辉映的一流生态功能区，彰显"三面环山、一水中分、一湖点睛、九河环绕"的水韵龙城格局。全面推行河长制，健全生态保护补偿机制。实行最严格水资源管理制度，强化饮用水源地环境治理与保护，确保汾河水库水质稳定达标。加快汾东污水处理厂、垃圾焚烧电厂、餐厨污泥处理等重点工程建设，加强中水回用。积极推进建筑垃圾资源化利用，加强土壤污染防治与修复。

加强绿化造林和生态建设。继续加大东西北山绿化力度，推进荒山绿化，完成营造林43万亩。加快迎泽公园、动物园、植物园、摄乐公园等公园新建改造，启动西山国家矿山公园、北部国家农业公园建设，新建30个街头小游园，建成区绿化覆盖率、绿地率、人均公园绿地面积新增0.5%、0.5%和0.3平方米。

**（六）以提升城市文化软实力为核心，大力发展文化事业文化产业**

文化是城市的灵魂，是一个城市凝聚力、创造力、影响力的重要源泉。要坚持社会主义先进文化前进方向，树立高度的文化自觉和文化自信，为全市经济社会发展凝聚强大的精神文化力量。

大力发展文化旅游产业。完善提升晋祠景区环境综合整治，加快晋阳古城大遗址保护和明太原县城保护性开发，力争青龙古镇和太山龙泉寺景区10月1日全面开放。启动双塔历史文化大景区建设、狄仁杰文化主题公园、太化工业文明遗存展示、钟楼街和东三道巷历史街区保护开发，打造城市文化名片和文化客厅。继续推进府城历史文化片区保护，重点保护好文庙和崇善寺、天主教堂和拱极门、文瀛湖和五一路、南华门和教场巷等四大历史文化片区，留住城市记忆，强化实物例证支撑。大力完善旅游设施和服务，发展乡村、休闲、全域旅游。

积极发展文化事业。坚持用中国梦和社会主义核心价值观凝聚共识、汇聚力量，推动文艺繁荣发展，努力创作集思想性、艺术性、观赏性于一体的精品佳作。弘扬社会主义时代精神，建设诚信社会，尊崇诚实守信。推动基本公共文化服务标准化、均等化发展。加快推进太原博物馆陈列布展，市图书新馆5月1日对外开放。积极开展“书香太原”全民阅读系列活动，不断满足人民群众精神文化需求。

着力培育文化市场主体。积极引进文化旅游龙头企业，打造精品景区和旅游路线。促进文化产业与互联网融合发展，发展创意设计、数字传媒、动漫游戏等文化创意产业，创新体制机制，培育发展新兴文化业态。建设华夏历史文明主题公园，打造文化领军企业和知名文化品牌，提升文化旅游业整体发展水平。

**（七）以保障和改善民生为重点，统筹推进各项社会事业**

坚持以人民为中心的发展思想，顺应人民群众对美好生活的向往，把保障和改善民生作为一切工作的根本出发点和落脚点，夯实基础，兜牢底线，切实解决人民群众普遍关心的突出问题，把发展硬道理更多体现在增进人民福祉上。

坚决打好脱贫攻坚战。推动特色产业发展、易地移民搬迁、劳务输出、金融、教育和健康扶贫，动员社会力量参与扶贫，强化龙头企业引领，实施贫困村整体提升工程，建立健全稳定脱贫长效机制，落实脱贫攻坚责任制，增强脱贫群众内生动力。严格贫困退出机制和评估考核机制，确保脱贫得到群众认可，经得起历史检验。再战再胜，今年完成2万人脱贫任务。

继续推进教育医疗资源标准化、均衡化、优质化发展。建设公办幼儿园20所，完成五中、成成、育英等6所中学新校和实践基地建设，加快推进职教园区建设。全面推行公立医院改革，基本完成市中心医院、市人民医院、市妇幼医院和省妇幼医院等6所新院建设。加强基层医疗服务保障能力建设，统筹三医联动，推进县乡医院一体化管理，逐步建立分级诊疗制度，提升人民群众健康水平。全面推进养老服务业发展，建设高标准示范性老年福利院，逐步建立以居家养老为主体、以社区养老为依托、以机构养老为补充的社会养老服务创新体系。加快推进康宁医院、救助站和儿童福利院建设，完善社会救助服务体系。鼓励创业带动就业，促进城乡居民收入增长。实施全民参保登记计划。加快采煤沉陷区搬迁建设和治理修复等民生工程。加强国防和后备力量建设，提高新形势下双拥工作水平。

全力维护社会安全稳定。严格落实党政同责、部门监管、企业主体安全生产责任，加强重点行业领域安全监管，坚决杜绝重特大安全生产事故发生。积极创建国家食品安全城市，切实加强对食品药品的监督管理。推进平安省城建设，加强和创新社会治安综合治理，依法打击违法犯罪行为，营造平安和谐的社会环境。

**（八）以为人民服务为宗旨，全面加强政府自身建设**

牢固树立“四个意识”，坚决维护以习近平同志为核心的党中央权威，自觉在思想上政治上行动上同党中央保持高度一致，旗帜鲜明讲政治、脚踏实地干实事、

全心全意为人民。

深入贯彻全面依法治国要求，严格遵守宪法，尊崇法治、敬畏法律、依法行政，坚持科学、民主、依法决策。自觉接受人大及其常委会依法监督和人民政协民主监督，主动接受社会和舆论监督，认真听取人大代表、政协委员、民主党派、工商联、无党派人士和各人民团体的意见，政府所有工作都要充分体现人民意愿、维护人民利益、接受人民监督。依法管理宗教事务，提高宗教工作水平，更好组织和凝聚宗教界人士、信教群众，形成太原振兴崛起的合力。

深入推进党风廉政建设和反腐败工作，落实“一岗双责”，担负起政府党组管党治党主体责任。带头执行《准则》《条例》，把好用权“方向盘”，系好廉洁“安全带”，激浊扬清，扶正祛邪，忠诚、干净、担当，自觉为营造良好政治生态履职尽责，推动全面从严治党向纵深发展。

推进“两学一做”学习教育常态化制度化，加强政治文化建设，坚定共产主义理想信念。严格落实“13710”工作制度，以上率下、马上就办，提高工作效率和服务质量。重大问题和事项盯住不放，一抓到底，限时办理。落实市委激励担当和合理容错两个《办法》，为担当的干部担当，对负责的干部负责，给干事者鼓劲、创业者撑腰，弘扬真抓实干、埋头苦干、以实绩论英雄的时代精神，以实干推动发展，以实干赢得未来。

各位代表，新征程催人奋进，新使命艰巨光荣。让我们更加紧密地团结在以习近平同志为核心的党中央周围，在省委、省政府和市委的坚强领导下，撸起袖子加油干，扑下身子抓落实，扬鞭奋起创新业，以优异成绩迎接党的十九大胜利召开！

# 太原市2016年国民经济和社会发展统计公报

太原市统计局　国家统计局太原调查队

2016年3月18日

2016年，市委、市政府团结带领全市人民，深入学习习近平总书记系列重要讲话精神和治国理政新理念新思想新战略，全面贯彻党的十八大、十八届三中、四中、五中、六中全会精神，坚决落实省委"一个指引、两手硬"重大思路和要求，对照太原"两个走在前列"的要求，坚持以经济建设为中心，把发展的主攻方向放在创新驱动、转型升级上，全市经济稳中有进、稳中有好，产业转型升级步伐加快，城市建设管理力度加大，人民生活水平稳步提高，各项社会事业不断进步，实现了"十三五"良好开局。

## 一、综合

**人口：**据2016年人口抽样调查，年末全市常住人口434.44万人，比上年末增加2.57万人。其中：城镇人口367.32万人，增加2.81万人；乡村人口67.12万人，减少0.24万人。城镇化率84.55%，比上年提高0.15个百分点。男性人口221.59万人，女性人口212.85万人，性别比为104.11:100。

全年出生人口4.36万人，人口出生率10.08‰；死亡人口1.79万人，死亡率4.13‰；自然增长率5.95‰。

**经济增长：**初步核算，全市实现地区生产总值（GDP）2955.60亿元，比上年增长7.5%。其中：第一产业增加值38.22亿元，增长2.6%；第二产业增加值1068.04亿元，增长7.3%；第三产业增加值1849.34亿元，增长7.7%。第三产业中，交通运输、仓储和邮政业增加值152.57亿元，增长10.0%；批发零售和住宿餐饮业增加值455.80亿元，增长1.1%；金融业增加值437.73亿元，增长12.8%；房地产业增加值159.99亿元，增长10.1%；营利性服务业增加值353.02亿元，增长15.0%；非营利性服务业增加值288.38亿元，增长1.5%。

人均地区生产总值68234元，比上年增长6.9%，按2016年平均汇率计算达到10273美元。

图1　2012-2016年地区生产总值

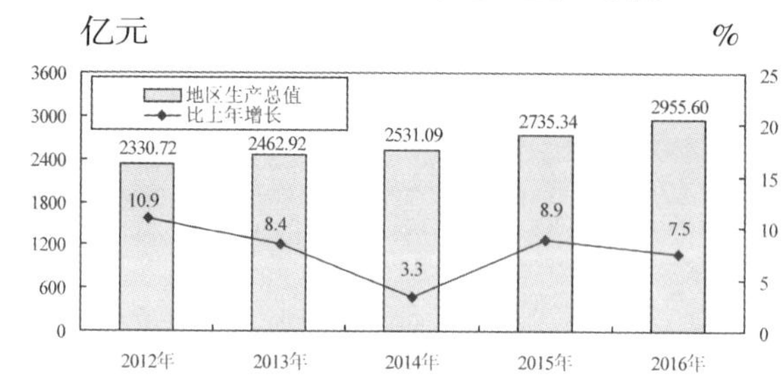


**产业结构：**三次产业比重为1.3%、36.1%、62.6%，分别拉动经济增长0.04、2.73和4.73个百分点。与上年相比，第一产业比重下降0.1个百分点，第二产业比重下降1.2个百分点，第三产业比重提高1.3个百分点。

**财政：**全市一般公共预算收入282.69亿元，增长3.1%。其中：税收收入220.38亿元，下降0.4%，国内增值税、营业税、企业所得税、个人所得税、资源税和城建税共计完成税收128.05亿元，下降12.2%。

图2　2012-2016年一般公共预算收入

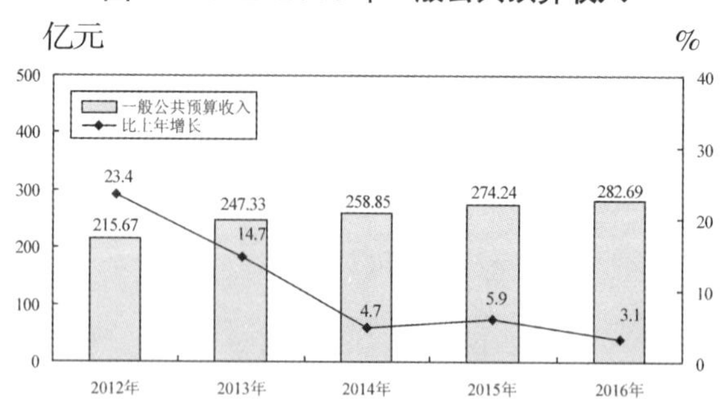


全年一般公共预算支出424.07亿元，比上年增长0.9%。其中教育、医疗卫生、社会保障和就业、住房保障、交通运输、节能环保、城乡社区事务等民生支出347.49亿元，占全市一般公共预算支出的81.9%。

**物价：**居民消费价格比上年上涨1.2%。其中：食品价格上涨3.7%，非食品价格上涨0.6%；消费品价格上涨1.5%，服务价格上涨0.8%。商品零售价格总水平上涨0.8%。工业生产者出厂价格下降3.9%。工业生产者购进价格下降2.0%。

图3　2012-2016年价格比上年涨跌幅度

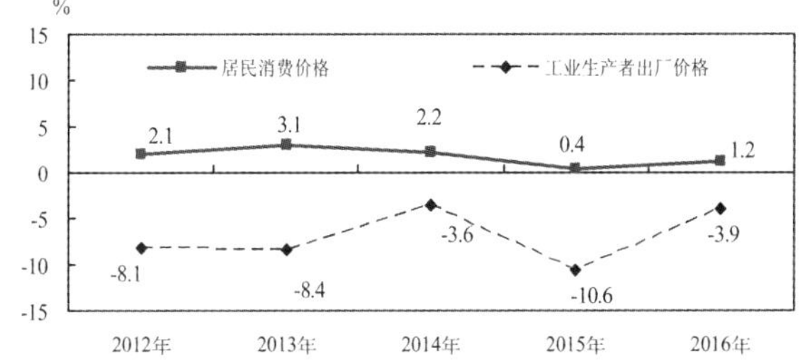


表1　2016年居民消费价格涨跌情况

| 指　　标 | 比2015年涨（跌）（%） |
|---|---|
| 居民消费价格 | 1.2 |
| 食品烟酒 | 3.3 |
| 衣　着 | 1.4 |
| 居　住 | −0.6 |
| 生活用品及服务 | 0.3 |
| 交通和通信 | −1.4 |
| 教育文化和娱乐 | 2.0 |
| 医疗保健 | 2.2 |
| 其他用品和服务 | 1.4 |

**就业：**城镇新增就业9.89万人，其中创业带动就业2.51万人。4.60万名下岗失业人员实现再就业，其中就业困难人员再就业1.16万人。年末城镇登记失业率3.46%。

## 二、农业

**种植面积：**全年农作物种植面积98.12千公顷，比上年减少2.20千公顷。粮食种植面积73.44千公顷，比上年减少2.13千公顷。其中：夏粮种植面积0.08千公顷，秋粮种植面积73.36千公顷。蔬菜种植面积21.18千公顷，药材种植面积1.20千公顷。

表2　2016年主要农产品产量

| 产品名称 | 产量（吨） | 比2015年增长（%） |
|---|---|---|
| 粮　食 | 312869 | 4.5 |
| 其中：夏　粮 | 476 | −28.9 |
| 秋　粮 | 312393 | 4.6 |
| 其中：小　麦 | 476 | −28.9 |
| 玉　米 | 270572 | 4.0 |
| 马铃薯 | 11661 | 4.6 |
| 油　料 | 2375 | −20.7 |
| 蔬菜及食用菌 | 1307797 | 1.5 |
| 水　果 | 90757 | 2.5 |
| 药　材 | 3392 | 14.0 |

**造林：**全年造林面积10.29千公顷。零星植树1222万株。新增育苗面积0.83千公顷。

**畜禽及水产品产量：**年末大牲畜存栏4.59万头，猪出栏44.47万头。肉类产量5.63万吨，禽蛋产量3.09万吨，牛奶产量11.14万吨。水产品养殖面积1.23千公顷，水产品产量2600吨。

**农机及化肥施用：**年末全市农业机械总动力55.73万千瓦。全年农用化肥施用量（折纯）28719吨。

## 三、工业和建筑业

**工业：**规模以上工业增加值571.81亿元，比上年增长7.0%。其中：中央企业增加值90.90亿元，增长2.7%；省属企业增加值182.50亿元，下降8.3%；市属及以下企业增加值298.41亿元，增长19.2%。

图4　2012—2016年规模以上工业增加值增速

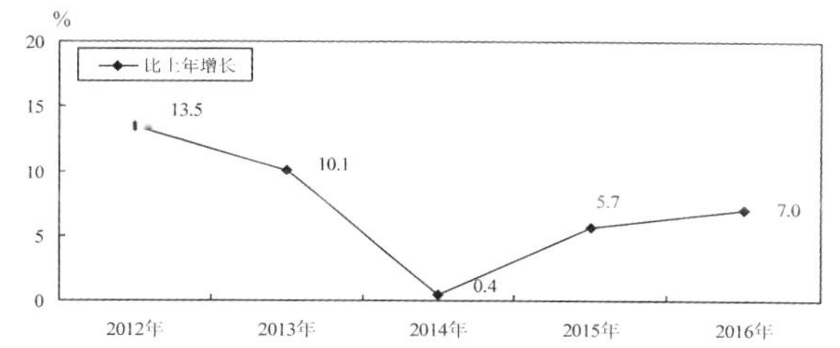


表3　2016年规模以上工业增加值分类

| 指　　标 | 增加值（亿元） | 比2015年增长（%） |
|---|---|---|
| 规模以上工业 | 571.81 | 7.0 |
| 其中：轻工业 | 69.92 | −1.2 |
| 重工业 | 501.89 | 10.7 |
| 其中：国有控股企业 | 288.26 | −4.2 |
| 其中：国有企业 | 35.04 | 15.8 |
| 集体企业 | 1.50 | 1.0 |
| 股份合作企业 | 0.09 | −14.8 |
| 股份制企业 | 315.29 | −2.4 |
| 外商及港澳台商投资企业 | 217.51 | 30.2 |
| 其他经济类型企业 | 2.38 | −37.0 |

占全市规模以上工业增加值85.5%的十大行业中，增加值比上年增长的有4个。

表4　2016年规模以上工业十大行业增加值

| 行　　业 | 增加值（亿元） | 比2015年增长（%） |
|---|---|---|
| 计算机、通信和其他电子设备制造业 | 206.86 | 32.5 |
| 黑色金属冶炼及压延加工业 | 74.22 | −5.0 |
| 煤炭开采和洗选业 | 56.17 | −6.7 |
| 烟草制品业 | 34.62 | −5.3 |
| 电力、热力生产和供应业 | 30.33 | 27.1 |
| 燃气生产和供应业 | 25.87 | 4.9 |
| 通用设备制造业 | 16.41 | −15.5 |
| 交通运输设备制造业 | 16.35 | −17.9 |
| 金属制品业 | 14.25 | 25.7 |
| 仪器仪表制造业 | 13.70 | −1.2 |

非传统产业增加值405.30亿元，增长13.2%，占全市规模以上工业增加值的70.9%。其中：装备制造业增加值285.22亿元，增长19.9%，占全市规模以上工业增加值的49.9%。

**表5　2016年规模以上工业装备制造业增加值**

| 行　业 | 增加值（亿元） | 比2015年增长（%） |
|---|---|---|
| 装备制造业 | 285.22 | 19.9 |
| 计算机、通信和其他电子设备制造业 | 206.86 | 32.5 |
| 通用设备制造业 | 16.41 | −15.5 |
| 交通运输设备制造业 | 16.35 | −17.9 |
| 金属制品业 | 14.25 | 25.7 |
| 仪器仪表制造业 | 13.70 | −1.2 |
| 专用设备制造业 | 12.11 | −15.0 |
| 电气机械和器材制造业 | 5.00 | 43.7 |
| 汽车制造业 | 0.54 | 38.2 |

传统产业增加值166.51亿元，增长0.1%，占全市规模以上工业增加值的29.1%。其中：黑色金属冶炼及压延加工业增加值下降5.0%，煤炭开采和洗选业增加值下降6.7%，电力、热力生产和供应业增加值增长27.1%，石油加工和炼焦业增加值增长9.3%。

**表6　2016年规模以上工业企业主要产品产量**

| 产品名称 | 单　位 | 产　量 | 比2015年增长（%） |
|---|---|---|---|
| 原　煤 | 万吨 | 2858.17 | −28.3 |
| 洗　煤 | 万吨 | 2426.95 | −14.7 |
| 焦　炭 | 万吨 | 1069.21 | 5.2 |
| 发电量 | 亿千瓦小时 | 279.20 | 5.3 |
| 生　铁 | 万吨 | 771.68 | −0.7 |
| 粗　钢 | 万吨 | 1106.17 | 2.6 |
| 不锈钢 | 万吨 | 412.21 | 2.6 |
| 钢　材 | 万吨 | 1048.79 | 3.0 |
| 水　泥 | 万吨 | 492.72 | 6.8 |
| 橡胶轮胎外胎 | 万条 | 145.76 | −6.0 |
| 采矿设备 | 万吨 | 4.28 | −11.3 |
| 金属轧制设备 | 万吨 | 3.22 | 6.7 |
| 起重机 | 万吨 | 1.20 | −44.3 |
| 移动通信手持机 | 万台 | 2693.44 | 32.1 |
| 减速机 | 台 | 12262 | 166.3 |
| 铁路货车 | 辆 | 807 | −80.4 |
| 车　轮 | 万吨 | 8.08 | −42.3 |
| 卷　烟 | 亿支 | 155.50 | −4.9 |
| 食　醋 | 万吨 | 46.39 | −4.7 |
| 白酒（折65度） | 千升 | 7319 | 74.1 |
| 碳酸饮料 | 万吨 | 14.77 | −15.4 |

规模以上工业主营业务收入2308.63亿元，下降12.1%。利税总额96.24亿元，增长94.4%。利润总额3.34亿元。规模以上工业企业每百元主营业务收入中的成本87.24元，下降2.80元。

**建筑业：**具有建筑业资质等级的总承包和专业承包建筑业企业总产值2335.12亿元，增长17.6%。建筑业企业房屋建筑施工面积9936.98万平方米，竣工面积1661.43万平方米。

## 四、能 源

**能源生产：**全市一次能源生产折标准煤2041.59万吨，比上年下降28.4%；二次能源生产折标准煤3823.49万吨，下降7.7%。

**用电：**全年全社会用电量250.70亿千瓦时，增长4.3%。其中：农业用电1.94亿千瓦时，增长0.2%；工业用电（含电厂自用电）161.46亿千瓦时，增长1.6%，其中：占工业用电量68.8%的煤炭、炼焦、化工、建材、冶金、电力等高耗能行业用电量111.04亿千瓦时，增长2.7%；建筑业用电3.91亿千瓦时，增长7.6%；第三产业用电42.64亿千瓦时，增长7.9%；城乡居民生活用电34.15亿千瓦时，增长6.4%。

## 五、固定资产投资

**固定资产投资：**全年固定资产投资2027.71亿元，比上年增长0.1%。其中：中央项目投资94.33亿元，下降38.8%；省属项目投资233.12亿元，下降3.0%；市属及以下项目投资1700.26亿元，增长4.2%。

**图5　2012—2016年固定资产投资**

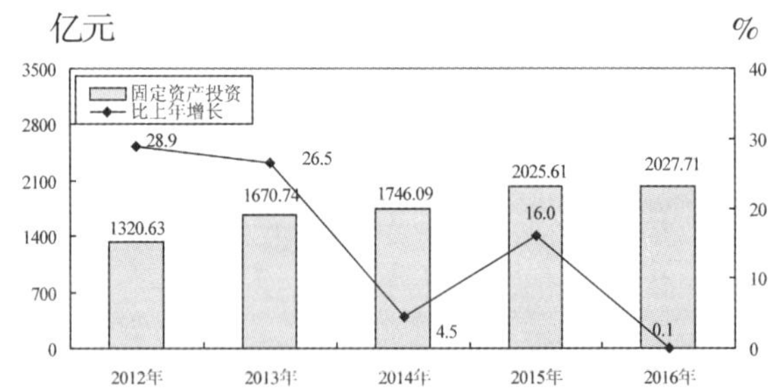


分产业看，第一产业投资48.98亿元，增长37.8%；第二产业投资377.45亿元，下降17.1%。其中：工业投资375.36亿元，下降16.7%；第三产业投资1601.28亿元，增长4.3%。城市基础设施建设投资462.50亿元。三次产业投资比重为2.4%、18.6%和79.0%。

工业投资中，非煤产业投资318.45亿元，占工业投资的比重达到84.8%。非传统产业投资258.13亿元，占工业投资的比重达到68.8%。

分经济类型看，国有投资1028.77亿元，增长2.3%；非国有投资998.94亿元，下降2.0%，其中：民间投资964.92亿元，下降4.0%。

表7　2016年分行业固定资产投资

| 指　　标 | 投资额（万元） | 比2015年增长（%） |
|---|---|---|
| 总 计 | 20277123 | 0.1 |
| 农、林、牧、渔业 | 510184 | 40.9 |
| 采矿业 | 678120 | 7.7 |
| 制造业 | 1888573 | -7.1 |
| 电力、热力、燃气及水的生产和供应业 | 1186872 | -35.5 |
| 建筑业 | 29021 | -48.6 |
| 批发和零售业 | 264936 | -21.6 |
| 交通运输、仓储和邮政业 | 711517 | 36.9 |
| 住宿和餐饮业 | 78413 | 37.6 |
| 信息传输、软件和信息技术服务业 | 276721 | 60 |
| 金融业 | 4547 | 20.6 |
| 房地产业 | 9554367 | -4.6 |
| 房地产开发 | 6819017 | 12.9 |
| 租赁和商务服务业 | 92516 | 6.2 |
| 科学研究和技术服务业 | 300774 | 10.9 |
| 水利、环境和公共设施管理业 | 3900714 | 25.9 |
| 居民服务和其他服务业 | 14322 | 12.4 |
| 教育 | 262516 | -12.5 |
| 卫生和社会工作 | 279297 | 5.1 |
| 文化、体育和娱乐业 | 105421 | -4.6 |
| 公共管理和社会组织 | 138292 | 64.1 |

全年在建固定资产投资项目1327个。其中：5亿元以上项目194个，计划总投资3779.26亿元，完成投资870.16亿元，占全市固定资产投资的比重为42.9%；10亿元以上项目110个，计划总投资3203.12亿元，完成投资705.53亿元，占全市固定资产投资的比重为34.8%。

**房地产开发：**全年房地产开发投资681.90亿元，比上年增长12.9%。住宅投资495.54亿元，增长11.9%，其中：90平方米以下住房投资158.15亿元，占住宅投资的比重为31.9%；商业营业用房投资52.05亿元，增长17.2%。全年商品房竣工面积572.20万平方米，商品房销售额468.41亿元。

## 六、国内贸易

**消费品零售：**全年社会消费品零售总额1666.24亿元，比上年增长8.1%。其中：城镇消费品零售额1530.62亿元，增长6.8%；乡村消费品零售额135.62亿元，增长26.5%。

表8　2016年社会消费品零售总额

| 指　　标 | 零售额（亿元） | 比2015年增长（%） |
|---|---|---|
| 社会消费品零售总额 | 1666.24 | 8.1 |
| 分地域：城 镇 | 1530.62 | 6.8 |
| 其中：城 区 | 1310.24 | 4.3 |
| 乡 村 | 135.62 | 26.5 |
| 分行业：批发业 | 219.29 | 30.6 |
| 零售业 | 1368.10 | 5.6 |
| 住宿业 | 9.44 | 5.0 |
| 餐饮业 | 69.41 | 2.4 |

图6　2012-2016年社会消费品零售总额

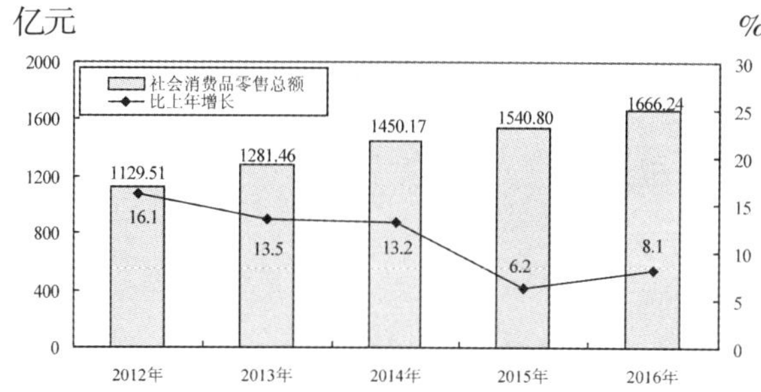


限额以上贸易企业零售额916.11亿元，比上年增长6.4%，占社会消费品零售总额的55.0%。限额以上批发零售业企业通过互联网实现商品零售额16.45亿元，增长56.3%。

表9　2016年限额以上批发零售业商品零售类值

| 指　　标 | 零售额（万元） | 比2015年增长（%） |
|---|---|---|
| 汽车类 | 3028762 | 4.8 |
| 石油及制品类 | 707057 | -8.8 |
| 文化办公用品类 | 32124 | -24.8 |
| 体育、娱乐用品类 | 28994 | 1.2 |
| 书报杂志类 | 33605 | -3.1 |
| 通讯器材类 | 34250 | -13.9 |
| 家用电器和音像器材类 | 484985 | 12.2 |
| 中西药品类 | 720697 | 20.7 |
| 建筑及装潢材料类 | 3758 | -31.1 |
| 日用品类 | 155644 | 2.1 |
| 五金电料类 | 68152 | 310.4 |
| 家具类 | 39422 | 92.2 |
| 粮油、食品、饮料、烟酒类 | 1394927 | 8.7 |
| 服装类 | 988013 | 13.5 |
| 化妆品类 | 139419 | 22.4 |
| 金银珠宝类 | 135191 | -15.9 |

## 七、对外经济

**进出口贸易：**全年外贸进出口总额133.14亿美元，比上年增长24.8%。其中：出口额83.29亿美元，增长26.4%；进口额49.85亿美元，增长22.2%。

图7　2012-2016年外贸进出口总额

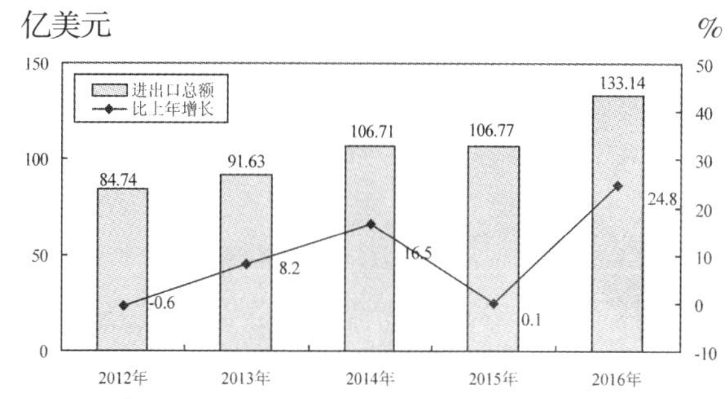


出口商品中，不锈钢材、机电产品分别为11.82亿美元、66.31亿美元，占出口额的93.8%。煤炭、焦炭、金属

镁分别为0.02亿美元、0.16亿美元、0.62亿美元，占出口额的1.0%。

表10 2016年外贸进出口总额

| 指 标 | 绝对数（亿美元） | 比2015年增长（%） |
|---|---|---|
| 进出口总额 | 133.14 | 24.8 |
| 出口额 | 83.29 | 26.4 |
| 其中：一般贸易 | 11.60 | -16.6 |
| 加工贸易 | 71.20 | 38.7 |
| 其中：机电产品 | 66.31 | 46.6 |
| 高新技术产品 | 61.78 | 63.6 |
| 其中：国有企业 | 15.55 | -27.8 |
| 外商投资企业 | 61.94 | 62.8 |
| 进口额 | 49.85 | 22.2 |
| 其中：一般贸易 | 8.51 | 1.0 |
| 加工贸易 | 40.76 | 26.4 |
| 其中：机电产品 | 35.88 | 37.6 |
| 高新技术产品 | 31.15 | 50.8 |
| 其中：国有企业 | 13.75 | -6.1 |
| 外商投资企业 | 34.82 | 47.0 |

注：高新技术产品和机电产品分类有交叉。

有贸易往来的国家和地区166个。年进出口额在千万美元以上的国家和地区52个，比上年减少4个。

**招商引资：**全年新设立外商投资企业12家。实际利用外商直接投资额4.62亿美元，下降45.7%。

## 八、交通、邮电和旅游

**交通运输：**年末全市公路线路里程累计达到7401公里，其中高速公路287公里。公路密度105.9公里/百平方公里。太原地区铁路客运量2641.40万人次，增长1.7%；铁路货运量3403.64万吨，下降22.9%。公路客运量876.00万人，下降19.3%；公路货运量15043.00万吨，增长5.3%。航空客运量984.78万人次，增长11.4%；航空货运量4.91万吨，增长7.9%。

年末全市民用汽车保有量127.23万辆，比上年末增长13.3%，其中私人汽车114.34万辆，增长15.2%。本年新注册汽车18.50万辆，增长21.6%。年末轿车保有量80.35万辆，增长14.3%，其中私人轿车75.20万辆，增长15.4%；本年新注册轿车11.67万辆，增长22.9%。

**邮电：**全年邮电业务总量154.60亿元，比上年增长44.2%，其中：邮政业务总量6.70亿元，增长14.4%；电信业务总量147.90亿元，增长45.9%。年末市话到达80.43万户。农话到达3.30万户。移动电话用户691.22万户，其中：3G、4G移动电话用户分别为58.55万户和447.28万户。全市固定及移动电话用户总数达到774.95万户。每百人拥有电话178部，其中：固定电话和移动电话普及率分别达到24部/百人和159部/百人。计算机互联网用户135.12万户，其中：宽带网用户132.27万户。

**旅游：**全市接待海内外游客5688.12万人次，比上年增长15.8%。其中：国内游客5666.17万人次，增长15.8%；海外游客21.95万人次，增长4.5%。海外游客中：外国人15.46万人次，香港同胞3.63万人次，澳门同胞0.43万人次，台湾同胞2.43万人次。全年旅游总收入683.98亿元，增长16.3%。其中：国内旅游收入678.66亿元，增长16.3%；旅游外汇收入0.84亿美元，增长4.8%。

## 九、金融和保险

**金融：**年末全市金融机构本外币各项存款余额11497.49亿元，增长6.2%；本外币各项贷款余额12016.78亿元，增长12.0%。人民币各项存款余额11070.04亿元，增长4.5%，其中：个人储蓄存款余额3661.76亿元，增长6.7%；人民币各项贷款余额10103.36亿元，增长11.9%。人民币贷款中，中长期贷款余额6707.47亿元，增长21.5%；短期贷款余额2820.85亿元，下降0.8%。

年末上市公司达到19家，其中：主板16家，中小板2家，创业板1家。"新三板"挂牌企业达到37家。

**保险：**全年原保险保费收入220.17亿元，增长37.0%。其中：寿险业务保费收入150.85亿元，增长45.6%；健康险业务保费收入15.68亿元，增长43.1%；意外伤害险业务保费收入4.36亿元，增长30.4%；财产险业务保费收入49.28亿元，增长15.2%。

支付各类赔款及给付54.38亿元，增长26.3%。其中：寿险业务给付27.00亿元，增长51.2%；健康险业务赔款及给付3.79亿元，增长49.5%；意外伤害险业务赔款1.19亿元，增长29.0%；财产险业务赔款22.40亿元，增长3.0%。

## 十、城市建设

**基础设施建设：**实施城市主次干道、桥梁、支路网建设64项，总计建设里程116公里，五一路、滨河西路南延、卧虎山路、新晋祠路、摄乐桥等43个新建和改建项目相继完工。轨道交通2号线一期全面开工，汾河美化治理三期工程快速推进，海绵城市启动试点建设。2016年启动城中村改造26个，22个村基本完成整村拆除。既有居住建筑节能改造643万平方米，完工518万平方米。

年末全市天然气供气总量9.31亿立方米，供气能力58亿立方米，新增供气能力18亿立方米。集中供热扩网2546万平方米。年末城市公交运营车辆2253辆，其中：公共汽车2147辆，电车106辆。公交运营线路网长度3250公里，年客运量4.35亿人次。更换纯电动出租车8292辆，安装充电桩2451个。公共自行车服务点保持1285个，累计投放自行车4.1万辆。

**城市绿化：**和平公园、晋阳街公园已建成对市民开放。实施了太山龙泉寺景区综合整治、青龙古镇景观绿化

和明太原县城景观等工程。太原植物园、动物园、迎泽公园等11个公园建设改造相继开工。创建省级园林单位4个，省级园林道路1条。全市共有综合性公园38个，专类公园11个，带状公园5个，街头游园243个，社区游园43个，街旁绿地181块。建成区绿化覆盖面积达到14369公顷，园林绿地面积12655公顷，公园绿地面积4099公顷。建成区绿化覆盖率41.65%，绿地率36.68%，人均公园绿地面积11.88平方米。

## 十一、教育和科学技术

**教育：**年末共有普通高等院校44所（其中高职院校23所），成人高等院校8所，中等职业教育学校58所，普通高中88所，普通初中130所，小学433所，幼儿园709所。

表11 2016年各类教育学生数

| 指 标 | 招生（人） | 在校生（人） | 毕业生（人） |
|---|---|---|---|
| 研究生 | 8298 | 24354 | 7429 |
| 普通高等教育 | 122329 | 432234 | 108299 |
| 成人高等教育 | 21369 | 79440 | 41188 |
| 中等职业教育 | 21836 | 75753 | 29252 |
| 普通高中 | 27312 | 82222 | 29428 |
| 普通初中 | 40105 | 117861 | 44039 |
| 普通小学 | 52229 | 286678 | 42072 |
| 特殊教育 | 269 | 1260 | 260 |
| 学前教育 | 40740 | 113894 | 38301 |

全市学前三年毛入园率95.6%。小学学龄儿童入学率、初中生入学率、巩固率均达到国家标准。2016年我市高考一本、二本达线率和录取率在全省继续名列前茅。

**科学技术：**全年技术市场共登记技术合同1483项，成交金额119.50亿元。国家认定的企业技术中心11家，省级企业技术中心90家。年末累计建成13个国家级重点实验室（国家级工程实验室、国家级工程研究中心），拥有8个国家级科技企业孵化器和35个“院士工作站”。年末累计认定高新技术企业533家。全年获得国家科技奖励4项。全市发明专利申请量3511件、授权量1538件，有效发明专利拥有量6252件。规模以上工业高新技术产业增加值247.14亿元，占地区生产总值的比重为8.4%。

年末高新区、经济区、民营区共有入区企业8153家。全年实现科工贸总收入2880亿元，增长0.5%。

## 十二、文化、卫生和体育

**文化：**年末全市共有专业、具备规模的民营艺术表演团体18个。群艺文化馆12个，博物馆12个。公共图书馆馆藏图书747.86万册。国家综合档案馆12个，馆藏档案资料153.58万卷（件、册）。广播节目11套，电视节目16套。有线广播电视用户104.46万户（其中数字电视用户103.42万户），有线电视入户率90.6%。广播人口覆盖率99.8%，电视人口覆盖率99.8%。完成电视连续剧《钟楼街往事》和《廉吏于成龙》的剧本创作和拍摄。创作晋剧《唐宗归晋》、《古槐人家》，话剧《夏至》，音乐剧《安卓》，数字电影《丹凤阁传奇》，微电影《情系营改增》等30余部作品，晋剧《于成龙》荣膺文化部国家舞台艺术精品创作工程重点扶持剧目。全年荣获国际奖1项、国家奖5项、省级地区奖5项。年末共列入国家级非物质文化遗产保护项目17项、省级保护项目67项、市级保护项目135项。

**卫生：**年末共有卫生机构2759个（不含村卫生室），医疗床位37897张。每千人拥有医疗床位8.7张。各类卫生技术人员55389人，其中：执业（助理）医师20835人，注册护士26172人。每千人拥有医生4.8人。实际参加新型农村合作医疗的农民102.4万人，参合率99.3%。创建全省首家“易护到家”服务平台和“医养结合”示范基地。建成1个国家级名老中医传承工作室、2个全国综合医院中医药工作示范单位。

**体育：**全年太原运动员在国内外大赛中，获得27枚金牌、27枚银牌、29枚铜牌，52个第四至第八名。成功承办“太原国际马拉松赛”、“龙城赛龙舟”等大型赛事，全面启动第二届全国青年运动会筹备工作。“全国篮球城市”、“汾河体育健身长廊”等体育名片的宣传力和影响力继续扩大。全年销售中国体育彩票7.3亿元，稳居全省第一。

## 十三、人民生活和社会保障

**人民生活：**全年居民人均可支配收入27169元，比上年增长6.9%。按常住地分，城镇居民人均可支配收入29632元，增长6.9%，城镇居民人均消费支出16775元，增长8.5%；农村居民人均可支配收入14591元，增长7.1%，农村居民人均消费支出10929元，增长8.0%。城乡居民收入比为2.03:1，与上年持平。

**社会保障：**全市企业职工参加养老保险85.36万人，参加城镇基本医疗保险244.63万人，参加失业保险89.86万人，参加工伤保险96.36万人，参加生育保险97.12万人。年末城市低保覆盖人口2.96万人，农村低保覆盖人口2.54万人，4057人纳入农村五保供养，全年发放最低保障资金3.41亿元。

全市各类收养类单位40个，床位6623张，收养5075人。救济农村五保户4042户，城市临时救助12281户次，农村临时救助6133户次。年内新建城乡日间照料中心130个。

## 十四、环境保护和安全生产

**环境质量：**全年市区空气质量二级以上天数232天，达标比率为63.4%。空气污染综合指数7.68%。集中式饮用水源地水质达标率保持100%，地表水环境功能区水质达标率75%，市区区域环境噪声年均值52.9分贝、交通噪声年均值68.1分贝。全年$PM_{2.5}$达标265天，达标比率为72.4%。

**气温降水**：全年平均气温8.8~11.5℃，降水量489.4~665.7mm。地下水水位平均上升1.1米。全社会用水量7.76亿立方米，其中：生活用水2.82亿立方米，农业灌溉用水2.00亿立方米，工业生产用水2.64亿立方米，生态用水0.30亿立方米。

**安全生产**：全年各类安全生产事故发生数比上年下降1.8%。其中：商贸制造业、交通运输和仓储业事故起数分别下降57.1%、6.1%。未发生重特大生产安全事故。煤炭百万吨死亡率为0。

注：

1.本公报数据为统计部门和其它相关部门初步统计数据。

2.地区生产总值、各产业（行业）增加值绝对数按现价计算，增长速度按不变价格计算；根据第三次全国经济普查结果和国家统计局2012年制定的《三次产业划分规定》对相关数据进行了修订。

3.按照统计制度要求，我国CPI每五年进行一次基期轮换，2016年1月开始使用2015年作为新一轮的对比基期，参考联合国制定的《按目的划分的个人消费分类》（COICOP）和国家统计局发布的《居民消费支出分类（2013）》对2016年CPI调查目录进行了调整。

4.“农业机械总动力”指标统计口径调整，增减情况与上年不可比。

5.规模以上工业企业是指年主营业务收入在2000万元及以上的法人工业企业；固定资产投资统计起点为项目计划总投资500万元及以上；限额以上批发零售企业是指年销售额2000万元及以上的批发企业和年销售额500万元及以上的零售企业。

6.邮电业务总量按2010年不变价格计算。

7.环境空气优良天数按照国家环保部发布的《环境空气质量评价技术规范》（试行）HJ663-2013的标准进行评价。

8.根据国家统计局规定，各省市节能降耗指标单独发布。

# 目 录

# CONTENTS

## 一、综合

## General Survey

## 二、人口、计划生育和社会治安

**Population, Family Planning and Social Security**

## 三、从业人员和劳动报酬

## Emplyment and Wages



## 四、固定资产投资、建筑业

## Investment in Fixed Assets and Construction

## 五、能源消费与库存

## Energy Consumption and Inventory

## 六、物价指数

## Price Indicators



## 七、住户调查

## Household Survey

## 八、公用事业

**Public Utilities**



## 九、农业

**Agriculture**

## 十、工业、交通运输和邮电

## Industry, Transportation and Telecommunications

## 十一、国内外贸易和旅游

## Domestic and Foreign trade , Tourism

## 十二、财政、金融、税务和保险

## Finance, Banking, Taxation and Insurance

## 十三、科教、文卫、体育和民政

**Science, Education, Culture, Public health, Sports and Civil Affairs**

# 第 1 篇

# 综合

## *General Survey*

## 资料整理、审核

任永刚　　贾常晋　　刘建程　　崔　晰

张　琳　　常　轶　　王晋伟　　许丽娟

周丽丽　　曹孟洁

# 1-1 太原市县(市、区)及乡镇、办事处名称

## Names of districts, counties, towns and subdistrict offices in taiyuan

| 县 级 | 乡 级 |
|---|---|
| 小店区 | 北格镇、刘家堡乡、西温庄乡、坞城街办、营盘街办、北营街办、平阳路街办、黄陵街办、小店街办、龙城街办 |
| 迎泽区 | 郝庄镇、迎泽街办、桥东街办、文庙街办、柳巷街办、老军营街办、庙前街办 |
| 杏花岭区 | 中涧河乡、小返乡、三桥街办、敦化坊街办、巨轮街办、涧河街办、鼓楼街办、杏花岭街办、坝陵桥街办、大东关街办、职工新街街办、杨家峪街办 |
| 尖草坪区 | 向阳镇、阳曲镇、马头水乡、柏板乡、西墕乡、汇丰街办、古城街办、柴村街办、迎新街街办、南寨街办、上兰街办、新城街办、光社街办、尖草坪街办 |
| 万柏林区 | 王封乡、化客头街办、东社街办、千峰街办、下元街办、和平街办、万柏林街办、兴华街办、南寒街办、杜儿坪街办、白家庄街办、长风西街街办、小井峪街办、西铭街办、神堂沟街办 |
| 晋源区 | 金胜镇、晋祠镇、姚村镇、义井街办、罗城街办、晋源街办 |
| 古交市 | 河口镇、马兰镇、镇城底镇、阁上乡、嘉乐泉乡、梭峪乡、岔口乡、常安乡、原相乡、邢家社乡、东曲街办、西曲街办、桃园街办、屯兰街办 |
| 清徐县 | 清源镇、东于镇、徐沟镇、孟封镇、马峪乡、柳杜乡、西谷乡、王答乡、集义乡 |
| 阳曲县 | 黄寨镇、东黄水镇、大盂镇、泥屯镇、侯村乡、凌井店乡、高村乡、杨兴乡、西凌井乡、北小店乡 |
| 娄烦县 | 娄烦镇、杜交曲镇、静游镇、庙湾乡、马家庄乡、盖家庄乡、米峪镇乡、天池店乡 |

# 1-2 行政区划

## Administrative division

单位：个

| 指 标 | 街道办事处 | 社区居委会 | 乡政府 | 镇政府 | 村民委员会 | 自然村 |
|---|---|---|---|---|---|---|
| **总 计** | **53** | **639** | **31** | **21** | **894** | **1512** |
| 小店区 | 7 | 118 | 2 | 1 | 38 | 43 |
| 迎泽区 | 6 | 95 |  | 1 | 19 | 33 |
| 杏花岭区 | 10 | 116 | 2 |  | 31 | 39 |
| 尖草坪区 | 9 | 63 | 3 | 2 | 84 | 94 |
| 万柏林区 | 14 | 115 | 1 |  | 43 | 58 |
| 晋源区 | 3 | 43 |  | 3 | 79 | 96 |
| 清徐县 |  | 24 | 5 | 4 | 188 | 203 |
| 阳曲县 |  | 11 | 6 | 4 | 117 | 344 |
| 娄烦县 |  | 6 | 5 | 3 | 142 | 217 |
| 古交市 | 4 | 37 | 7 | 3 | 146 | 369 |
| 高新区 |  | 1 |  |  |  |  |
| 经济区 |  | 10 |  |  |  |  |
| 民营区 |  |  |  |  | 7 | 16 |

# 1-3 自然资源
## Natural resources

| 指 标 | 单 位 | 数 量 |
|---|---|---|
| **一、人口、土地** | | |
| 全市户籍总人口 | 人 | 3702518 |
| 人口密度（按户籍人口计算） | 人/平方公里 | 530 |
| 土地面积 | 平方公里 | 6988 |
| **二、气候** | | |
| 平均气温 | 摄氏度 | 11.2 |
| 极端最低气温 | 摄氏度 | -20.9 |
| 极端最高气温 | 摄氏度 | 35.2 |
| 日照时间 | 小时 | 2730.4 |
| 无霜期 | 天 | 203 |
| 总降水量 | 毫米 | 528.4 |
| **三、林地** | | |
| 当年造林面积 | 千公顷 | 10.3 |
| 森林覆盖率 | % | 23.0 |
| **四、水利** | | |
| 采用总量合计 | 万立方米 | 65719.47 |
| 地下水采用总量 | 万立方米 | 25495.19 |
| 地表水采用总量 | 万立方米 | 40224.28 |
| **五、矿产（保有量）** | | |
| 煤矿 | 亿吨 | 145.6 |
| 铁矿 | 万吨 | 49454 |
| 溶剂灰岩 | 万吨 | 11530 |
| 水泥灰岩 | 万吨 | 14645 |
| 石膏 | 万吨 | 6285 |

注：矿产数据取自山西省矿产资源储量简表，截止到2015年年底数字。

# 1-4 土地状况
## Land status

单位：平方公里

| 指 标 | 面 积 | 占总面积（%） |
|---|---|---|
| **总面积** | **6988.00** | **100.0** |
| **按地形分** | | |
| 平原 | 1240.00 | 17.7 |
| 丘陵 | 2117.00 | 30.3 |
| 山地 | 3631.00 | 52.0 |
| **按特征分** | | |
| **农用地** | **4326.75** | **61.9** |
| # 耕地 | 1161.33 | 23.1 |
| 园地 | 169.68 | 2.4 |
| 林地 | 2759.04 | 39.5 |
| 草地 | 0.34 | 0.01 |
| **建设用地** | **813.21** | **11.6** |
| 城镇村及工矿用地 | 706.86 | 10.1 |
| 交通运输用地 | 68.28 | 1.0 |
| 水域及水利设施用地 | 38.07 | 0.5 |
| **其他土地** | **1848.04** | **26.5** |

注：土地状况为2015年底数。

# 1-5 取水情况
## Usage of water

单位：万立方米

| 指　标 | 2016 | 2015 |
|---|---|---|
| **总取水量** | **77620.00** | **74658.61** |
| **按取水用途分** | **65719.47** | **65366.51** |
| 生活 | 21836.70 | 20314.03 |
| 生产 | 40885.87 | 42561.52 |
| 生态 | 2996.90 | 2490.96 |
| **按水源分** | | |
| 河川径流 | 40224.28 | 37541.15 |
| 河水 | 40044.62 | 37541.15 |
| 地下水 | 25495.19 | 27825.36 |
| #深层水 | 16331.54 | 21950.40 |
| 另：污水利用量 | 11900.53 | 9292.10 |

# 1-6 按行政区划分土地面积及人口密度
## Land area and population density by administrative division

| 指　标 | 土地面积（平方公里） | 常住人口（人） | 人口密度（人/平方公里） |
|---|---|---|---|
| **总　计** | **6988** | **4344429** | **622** |
| **市辖区合计** | **1460** | **3548037** | **2430** |
| 小 店 区 | 295 | 834814 | 2830 |
| 迎 泽 区 | 117 | 610358 | 5217 |
| 杏花岭区 | 170 | 663272 | 3902 |
| 尖草坪区 | 285 | 430465 | 1510 |
| 万柏林区 | 305 | 779038 | 2554 |
| 晋 源 区 | 288 | 230090 | 799 |
| **县（市）合计** | **5528** | **796392** | **144** |
| 清 徐 县 | 609 | 353186 | 580 |
| 阳 曲 县 | 2059 | 122511 | 60 |
| 娄 烦 县 | 1276 | 108442 | 85 |
| 古 交 市 | 1584 | 212253 | 134 |

注：常住人口为抽样人口数。

# 1-7 社会经济主要指标人均水平

## Major Per capita Indicators economy

| 指 标 | 单位 | 1985 | 1990 | 1995 | 2000 | 2005 | 2009 | 2014 | 2015 | 2016 |
|---|---|---|---|---|---|---|---|---|---|---|
| **一、地区生产总值** | **元** | **1905** | **3648** | **8331** | **13021** | **26294** | **44319** | **59023** | **63483** | **68234** |
| 原煤 | 吨 | 9.92 | 11.03 | 11.20 | 8.36 | 13.17 | 10.05 | 8.50 | 9.26 | 6.60 |
| 发电量 | 千瓦小时 | 1075.96 | 1428.63 | 3122.47 | 3731.02 | 4671.15 | 5937.88 | 5983.37 | 5975.68 | 6445.66 |
| 粗钢 | 公斤 | 659.31 | 738.01 | 854.64 | 821.45 | 1037.05 | 2414.30 | 2669.13 | 2503.25 | 2553.72 |
| 成品钢材 | 公斤 | 361.98 | 384.54 | 575.72 | 841.16 | 1277.96 | 2371.05 | 2529.96 | 2363.84 | 2421.25 |
| 水泥 | 公斤 | 327.50 | 287.43 | 532.81 | 558.59 | 925.42 | 1304.97 | 1254.41 | 1109.52 | 1172.59 |
| 粮食 | 公斤 | 131.23 | 150.63 | 119.50 | 96.79 | 85.75 | 91.36 | 79.05 | 69.47 | 72.23 |
| 蔬菜 | 公斤 | 198.43 | 229.97 | 244.44 | 411.00 | 420.76 | 366.54 | 298.90 | 298.99 | 301.92 |
| 猪牛羊肉 | 公斤 | 5.17 | 6.65 | 12.02 | 15.64 | 17.25 | 11.76 | 10.60 | 11.13 | 11.11 |
| 奶 | 公斤 | 8.67 | 13.61 | 13.19 | 15.12 | 27.25 | 27.95 | 23.23 | 23.68 | 25.77 |
| **二、社会消费品零售总额** | **元** | **771** | **1381** | **3111** | **6224** | **11282** | **20699** | **33817** | **35759** | **38467** |
| **三、人民生活** | | | | | | | | | | |
| 城镇居民可支配收入 | 元 | 646 | 1573 | 3939 | 6019 | 10476 | 15607 | 25768 | 27727 | 29632 |
| 城镇居民消费性支出 | 元 | 585 | 1357 | 3409 | 5341 | 7806 | 11708 | 14430 | 15455 | 16775 |
| # 食品 | 元 | 308 | 653 | 1588 | 1750 | 2412 | 3764 | 3558 | 3585 | 3538 |
| 衣着 | 元 | 112 | 241 | 514 | 564 | 1050 | 1313 | 1584 | 1589 | 1488 |
| 居住 | 元 | | 36 | 194 | 388 | 856 | 1390 | 3237 | 3355 | 4242 |
| 农村常住居民人均可支配收入 | 元 | 526 | 763 | 1444 | 2643 | 4402 | 6828 | 12616 | 13626 | 14591 |
| 城乡居民储蓄存款年末余额 | 元 | 486 | 1894 | 7064 | 13788 | 30110 | 59800 | 77555 | 79654 | 84536 |

注:2014 年以前农村常住居民人均可支配收入为农民人均纯收入。

# 1-8 国民经济主要比例关系

## The main proportion of the national economy

单位：%

| 指 标 | 1985 | 1990 | 1995 | 2000 | 2005 | 2010 | 2014 | 2015 | 2016 |
|---|---|---|---|---|---|---|---|---|---|
| **一、地区生产总值三次产业增加值比例** | | | | | | | | | |
| 第一产业 | 6.5 | 6.3 | 5.1 | 3.9 | 2.3 | 1.6 | 1.5 | 1.4 | 1.3 |
| 第二产业 | 66.9 | 55.5 | 47.1 | 41.8 | 47.1 | 44.1 | 40.0 | 37.3 | 36.1 |
| 第三产业 | 26.6 | 38.2 | 47.8 | 54.3 | 50.6 | 54.3 | 58.5 | 61.3 | 62.6 |
| **二、工业总产值轻重比例（不变价）** | | | | | | | | | |
| 轻工业 | 25.8 | 25.0 | 20.7 | 18.7 | 7.6 | 7.9 | 6.1 | 6.8 | 6.5 |
| 重工业 | 74.2 | 75.0 | 79.3 | 81.3 | 92.4 | 92.1 | 93.9 | 93.2 | 93.5 |
| **三、农林牧渔总产值内部比例（不变价）** | | | | | | | | | |
| 农业产值 | 74.3 | 69.1 | 56.9 | 57.9 | 51.9 | 59.4 | 59.3 | 58.0 | 57.1 |
| 林业产值 | 6.2 | 2.7 | 3.6 | 2.2 | 1.5 | 8.9 | 10.1 | 9.4 | 9.7 |
| 牧业产值 | 19.3 | 27.5 | 38.7 | 39.2 | 39.8 | 27.7 | 25.8 | 27.4 | 27.9 |
| 渔业产值 | 0.2 | 0.7 | 0.8 | 0.7 | 0.8 | 0.7 | 0.4 | 0.4 | 0.4 |
| 农林牧渔服务业 | | | | | 6.0 | 3.3 | 4.4 | 4.8 | 4.9 |
| **四、固定资产投资三次产业比例** | | | | | | | | | |
| 第一产业 | 0.3 | 0.7 | 0.1 | 0.7 | 0.7 | 1.5 | 1.5 | 1.8 | 2.4 |
| 第二产业 | 61.9 | 74.2 | 52.9 | 48.9 | 72.5 | 28.4 | 25.3 | 22.5 | 18.6 |
| 第三产业 | 37.8 | 25.1 | 47.0 | 50.4 | 26.8 | 70.1 | 73.2 | 75.7 | 79.0 |
| **五、固定资产投资额占地区生产总值比例** | **44.0** | **28.0** | **30.1** | **26.4** | **49.1** | **51.4** | **69.0** | **74.1** | **68.6** |
| **六、地方财政收入占地区生产总值比例** | **11.5** | **9.8** | **5.8** | **5.4** | **6.4** | **7.8** | **10.2** | **10.0** | **9.6** |

注：1.2005 年起工业总产值轻重比例为规模以上工业按当年价格计算。

2.2009 年起农林牧渔总产值内部比例按当年价格计算。

# 1-9 人民物质文化生活提高情况

## Conditions of People´s material and cultural life

| 指　标 | 单位 | 1985 | 1990 | 1995 | 2000 | 2005 | 2010 | 2014 | 2015 | 2016 |
|---|---|---|---|---|---|---|---|---|---|---|
| **一、城乡居民收入** | | | | | | | | | | |
| 农村居民人均可支配收入 | 元 | 526 | 763 | 1444 | 2643 | 4402 | 7611 | 12616 | 13626 | 14591 |
| 城镇居民人均可支配收入 | 元 | 646 | 1573 | 3939 | 6019 | 10476 | 17258 | 25768 | 27727 | 29632 |
| 城镇非私营单位在岗职工平均工资（含铁路驻并单位） | 元 | 1199 | 2351 | 5538 | 8394 | 18547 | 38838 | 56885 | 60515 | 64820 |
| **二、平均每人居住面积** | | | | | | | | | | |
| 城镇居民 | 平方米 | 5.63 | 7.07 | 8.15 | 10.13 | 11.94 | 13.65 | 35.00 | 39.00 | 39.00 |
| 农村居民 | 平方米 | | | | 26.00 | 28.60 | 35.14 | | | |
| **三、每百户居民拥有耐用消费品（抽样）** | | | | | | | | | | |
| 电冰箱 | | | | | | | | | | |
| 城镇居民 | 台 | 2 | 52 | 68 | 90 | 96 | 98 | 88 | 93 | 96 |
| 农民 | 台 | | 2 | 12 | 27 | 34 | 53 | 63 | 68 | 75 |
| 彩色电视机 | | | | | | | | | | |
| 城镇居民 | 台 | 17 | 84 | 98 | 115 | 119 | 110 | 104 | 104 | 105 |
| 农民 | 台 | 3 | 9 | 36 | 65 | 85 | 105 | 103 | 105 | 106 |
| 洗衣机 | | | | | | | | | | |
| 城镇居民 | 台 | 64 | 95 | 88 | 94 | 99 | 97 | 95 | 97 | 99 |
| 农民 | 台 | 12 | 33 | 50 | 59 | 64 | 89 | 88 | 91 | 95 |
| **四、每千人拥有卫生技术人员和医疗卫生床位数** | | | | | | | | | | |
| 每千人拥有卫生技术人员 | 人 | 10.4 | 10.6 | 10.6 | 9.6 | 9.0 | 10.9 | 11.4 | 12.2 | 12.8 |
| 每千人拥有医疗卫生床位数 | 张 | 7.8 | 8.8 | 8.5 | 8.0 | 7.0 | 7.6 | 9.2 | 8.5 | 8.7 |
| **五、储蓄** | | | | | | | | | | |
| 城乡居民储蓄存款年末余额 | 亿元 | 11.29 | 48.76 | 197.54 | 419.63 | 1183.95 | 2386.79 | 3325.78 | 3432.12 | 3661.76 |
| 平均每人储蓄存款余额 | 元 | 486 | 1894 | 7064 | 13788 | 30110 | 61943 | 77555 | 79654 | 84536 |

注：1.2014 年以前农村居民人均可支配收入为农民人均纯收入。
2.2013 年起城镇居民每人居住面积为建筑面积。

# 1-10 主要年份地区生产总值(按当年价格计算)

## Gross Domestic Product in Major years(At Constant Prices calculation)

| 年 份 | 地区生产总值(万元) | 第一产业 | 第二产业 | #工业 | 第三产业 | 人均GDP(元/人) |
|---|---|---|---|---|---|---|
| 1952 | 23254 | 5462 | 8478 | 6693 | 9314 | 281 |
| 1957 | 56180 | 6503 | 31848 | 22952 | 17829 | 418 |
| 1962 | 57561 | 5693 | 32500 | 30383 | 19368 | 389 |
| 1965 | 90129 | 9243 | 63524 | 59517 | 17362 | 573 |
| 1970 | 112489 | 10879 | 83496 | 80874 | 18114 | 654 |
| 1975 | 143898 | 15360 | 102906 | 99874 | 25632 | 752 |
| 1978 | 186758 | 11036 | 140152 | 123482 | 35570 | 937 |
| 1980 | 222998 | 13961 | 156965 | 138361 | 52072 | 1075 |
| 1985 | 442126 | 28885 | 295782 | 239985 | 117459 | 1905 |
| 1990 | 939154 | 58755 | 520827 | 453958 | 359572 | 3648 |
| 1995 | 2330302 | 118405 | 1098481 | 916245 | 1113416 | 8331 |
| 1996 | 2816550 | 155484 | 1297001 | 1036916 | 1364065 | 9879 |
| 1997 | 3270713 | 155584 | 1464366 | 1123811 | 1650763 | 11265 |
| 1998 | 3507880 | 162090 | 1540109 | 1185511 | 1805681 | 11912 |
| 1999 | 3645620 | 145302 | 1558760 | 1218172 | 1941558 | 12242 |
| 2000 | 3962652 | 154936 | 1656880 | 1298969 | 2150836 | 13021 |
| 2001 | 4512131 | 143440 | 1919746 | 1486525 | 2448945 | 13452 |
| 2002 | 5031377 | 175155 | 2080977 | 1579489 | 2775245 | 14915 |
| 2003 | 6136637 | 179952 | 2677365 | 2041164 | 3279320 | 18099 |
| 2004 | 7637621 | 209264 | 3534977 | 2697006 | 3893380 | 22423 |
| 2005 | 8995771 | 201903 | 4240499 | 3223916 | 4553369 | 26294 |
| 2006 | 10418835 | 194405 | 4761286 | 3702587 | 5463144 | 30326 |
| 2007 | 12917719 | 196389 | 6360520 | 5192419 | 6360810 | 37444 |
| 2008 | 15261555 | 229807 | 7367734 | 5941734 | 7664014 | 44054 |
| 2009 | 15453488 | 285603 | 6705966 | 4929369 | 8461919 | 44322 |
| 2010 | 17813546 | 302806 | 7846278 | 5756569 | 9664462 | 46230 |
| 2011 | 20837040 | 338486 | 9261621 | 6721243 | 11236933 | 49377 |
| 2012 | 23307210 | 360209 | 10055429 | 7355478 | 12891572 | 54894 |
| 2013 | 24629174 | 371617 | 10270599 | 7209830 | 13986958 | 57720 |
| 2014 | 25310917 | 388627 | 10123118 | 7028126 | 14799172 | 59023 |
| 2015 | 27353442 | 373954 | 10201765 | 6921129 | 16777723 | 63483 |
| 2016 | 29556045 | 387731 | 10674889 | 7093233 | 18493425 | 68234 |

注：1.2001年起人均GDP为按抽样调查总人口计算，其余年份为按公安户籍人口计算。
2.2009年至2013年为第三次经普调整后数据。
3.2013-2014年地区生产总值数据执行《国民经济行业分类》（GB/T4754-2011）和《三次产业划分规定》（国统字[2012] 108号）。

# 1-11 主要年份地区生产总值构成

## Composition of GDP in Major Years

单位：%

| 年 份 | 地区生产总值 | 第一产业 | 第二产业 | #工业 | 第三产业 |
|---|---|---|---|---|---|
| 1952 | 100.0 | 23.5 | 36.5 | 28.8 | 40.0 |
| 1957 | 100.0 | 11.6 | 56.7 | 40.9 | 31.7 |
| 1962 | 100.0 | 9.9 | 56.5 | 52.8 | 33.6 |
| 1965 | 100.0 | 10.3 | 70.5 | 66.0 | 19.2 |
| 1970 | 100.0 | 9.7 | 74.2 | 71.9 | 16.1 |
| 1975 | 100.0 | 10.7 | 71.5 | 69.4 | 17.8 |
| 1978 | 100.0 | 5.9 | 75.0 | 66.1 | 19.1 |
| 1980 | 100.0 | 6.3 | 70.4 | 62.0 | 23.3 |
| 1985 | 100.0 | 6.5 | 66.9 | 54.3 | 26.6 |
| 1990 | 100.0 | 6.3 | 55.5 | 48.3 | 38.2 |
| 1995 | 100.0 | 5.1 | 47.1 | 39.3 | 47.8 |
| 1996 | 100.0 | 5.5 | 46.0 | 36.8 | 48.5 |
| 1997 | 100.0 | 4.8 | 44.8 | 34.4 | 50.4 |
| 1998 | 100.0 | 4.6 | 43.9 | 33.8 | 51.5 |
| 1999 | 100.0 | 4.0 | 42.8 | 33.4 | 53.2 |
| 2000 | 100.0 | 3.9 | 41.8 | 32.8 | 54.3 |
| 2001 | 100.0 | 3.2 | 42.5 | 32.9 | 54.3 |
| 2002 | 100.0 | 3.5 | 41.4 | 31.4 | 55.1 |
| 2003 | 100.0 | 2.9 | 43.7 | 33.3 | 53.4 |
| 2004 | 100.0 | 2.7 | 46.3 | 35.3 | 51.0 |
| 2005 | 100.0 | 2.3 | 47.1 | 35.8 | 50.6 |
| 2006 | 100.0 | 1.9 | 45.7 | 35.5 | 52.4 |
| 2007 | 100.0 | 1.5 | 49.2 | 40.2 | 49.3 |
| 2008 | 100.0 | 1.5 | 48.3 | 38.9 | 50.2 |
| 2009 | 100.0 | 1.9 | 43.4 | 31.9 | 54.7 |
| 2010 | 100.0 | 1.7 | 44.1 | 32.4 | 54.2 |
| 2011 | 100.0 | 1.7 | 44.4 | 32.2 | 53.9 |
| 2012 | 100.0 | 1.6 | 43.1 | 31.5 | 55.3 |
| 2013 | 100.0 | 1.5 | 41.7 | 29.3 | 56.8 |
| 2014 | 100.0 | 1.5 | 40.0 | 27.8 | 58.5 |
| 2015 | 100.0 | 1.4 | 37.3 | 25.3 | 61.3 |
| 2016 | 100.0 | 1.3 | 36.1 | 24.0 | 62.6 |

# 1-12 主要年份地区生产总值指数
## Indices of Gross Domestic Product in Major Years

单位：%

| 年 份 | 地区生产总值 | 第一产业 | 第二产业 | #工业 | 第三产业 |
|---|---|---|---|---|---|
| 1957 | 106.7 | 98.1 | 111.1 | 119.0 | 102.7 |
| 1962 | 92.5 | 86.6 | 90.3 | 94.2 | 98.8 |
| 1965 | 120.4 | 97.9 | 132.6 | 134.9 | 98.8 |
| 1970 | 164.3 | 110.0 | 198.0 | 202.1 | 109.9 |
| 1975 | 116.5 | 105.5 | 121.3 | 120.6 | 106.0 |
| 1978 | 128.9 | 89.7 | 134.2 | 124.0 | 126.7 |
| 1980 | 106.5 | 112.1 | 102.7 | 100.3 | 118.9 |
| 1985 | 105.4 | 91.7 | 105.5 | 106.4 | 108.2 |
| 1990 | 109.1 | 126.8 | 107.9 | 102.0 | 109.3 |
| 1995 | 113.0 | 102.6 | 113.3 | 116.0 | 113.3 |
| 1996 | 112.6 | 115.9 | 112.5 | 108.7 | 112.6 |
| 1997 | 110.5 | 103.3 | 110.0 | 107.7 | 112.2 |
| 1998 | 108.8 | 105.0 | 110.1 | 109.7 | 106.5 |
| 1999 | 107.7 | 96.9 | 106.5 | 108.2 | 111.2 |
| 2000 | 109.0 | 106.8 | 108.1 | 108.7 | 111.1 |
| 2001 | 111.8 | 90.9 | 110.5 | 108.2 | 114.2 |
| 2002 | 112.0 | 121.0 | 112.2 | 111.3 | 111.3 |
| 2003 | 115.6 | 104.1 | 118.8 | 117.8 | 113.9 |
| 2004 | 115.9 | 102.7 | 119.6 | 117.7 | 113.8 |
| 2005 | 115.6 | 101.1 | 116.2 | 117.6 | 115.8 |
| 2006 | 112.1 | 93.8 | 110.5 | 111.4 | 114.4 |
| 2007 | 116.8 | 100.5 | 120.9 | 125.6 | 113.7 |
| 2008 | 108.5 | 101.4 | 103.0 | 101.3 | 114.0 |
| 2009 | 102.6 | 104.1 | 93.1 | 87.1 | 110.8 |
| 2010 | 111.3 | 104.9 | 111.4 | 111.0 | 111.4 |
| 2011 | 110.6 | 103.5 | 111.0 | 110.4 | 110.5 |
| 2012 | 110.9 | 105.5 | 109.3 | 111.2 | 112.4 |
| 2013 | 108.4 | 102.8 | 110.3 | 109.0 | 107.1 |
| 2014 | 103.3 | 104.3 | 101.0 | 100.8 | 105.1 |
| 2015 | 108.9 | 101.3 | 106.0 | 105.7 | 111.4 |
| 2016 | 107.5 | 103.2 | 107.3 | 106.7 | 107.7 |

# 1-13　地区生产总值及构成
## Gross Domestic Product and composition

| 指　　标 | 绝对额(万元) | | 构成(%) | |
|---|---|---|---|---|
| | 2016 | 2015 | 2016 | 2015 |
| **地区生产总值** | **29556045** | **27353442** | **100.0** | **100.0** |
| 农林牧渔业 | 405072 | 390897 | 1.4 | 1.4 |
| 工业 | 7093233 | 6921129 | 24.0 | 25.3 |
| 建筑业 | 3581656 | 3280636 | 12.1 | 12.0 |
| 批发和零售业 | 3370042 | 3368198 | 11.4 | 12.3 |
| 交通运输、仓储和邮政业 | 1525730 | 1376216 | 5.2 | 5.0 |
| 住宿和餐饮业 | 1189093 | 1110378 | 4.0 | 4.1 |
| 金融业 | 4377347 | 3735965 | 14.8 | 13.7 |
| 房地产业 | 1599884 | 1434383 | 5.4 | 5.2 |
| 其他服务业 | 6413988 | 5735640 | 21.7 | 21.0 |
| **第一产业** | **387731** | **373954** | **1.3** | **1.4** |
| **第二产业** | **10674889** | **10201765** | **36.1** | **37.3** |
| **第三产业** | **18493425** | **16777723** | **62.6** | **61.3** |

注：按照国家统计局2012年制定的《三次产业划分规定》，第一产业农林牧渔业，不含农林牧渔服务业；农林牧渔服务业属于第三产业。

# 1-14　总产出(按当年价格计算)
## Total output(At Constant Prices calculation)

单位：万元

| 指　　标 | 2016 | 2015 |
|---|---|---|
| **总产出** | **97762043** | **87704885** |
| # 工业 | 29206255 | 26522925 |
| 建筑业 | 29556573 | 25506852 |
| 批发和零售业 | 6265519 | 6389766 |
| 交通运输、仓储和邮政业 | 3901882 | 3519754 |
| **第一产业** | **729905** | **703090** |
| **第二产业** | **58762828** | **52029777** |
| **第三产业** | **38269310** | **34972018** |

## 1-15 支出法地区生产总值(按当年价格计算)

Gross Domestic Product by expenditure approach(At Constant Prices calculation)

单位：万元

| 指 标 | 2016 | 2015 | 为 2015 年% |
|---|---|---|---|
| **总 计** | **29556045** | **27353442** | **107.5** |
| **一、最终消费** | **13542170** | **12416384** | **108.0** |
| 居民消费 | 10681905 | 9727731 | 108.6 |
| 农村居民 | 756943 | 704945 | 106.2 |
| 城镇居民 | 9924962 | 9022786 | 108.8 |
| 政府消费 | 2860265 | 2688653 | 105.7 |
| **二、资本形成总额** | **15949453** | **15621496** | **102.1** |
| 固定资本形成总额 | 14897661 | 14528208 | 102.5 |
| 存货增加 | 1051792 | 1093288 | 96.2 |
| **三、货物和服务净出口** | **64422** | **–684438** | |

## 1-16 支出法地区生产总值构成(按当年价格计算)

Components of GDP by Expenditure Approach(At Constant Prices calculation)

单位：%

| 指 标 | 2016 | 2015 |
|---|---|---|
| **总 计** | **100.0** | **100.0** |
| **一、最终消费** | **45.8** | **45.4** |
| 居民消费 | 36.1 | 35.6 |
| 农村居民 | 2.5 | 2.6 |
| 城镇居民 | 33.6 | 33.0 |
| 政府消费 | 9.7 | 9.8 |
| **二、资本形成总额** | **54.0** | **57.1** |
| 固定资本形成总额 | 50.4 | 53.1 |
| 存货增加 | 3.6 | 4.0 |
| **三、货物和服务净出口** | **0.2** | **–2.5** |

## 1-17 资本形成总额

Gross capital formation

单位：万元

| 指 标 | 2016 | 2015 |
|---|---|---|
| **总 计** | **15949453** | **15621496** |
| **固定资本形成总额** | **14897661** | **14528208** |
| # 住宅 | 4421719 | 4245011 |
| 非住宅建筑物 | 5301341 | 5068633 |
| 机器和设备 | 2394007 | 2486611 |
| **存货增加** | **1051792** | **1093288** |
| # 农林牧渔业 | 1315 | –9871 |
| 工业 | 199766 | 225198 |
| 建筑业 | 3549 | –1158 |
| 批发零售业 | 103130 | 101369 |

# 1-18 太原市主要年份国民经济主要指标
## Main indicators of national economy in Major Year of Taiyuan

| 指　　标 | 1985 | 1990 | 1995 | 2000 | 2005 | 2010 | 2014 | 2015 | 2016 |
|---|---|---|---|---|---|---|---|---|---|
| 年末户籍常住人口(人) | 2344452 | 2612087 | 2827710 | 3087491 | 3403874 | 3654990 | 3697425 | 3673857 | 3702518 |
| 按性别分 | | | | | | | | | |
| 男性 | 1258322 | 1384876 | 1490281 | 1607655 | 1766902 | 1867963 | 1875995 | 1858619 | 1870490 |
| 女性 | 1086130 | 1227211 | 1337429 | 1479836 | 1636972 | 1787027 | 1821430 | 1815238 | 1832028 |
| 按城镇、乡村分 | | | | | | | | | |
| 城镇人口 | 1425235 | 1636344 | 1832597 | 2039240 | 2389268 | 2630159 | 2646722 | 2919276 | 259577 |
| 乡村人口 | 919217 | 975743 | 995113 | 1048251 | 1014606 | 1024831 | 1050703 | 754581 | 757618 |
| 社会从业人员(人) | 1377500 | 1592200 | 1773000 | 1611200 | 1616195 | 1760476 | 2174700 | 2227500 | 2322200 |
| 按三次产业分 | | | | | | | | | |
| 第一产业 | 235500 | 248400 | 258000 | 276800 | 271587 | 242519 | 246400 | 251700 | 250400 |
| 第二产业 | 770000 | 853400 | 872000 | 611500 | 530983 | 569339 | 676600 | 649200 | 654200 |
| 第三产业 | 372000 | 490400 | 643000 | 722900 | 813625 | 948618 | 1251700 | 1326700 | 1417600 |
| 按职工、非职工分 | | | | | | | | | |
| 城镇非私营单位职工 | 989000 | 1111000 | 1124000 | 884117 | 757996 | 846286 | 1078240 | 1050453 | 1040529 |
| #国有 | 756000 | 892000 | 919000 | 533148 | 458206 | 460685 | 482200 | 462583 | 458419 |
| 集体 | 233000 | 219000 | 205000 | 119411 | 62939 | 47730 | 35641 | 34621 | 32199 |
| 城镇私营企业和个体从业人员 | 8000 | 61000 | 127000 | 217056 | 355324 | 422952 | 603189 | 682044 | 794249 |
| 农村从业人员 | 351000 | 385000 | 434000 | 503753 | 502875 | 491238 | 493271 | 495003 | 487422 |
| 城镇非私营单位在岗职工工资总额(万元) | 115920 | 257007 | 609421 | 724376 | 1378220 | 3147504 | 6013680 | 6229561 | 6459585 |
| #国有单位职工 | 94900 | 220674 | 529353 | 441159 | 828598 | 1705528 | 2885596 | 3204005 | 3429502 |
| 城镇集体单位职工 | 21020 | 35909 | 67586 | 60029 | 54590 | 83962 | 118093 | 122401 | 129767 |
| 城镇非私营单位在岗职工年平均工资(元) | 1199 | 2351 | 5538 | 8394 | 18547 | 38838 | 56885 | 60515 | 64820 |
| #国有单位职工 | 1279 | 2510 | 5788 | 8460 | 18375 | 37684 | 62022 | 71070 | 76831 |
| 城镇集体单位职工 | 938 | 1696 | 3371 | 5285 | 9192 | 18255 | 34756 | 37637 | 42249 |
| 城镇居民人均可支配收入(元) | 646 | 1573 | 3939 | 6019 | 10476 | 17258 | 25768 | 27727 | 29632 |
| 城镇居民人均消费性支出(元) | 585 | 1357 | 3409 | 5341 | 7806 | 12106 | 14430 | 15455 | 16775 |
| #食品 | 308 | 653 | 1588 | 1750 | 2412 | 3710 | 3558 | 3585 | 3538 |
| 衣着 | 112 | 241 | 514 | 564 | 1050 | 1234 | 1584 | 1589 | 1488 |
| 居住 | | 36 | 194 | 388 | 857 | 1172 | 3237 | 3355 | 4242 |
| 农村常住居民人均可支配收入(元) | 526 | 763 | 1444 | 2643 | 4402 | 7611 | 12616 | 13626 | 14591 |
| 农民人均生活消费支出(元) | | | | 1634 | 2601 | 3879 | 9444 | 10124 | 10929 |
| #食品 | | | | 696 | 909 | 1312 | 2450 | 2578 | 2726 |
| 衣着 | | | | 204 | 350 | 493 | 852 | 893 | 916 |
| 居住 | | | | 225 | 334 | 642 | 2543 | 2787 | 2985 |
| 地区生产总值(万元) | 442126 | 939154 | 2330302 | 3962652 | 8995771 | 17813546 | 25310917 | 27353442 | 29556045 |
| 第一产业 | 28885 | 58755 | 118405 | 154936 | 201903 | 302806 | 388627 | 373954 | 387731 |
| 第二产业 | 295782 | 520827 | 1098481 | 1656880 | 4240499 | 7846278 | 10123118 | 10201765 | 10674889 |
| 工业 | 239985 | 453958 | 916245 | 1298969 | 3223916 | 5756569 | 7028126 | 6921129 | 7093233 |
| 建筑业 | 55797 | 66869 | 182236 | 357911 | 1016583 | 2089709 | 3094992 | 3280636 | 3581656 |
| 第三产业 | 117459 | 359572 | 1113416 | 2150836 | 4553369 | 9664462 | 14799172 | 16777723 | 18493425 |
| 人均生产总值(元/人) | 1905 | 3648 | 8331 | 13021 | 26294 | 46230 | 59023 | 63483 | 68234 |
| 地区生产总值指数(%) | 105.4 | 109.1 | 113.0 | 109.0 | 115.6 | 111.3 | 103.3 | 108.9 | 107.5 |
| 第一产业 | 91.7 | 126.8 | 102.6 | 106.8 | 101.1 | 104.9 | 104.3 | 101.3 | 103.2 |
| 第二产业 | 105.5 | 107.9 | 113.3 | 108.1 | 116.2 | 111.4 | 101.0 | 106.0 | 107.3 |

## 1-18 续表1

| 指　　标 | 1985 | 1990 | 1995 | 2000 | 2005 | 2010 | 2014 | 2015 | 2016 |
|---|---|---|---|---|---|---|---|---|---|
| 工业 | 106.4 | 102.0 | 116.0 | 108.7 | 117.6 | 111.0 | 100.8 | 105.7 | 106.7 |
| 建筑业 | 99.5 | 150.1 | 99.9 | 105.0 | 112.1 | 112.4 | 101.7 | 106.8 | 108.6 |
| 第三产业 | 108.2 | 109.3 | 113.3 | 111.1 | 115.8 | 111.4 | 105.1 | 111.4 | 107.7 |
| 全社会固定资产投资额(万元) | 194510 | 262924 | 701894 | 1047702 | 4385077 | 9164811 | 17460868 | 20256080 | 20277123 |
| 全社会竣工房屋面积(平方米) | 3585900 | 2870100 | 2848000 | 4420700 | 6064048 | 7795531 | 9435193 | 7002156 | 6380083 |
| 全社会新增固定资产(万元) | 126292 | 212335 | 517719 | 876782 | 1193234 | 4114718 | 11325373 | 9597538 | 8838010 |
| 商品零售价格总指数(以上年价格为100) | 112.0 | 100.7 | 114.5 | 96.0 | 100.2 | 102.6 | 100.7 | 98.6 | 100.8 |
| 食品类 | | 99.7 | 124.2 | 93.8 | 103.7 | 108.2 | 103.3 | 100.3 | 103.4 |
| 服装鞋帽类 | | 106.9 | 119.1 | 100.6 | 96.3 | 96.9 | 102.5 | 103.3 | 101.4 |
| 纺织品类 | | 106.9 | 120.1 | 94.9 | 98.0 | 109.6 | 102.2 | 98.4 | 99.2 |
| 中西药品及医疗保健用品类 | | 99.1 | 114.3 | 101.3 | 98.7 | 105.8 | 100.6 | 101.0 | 103.1 |
| 文化和体育用品类 | | 93.3 | 104.0 | 99.3 | | | | | |
| 文化办公用品类 | | | | | 99.4 | 97.6 | 98.0 | 97.4 | 99.6 |
| 体育娱乐用品类 | | | | | 99.1 | 97.9 | 101.2 | 99.1 | 100.9 |
| 日用品类 | | 99.8 | 109.0 | 98.0 | 100.7 | 99.0 | 99.8 | 99.4 | 101.0 |
| 家用电器类 | | 93.1 | 102.2 | 95.6 | 97.3 | 92.6 | 96.3 | 97.6 | 98.3 |
| 燃料类 | | 119.9 | 105.9 | 107.6 | 112.8 | 117.0 | 98.2 | 88.1 | 98.4 |
| 建筑装璜材料类 | 112.0 | 100.4 | 102.8 | 99.4 | 102.1 | 97.7 | 98.6 | 98.0 | 100.7 |
| 居民消费品价格总指数(以上年价格为100) | | 101.7 | 116.8 | 103.6 | 101.1 | 103.0 | 102.2 | 100.4 | 101.2 |
| 食品类 | | 99.7 | 123.4 | 93.2 | 103.8 | 108.4 | 103.2 | 100.3 | 103.3 |
| 衣着类 | | 106.9 | 116.8 | 99.6 | 96.2 | 97.2 | 102.5 | 103.4 | |
| 家庭设备用品及维修服务类 | | 99.8 | 106.5 | 98.6 | 100.0 | 100.8 | 104.4 | 100.0 | |
| 医疗保健和个人用品类 | | 99.1 | 113.7 | 101.1 | 101.6 | 102.6 | 100.7 | 100.3 | |
| 交通和通讯类 | | 147.7 | 94.9 | 97.8 | 96.3 | 97.7 | 100.5 | 98.7 | |
| 娱乐教育文化用品及服务类 | | 93.3 | 112.3 | 96.4 | 101.9 | 101.8 | 102.2 | 100.4 | |
| 居住类 | | 105.9 | 111.9 | 107.0 | 102.4 | 101.2 | 101.4 | 99.8 | |
| 食品烟酒 | | | | | | | | | 103.3 |
| 衣着 | | | | | | | | | 101.4 |
| 居住 | | | | | | | | | 99.4 |
| 生活用品及服务 | | | | | | | | | 100.3 |
| 交通和通信 | | | | | | | | | 98.6 |
| 教育文化和娱乐 | | | | | | | | | 102.0 |
| 医疗保健 | | | | | | | | | 102.2 |
| 服务项目类价格总指数(以上年价格为100) | | 110.2 | 107.3 | 162.1 | 102.9 | 102.4 | 103.2 | 100.6 | 100.8 |
| 农林牧渔业总产值(万元,按当年价格计算) | 38744 | 73925 | 193432 | 246156 | 344060 | 560634 | 760400 | 739124 | 767905 |
| 农业产值 | 28489 | 47608 | 120504 | 163107 | 199305 | 336794 | 451781 | 428567 | 438166 |
| 林业产值 | 2266 | 1877 | 4382 | 4020 | 12088 | 49426 | 76362 | 69118 | 74208 |
| 牧业产值 | 7942 | 22069 | 66859 | 77344 | 114172 | 154140 | 196441 | 202345 | 214411 |
| 渔业产值 | 47 | 662 | 1687 | 1685 | 2689 | 3063 | 3083 | 3060 | 3120 |
| 农林牧渔服务业产值 | | | | | 15806 | 17210 | 33733 | 36035 | 38000 |
| 农林牧渔业总产值指数(以上年价格为100) | 99.6 | 108.3 | 102.2 | 106.9 | 101.3 | 104.9 | 104.9 | 101.8 | 102.9 |
| 农业产值 | | 107.9 | 95.9 | 110.1 | 99.6 | 102.6 | 103.5 | 100.2 | 104.2 |
| 林业产值 | | 93.0 | 106.8 | 102.4 | 74.7 | 105.5 | 105.9 | 103.4 | 93.4 |
| 牧业产值 | | 110.8 | 112.8 | 102.8 | 104.9 | 106.9 | 107.4 | 103.9 | 102.9 |
| 渔业产值 | | 116.5 | 103.6 | 103.7 | 107.6 | 119.7 | 94.5 | 99.3 | 100.4 |

1-18 续表2

| 指 标 | 1985 | 1990 | 1995 | 2000 | 2005 | 2010 | 2014 | 2015 | 2016 |
|---|---|---|---|---|---|---|---|---|---|
| 农林牧渔服务业产值 | | | | | 100.8 | 127.0 | 108.7 | 106.5 | 105.5 |
| 主要农作物播种面积(千公顷) | 145.34 | 145.72 | 139.23 | 136.82 | 118.56 | 113.55 | 101.94 | 100.33 | 98.12 |
| 粮食 | 107.61 | 116.25 | 107.93 | 100.35 | 83.48 | 84.78 | 76.12 | 75.57 | 73.44 |
| 棉花 | 0.23 | 0.12 | 0.86 | 0.83 | 0.22 | 0.08 | 0.02 | 0.01 | 0.01 |
| 油料 | 22.70 | 13.52 | 13.90 | 11.05 | 5.05 | 3.11 | 2.50 | 2.31 | 1.78 |
| 主要农产品产量 | | | | | | | | | |
| 粮食(吨) | 304534 | 387806 | 334171 | 294557 | 291865 | 321585 | 338981 | 299327 | 312869 |
| 棉花(吨) | 133 | 96 | 849 | 998 | 276 | 105 | 22 | 14 | 8 |
| 油料(吨) | 16756 | 13882 | 6636 | 10557 | 3845 | 2721 | 3087 | 2995 | 2375 |
| 肉类(吨) | 12001 | 17109 | 33603 | 47606 | 65135 | 49975 | 53466 | 56011 | 56441 |
| 禽蛋(吨) | 7428 | 20003 | 35272 | 44361 | 43165 | 36412 | 29011 | 29920 | 30929 |
| 工业企业单位数(个) | 1560 | 1981 | 2033 | 383 | 489 | 480 | 406 | 408 | 355 |
| 按经济类型分 | | | | | | | | | |
| 国有经济 | 289 | 331 | 335 | 178 | 95 | 37 | 18 | 19 | 11 |
| 集体经济 | 1270 | 1638 | 1601 | 89 | 60 | 40 | 19 | 16 | 13 |
| 其他 | 1 | 12 | 97 | 116 | 334 | 403 | 369 | 373 | 331 |
| 按轻重工业分 | | | | | | | | | |
| 轻工业 | 713 | 877 | 727 | 128 | 111 | 107 | 79 | 81 | 77 |
| 重工业 | 847 | 1104 | 1306 | 255 | 378 | 373 | 327 | 327 | 278 |
| 工业企业总产值(万元,按 1990 不变价格计算) | 620037 | 1276457 | 2588265 | 3105189 | 9213954 | 20003397 | 24310044 | 21592702 | 22074174 |
| 按经济类型分 | | | | | | | | | |
| 国有经济 | 536776 | 1063635 | 2008511 | 697609 | 715540 | 662004 | 557915 | 1215862 | 12013514 |
| 集体经济 | 81674 | 204830 | 443982 | 197970 | 164977 | 147631 | 108972 | 60132 | 51373 |
| 其他 | 1587 | 7992 | 135772 | 2209610 | 8333437 | 19193762 | 23643157 | 20316708 | 10009287 |
| 按轻重工业分 | | | | | | | | | |
| 轻工业 | 150649 | 334579 | 449580 | 528811 | 703205 | 1400948 | 1490784 | 1470754 | 1443971 |
| 重工业 | 469388 | 941878 | 2138685 | 2576378 | 8510749 | 18602449 | 22819260 | 20121948 | 20630204 |
| 主要工业产品产量 | | | | | | | | | |
| 原煤(万吨) | 2140 | 2840 | 3133 | 2544 | 4482 | 3775 | 3645.12 | 3988.88 | 2858.17 |
| 发电量(万千瓦时) | 347800 | 367800 | 873200 | 1135500 | 1594000 | 2038000 | 2566000 | 2574800 | 2792000 |
| 粗钢(万吨) | 152.73 | 190.24 | 238.82 | 249.90 | 353.34 | 850.00 | 1144.60 | 1078.60 | 1106.17 |
| 生铁(万吨) | 110.97 | 160.00 | 241.00 | 292.00 | 394.22 | 696.90 | 852.67 | 777.37 | 771.68 |
| 焦炭(万吨) | 152.56 | 386.33 | 893.24 | 836.00 | 1201.00 | 1268.00 | 1078.64 | 1029.40 | 1069.21 |
| 水泥(万吨) | 76.20 | 73.94 | 148.70 | 170.00 | 272.65 | 582.50 | 484.87 | 478.07 | 492.72 |
| 太原地区铁路货运量(万吨) | 2398 | 3295 | 3735 | 4278 | 6113 | 5064 | 4330 | 4414 | 3404 |
| 太原地区铁路客运量(万人次) | 814 | 878 | 992 | 864 | 1074 | 2210 | 2620 | 2598 | 2641 |
| 公路货运量(万吨) | 1852 | 4458 | 9249 | 8600 | 11593 | 8783 | 14206 | 14286 | 15043 |
| 邮电业务总量(万元) | 1470 | 3890 | 36723 | 238105 | 540873 | 1452903 | 905857 | 1072137 | 1546030 |
| 社会消费品零售总额(万元) | 229781 | 456637 | 1116123 | 1894200 | 3840302 | 8258458 | 14501658 | 15407962 | 16662362 |
| 外商直接投资(万美元) | 43 | 141 | 4500 | 7280 | 16490 | 58501 | 107673 | 85049 | 46214 |
| 接待海外旅游人数(人次) | 9695 | 13519 | 23594 | 47886 | 100859 | 283194 | 200679 | 210065 | 219486 |
| 接待国内旅游人数(万人次) | 173 | 277 | 462 | 860 | 1408 | 1995 | 4196 | 4892 | 5666 |
| 一般公共预算收入(万元) | 50872 | 92130 | 134263 | 214828 | 569525 | 1384809 | 2588527 | 2742403 | 2826893 |

1-18 续表3

| 指 标 | 1985 | 1990 | 1995 | 2000 | 2005 | 2010 | 2014 | 2015 | 2016 |
|---|---|---|---|---|---|---|---|---|---|
| 一般公共预算支出(万元) | 32519 | 61055 | 146653 | 245873 | 718390 | 1896358 | 3226934 | 4199913 | 4240666 |
| #基本建设支出 | 4657 | 4674 | 11529 | 5392 | 25197 | | | | |
| 文教科卫支出 | 7645 | 15259 | 35510 | 53994 | 141640 | 532802 | 952291 | 1086343 | 1186938 |
| #教育事业费支出 | | | | 35688 | 92774 | 359491 | 527157 | 620878 | 703360 |
| 学校数(所) | 2057 | 2009 | 1967 | 1890 | 1400 | 1003 | 804 | 792 | 884 |
| #普通高等学校 | 9 | 12 | 13 | 12 | 32 | 42 | 43 | 43 | 44 |
| 中等专业学校 | 41 | 46 | 48 | 47 | 28 | 30 | 32 | 32 | 32 |
| 普通中学 | 278 | 223 | 235 | 237 | 251 | 230 | 228 | 224 | 218 |
| 小学 | 1664 | 1646 | 1575 | 1503 | 1003 | 607 | 423 | 416 | 433 |
| 在校学生数(人) | 451732 | 442897 | 518546 | 649236 | 980584 | 1154723 | 1162875 | 1158152 | 1145194 |
| #普通高等学校 | 26976 | 32463 | 44480 | 72689 | 265535 | 329712 | 540233 | 546581 | 536028 |
| 中等专业学校 | 17711 | 29323 | 43323 | 83107 | 53475 | 76540 | 65021 | 56392 | 50463 |
| 普通中学 | 151704 | 126591 | 131401 | 173635 | 222462 | 239953 | 217920 | 206557 | 200083 |
| 小学 | 241219 | 232653 | 269039 | 295062 | 317752 | 267325 | 261282 | 275621 | 286678 |
| 专任教师数(人) | 31419 | 36427 | 39028 | 43109 | 55733 | 63377 | 65661 | 65596 | 67114 |
| #普通高等学校 | 4910 | 6031 | 6056 | 6669 | 16223 | 20912 | 23791 | 23771 | 23308 |
| 中等专业学校 | 2369 | 3221 | 3543 | 3373 | 1623 | 2266 | 2713 | 2689 | 2707 |
| 普通中学 | 10159 | 11203 | 11663 | 13775 | 16005 | 17134 | 18477 | 18792 | 18911 |
| 小学 | 12526 | 13415 | 14747 | 16637 | 17388 | 17079 | 16691 | 16379 | 17093 |
| 毕业生数(人) | 96239 | 102370 | 111805 | 131606 | 223103 | 323154 | 322795 | 313479 | 316768 |
| #普通高等学校 | 4997 | 8088 | 12421 | 12572 | 53735 | 97398 | 147659 | 151583 | 156916 |
| 中等专业学校 | 4956 | 10037 | 11635 | 15027 | 16252 | 26875 | 23795 | 24587 | 20519 |
| 普通中学 | 36732 | 40519 | 32638 | 44537 | 64141 | 71310 | 75429 | 73908 | 73467 |
| 小学 | 45648 | 37058 | 45576 | 48260 | 49201 | 52792 | 42558 | 36073 | 42072 |
| 卫生机构数(个) | 932 | 998 | 972 | 1002 | 1954 | 2527 | 2662 | 2791 | 2759 |
| #医院 | 194 | 220 | 221 | 131 | 194 | 191 | 178 | 185 | 185 |
| 卫生机构床位数(张) | 18332 | 22944 | 24082 | 24817 | 23652 | 27771 | 36022 | 36760 | 37897 |
| #医院 | 16721 | 21248 | 22174 | 19317 | 21736 | 24703 | 33917 | 34828 | 35852 |
| 卫生技术人员(人) | 24328 | 27780 | 30101 | 28418 | 29549 | 39930 | 48820 | 52662 | 55072 |
| #医院 | 15732 | 19429 | 21594 | 21855 | 22728 | 28529 | 36307 | 39463 | 41518 |

注：1.2015年以前城镇、乡村人口数分别为农业、非农业人口数。
2.本表地区生产总值、社会消费品零售总额2005年至2008年为第二次经济普查调整后口径。
3.2014年以前农村常住居民人均可支配收入为农民人均纯收入。
4.2016年国家对城镇居民消费品价格指数八类指标进行调整。
5.工业企业单位数、工业企业总产值2000年以前为乡及乡以上口径，以后为规模以上工业口径，2005年起为当年价。
6.2011年起固定资产投资起点由计划总投资50万元以上的项目提高到500万元以上，且没有全社会固定资产统计指标。
7.2011年邮电业务总量采用新口径计算。
8.2005年起社会消费品总额不含未通过市场直接向消费者出售的产品。
9.2005年以前外商直接投资包括间接投资。
10.教育指标中不包括幼儿园。
11.卫生指标中不含村卫生室数。

# 第2篇

# 人口、计划生育和社会治安

## *Population, Family Planning and Social Security*

# 资料整理、审核

刘利祯　　王翠莲　　刘红芳　　刘俊欢

张　炜

# 2-1 人口
# Population

| 指　标 | 年末人口（人） | 为上年（%） |
|---|---|---|
| **户籍常住人口** | **3702518** | **100.78** |
| 按性别分 | | |
| 男 | 1870490 | 100.64 |
| 女 | 1832028 | 100.92 |
| 按城镇和乡村分 | | |
| 城镇人口 | 2944900 | 100.88 |
| 乡村人口 | 757618 | 100.40 |
| 按地区分 | | |
| 市辖区 | 2873395 | 100.79 |
| 县(市) | 829123 | 100.74 |
| **暂住人口** | **1280686** | **105.28** |

注：本表为公安数据。

# 2-2 户籍常住人口
# Permanent resident population

单位：人、户

| 指　标 | 合　计 | 按城镇、乡村分 | | 按性别分 | | 性别比例(女=100) | 总户数 |
|---|---|---|---|---|---|---|---|
| | | 城镇人口 | 乡村人口 | 男性人口 | 女性人口 | | |
| **总　计** | **3702518** | **2944900** | **757618** | **1870490** | **1832028** | **102.10** | **1172286** |
| **市辖区合计** | **2873395** | **2613818** | **259577** | **1447519** | **1425876** | **101.52** | **852723** |
| 小 店 区 | 629407 | 542441 | 86966 | 314560 | 314847 | 99.91 | 178461 |
| 迎 泽 区 | 537955 | 522227 | 15728 | 263912 | 274043 | 96.30 | 155923 |
| 杏花岭区 | 600680 | 584020 | 16660 | 303261 | 297419 | 101.96 | 179633 |
| 尖草坪区 | 334610 | 292083 | 42527 | 171574 | 163036 | 105.24 | 109647 |
| 万柏林区 | 568259 | 540507 | 27752 | 294847 | 273412 | 107.84 | 164074 |
| 晋 源 区 | 202484 | 132540 | 69944 | 99365 | 103119 | 96.36 | 64985 |
| **县（市）合计** | **829123** | **331082** | **498041** | **422971** | **406152** | **104.14** | **319563** |
| 清 徐 县 | 332113 | 128872 | 203241 | 164948 | 167165 | 98.67 | 122842 |
| 阳 曲 县 | 151981 | 39185 | 112796 | 77864 | 74117 | 105.06 | 64277 |
| 娄 烦 县 | 126320 | 32904 | 93416 | 65524 | 60796 | 107.78 | 52316 |
| 古 交 市 | 218709 | 130121 | 88588 | 114635 | 104074 | 110.15 | 80128 |

注：本表为公安数据。

# 2-3　人口自然变动情况
## Natural change of population

单位：人、‰

| 指　标 | 年平均人数 | 出生人口合计 | 性别 |  | 出生婴儿性别比（女=100） | 出生率 | 死亡人口合计 | 性别 |  | 死亡率 | 自然增加人数 | 自然增长率 |
|---|---|---|---|---|---|---|---|---|---|---|---|---|
|  |  |  | 男 | 女 |  |  |  | 男 | 女 |  |  |  |
| **总　计** | **3688188** | **45853** | **23689** | **22164** | **106.88** | **12.43** | **10270** | **6245** | **4025** | **2.78** | **35583** | **9.65** |
| **市辖区合计** | **2862092** | **36272** | **18756** | **17516** | **107.08** | **12.67** | **7899** | **4675** | **3224** | **2.76** | **28373** | **9.91** |
| 小店区 | 626370 | 9927 | 5139 | 4788 | 107.33 | 15.85 | 1357 | 844 | 513 | 2.17 | 8570 | 13.68 |
| 迎泽区 | 534655 | 5924 | 3099 | 2825 | 109.70 | 11.08 | 1456 | 806 | 650 | 2.72 | 4468 | 8.36 |
| 杏花岭区 | 598267 | 6598 | 3404 | 3194 | 106.57 | 11.03 | 1803 | 1003 | 800 | 3.01 | 4795 | 8.01 |
| 尖草坪区 | 335058 | 3600 | 1869 | 1731 | 107.97 | 10.74 | 861 | 530 | 331 | 2.57 | 2739 | 8.17 |
| 万柏林区 | 566502 | 7415 | 3782 | 3633 | 104.10 | 13.09 | 1654 | 1052 | 602 | 2.92 | 5761 | 10.17 |
| 晋源区 | 201242 | 2808 | 1463 | 1345 | 108.77 | 13.95 | 768 | 440 | 328 | 3.82 | 2040 | 10.14 |
| **县（市）合计** | **826096** | **9581** | **4933** | **4648** | **106.13** | **11.60** | **2371** | **1570** | **801** | **2.87** | **7210** | **8.73** |
| 清徐县 | 330327 | 4353 | 2217 | 2136 | 103.79 | 13.18 | 876 | 560 | 316 | 2.65 | 3477 | 10.53 |
| 阳曲县 | 151454 | 1591 | 812 | 779 | 104.24 | 10.50 | 494 | 328 | 166 | 3.26 | 1097 | 7.24 |
| 娄烦县 | 125952 | 1330 | 681 | 649 | 104.93 | 10.56 | 358 | 255 | 103 | 2.84 | 972 | 7.72 |
| 古交市 | 218363 | 2307 | 1223 | 1084 | 112.82 | 10.57 | 643 | 427 | 216 | 2.94 | 1664 | 7.62 |

注：本表为公安数据。

# 2-4　人口机械变动情况
## Demographic changes of population

单位：人

| 指　标 | 迁入人口合计 | 迁入 |  | 迁出人口合计 | 迁出 |  | 净增（+）净减（-） |
|---|---|---|---|---|---|---|---|
|  |  | 省内迁入 | 省外迁入 |  | 迁往省内 | 迁往省外 |  |
| **总　计** | **33618** | **24166** | **9452** | **39422** | **23653** | **15769** | **-5804** |
| **市辖区合计** | **30062** | **21360** | **8702** | **35491** | **20733** | **14758** | **-5429** |
| 小店区 | 9094 | 7028 | 2066 | 12174 | 8204 | 3970 | -3080 |
| 迎泽区 | 6110 | 3789 | 2321 | 5874 | 2918 | 2956 | 236 |
| 杏花岭区 | 4835 | 3211 | 1624 | 3702 | 1635 | 2067 | 1133 |
| 尖草坪区 | 3393 | 2504 | 889 | 5322 | 3287 | 2035 | -1929 |
| 万柏林区 | 5302 | 3753 | 1549 | 7313 | 3843 | 3470 | -2011 |
| 晋源区 | 1328 | 1075 | 253 | 1106 | 846 | 260 | 222 |
| **县（市）合计** | **3556** | **2806** | **750** | **3931** | **2920** | **1011** | **-375** |
| 清徐县 | 1306 | 1035 | 271 | 998 | 731 | 267 | 308 |
| 阳曲县 | 645 | 541 | 104 | 596 | 452 | 144 | 49 |
| 娄烦县 | 667 | 567 | 100 | 672 | 515 | 157 | -5 |
| 古交市 | 938 | 663 | 275 | 1665 | 1222 | 443 | -727 |

注：本表为公安数据。

# 2-5 人口抽样调查
## Population sampling survey

单位：人、‰

| 指 标 | 常住人口 | 出生人口 | 死亡人口 | 平均人口 | 出生率 | 死亡率 | 自增率 | 城镇人口 | 乡村人口 | 城镇化率(%) | 男性人口 | 女性人口 | 性别比(女=100) |
|---|---|---|---|---|---|---|---|---|---|---|---|---|---|
| **太原市** | **4344429** | **43642** | **17888** | **4331552** | **10.08** | **4.13** | **5.95** | **3673193** | **671236** | **84.55** | **2215917** | **2128512** | **104.11** |
| 小 店 区 | 834814 | 9059 | 3424 | 831997 | 10.89 | 4.12 | 6.77 | 764397 | 70417 | 91.56 | 424647 | 410167 | 103.53 |
| 迎 泽 区 | 610358 | 5678 | 1680 | 608359 | 9.33 | 2.76 | 6.57 | 593109 | 17249 | 97.17 | 299327 | 311031 | 96.24 |
| 杏花岭区 | 663272 | 6094 | 2315 | 661383 | 9.21 | 3.50 | 5.71 | 638750 | 24522 | 96.30 | 334006 | 329266 | 101.44 |
| 尖草坪区 | 430465 | 4366 | 1885 | 429225 | 10.17 | 4.39 | 5.78 | 404316 | 26149 | 93.93 | 221569 | 208896 | 106.07 |
| 万柏林区 | 779038 | 8412 | 3202 | 776433 | 10.83 | 4.12 | 6.71 | 760121 | 18917 | 97.57 | 405592 | 373446 | 108.61 |
| 晋 源 区 | 230090 | 2270 | 675 | 229293 | 9.90 | 2.94 | 6.96 | 150881 | 79209 | 65.57 | 117678 | 112412 | 104.68 |
| 清 徐 县 | 353186 | 4055 | 1652 | 351985 | 11.52 | 4.69 | 6.83 | 118514 | 234672 | 33.56 | 180961 | 172225 | 105.07 |
| 阳 曲 县 | 122511 | 703 | 581 | 122450 | 5.74 | 4.74 | 1.00 | 43368 | 79143 | 35.40 | 63672 | 58839 | 108.21 |
| 娄 烦 县 | 108442 | 1021 | 908 | 108386 | 9.42 | 8.38 | 1.04 | 43243 | 65199 | 39.88 | 57004 | 51438 | 110.82 |
| 古 交 市 | 212253 | 1984 | 1566 | 212044 | 9.36 | 7.39 | 1.97 | 156494 | 55759 | 73.73 | 111461 | 100792 | 110.59 |

# 2-6 计划生育综合情况
## Integrated of family planning

单位：人、%

| 指 标 | 育龄妇女人数(15-49)周岁 | 已婚育龄妇女人数 | | | | | 女性初婚 | | | 领取独生子女证 | |
|---|---|---|---|---|---|---|---|---|---|---|---|
| | | 合 计 | 已婚未育 | 现有一孩 | 现有二孩 | 现有三孩以上 | 合 计 | #23岁以上 | 晚婚率 | 人数 | 领证率 |
| **总 计** | **1080161** | **749372** | **52272** | **484758** | **188778** | **23562** | **13347** | **11272** | **84.5** | **509223** | **41.1** |
| 小 店 区 | 197704 | 141262 | 11938 | 93809 | 32935 | 2580 | 3022 | 2586 | 85.6 | 99462 | 47.9 |
| 迎 泽 区 | 162836 | 119228 | 13395 | 84989 | 19569 | 1275 | 4142 | 3898 | 94.1 | 86078 | 37.4 |
| 杏花岭区 | 155354 | 104339 | 7032 | 82235 | 14177 | 895 | 1094 | 982 | 89.8 | 114523 | 47.1 |
| 尖草坪区 | 97129 | 69907 | 2997 | 48270 | 17470 | 1170 | 782 | 613 | 78.4 | 50284 | 39.8 |
| 万柏林区 | 177094 | 125780 | 8873 | 89831 | 25267 | 1809 | 1421 | 1233 | 86.8 | 90265 | 37.4 |
| 晋 源 区 | 54959 | 38590 | 2103 | 19666 | 15196 | 1625 | 747 | 540 | 72.3 | 22182 | 44.4 |
| 古 交 市 | 89168 | 58753 | 2044 | 23241 | 28915 | 4553 | 988 | 575 | 58.2 | 16484 | 31.9 |
| 清 徐 县 | 37387 | 23530 | 853 | 11159 | 10285 | 1233 | 433 | 300 | 69.3 | 16406 | 36.6 |
| 阳 曲 县 | 39524 | 23155 | 1150 | 8588 | 9174 | 4241 | 315 | 223 | 70.8 | 8507 | 28.2 |
| 娄 烦 县 | 69006 | 44828 | 1887 | 22970 | 15790 | 4181 | 403 | 322 | 79.9 | 5032 | 32.1 |

# 2-7　节育情况

## Birth control

单位：例、人、%

| 指　标 | 采取各种节育手术例数 | | | | | | 采取各种节育措施人数 | | | | | | | | | 综合节育率 |
|---|---|---|---|---|---|---|---|---|---|---|---|---|---|---|---|---|
| | 小计 | 男性绝育 | 女性绝育 | 宫内节育器 | 人流 | 取环 | 小计 | 男性绝育 | 女性绝育 | 宫内节育器 | 皮下埋植 | 口服及注射避孕药 | 避孕套 | 外用药 | 其他 | |
| **总　计** | **14246** | **1** | **346** | **13280** | **29** | **590** | **666039** | **1717** | **89869** | **539213** | **94** | **1351** | **28762** | **2** | **5031** | **88.88** |
| 小 店 区 | 3536 | 1 | 119 | 3312 | 2 | 102 | 124304 | 200 | 15683 | 103201 | 9 | 89 | 4325 | | 797 | 88 |
| 迎 泽 区 | 825 | | 16 | 757 | 5 | 47 | 100568 | 74 | 4891 | 83489 | 26 | 154 | 10031 | | 1903 | 84.35 |
| 杏花岭区 | 1111 | | 13 | 1066 | 1 | 31 | 94662 | 91 | 3176 | 81703 | 17 | 305 | 8027 | | 1343 | 90.73 |
| 尖草坪区 | 1389 | | 44 | 1198 | 1 | 146 | 63488 | 73 | 9055 | 52641 | 4 | 76 | 1587 | | 52 | 90.82 |
| 万柏林区 | 3434 | | 113 | 3298 | | 23 | 110820 | 118 | 11641 | 97059 | 12 | 42 | 1918 | 2 | 28 | 88.11 |
| 晋 源 区 | 1211 | | 16 | 1046 | 7 | 142 | 34856 | 9 | 7036 | 26316 | 15 | 269 | 841 | | 370 | 90.32 |
| 古 交 市 | 1849 | | | 1787 | 13 | 49 | 54995 | 17 | 16123 | 37683 | 3 | 37 | 1128 | | 4 | 93.6 |
| 清 徐 县 | 286 | | 24 | 257 | | 5 | 21109 | 25 | 6660 | 14188 | | 36 | 142 | | 58 | 89.71 |
| 阳 曲 县 | 101 | | | 97 | | 4 | 20319 | 204 | 6647 | 12783 | 1 | 224 | 324 | | 136 | 87.75 |
| 娄 烦 县 | 504 | | 1 | 462 | | 41 | 40918 | 906 | 8957 | 30150 | 7 | 119 | 439 | | 340 | 91.28 |

# 2-8 生育情况
## Fertility status

单位：人、%

| 指 标 | 年内出生人数 | | | | | | | | | |
|---|---|---|---|---|---|---|---|---|---|---|
| | 合 计 | 政策内出生人数 | | | | 计划生育率 | 政策外出生人数 | | | |
| | | 小计 | 一孩 | 二孩 | 三孩 | | 小计 | 一孩 | 二孩 | 多孩 |
| **总 计** | **40742** | **40083** | **26326** | **13440** | **317** | **98.38** | **659** | **51** | **428** | **180** |
| 小 店 区 | 8779 | 8673 | 5703 | 2899 | 71 | 98.79 | 106 | 6 | 75 | 25 |
| 迎 泽 区 | 6582 | 6409 | 4430 | 1930 | 49 | 97.37 | 173 | 14 | 109 | 50 |
| 杏花岭区 | 5549 | 5485 | 3887 | 1565 | 33 | 98.85 | 64 | 4 | 40 | 20 |
| 尖草坪区 | 3576 | 3536 | 2331 | 1177 | 28 | 98.88 | 40 | 12 | 25 | 3 |
| 万柏林区 | 6958 | 6928 | 4713 | 2175 | 40 | 99.57 | 30 | 5 | 23 | 2 |
| 晋 源 区 | 2479 | 2434 | 1414 | 988 | 32 | 98.18 | 45 | 5 | 28 | 12 |
| 古 交 市 | 3173 | 3077 | 1762 | 1292 | 23 | 96.97 | 96 | 1 | 73 | 22 |
| 清 徐 县 | 1235 | 1194 | 690 | 490 | 14 | 96.68 | 41 | 4 | 23 | 14 |
| 阳 曲 县 | 906 | 870 | 498 | 355 | 17 | 96.03 | 36 | | 4 | 32 |
| 娄 烦 县 | 1505 | 1477 | 898 | 569 | 10 | 98.14 | 28 | | 28 | |

# 2-9 社会治安情况
## Social security production

| | 单 位 | 2016 | 2015 |
|---|---|---|---|
| 刑事案件立案数 | 起 | 38802 | 40188 |
| 刑事案件综合破案数 | 起 | 14146 | 12064 |
| 治安案件发现受理数 | 起 | 134534 | 114139 |
| 治安案件查处数 | 起 | 122052 | 102055 |
| 火灾发生数 | 起 | 1758 | 1986 |
| 火灾受伤人数 | 人 | 0 | 11 |
| 火灾死亡人数 | 人 | 6 | 7 |
| 火灾损失折款 | 万元 | 1018.80 | 633.80 |
| 交通事故发生数 | 起 | 802 | 938 |
| 交通事故受伤人数 | 人 | 888 | 1076 |
| 交通事故死亡人数 | 人 | 218 | 219 |
| 交通事故损失折款 | 万元 | 225.00 | 238.00 |

# 2-10 安全生产情况
## Safety production

| | 单 位 | 2016 |
|---|---|---|
| 生产安全事故发生数 | 起 | 108 |
| 1、农林牧渔业 | 起 | 0 |
| 2、采矿业 | 起 | 0 |
| #煤矿 | 起 | 0 |
| 3、商贸制造业 | 起 | 3 |
| 4、建筑业 | 起 | 6 |
| 5、交通运输和仓储业 | 起 | 93 |
| 6、其他行业 | 起 | 6 |
| 生产安全事故死亡人数 | 人 | 122 |
| 1、农林牧渔业 | 人 | 0 |
| 2、采矿业 | 人 | 0 |
| #煤矿 | 人 | 0 |
| 3、商贸制造业 | 人 | 3 |
| 4、建筑业 | 人 | 7 |
| 5、交通运输和仓储业 | 人 | 104 |
| 6、其他行业 | 人 | 8 |

# 第3篇

# 从业人员和劳动报酬

## *Emplyment and Wages*

# 资料整理、审核

刘利祯　　卫　洁　　耿　洁　　张劭鹏

# 3-1 全社会从业人员
## Total society employees

单位：万人

| 指　　标 | 2005 | 2007 | 2008 | 2009 | 2010 | 2014 | 2015 | 2016 |
|---|---|---|---|---|---|---|---|---|
| **总　计** | **161.62** | **167.94** | **170.54** | **167.33** | **176.05** | **217.47** | **222.75** | **232.22** |
| **按三次产业分** | | | | | | | | |
| 第一产业 | 27.16 | 25.72 | 25.22 | 24.75 | 24.25 | 24.64 | 25.17 | 25.04 |
| 第二产业 | 53.10 | 56.93 | 55.70 | 52.75 | 56.94 | 67.66 | 64.92 | 65.42 |
| 第三产业 | 81.36 | 85.29 | 89.62 | 89.83 | 94.86 | 125.17 | 132.66 | 141.76 |
| **按城乡分** | | | | | | | | |
| 城镇 | 111.33 | 117.67 | 121.76 | 118.06 | 126.92 | 168.14 | 173.25 | 183.48 |
| 农村 | 50.29 | 50.27 | 48.78 | 49.27 | 49.13 | 49.33 | 49.50 | 48.74 |
| **按行业分** | | | | | | | | |
| 农、林、牧、渔业 | 27.15 | 25.72 | 25.22 | 24.75 | 24.25 | 24.64 | 25.17 | 25.04 |
| 采矿业 | 7.93 | 8.37 | 8.36 | 7.92 | 8.63 | 10.41 | 9.94 | 9.26 |
| 制造业 | 32.71 | 36.11 | 34.78 | 32.00 | 35.22 | 31.44 | 30.00 | 31.94 |
| 电力、燃气及水的生产和供应业 | 1.89 | 1.64 | 1.76 | 1.67 | 1.66 | 2.87 | 2.85 | 3.56 |
| 建筑业 | 10.57 | 10.81 | 10.80 | 11.14 | 11.42 | 22.93 | 22.13 | 20.65 |
| 交通运输、仓储和邮政业 | 11.08 | 13.34 | 12.78 | 12.72 | 13.26 | 16.85 | 16.01 | 15.70 |
| 信息传输、计算机服务和软件业 | 1.44 | 2.08 | 2.15 | 1.89 | 2.33 | 6.78 | 6.58 | 6.83 |
| 批发和零售业 | 28.83 | 25.28 | 27.04 | 28.47 | 31.34 | 40.95 | 45.43 | 50.66 |
| 住宿和餐饮业 | 3.45 | 6.22 | 6.59 | 6.31 | 6.48 | 8.53 | 9.72 | 11.36 |
| 金融业 | 2.08 | 2.20 | 2.24 | 2.30 | 2.66 | 3.34 | 3.40 | 3.47 |
| 房地产业 | 0.78 | 0.90 | 0.99 | 0.96 | 1.05 | 2.20 | 2.30 | 2.45 |
| 租赁和商务服务业 | 2.51 | 2.77 | 3.25 | 2.97 | 3.33 | 6.41 | 7.78 | 8.33 |
| 科学研究、技术服务和地质勘查业 | 3.01 | 3.17 | 3.15 | 3.55 | 3.69 | 5.52 | 5.94 | 6.17 |
| 水利、环境和公共设施管理业 | 1.27 | 1.48 | 1.67 | 1.67 | 1.71 | 3.03 | 2.98 | 3.07 |
| 居民服务和其他服务业 | 3.13 | 3.76 | 4.87 | 4.61 | 4.89 | 4.89 | 5.59 | 6.65 |
| 教育 | 6.77 | 7.06 | 7.60 | 7.61 | 7.55 | 8.19 | 8.22 | 8.18 |

3-1 续表

单位：万人

| 指　标 | 2005 | 2007 | 2008 | 2009 | 2010 | 2014 | 2015 | 2016 |
|---|---|---|---|---|---|---|---|---|
| 卫生、社会保障和社会福利业 | 2.59 | 2.93 | 3.12 | 3.20 | 3.31 | 4.49 | 4.68 | 4.86 |
| 文化、体育和娱乐业 | 1.51 | 1.95 | 2.08 | 2.05 | 1.99 | 2.64 | 2.69 | 2.96 |
| 公共管理和社会组织 | 4.97 | 5.22 | 5.42 | 5.53 | 5.72 | 6.36 | 6.35 | 6.28 |
| 其他 | 7.95 | 6.93 | 6.68 | 5.98 | 5.54 | 4.99 | 5.00 | 4.80 |

## 3-2 城镇非私营单位按国民经济行业分组的单位从业人员
## Urban Non private units in the unit of the national economy

| 指　标 | 总　计 | 单位从业人员年末人数（人） | | |
|---|---|---|---|---|
| | | 国有 | 城镇集体 | 其他经济类型 |
| **总　计** | **1040529** | **458419** | **32199** | **549911** |
| **按企事业机关分组** | | | | |
| 企业 | 794528 | 219954 | 26870 | 547704 |
| 事业 | 193729 | 187502 | 4998 | 1229 |
| 机关 | 51050 | 50435 | 331 | 284 |
| 民间非营利组织 | 256 | | | 256 |
| 其他 | 966 | 528 | | 438 |
| **按国民经济行业分组** | | | | |
| 农、林、牧、渔业 | 1720 | 1717 | 3 | |
| 采 矿 业 | 90037 | 3704 | 28 | 86305 |
| 制 造 业 | 207366 | 9319 | 9154 | 188893 |
| 电力、热力、燃气及水生产和供应业 | 33970 | 20630 | 44 | 13296 |
| 建筑业 | 146815 | 20475 | 4548 | 121792 |
| 批发和零售业 | 56151 | 10469 | 3037 | 42645 |
| 交通运输、仓储和邮政业 | 129561 | 111897 | 948 | 16716 |
| 住宿和餐饮业 | 16475 | 6586 | 386 | 9503 |
| 信息传输、软件和信息技术服务业 | 18422 | 4132 | 39 | 14251 |
| 金融业 | 31206 | 13669 | 4542 | 12995 |
| 房地产业 | 12277 | 2176 | 179 | 9922 |
| 租赁和商务服务业 | 32321 | 14572 | 1616 | 16133 |
| 科学研究、技术服务业 | 39676 | 29837 | 147 | 9692 |

3-2 续表

| 指　　标 | 总　计 | 单位从业人员年末人数（人） | | |
|---|---|---|---|---|
| | | 国有 | 城镇集体 | 其他经济类型 |
| 水利、环境和公共设施管理业 | 19915 | 15883 | 3841 | 191 |
| 居民服务、修理和其他服务业 | 2557 | 1211 | 625 | 721 |
| 教育 | 80748 | 78326 | 418 | 2004 |
| 卫生和社会工作 | 42857 | 38464 | 2150 | 2243 |
| 文化、体育和娱乐业 | 15637 | 13164 | 146 | 2327 |
| 公共管理、社会保障和社会组织 | 62818 | 62188 | 348 | 282 |

注：根据国家统计局企业“一套表”制度，本表数据包含了铁路系统驻并单位。

## 3-3　城镇非私营单位按国民经济行业分组的单位从业人员劳动报酬

## Urban Non private units in the unit of the national economy by the unit of labor remuneration

| 指　　标 | 合　计 | 单位从业人员劳动报酬（万元） | | |
|---|---|---|---|---|
| | | 国有 | 城镇集体 | 其他经济类型 |
| **总　　计** | **6552044.3** | **3458952.1** | **134114.5** | **2958977.7** |
| **按企事业机关分组** | | | | |
| 企业 | 4819451.4 | 1761136.8 | 112040.3 | 2946274.3 |
| 事业 | 1325318.7 | 1298126.3 | 19445.4 | 7747.0 |
| 机关 | 402098.0 | 397265.4 | 2628.8 | 2203.8 |
| 民间非营利组织 | 744.0 | | | 744.0 |
| 其他 | 4432.2 | 2423.6 | | 2008.6 |
| **按国民经济行业分组** | | | | |
| 农、林、牧、渔业 | 10297.3 | 10276.9 | 20.4 | |
| 采 矿 业 | 484372.6 | 19220.8 | 32.4 | 465119.4 |
| 制 造 业 | 979588.1 | 33226.4 | 26765.0 | 919596.7 |
| 电力、热力、燃气及水生产和供应业 | 225184.7 | 143608.7 | 158.4 | 81417.6 |
| 建筑业 | 765008.6 | 93279.4 | 14397.6 | 657331.6 |
| 批发和零售业 | 253998.0 | 54421.8 | 8292.7 | 191283.5 |
| 交通运输、仓储和邮政业 | 1200132.2 | 1102356.5 | 3772.4 | 94003.3 |
| 住宿和餐饮业 | 48383.3 | 23951.7 | 1002.2 | 23429.4 |
| 信息传输、软件和信息技术服务业 | 129546.5 | 33575.6 | 193.9 | 95777.0 |
| 金融业 | 371051.3 | 150089.0 | 45637.4 | 175324.9 |
| 房地产业 | 71993.4 | 9793.2 | 437.3 | 61762.9 |

3-3 续表

| 指 标 | 合 计 | 单位从业人员劳动报酬（万元） | | |
|---|---|---|---|---|
| | | 国有 | 城镇集体 | 其他经济类型 |
| 租赁和商务服务业 | 159564.1 | 68683.0 | 5764.3 | 85116.8 |
| 科学研究、技术服务业 | 269744.5 | 199095.8 | 1023.2 | 69625.5 |
| 水利、环境和公共设施管理业 | 78000.8 | 67258.0 | 10026.8 | 716.0 |
| 居民服务、修理和其他服务业 | 13172.7 | 6910.7 | 1801.8 | 4460.2 |
| 教育 | 659517.4 | 646969.9 | 1667.3 | 10880.2 |
| 卫生和社会工作 | 259890.8 | 240087.6 | 9816.3 | 9986.9 |
| 文化、体育和娱乐业 | 97484.4 | 87594.0 | 533.4 | 9357.0 |
| 公共管理、社会保障和社会组织 | 475113.6 | 468553.1 | 2771.7 | 3788.8 |

注：根据国家统计局企业"一套表"制度，本表数据包含了铁路系统驻并单位。

## 3-4 城镇非私营单位按国民经济行业分组的在岗职工（含劳务派遣人员）人数
## Workers in the urban non private units grouped according to national industry (including dispatch personnel) number

| 指 标 | 合 计 | 在岗职工年末人数（人） | | |
|---|---|---|---|---|
| | | 国有 | 城镇集体 | 其他经济类型 |
| **总 计** | **1008794** | **447233** | **30540** | **531021** |
| **按企事业机关分组** | | | | |
| 企业 | 770050 | 215805 | 25248 | 528997 |
| 事业 | 186853 | 180746 | 4961 | 1146 |
| 机关 | 50837 | 50222 | 331 | 284 |
| 民间非营利组织 | 256 | | | 256 |
| 其他 | 798 | 460 | | 338 |
| **按国民经济行业分组** | | | | |
| 农、林、牧、渔业 | 1718 | 1715 | 3 | |
| 采矿业 | 89773 | 3440 | 28 | 86305 |
| 制造业 | 205839 | 9181 | 8786 | 187872 |
| 电力、热力、燃气及水生产和供应业 | 33749 | 20465 | 44 | 13240 |
| 建筑业 | 137777 | 20038 | 3702 | 114037 |
| 批发和零售业 | 52168 | 10258 | 2968 | 38942 |
| 交通运输、仓储和邮政业 | 128185 | 110650 | 935 | 16600 |
| 住宿和餐饮业 | 12432 | 6137 | 338 | 5957 |

3-4 续表

| 指　标 | 合 计 | 在岗职工年末人数（人） | | |
|---|---|---|---|---|
| | | 国有 | 城镇集体 | 其他经济类型 |
| 信息传输、软件和信息技术服务业 | 18277 | 4006 | 36 | 14235 |
| 金融业 | 30850 | 13609 | 4542 | 12699 |
| 房地产业 | 10568 | 2107 | 178 | 8283 |
| 租赁和商务服务业 | 30779 | 13493 | 1499 | 15787 |
| 科学研究、技术服务业 | 39082 | 29431 | 147 | 9504 |
| 水利、环境和公共设施管理业 | 17211 | 13197 | 3834 | 180 |
| 居民服务、修理和其他服务业 | 2353 | 1160 | 472 | 721 |
| 教育 | 80000 | 77658 | 418 | 1924 |
| 卫生和社会工作 | 41635 | 37279 | 2116 | 2240 |
| 文化、体育和娱乐业 | 14247 | 11888 | 146 | 2213 |
| 公共管理、社会保障和社会组织 | 62151 | 61521 | 348 | 282 |

注：根据国家统计局企业"一套表"制度，本表数据包含了铁路系统驻并单位。

## 3-5 城镇非私营单位按国民经济行业分组的在岗职工（含劳务派遣人员）工资总额
## Workers in the urban non private units grouped according to national industry (including dispatch personnel) total wages

| 指　标 | 总 计 | 在岗职工工资总额（万元） | | |
|---|---|---|---|---|
| | | 国有 | 城镇集体 | 其他经济类型 |
| **总　计** | **6459585.4** | **3429501.5** | **129767.2** | **2900316.7** |
| **按企事业机关分组** | | | | |
| 企业 | 4744488.1 | 1748581.7 | 107780.5 | 2888125.9 |
| 事业 | 1308649.4 | 1281762.3 | 19357.9 | 7529.2 |
| 机关 | 401675.8 | 396843.2 | 2628.8 | 2203.8 |
| 民间非营利组织 | 744.0 | | | 744.0 |
| 其他 | 4028.1 | 2314.3 | | 1713.8 |
| **按国民经济行业分组** | | | | |
| 农、林、牧、渔业 | 10296.7 | 10276.3 | 20.4 | |
| 采 矿 业 | 483949.3 | 18797.5 | 32.4 | 465119.4 |
| 制 造 业 | 974826.3 | 32966.7 | 25629.8 | 916229.8 |
| 电力、热力、燃气及水生产和供应业 | 225008.8 | 143513.4 | 158.4 | 81337.0 |
| 建筑业 | 723440.8 | 91738.0 | 11983.7 | 619719.1 |

3-5　续表

| 指　标 | 总　计 | 在岗职工工资总额(万元) | | |
|---|---|---|---|---|
| | | 国有 | 城镇集体 | 其他经济类型 |
| 批发和零售业 | 249262.3 | 54100.9 | 8191.5 | 186969.9 |
| 交通运输、仓储和邮政业 | 1194702.2 | 1097717.6 | 3749.2 | 93235.4 |
| 住宿和餐饮业 | 42577.7 | 22476.2 | 924.0 | 19177.5 |
| 信息传输、软件和信息技术服务业 | 129148.4 | 33220.6 | 191.6 | 95736.2 |
| 金融业 | 369528.8 | 149777.8 | 45637.4 | 174113.6 |
| 房地产业 | 68163.2 | 9651.7 | 434.4 | 58077.1 |
| 租赁和商务服务业 | 155538.2 | 66016.7 | 5601.8 | 83919.7 |
| 科学研究、技术服务业 | 267013.7 | 197826.3 | 1023.2 | 68164.2 |
| 水利、环境和公共设施管理业 | 73720.9 | 63024.9 | 10009.6 | 686.4 |
| 居民服务、修理和其他服务业 | 12704.2 | 6771.7 | 1473.1 | 4459.4 |
| 教育 | 657117.1 | 644779.6 | 1667.3 | 10670.2 |
| 卫生和社会工作 | 256274.2 | 236560.8 | 9734.3 | 9979.1 |
| 文化、体育和娱乐业 | 93013.5 | 83546.2 | 533.4 | 8933.9 |
| 公共管理、社会保障和社会组织 | 473299.1 | 466738.6 | 2771.7 | 3788.8 |

注：根据国家统计局企业“一套表”制度，本表数据包含了铁路系统驻并单位。

## 3-6　城镇非私营单位按国民经济行业分组的其他从业人员人数

## The number of other employees in the urban non private units by the national economic sectors

| 指　标 | 总　计 | 年末人数(人) | | |
|---|---|---|---|---|
| | | 国有 | 城镇集体 | 其他经济类型 |
| **总　计** | **31735** | **11186** | **1659** | **18890** |
| **按企事业机关分组** | | | | |
| 企业 | 24478 | 4149 | 1622 | 18707 |
| 事业 | 6876 | 6756 | 37 | 83 |
| 机关 | 213 | 213 | | |
| 民间非营利组织 | | | | |
| 其他 | 168 | 68 | | 100 |
| **按国民经济行业分组** | | | | |
| 农、林、牧、渔业 | 2 | 2 | | |
| 采矿业 | 264 | 264 | | |
| 制造业 | 1527 | 138 | 368 | 1021 |

3-6 续表

| 指 标 | 总 计 | 年末人数(人) | | |
|---|---|---|---|---|
| | | 国有 | 城镇集体 | 其他经济类型 |
| 电力、热力、燃气及水生产和供应业 | 221 | 165 | | 56 |
| 建筑业 | 9038 | 437 | 846 | 7755 |
| 批发和零售业 | 3983 | 211 | 69 | 3703 |
| 交通运输、仓储和邮政业 | 1376 | 1247 | 13 | 116 |
| 住宿和餐饮业 | 4043 | 449 | 48 | 3546 |
| 信息传输、软件和信息技术服务业 | 145 | 126 | 3 | 16 |
| 金融业 | 356 | 60 | | 296 |
| 房地产业 | 1709 | 69 | 1 | 1639 |
| 租赁和商务服务业 | 1542 | 1079 | 117 | 346 |
| 科学研究、技术服务业 | 594 | 406 | | 188 |
| 水利、环境和公共设施管理业 | 2704 | 2686 | 7 | 11 |
| 居民服务、修理和其他服务业 | 204 | 51 | 153 | |
| 教育 | 748 | 668 | | 80 |
| 卫生和社会工作 | 1222 | 1185 | 34 | 3 |
| 文化、体育和娱乐业 | 1390 | 1276 | | 114 |
| 公共管理、社会保障和社会组织 | 667 | 667 | | |

注：根据国家统计局企业“一套表”制度，本表数据包含了铁路系统驻并单位。

## 3-7 城镇非私营单位按国民经济行业分组的其他从业人员工资总额
## The total wages of other employees in the urban non private units in the national economy

| 指 标 | 总 计 | 其他从业人员工资总额(万元) | | |
|---|---|---|---|---|
| | | 国有 | 城镇集体 | 其他经济类型 |
| **总 计** | **92458.9** | **29450.6** | **4347.3** | **58661.0** |
| **按企事业机关分组** | | | | |
| 企业 | 74963.3 | 12555.1 | 4259.8 | 58148.4 |
| 事业 | 16669.3 | 16364.0 | 87.5 | 217.8 |
| 机关 | 422.2 | 422.2 | | |
| 民间非营利组织 | | | | |
| 其他 | 404.1 | 109.3 | | 294.8 |
| **按国民经济行业分组** | | | | |
| 农、林、牧、渔业 | 0.6 | 0.6 | | |

3-7 续表

| 指 标 | 总 计 | 其他从业人员工资总额(万元) | | |
|---|---|---|---|---|
| | | 国有 | 城镇集体 | 其他经济类型 |
| 采矿业 | 423.3 | 423.3 | | |
| 制造业 | 4761.8 | 259.7 | 1135.2 | 3366.9 |
| 电力、热力、燃气及水生产和供应业 | 175.9 | 95.3 | | 80.6 |
| 建筑业 | 41567.8 | 1541.4 | 2413.9 | 37612.5 |
| 批发和零售业 | 4735.7 | 320.9 | 101.2 | 4313.6 |
| 交通运输、仓储和邮政业 | 5430.0 | 4638.9 | 23.2 | 767.9 |
| 住宿和餐饮业 | 5805.6 | 1475.5 | 78.2 | 4251.9 |
| 信息传输、软件和信息技术服务业 | 398.1 | 355.0 | 2.3 | 40.8 |
| 金融业 | 1522.5 | 311.2 | | 1211.3 |
| 房地产业 | 3830.2 | 141.5 | 2.9 | 3685.8 |
| 租赁和商务服务业 | 4025.9 | 2666.3 | 162.5 | 1197.1 |
| 科学研究、技术服务业 | 2730.8 | 1269.5 | | 1461.3 |
| 水利、环境和公共设施管理业 | 4279.9 | 4233.1 | 17.2 | 29.6 |
| 居民服务、修理和其他服务业 | 468.5 | 139.0 | 328.7 | 0.8 |
| 教育 | 2400.3 | 2190.3 | | 210.0 |
| 卫生和社会工作 | 3616.6 | 3526.8 | 82.0 | 7.8 |
| 文化、体育和娱乐业 | 4470.9 | 4047.8 | | 423.1 |
| 公共管理、社会保障和社会组织 | 1814.5 | 1814.5 | | |

注：根据国家统计局企业"一套表"制度，本表数据包含了铁路系统驻并单位。

## 3-8 城镇非私营单位按国民经济行业分组的在岗职工(含劳务派遣人员)年平均工资

## Workers in the urban non private units grouped according to national industry (including dispatch personnel) the average annual wage

| 指 标 | 总 计 | 在岗职工年平均工资(元) | | |
|---|---|---|---|---|
| | | 国有单位 | 城镇集体单位 | 其他单位 |
| **总 计** | **64820** | **76831** | **42249** | **55834** |
| **按企事业机关分组** | | | | |
| 企业 | 62565 | 81144 | 42363 | 55820 |

3-8 续表

| 指　　标 | 总　计 | 在岗职工年平均工资(元) | | |
|---|---|---|---|---|
| | | 国有单位 | 城镇集体单位 | 其他单位 |
| 事业 | 70210 | 71096 | 39170 | 64795 |
| 机关 | 79154 | 79161 | 79420 | 77599 |
| 民间非营利组织 | 29063 | | | 29063 |
| 其他 | 49607 | 50311 | | 48688 |
| **按国民经济行业分组** | | | | |
| 农、林、牧、渔业 | 59899 | 59885 | 68000 | |
| 采矿业 | 52285 | 57118 | 11571 | 52120 |
| 制造业 | 49520 | 35597 | 28840 | 51270 |
| 电力、热力、燃气及水生产和供应业 | 70813 | 76692 | 36000 | 62480 |
| 建筑业 | 53800 | 45798 | 30767 | 56061 |
| 批发和零售业 | 49050 | 53019 | 27396 | 49694 |
| 交通运输、仓储和邮政业 | 92283 | 97927 | 40098 | 56744 |
| 住宿和餐饮业 | 34320 | 36852 | 26860 | 32161 |
| 信息传输、软件和信息技术服务业 | 69145 | 83239 | 53222 | 65344 |
| 金融业 | 122029 | 110930 | 101484 | 141752 |
| 房地产业 | 65845 | 45830 | 24133 | 72002 |
| 租赁和商务服务业 | 50465 | 49079 | 39617 | 52594 |
| 科学研究、技术服务业 | 68253 | 67051 | 70082 | 71971 |
| 水利、环境和公共设施管理业 | 42839 | 47771 | 26142 | 36706 |
| 居民服务、修理和其他服务业 | 53946 | 58427 | 31343 | 61424 |
| 教育 | 82168 | 83093 | 39792 | 54551 |
| 卫生和社会工作 | 62290 | 64060 | 46266 | 47294 |
| 文化、体育和娱乐业 | 64294 | 69155 | 36534 | 39883 |
| 公共管理、社会保障和社会组织 | 76245 | 75959 | 79647 | 134355 |

注：1. 根据国家统计局企业“一套表”制度，本表数据包含了铁路系统驻并单位。

2. 2016 年城镇私营单位年平均工资为 34728 元。

# 3-9　基本养老保险情况
## Basic endowment insurance

单位：人

| 指　标 | 参保职工 | 缴费人员 | 离休、退休、退职人员 | 实发养老金金额(万元) |
|---|---|---|---|---|
| **总　计** | **853559** | **786932** | **390900** | **1337810** |
| 企业 | 712434 | 670592 | 364088 | 1263835 |
| 1.国有企业 | 326944 | 304316 | 264260 | 962397 |
| 2.集体企业 | 65714 | 55840 | 78890 | 233613 |
| 3.其他企业 | 234490 | 227467 | 20187 | 64892 |
| 4.港澳台及外资企业 | 85286 | 82969 | 751 | 2933 |
| 其他 | 141125 | 116340 | 26812 | 73975 |

注：数据来源于市社保中心。

# 3-10　城镇失业人员情况
## Urban unemployment

单位：人

| 指　标 | 2016 | 2015 |
|---|---|---|
| 期末失业人数 | 49210 | 48459 |
| 上期结转的失业人数 | 48459 | 48116 |
| 本期新登记的失业人数 | 15187 | 27759 |
| # 本期由就业转失业人数 | 1544 | 5348 |
| 本期失业人员就业人数 | 14436 | 27416 |

注：数据来源于市人社局。

# 第4篇

# 固定资产投资、建筑业

## *Investment in Fixed Assets and Construction*

## 资料整理、审核

苏人龙　　米俊峰　　王　敏　　陆慧敏

苏雯婷　　李　珊

# 4-1 固定资产投资规模
## Scale of Fixed asset investment

单位：万元

| 指　标 | 2016 | 比上年增长(%) |
|---|---|---|
| **总　计** | **20277123** | **0.1** |
| **按投资类型分** | | |
| 投资项目完成投资 | 13458106 | -5.3 |
| 房地产开发项目完成投资 | 6819017 | 12.9 |
| **按隶属关系分** | | |
| 中央项目 | 943295 | -38.8 |
| 省属项目 | 2331249 | -3.0 |
| 市属项目 | 6147266 | 39.5 |
| 县(市、区)项目 | 1723860 | -43.9 |
| 其他 | 9131453 | 3.4 |

# 4-2 施工及竣工房屋建筑面积
## Floor area of the buildings Construction and completed

单位：平方米

| 指　标 | 全年施工房屋面积 | #住宅 | 全年竣工房屋面积 | #住宅 |
|---|---|---|---|---|
| **总　计** | **68054048** | **43374235** | **6380083** | **4930797** |
| **按投资类型分** | | | | |
| 投资项目 | 9320724 | 1331502 | 658036 | 241720 |
| 房地产开发项目 | 58733324 | 42042733 | 5722047 | 4689077 |

# 4-3 固定资产投资额
## Investment in fixed asset

单位：万元

| 指 标 | 本年完成投资 | 本年新增固定资产 |
|---|---|---|
| **总 计** | **20277123** | **8838010** |
| #住宅 | 5131343 | |
| **按登记注册类型分** | | |
| 内资 | 19590456 | 8564232 |
| 国有 | 5468578 | 2896510 |
| 集体 | 94913 | 118985 |
| 国有独资 | 738583 | 221783 |
| 其他有限责任公司 | 5244221 | 2390206 |
| 股份有限公司 | 243027 | 164056 |
| 其他 | 7801134 | 2772692 |
| 港澳台商投资 | 527421 | 257416 |
| #合资经营 | 457039 | 82929 |
| 独资经营 | 70382 | 174487 |
| 外商投资 | 151158 | 10413 |
| 合资经营 | 2900 | 1060 |
| 外资企业 | 43728 | |
| 个体经营 | 8088 | 5949 |
| **按隶属关系分** | | |
| 中央项目 | 943295 | 241544 |
| 地方项目 | 19333828 | 8596466 |
| 省属 | 2331249 | 1193873 |
| 市属 | 6147266 | 2650435 |
| 县（市、区）属 | 1723860 | 718103 |
| 其他 | 9131453 | 4034055 |
| **按建设性质分** | | |
| #新建 | 10418525 | 3805413 |
| 扩建（改建) | 899070 | 754109 |
| 改建和技术改造 | 1404821 | 770259 |
| **按构成分** | | |
| 建筑工程 | 11667247 | |
| 安装工程 | 2169890 | |
| 设备工器具购置 | 1834845 | |
| 其他费用 | 4605141 | |
| **按国民经济部门（行业）分** | | |
| 农、林、牧、渔业 | 510184 | 298150 |
| 采矿业 | 678120 | 501305 |
| 制造业 | 1888573 | 1011818 |
| 电力、热力、燃气及水的生产和供应业 | 1186872 | 969449 |
| 建筑业 | 29021 | 17091 |
| 批发和零售业 | 264936 | 130543 |
| 交通运输、仓储和邮政业 | 711517 | 252388 |
| 住宿和餐饮业 | 78413 | 9816 |
| 信息传输、软件和信息技术服务业 | 276721 | 84640 |
| 金融业 | 4547 | 2800 |
| 房地产业 | 9554367 | 3477249 |
| 租赁和商务服务业 | 92516 | 78490 |
| 科学研究和技术服务业 | 300774 | 209553 |
| 水利、环境和公共设施管理业 | 3900714 | 1529574 |
| 居民服务和其他服务业 | 14322 | 8165 |
| 教育 | 262516 | 97767 |
| 卫生和社会工作 | 279297 | 61691 |
| 文化、体育和娱乐业 | 105421 | 40493 |
| 公共管理和社会组织 | 138292 | 57028 |

# 4-4 固定资产投资资金来源情况
## Source of funds for fixed asset investment

单位：万元

| 指 标 | 投资项目 | 房地产开发项目 |
|---|---|---|
| **一、本年资金来源合计** | **9989462** | **9461553** |
| 1.上年末结余资金 | 575721 | 2568346 |
| 2.本年资金来源小计 | 9413741 | 6893207 |
| 国内贷款 | 787048 | 719741 |
| 自筹资金 | 6713589 | 2822130 |
| # 企、事业单位自筹 | 2806697 | 1467343 |
| 其他资金 | 1913104 | 3351336 |
| **二、本年各项应付款合计** | **4020951** | **2337077** |
| # 工程款 | 1919859 | 640894 |

# 4-5 房地产开发投资完成情况
## Investment in real estate development

单位：万元

| 指 标 | 单 位 | 合 计 | | 按经济类型分 | | |
|---|---|---|---|---|---|---|
| | | | # 住宅 | 国有 | 集体 | 其他 |
| 房地产开发投资 | 万元 | 6819017 | 4955449 | 2545268 | 13469 | 4260280 |
| 本年新增固定资产 | 万元 | 2954605 | | 491217 | 7178 | 2456210 |
| 施工面积 | 平方米 | 58733324 | 42042733 | 16324902 | 450324 | 41958098 |
| 竣工面积 | 平方米 | 5722047 | 4689077 | 1007512 | 40005 | 4674530 |
| 商品房屋销售面积 | 平方米 | 6137253 | 5603347 | 1464393 | 72164 | 4600696 |
| 商品房销售额 | 万元 | 4684106 | 4096946 | 1175264 | 58644 | 3450198 |

# 4-6 房地产开发资金来源情况
## The source of funds for Real estate development

单位：万元

| 指 标 | 合 计 | 按经济类型分 | | |
|---|---|---|---|---|
| | | 国有 | 集体 | 其他 |
| **一、本年资金来源合计** | **9461553** | **2842492** | **121120** | **6497941** |
| 1.年末结余资金 | 2568346 | 1044244 | 50151 | 1473951 |
| 2.本年资金来源小计 | 6893207 | 1798248 | 70969 | 5023990 |
| 国内贷款 | 719741 | 212306 | | 507435 |
| 自筹资金 | 2822130 | 846781 | | 1975349 |
| # 自有资金 | 1467343 | 483767 | | 983576 |
| 其他资金来源 | 3351336 | 739161 | 70969 | 2541206 |
| # 定金及预收款 | 1945116 | 534717 | 34349 | 1376050 |
| 个人按揭贷款 | 1032183 | 130071 | 36620 | 865492 |
| **二、本年各项应付款** | **2337077** | **1403389** | | **933688** |
| # 工程款 | 640894 | 63600 | | 577294 |

# 4-7　房地产开发单位生产和经营情况

## Production and management of real estate development unit

单位：万元

| 指　标 | 总　计 | 按经济类型分 | | |
|---|---|---|---|---|
| | | 国有 | 集体 | 其他 |
| **一、实收资本合计** | **4127544** | **1465648** | **7900** | **2653996** |
| **二、年末资产负债情况** | | | | |
| 资产总计 | 39723545 | 10603550 | 250685 | 28869310 |
| 固定资产累计折旧 | 235075 | 19916 | 5214 | 209945 |
| # 本年折旧 | 37447 | 3995 | 96 | 33356 |
| 负债总计 | 34443162 | 8356513 | 177580 | 25909069 |
| 所有者权益合计 | 5280383 | 2247037 | 73106 | 2960240 |
| **三、损益及分配** | | | | |
| 1.营业收入总计 | 4753847 | 1297515 | 70002 | 3386330 |
| # 主营业务收入 | 4437769 | 1033419 | 70002 | 3334348 |
| (1) 土地转让收入 | 21101 | | | 21101 |
| (2) 商品房屋销售收入 | 3964643 | 633648 | 69075 | 3261920 |
| (3) 房屋出租收入 | 38744 | 7307 | 142 | 31295 |
| (4) 其他收入 | 413281 | 392464 | 785 | 20032 |
| 2.营业成本 | 3615060 | 1087358 | 47586 | 2480116 |
| # 主营业务成本 | 3363475 | 867295 | 47105 | 2449075 |
| 3.营业税金及附加 | 323414 | 70813 | 5140 | 247461 |
| # 主营业务税金及附加 | 302214 | 64894 | 5140 | 232180 |
| 4.其他业务利润 | 9310 | 1232 | | 8078 |
| 5.销售费用 | 171054 | 31647 | 1829 | 137578 |
| 6.管理费及财务费用 | 287763 | 52875 | 1716 | 233172 |
| 7.投资收益及营业外收入 | 13694 | 6065 | 104 | 7525 |
| 8.营业外支出 | 13272 | 1820 | 24 | 11428 |
| 9.利润总额 | 347907 | 52994 | 14029 | 280884 |

# 4-8　房地产开发商品房销售与出租情况

## Real estate development of commercial housing sales and rental

单位：平方米

| 指　标 | 实际销售 | 预售 | 待售 | 出租 | 实际销售额(万元) |
|---|---|---|---|---|---|
| **房屋面积** | **6137253** | **4576917** | **1798322** | **3500** | **4684106** |
| 1.住宅 | 5603347 | 3985731 | 1248569 | | 4096946 |
| # 别墅、高档公寓 | 164106 | 15761 | 51499 | | 171979 |
| 2.办公楼 | 304510 | 149050 | 88318 | | 290814 |
| 3.商业营业用房 | 168352 | 251534 | 429663 | 200 | 249541 |
| 4.其他 | 61044 | 190602 | 31772 | 3300 | 46805 |

## 4-9 房地产开发施工、竣工面积及竣工价值
## Floor space and value of buildings under construction and completed in real estate development

单位：平方米

| 指　标 | 施工面积 | #新开工 | 竣工面积 | 竣工房屋价值(万元) |
|---|---|---|---|---|
| **房屋建筑面积** | **58733324** | **14487675** | **5722047** | **1101057** |
| 按用途分 | | | | |
| 1.住宅 | 42042733 | 9859828 | 4689077 | 793300 |
| #别墅、高档公寓 | 969104 | 80821 | 249583 | 150568 |
| 2.办公楼 | 3741460 | 1008043 | 113616 | |
| 3.商业营业用房 | 5515927 | 1027395 | 425076 | 80310 |
| 4.其它 | 7433204 | 2592409 | 494278 | 227447 |

## 4-10 建筑业主要经济指标
## Major economic indicators of construction enterprises

| 指　标 | 单　位 | 2016 | 2015 |
|---|---|---|---|
| 施工单位 | 个数 | 1371 | 1122 |
| 施工产值 | 万元 | 23752673 | 19970688 |
| #建筑工程 | 万元 | 20760256 | 17329872 |
| 安装工程 | 万元 | 2457884 | 2052598 |
| 竣工产值 | 万元 | 7788514 | 9603712 |
| 房屋建筑施工面积 | 平方米 | 99369827 | 94426345 |
| 房屋建筑竣工面积 | 平方米 | 16614315 | 17367601 |
| 计算建筑业劳动生产率平均人数 | 人 | 767745 | 603491 |
| 从业人员期末人数 | 人 | 442308 | 273855 |
| 应付职工薪酬 | 万元 | 1353512 | 1204316 |
| 劳动生产率 | | | |
| 按施工产值计算 | 元/人 | 309382 | 330919 |
| 按房屋建筑竣工面积计算 | 平方米/人 | 21.6 | 28.8 |
| 资产合计 | 万元 | 33622818 | 26579455 |
| 负债合计 | 万元 | 27115520 | 20786106 |
| 所有者权益 | 万元 | 6507298 | 5793349 |
| 实收资本合计 | 万元 | 4338250 | 3492848 |
| #国家资本 | 万元 | 1308549 | 1183603 |
| 利润总额 | 万元 | 692158 | 643688 |
| 亏损企业个数 | 个 | 353 | 324 |
| 亏损企业亏损额 | 万元 | 39783 | 47551 |
| 利税总额 | 万元 | 1262900 | 1183269 |

# 4-11 建筑施工企业生产完成情况
## Completed production of construction enterprises

| 指 标 | 单位 | 总计 | 按经济类型分 | | | 按隶属关系分 | | |
|---|---|---|---|---|---|---|---|---|
| | | | 国有 | 集体 | 其他 | 中央 | 省属 | 市属 |
| 企业个数 | 个 | 1270 | 135 | 25 | 1110 | 37 | 68 | 1165 |
| 建筑业总产值 | 万元 | 23351248 | 16487822 | 80649 | 6782777 | 11028523 | 5213986 | 7108739 |
| 1.建筑工程 | 万元 | 20358831 | 14947175 | 48951 | 5362705 | 10160398 | 4598137 | 5600296 |
| 2.安装工程 | 万元 | 2457884 | 1293772 | 22854 | 1141258 | 763259 | 479843 | 1214782 |
| 3.其它 | 万元 | 534533 | 246875 | 8843 | 278815 | 104867 | 136006 | 293660 |
| 竣工产值 | 万元 | 7387088 | 4436374 | 30128 | 2920586 | 2351258 | 1780948 | 3254882 |
| 房屋建筑施工面积 | 平方米 | 99369827 | 76067101 | 50429 | 23252297 | 35529999 | 45018689 | 18821139 |
| # 本年新开工面积 | 平方米 | 25803947 | 17990256 | 48866 | 7764825 | 9366319 | 9354157 | 7083471 |
| 投标承包面积 | 平方米 | 92288115 | 73394653 | 16104 | 18877358 | 34136601 | 43796174 | 14355340 |
| 房屋建筑竣工面积 | 平方米 | 16614315 | 9337154 | 22854 | 7254307 | 2546768 | 8058723 | 6008824 |
| 自有机械设备净值 | 万元 | 837701 | 652042 | 3904 | 181755 | 574036 | 66090 | 197575 |
| 自有机械设备年末总台数 | 台 | 90463 | 56490 | 1712 | 32261 | 36029 | 18135 | 36299 |
| 自有机械设备年末总功率 | 千瓦 | 4368903 | 3611253 | 16118 | 741532 | 3161939 | 380000 | 826964 |

# 4-12 建筑业财务状况
## Financial situation of construction Enterprises

| 指 标 | 单位 | 总计 | 按经济类型分 | | | 按隶属关系分 | | |
|---|---|---|---|---|---|---|---|---|
| | | | 国有 | 集体 | 其他 | 中央 | 省属 | 市属 |
| **一、年末资产负债** | | | | | | | | |
| 流动资产合计 | 万元 | 27819218 | 22447865 | 139831 | 5231522 | 15315905 | 6988494 | 5514819 |
| # 应收工程款 | 万元 | 10863103 | 8427229 | 32390 | 2403484 | 5309206 | 3296316 | 2257581 |
| # 存货 | 万元 | 3164761 | 2563913 | 23491 | 577357 | 1786838 | 593671 | 784252 |
| 固定资产合计 | 万元 | 1471814 | 882150 | 16806 | 572858 | 574654 | 280553 | 616607 |
| 固定资产减值准备 | | 16414 | 12548 | | 3866 | 701 | 11847 | 3866 |
| 固定资产原价 | 万元 | 2651935 | 1797248 | 26909 | 827778 | 1352472 | 395569 | 903894 |
| 累计折旧 | 万元 | 1429229 | 1069019 | 11184 | 349026 | 860005 | 183689 | 385535 |
| # 本年折旧 | 万元 | 196398 | 133123 | 2912 | 60363 | 107389 | 24701 | 64308 |
| 在建工程 | 万元 | 187241 | 125315 | 1211 | 60715 | 64947 | 60607 | 61687 |
| 资产合计 | 万元 | 33444874 | 27163859 | 167917 | 6113098 | 17576910 | 9392729 | 6475235 |
| 流动负债合计 | 万元 | 24685063 | 21337381 | 131225 | 3216457 | 14694894 | 6552861 | 3437308 |

## 4-12 续表

| 指　标 | 单位 | 总计 | 按经济类型分 | | | 按隶属关系分 | | |
|---|---|---|---|---|---|---|---|---|
| | | | 国有 | 集体 | 其他 | 中央 | 省属 | 市属 |
| # 应付账款 | 万元 | 11848372 | 9963344 | 36293 | 1848735 | 6836749 | 3059154 | 1952469 |
| 非流动负债合计 | 万元 | 2209404 | 2056197 | 275 | 152932 | 642893 | 1412003 | 154508 |
| 负债合计 | 万元 | 26988408 | 23405626 | 132109 | 3450673 | 15342803 | 7965722 | 3679883 |
| 所有者权益合计 | 万元 | 6456466 | 3758233 | 35808 | 2662425 | 2234107 | 1427007 | 2795352 |
| 实收资本 | 万元 | 4307099 | 2351805 | 22108 | 1933186 | 1501448 | 769125 | 2036526 |
| 国家资本 | 万元 | 1308549 | 1300825 | 92 | 7632 | 716648 | 514280 | 77621 |
| 集体资本 | 万元 | 58193 | 9136 | 19209 | 29848 | | 10158 | 48035 |
| 法人资本 | 万元 | 1702832 | 971405 | 2706 | 728721 | 784800 | 174650 | 743382 |
| 个人资本 | 万元 | 1237426 | 70339 | 101 | 1166986 | | 70037 | 1167389 |
| 外商资本 | 万元 | 100 | 100 | | | | | 100 |
| **二、损益及分配** | | | | | | | | |
| 营业收入 | 万元 | 23196412 | 16446215 | 78014 | 6672183 | 11266835 | 4783074 | 7146503 |
| # 主营业务收入 | 万元 | 23009129 | 16373349 | 73412 | 6562368 | 11236859 | 4742607 | 7029663 |
| 营业成本 | 万元 | 21112884 | 14941997 | 64556 | 6106331 | 10222334 | 4345919 | 6544631 |
| # 主营业务成本 | 万元 | 20532746 | 14497570 | 60928 | 5974248 | 10198284 | 3939984 | 6394478 |
| 营业税金及附加 | 万元 | 276538 | 137406 | 2089 | 137043 | 72737 | 58170 | 145631 |
| # 主营业务税金及附加 | 万元 | 272466 | 135280 | 1886 | 135300 | 71898 | 57710 | 142858 |
| 其他业务利润 | 万元 | 20496 | 12961 | 1426 | 6109 | 4225 | 9215 | 7056 |
| 销售费用 | 万元 | 52836 | 3951 | 1220 | 47665 | 2056 | 1056 | 49724 |
| 管理费用 | 万元 | 1116258 | 899324 | 6221 | 210713 | 640753 | 250356 | 225149 |
| # 税　金 | 万元 | 14956 | 6940 | 284 | 7732 | 4106 | 2453 | 8397 |
| 财务费用 | 万元 | 136408 | 118677 | 31 | 17700 | 51426 | 65606 | 19376 |
| # 利息收入 | 万元 | 102991 | 97945 | 1536 | 3510 | 70274 | 27385 | 5332 |
| # 利息支出 | 万元 | 190490 | 181503 | 19 | 8968 | 109310 | 72529 | 8651 |
| 营业利润 | 万元 | 678112 | 520591 | 3859 | 153662 | 442410 | 71113 | 164589 |
| 营业外收入 | 万元 | 28385 | 21649 | 335 | 6401 | 11029 | 9594 | 7762 |
| 补贴收入 | 万元 | 9555 | 8816 | 46 | 693 | 904 | 7830 | 821 |
| 营业外支出 | 万元 | 14356 | 8719 | 41 | 5596 | 4714 | 3656 | 5986 |
| 利润总额 | 万元 | 692130 | 533522 | 4153 | 154455 | 448725 | 77051 | 166354 |
| 应交所得税 | 万元 | 77483 | 37248 | 979 | 39256 | 24862 | 11066 | 41555 |
| **三、人工成本及增值税** | | | | | | | | |
| 应付职工薪酬 | 万元 | 1307071 | 854074 | 14638 | 438359 | 568620 | 261821 | 476630 |
| 应交增值税 | | 276030 | 179162 | 420 | 96448 | 65510 | 110541 | 99979 |
| **四、亏损企业个数** | **个** | **321** | **26** | **7** | | **3** | **18** | |
| **五、亏损额** | **万元** | **37470** | **18829** | **92** | **18549** | **5467** | **13125** | **18878** |

# 4-13 劳务分包建筑企业生产经营情况

## The production and operation situation of labor subcontracting construction enterprises

单位：万元

| 指 标 | 总 计 | 按经济类型分 | | | 按隶属关系分 | | |
|---|---|---|---|---|---|---|---|
| | | 国有 | 集体 | 其他 | 中央 | 省属 | 市属 |
| **一、产值完成情况** | | | | | | | |
| 建筑业总产值 | 401426 | 34074 | 232 | 367120 | 232 | 143807 | 257387 |
| **二、年末资产负债** | | | | | | | |
| 固定资产原价 | 15993 | 138 | 65 | 15790 | 65 | 779 | 15149 |
| 本年折旧 | 5513 | 103 | 31 | 5379 | 31 | 174 | 5308 |
| 资产总计 | 177944 | 6811 | 233 | 170900 | 233 | 15056 | 162655 |
| 负债合计 | 127112 | 5712 | 167 | 121233 | 167 | 9129 | 117816 |
| 实收资本 | 31151 | 940 | 46 | 30165 | 46 | 2420 | 28685 |
| **三、损益及分配** | | | | | | | |
| 营业收入 | 391915 | 33228 | 232 | 358455 | 232 | 143599 | 248084 |
| # 主营业务收入 | 391911 | 33228 | 232 | 358451 | 232 | 143599 | 248080 |
| 营业成本 | 382231 | 32808 | 143 | 349280 | 143 | 141800 | 240288 |
| # 主营业务成本 | 381937 | 32730 | 143 | 349064 | 143 | 141615 | 240179 |
| 营业税金及附加 | 3180 | 286 | 6 | 2888 | 6 | 1295 | 1879 |
| # 主营业务税金及附加 | 2230 | 286 | 6 | 1938 | 6 | 378 | 1846 |
| 销售费用 | 130 | | | 130 | | | 130 |
| 管理费用 | 6042 | 140 | 83 | 5819 | 83 | 546 | 5413 |
| # 税金 | 146 | | | 146 | | 46 | 100 |
| 财务费用 | -7 | -1 | | -6 | | -3 | -4 |
| 营业利润 | 1039 | 62 | | 977 | | 136 | 903 |
| 利润总额 | 27 | 65 | | -38 | | 132 | -105 |

# 第5篇

# 能源消费与库存

# *Energy Consumption and Inventory*

## 资料整理、审核

李　晶　　郭　波　　侯媛媛

# 5-1 一、二次能源生产量及构成

## Production and composition of primary and secondary energy

| 指　标 | 2016 | 2015 |
|---|---|---|
| **一次能源产量(万吨标准煤)** | **2041.59** | **2849.26** |
| 主要能源品种占一次能源产量(%) | | |
| 原煤 | 100.0 | 100.0 |
| **二次能源产量(万吨标准煤)** | **3823.49** | **4143.87** |
| 主要能源品种占二次能源产量(%) | | |
| 火电 | 9.0 | 7.6 |
| 洗精煤 | 39.5 | 46.0 |
| 焦炭 | 26.9 | 24.1 |

# 5-2 煤炭、石油制品及焦碳消费量

## Coal, petroleum products and coke consumption

单位：万吨

| 指　标 | 2016 | 2015 |
|---|---|---|
| **煤炭** | **5702.38** | **6305.85** |
| #工业生产消费 | 5699.24 | 6302.39 |
| #发电 | 879.56 | 807.19 |
| 炼焦 | 1405.99 | 1350.05 |
| #非工业生产消费 | 3.14 | 3.46 |
| **工业石油制品（标准煤）** | **10.48** | **11.14** |
| **焦炭** | **359.72** | **348.71** |
| 工业生产 | 359.72 | 348.71 |

# 5-3 全社会用电量

## Total social electricity consumption

单位：万千瓦时

| 指 标 | 2016 | 2015 |
|---|---|---|
| **全社会用电量总计（包含省返线损、省调厂用电）** | **2507000.00** | **2403597.00** |
| 省返线损 | 37700.00 | 48621.00 |
| 省调厂用电 | 243996.97 | 242062.78 |
| **全社会实用电总计** | **2196973.11** | **2118490.65** |
| A.全行业用电合计 | 1855435.71 | 1797532.55 |
| 第一产业 | 19428.26 | 19385.42 |
| 第二产业 | 1409645.80 | 1383103.62 |
| 第三产业 | 426361.63 | 395043.50 |
| B.城乡居民用电合计 | 341537.40 | 320958.09 |
| 城镇居民 | 305064.58 | 286127.01 |
| 乡村居民 | 36472.77 | 34831.05 |
| **全行业用电分类** | **1855435.71** | **1797532.55** |
| **一、农、林、牧、渔业** | **19428.26** | **19385.42** |
| 1.农业 | 5123.03 | 4896.02 |
| 2.林业 | 923.80 | 935.90 |
| 3.畜牧业 | 2085.82 | 1890.05 |
| 4.渔业 | 124.94 | 114.28 |
| 5.农、林、牧、渔服务业 | 11170.70 | 11549.11 |
| #排灌 | 10927.18 | 11315.37 |
| **二、工业** | **1370560.97** | **1346795.24** |
| 轻工业 | 41839.11 | 39996.83 |
| 重工业 | 1328721.86 | 1306798.41 |
| （一）采矿业 | 182807.65 | 192580.22 |
| 1.煤炭开采和洗选业 | 145434.97 | 150542.50 |
| 2.石油和天然气开采业 | 293.32 | 269.72 |
| 3.黑色金属矿采选业 | 34495.66 | 39066.43 |
| 4.有色金属矿采选业 | 275.03 | 159.05 |
| 5.非金属矿采选业 | 1670.42 | 1852.29 |
| 6.其他采矿业 | 638.26 | 690.20 |
| （二）制造业 | 1033804.53 | 1013495.31 |
| 1.食品、饮料和烟草制造业 | 16566.77 | 16434.49 |
| #农副食品加工业 | 4268.66 | 4254.72 |
| 2.纺织业 | 2316.81 | 2388.20 |
| 3.服装鞋帽、皮革羽绒及其制品业 | 173.76 | 134.38 |
| 4.木材加工及制品和家具制品业 | 1817.73 | 1704.72 |
| #轻工业 | 966.63 | 854.40 |
| 5.造纸及纸制品业 | 3750.73 | 3034.00 |
| 6.印刷业和记录媒介的复制 | 1638.48 | 1709.72 |
| 7.文教体育用品制造业 | 83.59 | 70.36 |
| 8.石油加工炼焦及核燃料 | 49977.48 | 42658.63 |
| 9.化学原料及化学制品制造 | 29466.79 | 10183.74 |
| #轻工业 | 994.87 | 962.69 |
| #氯碱 | 2.18 | 2.57 |
| #肥料 | 61.68 | 79.55 |
| 10.医药制造业 | 2209.39 | 2036.90 |
| 11.化学纤维制造业 | 309.68 | 595.33 |
| 12.橡胶和塑料制品业 | 9417.45 | 9796.87 |
| #轻工业 | 706.07 | 853.75 |

5-3 续表

单位：万千瓦时

| 指 标 | 2016 | 2015 |
|---|---|---|
| 13.非金属矿物制品业 | 52175.63 | 45626.90 |
| #轻工业 | 517.42 | 412.30 |
| #水泥制造 | 37252.66 | 31440.98 |
| 14.黑色金属冶炼及压延 | 689397.74 | 706796.23 |
| #铁合金冶炼 | 165.30 | 6123.91 |
| 15.有色金属冶炼及压延 | 26352.09 | 21034.55 |
| #铝冶炼 | 11507.33 | 4742.96 |
| 16.金属制品业 | 26270.46 | 25600.46 |
| #轻工业 | 613.85 | 513.47 |
| 17.通用及专用设备制造业 | 47202.42 | 51677.52 |
| #轻工业 |  | 7.52 |
| 18.交通运输、电气、电子设备制造业 | 66064.31 | 64446.54 |
| #轻工业 | 47.91 | 64.73 |
| #交通运输设备制造业 | 8572.14 | 9521.74 |
| 19.工艺品及其他制造业 | 2792.96 | 2275.08 |
| 20.废弃资源和废旧材料回收 | 5821.27 | 5290.69 |
| （三）电力、煤气及水的生产及供应业 | 153948.77 | 140719.72 |
| 1.电力、热力的生产和供应 | 117567.31 | 104447.80 |
| #电厂生产全部耗用电量 | 17019.74 | 16588.93 |
| 线路损失电量 | 88799.56 | 77325.99 |
| 抽水蓄能抽水耗用电量 |  | 6.72 |
| 2.燃气生产和供应业 | 12231.70 | 13115.36 |
| 3.水的生产和供应业 | 24149.78 | 23156.54 |
| #轻工业 | 8151.17 | 7649.47 |
| **三、建筑业** | **39084.84** | **36308.37** |
| **四、交通运输、仓储和邮政业** | **94115.43** | **97226.35** |
| 1.交通运输业 | 73626.69 | 67867.22 |
| #城市公共交通 | 808.05 | 1135.42 |
| 管道运输业 | 43199.86 | 42599.93 |
| 电气化铁路 | 5181.84 | 1523.67 |
| 2.仓储业 | 18545.30 | 27432.55 |
| 3.邮政业 | 1943.42 | 1926.57 |
| **五、信息传输、计算机服务和软件业** | **22916.32** | **21427.61** |
| 1.电信和其他信息传输服务业 | 21698.82 | 20378.39 |
| 2.计算机服务和软件业 | 1217.50 | 1049.24 |
| **六、商业、住宿和餐饮业** | **105751.97** | **92590.50** |
| 1.批发和零售业 | 78101.53 | 68189.88 |
| 2.住宿和餐饮业 | 27650.43 | 24400.64 |
| **七、金融、房地产、商务及居民服务业** | **88105.92** | **73786.23** |
| 1.金融业 | 5375.06 | 4584.08 |
| 2.房地产业 | 25736.22 | 24413.41 |
| 3.租赁和商务服务业、居名服务和其他服务业 | 56994.63 | 44788.74 |
| **八、公共事业及管理组织** | **115472.01** | **110012.83** |
| 1.科学研究、技术服务和地质勘察业 | 8537.78 | 7785.70 |
| #地质勘察业 | 414.43 | 343.33 |
| 2.水利、环境和公共设施管理业 | 19371.39 | 18533.06 |
| #水利管理业 | 3410.83 | 3126.04 |
| 公共照明业 | 6252.75 | 6086.34 |
| 3.教育、文化、体育和娱乐业 | 40793.06 | 38417.67 |
| #教育 | 29872.71 | 26906.94 |
| 4.卫生、社会保障和社会福利业 | 18997.96 | 17796.74 |
| 5.公共管理和社会组织、国际组织 | 27771.83 | 27479.66 |

# 5-4 规模以上工业企业
## Energy purchasing, consumption and inventory

| 指 标 | 单 位 | 年初库存量 | 购进量 | |
|---|---|---|---|---|
| | | | | #购自省外 |
| 原煤 | 吨 | 1412413.57 | 15915222.43 | 842805.59 |
| 1.无烟煤 | 吨 | 1914.40 | 90729.36 | 36614.53 |
| 2.炼焦烟煤 | 吨 | 447396.35 | 3169667.75 | 271233.18 |
| 3.一般烟煤 | 吨 | 963102.82 | 12638223.11 | 534957.88 |
| 4.褐煤 | 吨 | | 16602.21 | |
| 洗精煤（用于炼焦） | 吨 | 891476.63 | 11438296.87 | |
| 其他洗煤 | 吨 | 39884.09 | 3795413.18 | |
| 煤制品 | 吨 | 20.00 | 3385.00 | |
| 焦炭 | 吨 | 47603.22 | 378034.72 | |
| 其他焦化产品 | 吨 | 22814.00 | 259880.00 | |
| 焦炉煤气 | 万立方米 | | 43397.94 | |
| 高炉煤气 | 万立方米 | | 63588.17 | |
| 转炉煤气 | 万立方米 | | 7759.18 | |
| 天然气 | 万立方米 | 577.26 | 123224.33 | |
| 液化天然气 | 吨 | | 24.12 | |
| 煤层气 | 万立方米 | | | |
| 汽油 | 吨 | 123.21 | 7043.01 | 225.37 |
| 煤油 | 吨 | 767.45 | 2952.69 | |
| 柴油 | 吨 | 4052.04 | 50841.92 | 140.84 |
| 燃料油 | 吨 | 2590.83 | 1493.49 | |
| 液化石油气 | 吨 | | 5.21 | |
| 润滑油 | 吨 | 3.33 | 6.23 | |
| 石蜡 | 吨 | 22.13 | 1638.80 | |
| 石油沥青 | 吨 | | 330.00 | |
| 其他石油制品 | 吨 | 1684.42 | 6487.62 | |
| 热力 | 百万千焦 | | 3525553.25 | |
| 电力 | 万千瓦时 | | 604542.78 | |
| 煤矸石（用于燃料） | 吨 | | | |
| 余热余压 | 百万千焦 | | | |
| 能源合计 | 吨标准煤 | | | |

# 能源购进、消费与库存情况
# of Industrial Enterprises above Designated Size

| 消费量 | | | | | |
|---|---|---|---|---|---|
| 合　计 | 1.工业生产消费 | 用于原材料 | 2.非工业生产消费 | 合计中：运输工具消费 | 期末库存量 |
| 38985116.98 | 38956571.39 | 51246.72 | 28545.59 | | 1203064.97 |
| 91132.96 | 91132.96 | 40700.56 | | | 1510.80 |
| 25988165.39 | 25961358.99 | | 26806.40 | | 535183.15 |
| 12890786.66 | 12889047.47 | 10546.16 | 1739.19 | | 664800.78 |
| 15031.97 | 15031.97 | | | | 1570.24 |
| 14061566.86 | 14059866.86 | | 1700.00 | | 968509.84 |
| 3973673.44 | 3973673.44 | | | | 30755.03 |
| 3379.00 | 2274.00 | | 1105.00 | | 26.00 |
| 3597186.22 | 3597164.52 | 4326.00 | 21.70 | | 99087.72 |
| 268847.00 | 268847.00 | | | | 13853.00 |
| 269694.25 | 269307.37 | | 386.88 | | |
| 1342363.36 | 1342363.36 | | | | |
| 83058.38 | 83058.38 | | | | |
| 123271.95 | 122661.76 | 100.41 | 610.19 | | 196.14 |
| 27.22 | 21.42 | 5.70 | 5.80 | 7.54 | |
| 7373.68 | 7373.68 | | | | |
| 7340.84 | 3918.99 | 245.80 | 3421.85 | 2830.26 | 120.18 |
| 3466.97 | 3466.17 | 2.72 | 0.80 | | 204.17 |
| 51891.25 | 46524.08 | 1867.57 | 5367.17 | 13869.12 | 2906.65 |
| 1939.88 | 1883.50 | | 56.38 | | 1123.91 |
| 5.21 | 1.65 | | 3.56 | | |
| 7.71 | 7.71 | | | | 1.85 |
| 1508.00 | 1508.00 | | | | 152.93 |
| 330.00 | 330.00 | 330.00 | | | |
| 7166.39 | 7165.95 | 7145.13 | 0.44 | | 1005.65 |
| 30181633.24 | 28376628.30 | | 1805004.94 | | |
| 1395090.17 | 1377373.26 | | 17716.91 | 1379.54 | |
| 230934.51 | 230934.51 | | | | |
| 13844221.37 | 13844221.37 | | | | |
| 57342985.63 | 57210638.96 | | 132346.67 | | |

# 5-5 规模以上工业企业能源加工转换投入产出情况

## Energy conversion and output of Industrial Enterprises above Designated Size

| 指 标 | 单 位 | 工业生产消费量 | 加工转换投入合计 | 火力发电 | 供热 | 原煤入洗 | 炼焦 | 能源加工转换产出 | 回收利用 |
|---|---|---|---|---|---|---|---|---|---|
| 原煤 | 吨 | 38507281.50 | 36655467.42 | 5489637.13 | 2151699.33 | 29014130.96 | | | |
| #1.无烟煤 | 吨 | 44449.00 | | | | | | | |
| 2.炼焦烟煤 | 吨 | 25961358.99 | 25838097.51 | 162413.02 | 101637.54 | 25574046.95 | | | |
| 3.一般烟煤 | 吨 | 12501473.51 | 10817369.91 | 5327224.11 | 2050061.79 | 3440084.01 | | | |
| 4.褐煤 | 吨 | | | | | | | | |
| 洗精煤 | 吨 | 14059866.86 | 14059866.86 | | | | 14059866.86 | 15823374.24 | |
| 其它洗煤 | 吨 | 3964899.44 | 3818779.60 | 3305932.28 | 512847.32 | | | 8446092.95 | |
| 焦炭 | 吨 | 3583014.28 | | | | | | 10692148.96 | |
| 其它焦化产品 | 吨 | 268847.00 | | | | | | 423737.90 | |
| 焦炉煤气 | 万立方米 | 255735.38 | 20555.00 | 16907.00 | 3648.00 | | | 300333.55 | |
| 高炉煤气 | 万立方米 | 1342351.36 | 212686.00 | 99767.00 | 112919.00 | | | | 1386997.66 |
| 转炉煤气 | 万立方米 | 83058.38 | 17680.00 | 8558.00 | 9122.00 | | | | 83068.38 |
| 天然气（气态） | 万立方米 | 117977.56 | 105290.15 | 85112.77 | 20177.38 | | | 1360.00 | |
| 煤层气（煤田） | 万立方米 | 7373.68 | 7373.68 | 7373.68 | | | | | |
| 汽油 | 吨 | 1820.99 | | | | | | | |
| 煤油 | 吨 | 3414.46 | | | | | | | |
| 柴油 | 吨 | 28465.41 | | | | | | | |
| 燃料油 | 吨 | 1687.50 | 654.50 | 611.12 | 43.38 | | | | |
| 热力 | 百万千焦 | 26105076.62 | | | | | | 51424235.10 | |
| 电力 | 万千瓦时 | 1165739.38 | | | | | | 2788460.50 | |
| 煤矸石用于燃料 | 吨 | 230934.51 | 193508.34 | 131277.14 | 62231.20 | | | 230934.51 | |
| 余热余压 | 百万千焦 | 13844221.37 | 13844221.37 | 13844221.37 | | | | | 32051819.79 |
| 能源合计 | 吨标准煤 | 56329120.04 | 45744416.23 | 7639520.51 | 2248003.12 | 22644817.49 | 13212075.11 | 38234901.76 | 2877208.93 |

# 5-6 规模以上工业企业主要能源按工业行业分组消费量(一)
## Above scale industrial enterprises, the main energy consumption in the industrial sectors(1)

| 指　　标 | 原煤(吨) | 无烟煤(吨) | 炼焦烟煤(吨) | 一般烟煤(吨) |
|---|---|---|---|---|
| **全部工业企业** | **38985117.00** | **91133.00** | **25988165.00** | **12890787.00** |
| **一、按工业行业门类分** | | | | |
| (一)轻工业 | 36952.00 | 5058.00 | | 31893.00 |
| (二)重工业 | 38948165.00 | 86075.00 | 25988165.00 | 12858893.00 |
| (三)采矿业 | 26282243.00 | | 23617353.00 | 2664890.00 |
| 煤炭开采和洗选业 | 26282243.00 | | 23617353.00 | 2664890.00 |
| 黑色金属矿采选业 | | | | |
| (四)制造业 | 7531884.00 | 91133.00 | 2370812.00 | 5054907.00 |
| 农副食品加工业 | 12915.00 | | | 12915.00 |
| 食品制造业 | 12357.00 | 5058.00 | | 7299.00 |
| 酒、饮料和精制茶制造业 | 483.00 | | | 483.00 |
| 烟草制品业 | | | | |
| 纺织业 | | | | |
| 纺织服装、服饰业 | | | | |
| 木材加工和木、竹、藤、棕、草制品业 | | | | |
| 家具制造业 | | | | |
| 造纸和纸制品业 | 19.00 | | | 19.00 |
| 印刷和记录媒介复制业 | | | | |
| 文教、工美、体育和娱乐用品制造业 | | | | |
| 石油加工、炼焦和核燃料加工业 | 3146006.00 | | 2370812.00 | 775194.00 |
| 化学原料和化学制品制造业 | 1073.00 | | | 1073.00 |
| 医药制造业 | 2140.00 | | | 2140.00 |
| 橡胶和塑料制品业 | | | | |
| 非金属矿物制品业 | 466398.00 | 44449.00 | | 406917.00 |
| 黑色金属冶炼和压延加工业 | 3830417.00 | 925.00 | | 3829492.00 |
| 有色金属冶炼和压延加工业 | 586.00 | | | 586.00 |
| 金属制品业 | 53987.00 | 40701.00 | | 13286.00 |
| 通用设备制造业 | 72.00 | | | 72.00 |
| 专用设备制造业 | 339.00 | | | 339.00 |
| 汽车制造业 | | | | |
| 铁路、船舶、航空航天和其他运输设备制造业 | | | | |
| 电气机械和器材制造业 | 26.00 | | | 26.00 |
| 计算机、通信和其他电子设备制造业 | 5067.00 | | | 5067.00 |
| 仪器仪表制造业 | | | | |
| (五)电力、热力、燃气及水生产和供应业 | 5170990.00 | | | 5170990.00 |
| 电力、热力生产和供应业 | 5170990.00 | | | 5170990.00 |
| 燃气生产和供应业 | | | | |
| 水的生产和供应业 | | | | |

# 5-6 规模以上工业企业主要能源按工业行业分组消费量(二)

## Above scale industrial enterprises, the main energy consumption in the industrial sectors(2)

| 指 标 | 洗精煤(用于炼焦)(吨) | 其它洗煤(吨) | 煤制品(吨) | 焦炭(吨) | 其它焦化产品(吨) |
|---|---|---|---|---|---|
| **全部工业企业** | **14061567.00** | **3973673.00** | **3379.00** | **3597186.00** | **268847.00** |
| **一、按工业行业门类分** | | | | | |
| (一)轻工业 | | 8774.00 | 322.00 | | |
| (二)重工业 | 14061567.00 | 3964899.00 | 3057.00 | 3597186.00 | 268847.00 |
| (三)采矿业 | 1050468.00 | 169131.00 | 2789.00 | | |
| 煤炭开采和洗选业 | 1050468.00 | 169131.00 | 2789.00 | | |
| 黑色金属矿采选业 | | | | | |
| (四)制造业 | 13011099.00 | 208761.00 | 590.00 | 3597186.00 | 268847.00 |
| 农副食品加工业 | | | | | |
| 食品制造业 | | 4196.00 | 49.00 | | |
| 酒、饮料和精制茶制造业 | | | | | |
| 烟草制品业 | | | | | |
| 纺织业 | | | | | |
| 纺织服装、服饰业 | | | | | |
| 木材加工和木、竹、藤、棕、草制品业 | | | | | |
| 家具制造业 | | | 273.00 | | |
| 造纸和纸制品业 | | 4578.00 | | | |
| 印刷和记录媒介复制业 | | | | | |
| 文教、工美、体育和娱乐用品制造业 | | | | | |
| 石油加工、炼焦和核燃料加工业 | 8916403.00 | | | | |
| 化学原料和化学制品制造业 | | | | | 268847.00 |
| 医药制造业 | | | | | |
| 橡胶和塑料制品业 | | | | | |
| 非金属矿物制品业 | | 11100.00 | | | |
| 黑色金属冶炼和压延加工业 | 4092996.00 | 103376.00 | | 3583942.00 | |
| 有色金属冶炼和压延加工业 | | | | | |
| 金属制品业 | | | 268.00 | 13216.00 | |
| 通用设备制造业 | | | | | |
| 专用设备制造业 | | 85512.00 | | 6.00 | |
| 汽车制造业 | | | | | |
| 铁路、船舶、航空航天和其他运输设备制造业 | | | | 22.00 | |
| 电气机械和器材制造业 | | | | | |
| 计算机、通信和其他电子设备制造业 | 1700.00 | | | | |
| 仪器仪表制造业 | | | | | |
| (五)电力、热力、燃气及水生产和供应业 | | 3595781.00 | | | |
| 电力、热力生产和供应业 | | 3595781.00 | | | |
| 燃气生产和供应业 | | | | | |
| 水的生产和供应业 | | | | | |

# 5-6 规模以上工业企业主要能源按工业行业分组消费量(三)

## Above scale industrial enterprises, the main energy consumption in the industrial sectors(3)

| 指　标 | 焦炉煤气（万立方米） | 高炉煤气（万立方米） | 转炉煤气（万立方米） | 天然气（气态）（万立方米） |
|---|---|---|---|---|
| **全部工业企业** | **269694.00** | **1342363.00** | **83058.00** | **123272.00** |
| **一、按工业行业门类分** | | | | |
| (一)轻工业 | 331.00 | | | 1837.00 |
| (二)重工业 | 269363.00 | 1342363.00 | 83058.00 | 121435.00 |
| (三)采矿业 | 2800.00 | | | 775.00 |
| 煤炭开采和洗选业 | 2800.00 | | | 775.00 |
| 黑色金属矿采选业 | | | | |
| (四)制造业 | 253504.00 | 1342363.00 | 83058.00 | 17185.00 |
| 农副食品加工业 | | | | 561.00 |
| 食品制造业 | 331.00 | | | 923.00 |
| 酒、饮料和精制茶制造业 | | | | 81.00 |
| 烟草制品业 | | | | 238.00 |
| 纺织业 | | | | |
| 纺织服装、服饰业 | | | | |
| 木材加工和木、竹、藤、棕、草制品业 | | | | |
| 家具制造业 | | | | |
| 造纸和纸制品业 | | | | 7.00 |
| 印刷和记录媒介复制业 | | | | 2.00 |
| 文教、工美、体育和娱乐用品制造业 | | | | |
| 石油加工、炼焦和核燃料加工业 | 100047.00 | | | |
| 化学原料和化学制品制造业 | 6977.00 | | | 26.00 |
| 医药制造业 | | | | |
| 橡胶和塑料制品业 | 2777.00 | | | 24.00 |
| 非金属矿物制品业 | 1494.00 | 12.00 | | 159.00 |
| 黑色金属冶炼和压延加工业 | 128089.00 | 1342351.00 | 83058.00 | 12215.00 |
| 有色金属冶炼和压延加工业 | 7484.00 | | | 342.00 |
| 金属制品业 | | | | 312.00 |
| 通用设备制造业 | | | | 268.00 |
| 专用设备制造业 | 5149.00 | | | 157.00 |
| 汽车制造业 | 26.00 | | | |
| 铁路、船舶、航空航天和其他运输设备制造业 | 946.00 | | | 1538.00 |
| 电气机械和器材制造业 | | | | 54.00 |
| 计算机、通信和其他电子设备制造业 | 183.00 | | | 236.00 |
| 仪器仪表制造业 | | | | 31.00 |
| (五)电力、热力、燃气及水生产和供应业 | 13390.00 | | | 105311.00 |
| 电力、热力生产和供应业 | 13390.00 | | | 105290.00 |
| 燃气生产和供应业 | | | | 21.00 |
| 水的生产和供应业 | | | | |

# 5-6 规模以上工业企业主要能源按工业行业分组消费量(四)

## Above scale industrial enterprises, the main energy consumption in the industrial sectors(4)

| 指 标 | 液化天然气(液态)(吨) | 煤层气(煤田)(万立方米) | 汽油(吨) | 煤油(吨) | 柴油(吨) |
|---|---|---|---|---|---|
| **全部工业企业** | **27.00** | **7374.00** | **7341.00** | **3467.00** | **51891.00** |
| **一、按工业行业门类分** | | | | | |
| (一)轻工业 | 6.00 | | 1454.00 | | 1837.00 |
| (二)重工业 | 22.00 | 7374.00 | 5887.00 | 3467.00 | 50054.00 |
| (三)采矿业 | | 7374.00 | 1856.00 | 3235.00 | 7470.00 |
| 煤炭开采和洗选业 | | 7374.00 | 1856.00 | 3235.00 | 6581.00 |
| 黑色金属矿采选业 | | | | | 889.00 |
| (四)制造业 | 27.00 | | 4613.00 | 231.00 | 43695.00 |
| 农副食品加工业 | 6.00 | | 349.00 | | 99.00 |
| 食品制造业 | | | 262.00 | | 293.00 |
| 酒、饮料和精制茶制造业 | | | 154.00 | | 674.00 |
| 烟草制品业 | | | 17.00 | | 22.00 |
| 纺织业 | | | 13.00 | | 1.00 |
| 纺织服装、服饰业 | | | | | |
| 木材加工和木、竹、藤、棕、草制品业 | | | | | |
| 家具制造业 | | | 45.00 | | 2.00 |
| 造纸和纸制品业 | | | 46.00 | | 30.00 |
| 印刷和记录媒介复制业 | | | 186.00 | | 516.00 |
| 文教、工美、体育和娱乐用品制造业 | | | 10.00 | | 2.00 |
| 石油加工、炼焦和核燃料加工业 | | | 94.00 | 174.00 | 2539.00 |
| 化学原料和化学制品制造业 | | | 212.00 | | 1317.00 |
| 医药制造业 | | | 56.00 | | 5.00 |
| 橡胶和塑料制品业 | | | 156.00 | 7.00 | 68.00 |
| 非金属矿物制品业 | | | 344.00 | 3.00 | 14757.00 |
| 黑色金属冶炼和压延加工业 | | | 375.00 | | 21985.00 |
| 有色金属冶炼和压延加工业 | | | 79.00 | 1.00 | 121.00 |
| 金属制品业 | | | 424.00 | | 294.00 |
| 通用设备制造业 | 8.00 | | 346.00 | | 162.00 |
| 专用设备制造业 | | | 419.00 | 7.00 | 385.00 |
| 汽车制造业 | 8.00 | | 7.00 | | 8.00 |
| 铁路、船舶、航空航天和其他运输设备制造业 | | | 136.00 | 38.00 | 250.00 |
| 电气机械和器材制造业 | 6.00 | | 112.00 | | 52.00 |
| 计算机、通信和其他电子设备制造业 | | | 279.00 | 1.00 | 114.00 |
| 仪器仪表制造业 | | | 325.00 | | |
| (五)电力、热力、燃气及水生产和供应业 | | | 871.00 | 1.00 | 726.00 |
| 电力、热力生产和供应业 | | | 124.00 | 1.00 | 624.00 |
| 燃气生产和供应业 | | | 570.00 | | |
| 水的生产和供应业 | | | 176.00 | | 102.00 |

# 5-6 规模以上工业企业主要能源按工业行业分组消费量(五)

## Above scale industrial enterprises, the main energy consumption in the industrial sectors(5)

| 指　标 | 燃料油（吨） | 液化石油气（吨） | 润滑油（吨） | 石油焦（吨） |
|---|---|---|---|---|
| **全部工业企业** | **1940.00** | **5.00** | **8.00** | **330.00** |
| **一、按工业行业门类分** | | | | |
| (一)轻工业 | | | | |
| (二)重工业 | 1940.00 | 5.00 | 8.00 | 330.00 |
| (三)采矿业 | | | | |
| 煤炭开采和洗选业 | | | | |
| 黑色金属矿采选业 | | | | |
| (四)制造业 | 252.00 | 5.00 | 8.00 | 330.00 |
| 农副食品加工业 | | | | |
| 食品制造业 | | | | |
| 酒、饮料和精制茶制造业 | | | | |
| 烟草制品业 | | | | |
| 纺织业 | | | | |
| 纺织服装、服饰业 | | | | |
| 木材加工和木、竹、藤、棕、草制品业 | | | | |
| 家具制造业 | | | | |
| 造纸和纸制品业 | | | | |
| 印刷和记录媒介复制业 | | | | |
| 文教、工美、体育和娱乐用品制造业 | | | | |
| 石油加工、炼焦和核燃料加工业 | | | | |
| 化学原料和化学制品制造业 | | | | |
| 医药制造业 | | | | |
| 橡胶和塑料制品业 | | | | |
| 非金属矿物制品业 | 226.00 | | | 330.00 |
| 黑色金属冶炼和压延加工业 | | | | |
| 有色金属冶炼和压延加工业 | | 3.00 | | |
| 金属制品业 | | | | |
| 通用设备制造业 | 26.00 | | 8.00 | |
| 专用设备制造业 | | | | |
| 汽车制造业 | | | | |
| 铁路、船舶、航空航天和其他运输设备制造业 | | 1.00 | | |
| 电气机械和器材制造业 | | | | |
| 计算机、通信和其他电子设备制造业 | | | | |
| 仪器仪表制造业 | | | | |
| (五)电力、热力、燃气及水生产和供应业 | 1688.00 | | | |
| 电力、热力生产和供应业 | 1688.00 | | | |
| 燃气生产和供应业 | | | | |
| 水的生产和供应业 | | | | |

# 5-6 规模以上工业企业主要能源按工业行业分组消费量(六)

## Above scale industrial enterprises, the main energy consumption in the industrial sectors(6)

| 指　标 | 其它石油制品(吨) | 热力(百万千焦) | 电力(万千瓦时) | 煤矸石用于燃料(吨) | 余热余压(百万千焦) | 其他燃料(吨标准煤) |
|---|---|---|---|---|---|---|
| **全部工业企业** | **7166.00** | **30181633.00** | **1395090.00** | **230935.00** | **13844221.00** | **261.00** |
| **一、按工业行业门类分** | | | | | | |
| (一)轻工业 | | 221086.00 | 23134.00 | | | |
| (二)重工业 | 7166.00 | 29960547.00 | 1371957.00 | 230935.00 | 13844221.00 | 261.00 |
| (三)采矿业 | | 2933838.00 | 155457.00 | 230935.00 | | |
| 煤炭开采和洗选业 | | 2933838.00 | 150466.00 | 230935.00 | | |
| 黑色金属矿采选业 | | | 3210.00 | | | |
| (四)制造业 | 7166.00 | 27247795.00 | 1023823.00 | | 13844221.00 | 261.00 |
| 农副食品加工业 | | | 3029.00 | | | |
| 食品制造业 | | 71486.00 | 3056.00 | | | |
| 酒、饮料和精制茶制造业 | | 75828.00 | 1699.00 | | | |
| 烟草制品业 | | | 1104.00 | | | |
| 纺织业 | | | 1652.00 | | | |
| 纺织服装、服饰业 | | | 17.00 | | | |
| 木材加工和木、竹、藤、棕、草制品业 | | | | | | |
| 家具制造业 | | | 34.00 | | | |
| 造纸和纸制品业 | | | 676.00 | | | |
| 印刷和记录媒介复制业 | | 35126.00 | 1362.00 | | | |
| 文教、工美、体育和娱乐用品制造业 | | | 34.00 | | | |
| 石油加工、炼焦和核燃料加工业 | | 991615.00 | 36567.00 | | 531261.00 | |
| 化学原料和化学制品制造业 | | 1049058.00 | 9275.00 | | 1127047.00 | 11.00 |
| 医药制造业 | | 31970.00 | 1210.00 | | | |
| 橡胶和塑料制品业 | | 2353.00 | 7915.00 | | | |
| 非金属矿物制品业 | | 1100.00 | 45811.00 | | 287848.00 | 250.00 |
| 黑色金属冶炼和压延加工业 | | 22799125.00 | 768929.00 | | 11898065.00 | |
| 有色金属冶炼和压延加工业 | | | 37214.00 | | | |
| 金属制品业 | 7145.00 | 377494.00 | 7881.00 | | | |
| 通用设备制造业 | | 1726.00 | 2094.00 | | | |
| 专用设备制造业 | | 964153.00 | 22453.00 | | | |
| 汽车制造业 | 5.00 | 16033.00 | 1093.00 | | | |
| 铁路、船舶、航空航天和其他运输设备制造业 | | 95906.00 | 8373.00 | | | |
| 电气机械和器材制造业 | | 1122.00 | 4618.00 | | | |
| 计算机、通信和其他电子设备制造业 | 16.00 | 733701.00 | 54232.00 | | | |
| 仪器仪表制造业 | | | 699.00 | | | |
| (五)电力、热力、燃气及水生产和供应业 | | | 215810.00 | | | |
| 电力、热力生产和供应业 | | | 207342.00 | | | |
| 燃气生产和供应业 | | | 363.00 | | | |
| 水的生产和供应业 | | | 8105.00 | | | |

# 5-7 2006年以来节能减排情况

## Energy saving and emission reduction since 2006

| 年 份 | 单位GDP能耗(吨标准煤/万元) | 当年单位GDP能耗下降幅度(%) | 完成目标进度(%) | 累计下降幅度(%) |
|---|---|---|---|---|
| 2006 | 2.29 | 2.62 | 8.44 | 2.62 |
| 2007 | 2.15 | 6.02 | 28.17 | 8.48 |
| 2008 | 1.96 | 8.93 | 57.89 | 16.65 |
| 2009 | 1.83 | 6.73 | 80.03 | 22.26 |
| 2010 | 1.71 | 6.28 | 100.64 | 27.15 |
| 2011 | 1.18 | 3.52 | 20.53 | 3.52 |
| 2012 | 1.13 | 5.01 | 49.99 | 8.35 |
| 2013 | 1.08 | 4.21 | 74.63 | 12.21 |
| 2014 | 1.05 | 2.71 | 90.38 | 14.59 |
| 2015 | 0.99 | 6.02 | 125.96 | 19.73 |
| 2016 | 0.91 | 5.42 | 34.27 | 5.14 |

注：1.2010年以前年份GDP以2005年价格计算，2011-2015年按2010价格计算。

2.“十一五”节能降耗目标单位GDP能耗累计下降27%，“十二五”节能降耗目标单位GDP能耗累计下降16%。

3.根据第三次经济普查，对2011-2014年的数据进行了调整。

# 5-8 1949年以来能源工业固定资产投资及构成

## Energy industry fixed assets investment and composition since 1949

| 年 份 | 全社会固定资产投资(万元) | 能源工业投资 | | | | 能源工业投资构成(%) | | |
|---|---|---|---|---|---|---|---|---|
| | | 合 计 | #煤炭 | 电力 | 焦炭 | 煤炭 | 电力 | 焦炭 |
| 1949 | 43 | | | | | | | |
| 1950 | 1278 | 14 | 13 | | 1 | 92.86 | | 7.14 |
| 1951 | 2662 | 128 | 49 | 79 | | 38.28 | 61.72 | |
| 1952 | 6335 | 215 | 129 | 69 | 17 | 60.00 | 32.09 | 7.91 |
| 1953 | 13861 | 1383 | 115 | 1258 | 10 | 8.32 | 90.96 | 0.72 |
| 1954 | 19852 | 5296 | 857 | 4421 | 18 | 16.18 | 83.48 | 0.34 |
| 1955 | 13878 | 3203 | 768 | 2264 | 171 | 23.98 | 70.68 | 5.34 |
| 1956 | 32901 | 4928 | 1810 | 3118 | | 36.73 | 63.27 | |
| 1957 | 37299 | 5612 | 1891 | 3721 | | 33.70 | 66.30 | |
| 1958 | 62552 | 7116 | 5177 | 1870 | 69 | 72.75 | 26.28 | 0.97 |
| 1959 | 62839 | 6369 | 5283 | 932 | 154 | 82.95 | 14.63 | 2.42 |
| 1960 | 55929 | 8253 | 4884 | 3358 | 11 | 59.18 | 40.69 | |
| 1961 | 16865 | 4380 | 3305 | 1075 | | 75.46 | 24.54 | |
| 1962 | 7854 | 2190 | 1883 | 307 | | 85.98 | 14.02 | |
| 1963 | 10807 | 2368 | 1673 | 695 | | 70.65 | 29.35 | |
| 1964 | 14095 | 2504 | 1706 | 797 | 1 | 68.13 | 31.83 | |
| 1965 | 18622 | 1348 | 666 | 682 | | 49.41 | 50.59 | |
| 1966 | 28255 | 2140 | 358 | 1780 | 1 | 16.73 | 83.18 | |
| 1967 | 10855 | 1140 | 80 | 1049 | 11 | 7.02 | 92.02 | 0.96 |
| 1968 | 17788 | 1870 | 88 | 1776 | 6 | 4.71 | 94.97 | 0.32 |
| 1969 | 11546 | 384 | 123 | 253 | 8 | 32.03 | 65.89 | 2.08 |
| 1970 | 20218 | 1009 | 52 | 957 | | 5.15 | 94.85 | |
| 1971 | 25293 | 2291 | 1174 | 1117 | | 51.24 | 48.76 | |
| 1972 | 23480 | 2212 | 927 | 1285 | | 41.91 | 58.09 | |
| 1973 | 26636 | 2532 | 1276 | 1256 | | 50.39 | 49.61 | |
| 1974 | 19757 | 2260 | 1604 | 656 | | 70.97 | 29.03 | |
| 1975 | 16884 | 1820 | 1018 | 802 | | 55.93 | 44.07 | |

5-8　续表

| 年　份 | 全社会固定资产投资（万元） | 能源工业投资 | | | | 能源工业投资构成(%) | | |
|---|---|---|---|---|---|---|---|---|
| | | 合　计 | #煤炭 | 电力 | 焦炭 | 煤炭 | 电力 | 焦炭 |
| 1976 | 15310 | 1417 | 1034 | 383 | | 72.97 | 27.03 | |
| 1977 | 20398 | 2622 | 1889 | 723 | 10 | 72.04 | 27.57 | 0.38 |
| 1978 | 38930 | 4759 | 3794 | 965 | | 79.72 | 20.28 | |
| 1979 | 49443 | 8264 | 7657 | 504 | 81 | 92.65 | 6.10 | 0.98 |
| 1980 | 61316 | 10609 | 9942 | 604 | 51 | 93.71 | 5.69 | 0.48 |
| 1981 | 66329 | 15640 | 13867 | 1710 | 52 | 88.66 | 10.93 | 0.33 |
| 1982 | 88769 | 18878 | 17746 | 1088 | | 94.00 | 5.76 | |
| 1983 | 108722 | 32438 | 27433 | 1420 | 3492 | 84.57 | 4.38 | 10.77 |
| 1984 | 147907 | 50138 | 41994 | 2796 | 5331 | 83.76 | 5.58 | 10.63 |
| 1985 | 194510 | 52750 | 46010 | 3086 | 3617 | 87.22 | 5.85 | 6.86 |
| 1986 | 212774 | 64087 | 58409 | 3180 | 2422 | 91.14 | 4.96 | 3.78 |
| 1987 | 228535 | 47454 | 40854 | 4065 | 2535 | 86.09 | 8.57 | 5.34 |
| 1988 | 250602 | 63606 | 42294 | 19768 | 1489 | 66.49 | 31.08 | 2.34 |
| 1989 | 242409 | 84093 | 55145 | 26041 | 2771 | 65.58 | 30.97 | 3.30 |
| 1990 | 262924 | 98809 | 61195 | 35944 | 1566 | 61.93 | 36.38 | 1.58 |
| 1991 | 309434 | 104534 | 70720 | 32012 | 1402 | 67.65 | 30.62 | 1.34 |
| 1992 | 460913 | 139321 | 71679 | 57846 | 8336 | 51.45 | 41.52 | 5.98 |
| 1993 | 672115 | 182333 | 80821 | 88639 | | 44.33 | 48.61 | |
| 1994 | 731619 | 143252 | 66561 | 67258 | 1305 | 46.46 | 46.95 | 0.91 |
| 1995 | 701894 | 139667 | 98796 | 23911 | 5076 | 70.74 | 17.12 | 3.63 |
| 1996 | 823902 | 193105 | 132367 | 33933 | 5587 | 68.55 | 17.57 | 2.89 |
| 1997 | 977429 | 270884 | 137407 | 120027 | 7477 | 50.73 | 44.31 | 2.76 |
| 1998 | 1093638 | 261055 | 95856 | 147601 | 4215 | 36.72 | 56.54 | 1.61 |
| 1999 | 917167 | 150674 | 35082 | 87721 | 1659 | 23.28 | 58.22 | 1.10 |
| 2000 | 1047702 | 140866 | 48973 | 87320 | 2315 | 34.77 | 61.99 | 1.64 |
| 2001 | 1227804 | 247617 | 57132 | 112246 | 45836 | 23.07 | 45.33 | 18.51 |
| 2002 | 1475955 | 249245 | 46749 | 120320 | 50786 | 18.76 | 48.27 | 20.38 |
| 2003 | 2044542 | 362697 | 112859 | 78596 | 95343 | 31.12 | 21.67 | 26.29 |
| 2004 | 3476681 | 687685 | 126505 | 216218 | 293877 | 18.40 | 31.44 | 42.73 |
| 2005 | 4385077 | 713589 | 267156 | 280121 | 123924 | 37.44 | 39.26 | 17.37 |
| 2006 | 5011273 | 787176 | 355268 | 298134 | 98559 | 45.13 | 37.87 | 12.52 |
| 2007 | 5767355 | 1064025 | 437367 | 289922 | 146505 | 41.10 | 27.25 | 13.77 |
| 2008 | 7022072 | 1320743 | 493574 | 656202 | 21776 | 37.20 | 49.70 | 1.70 |
| 2009 | 7820157 | 853252 | 312664 | 394037 | 41184 | 36.60 | 46.20 | 4.80 |
| 2010 | 9164811 | 871847 | 462297 | 274024 | 135526 | 53.03 | 31.43 | 15.54 |
| 2011 | 10241444 | 937383 | 671330 | 185035 | 81018 | 71.62 | 19.74 | 8.64 |
| 2012 | 13206257 | 1573142 | 896885 | 195623 | 48085 | 57.01 | 12.44 | 3.06 |
| 2013 | 16707390 | 1728739 | 975403 | 211450 | 16974 | 56.42 | 12.23 | 0.98 |
| 2014 | 17460868 | 1774826 | 812348 | 639702 | 9653 | 45.77 | 36.04 | 0.54 |
| 2015 | 20256080 | 1971010 | 527717 | 622754 | 6169 | 26.77 | 31.60 | 0.31 |
| 2016 | 20277123 | 1570711 | 569017 | 516299 | 1000 | 36.23 | 32.87 | 0.06 |

注：2011年起，投资统计制度进行改革，用“固定资产投资额”代替了“全社会固定资产投资”统计口径。

# 第6篇

# 物价指数

## *Price Indicators*

## 资料整理、审核

李玉琴　　焦昱红　　安立诚

# 6-1 城镇居民消费价格指数(以上年同期为100)

## Consumer price index for urban residents (100) in the same period last year

| 指　标 | 2016 | 2015 |
|---|---|---|
| **居民消费价格总指数** | **101.2** | **100.4** |
| **一、食品烟酒** | **103.3** | **100.5** |
| 1.食品 | 103.7 | 100.4 |
| (1)粮食 | 100.5 | 102.0 |
| (2)薯类 | 109.1 | 84.5 |
| (3)豆类 | 100.3 | 101.2 |
| (4)食用油 | 101.3 | 94.3 |
| (5)菜 | 111.4 | 105.4 |
| (6)畜肉类 | 110.8 | 106.6 |
| (7)禽肉类 | 99.9 | 98.9 |
| (8)水产品 | 104.9 | 102.6 |
| (9)蛋类 | 96.2 | 89.6 |
| (10)奶类 | 99.1 | 97.9 |
| (11)干鲜瓜果类 | 95.4 | 91.3 |
| (12)糖果糕点类 | 100.6 | 100.2 |
| (13)调味品 | 101.3 | 104.3 |
| (14)其他食品类 | 105.6 | 103.4 |
| 2.茶及饮料 | 101.1 | 101.2 |
| 3.烟酒 | 102.6 | 102.3 |
| (1)烟草 | 101.0 | 103.3 |
| (2)酒类 | 105.1 | 100.3 |
| 4.在外餐饮 | 102.6 | 100.1 |
| **二、衣着** | **101.4** | **103.4** |
| 1.服装 | 102.2 | 102.8 |
| 2.服装材料 | 99.4 | 100.1 |
| 3.其他衣着及配件 | 100.9 | 100.1 |

6-1　续表

| 指　　标 | 2016 | 2015 |
| --- | --- | --- |
| 4.衣着加工服务费 | 102.7 | 111.2 |
| 5.鞋类 | 99.3 | 105.5 |
| **三、居住** | **99.4** | **99.8** |
| 1.租赁房房租 | 101.2 | 100.1 |
| 2.住房保养维修及管理 | 100.3 | 99.1 |
| 3.水电燃料 | 99.7 | 99.6 |
| 4.自有住房 | 98.9 | 100.5 |
| **四、生活用品及服务** | **100.3** | **100.0** |
| 1.家具及室内装饰品 | 99.6 | 99.1 |
| 2.家用器具 | 99.9 | 99.5 |
| 3.家用纺织品 | 99.4 | 99.4 |
| 4.家庭日用杂品 | 100.4 | 99.6 |
| 5.个人护理用品 | 101.1 | 100.2 |
| 6.家庭服务 | 101.9 | 101.9 |
| **五、交通和通信** | **98.6** | **98.6** |
| 1.交通 | 99.3 | 97.7 |
| 2.通信 | 97.2 | 99.8 |
| **六、教育文化和娱乐** | **102.0** | **100.5** |
| 1.教育 | 102.2 | 103.9 |
| 2.文化娱乐 | 101.6 | 95.6 |
| **七、医疗保健** | **102.2** | **100.6** |
| 1.药品及医疗器具 | 103.1 | 101.0 |
| 2.医疗服务 | 101.5 | 100.0 |
| **八、其他用品和服务** | **101.4** | **98.5** |
| 1.其他用品类 | 99.7 | 96.3 |
| 2.其他服务类 | 102.7 | 99.4 |

# 6-2 商品零售价格指数(以上年同期为 100)

## Commodity retail price index (100) in the same period last year

| 指　标 | 2016 | 2015 |
|---|---|---|
| **商品零售价格指数** | **100.8** | **98.6** |
| **一、食品** | **103.4** | **100.3** |
| 1.粮食 | 100.5 | 102.0 |
| 2.薯类 | 109.1 | 84.5 |
| 3.豆类 | 100.3 | 101.2 |
| 4.食用油 | 101.3 | 94.3 |
| 5.菜 | 111.4 | 105.4 |
| 6.畜肉类 | 110.8 | 106.6 |
| 7.禽肉类 | 99.9 | 98.9 |
| 8.水产品 | 104.9 | 102.6 |
| 9.蛋类 | 96.2 | 89.6 |
| 10.奶类 | 99.1 | 97.9 |
| 11.干鲜瓜果类 | 95.4 | 91.3 |
| 12.糖果糕点类 | 100.6 | 100.2 |
| 13.调味品 | 101.3 | 104.3 |
| 14.其他食品类 | 105.6 | 103.4 |
| 15.在外餐饮 | 102.6 | 100.1 |
| **二、饮料、烟酒** | **102.4** | **102.1** |
| 1.茶及饮料 | 101.1 | 101.2 |
| 2.烟草 | 101.0 | 103.3 |
| 3.酒类 | 105.1 | 100.3 |
| **三、服装、鞋帽** | **101.4** | **103.3** |
| 1.服装 | 102.2 | 102.8 |
| 2.鞋帽袜 | 99.4 | 105.2 |
| 3.其他衣着配件 | 99.7 | 100.8 |
| **四、纺织品** | **99.2** | **98.4** |
| 1.服装材料 | 99.4 | 100.1 |
| 2.床上用品 | 99.2 | 97.8 |
| **五、家用电器及音像器材** | **98.3** | **97.6** |
| 1.家庭设备 | 99.9 | 99.5 |
| 2.文娱用耐用消费品 | 93.5 | 94.8 |
| 3.专业音像器材 | 100.4 | 98.7 |

6-2 续表

| 指　　标 | 2016 | 2015 |
|---|---|---|
| **六、文化办公用品** | **99.6** | **97.4** |
| **七、日用品** | **101.0** | **99.3** |
| 1.日用百货 | 102.3 | 100.4 |
| 2.厨具餐具茶具 | 100.8 | 98.8 |
| 3.清洗用品 | 99.9 | 96.8 |
| 4.其他日用品 | 99.8 | 101.0 |
| **八、体育娱乐用品** | **100.9** | **99.4** |
| 1.体育户外用品 | 100.0 | 100.7 |
| 2.娱乐用品 | 101.0 | 98.7 |
| **九、交通、通信用品** | **99.0** | **95.8** |
| 1.交通运输机械 | 100.3 | 95.6 |
| 2.通信器材 | 92.4 | 97.6 |
| **十、家具** | **99.6** | **99.0** |
| **十一、化妆品** | **101.2** | **100.2** |
| **十二、金银饰品** | **99.6** | **92.8** |
| **十三、中西药品及医疗保健用品** | **103.1** | **101.0** |
| 1.医疗卫生器具 | 99.9 | 100.0 |
| 2.中药 | 107.6 | 102.8 |
| 3.西药 | 101.1 | 100.4 |
| 4.保健器具及用品 | 106.2 | 100.0 |
| **十四、书报杂志及电子出版物** | **100.8** | **104.5** |
| 1.教材及参考书 | 101.6 | 104.5 |
| 2.书报杂志 | 100.0 | 104.6 |
| 3.计算机办公软件 | 100.5 | 103.0 |
| **十五、燃料** | **98.4** | **88.1** |
| 1.煤炭及制品 | 99.9 | 89.3 |
| 2.石油及制品 | 97.9 | 88.0 |
| **十六、建筑材料及五金电料** | **100.7** | **98.0** |
| 1.建筑装璜材料 | 100.7 | 96.7 |
| 2.五金水暖 | 100.7 | 99.5 |

# 6-3 工业生产者出厂价格指数(以上年价格为100)
## Industrial producer price index (with a price of 100 last year)

| 指　标 | 2016 | 2015 |
|---|---|---|
| **全部工业品** | **96.1** | **89.4** |
| (1)轻工业 | 94.4 | 99.9 |
| 1.以农产品为原料 | 94.3 | 99.2 |
| 2.以非农产品为原料 | 94.5 | 100.7 |
| (2)重工业 | 96.2 | 88.5 |
| 1.采掘 | 82.1 | 80.4 |
| 2.原材料 | 93.1 | 84.7 |
| 3.加工 | 97.9 | 90.6 |
| **按行业分** | | |
| 煤炭开采和洗选业 | 89.90 | 78.8 |
| 石油和天然气开采业 | 79.8 | |
| 黑色金属矿采选业 | 79.8 | 81.9 |
| 农副食品加工业 | 95.1 | 100.8 |
| 食品制造业 | 90.6 | 94.1 |
| 酒、饮料和精制茶制造业 | 94.1 | 104.2 |
| 烟草制品业 | 96.2 | 100.9 |
| 纺织业 | 97.3 | 100.0 |
| 纺织服装、服饰业 | 95.7 | 100.0 |
| 家具制造业 | 95.4 | 98.8 |
| 造纸和纸制品业 | 96.7 | 98.8 |
| 印刷和记录媒介复制业 | 95.4 | 100.0 |
| 文教、工美、体育和娱乐用品制造业 | 95.5 | 100.9 |
| 石油加工、炼焦和核燃料加工业 | 101.9 | 77.4 |
| 化学原料和化学制品制造业 | 102.7 | 98.2 |
| 医药制造业 | 100.9 | 100.3 |
| 橡胶和塑料制品业 | 95.5 | |
| 非金属矿物制品业 | 93.7 | 91.9 |
| 黑色金属冶炼和压延加工业 | 106.2 | 86.3 |
| 有色金属冶炼和压延加工业 | 96.0 | 95.0 |
| 金属制品业 | 89.2 | 97.5 |
| 通用设备制造业 | 91.2 | 98.8 |
| 专用设备制造业 | 94.6 | 96.4 |
| 汽车制造业 | 93.2 | |
| 铁路、船舶、航空航天和其他运输设备制造业 | 94.9 | |
| 电气机械和器材制造业 | 82.6 | 98.5 |
| 计算机、通信和其他电子设备制造业 | 89.3 | 95.3 |
| 仪器仪表制造业 | 91.1 | 102.0 |
| 其他制造业 | 93.7 | 92.3 |
| 电力、热力生产和供应业 | 83.5 | 96.8 |
| 燃气生产和供应业 | 93.0 | 104.6 |
| 水的生产和供应业 | 96.0 | 101.7 |

# 6-4 工业生产者购进价格指数(以上年价格为100)
## Industrial producer price index (the price of the previous year was 100)

| 指标 | 2016 | 2015 |
|---|---|---|
| **全部原材料** | **98.0** | **93.0** |
| (1)燃料、动力类 | 102.3 | 92.8 |
| (2)黑色金属材料类 | 90.8 | 92.8 |
| 1.钢材 | 97.2 | 91.0 |
| 2.其它 | 75.4 | 98.6 |
| (3)有色金属材料及电线类 | 111.7 | 85.5 |
| (4)化工原料类 | 96.5 | 91.3 |
| (5)木材及纸浆类 | 94.3 | 97.8 |
| (6)建筑材料及非金属类 | 97.0 | 96.8 |
| (7)其它工业原材料及半成品类 | 101.0 | 101.1 |
| (8)农副产品类 | 101.4 | 96.0 |
| (9)纺织原料类 | 94.5 | 87.4 |
| **按行业分** | | |
| 农业 | 97.8 | 95.9 |
| 林业 | 97.4 | |
| 畜牧业 | 111.5 | 96.3 |
| 煤炭开采和洗选业 | 111.2 | 90.4 |
| 石油和天然气开采业 | 96.9 | |
| 黑色金属矿采选业 | 72.9 | 98.8 |
| 有色金属矿采选业 | 99.2 | |
| 非金属矿采选业 | 97.5 | 97.9 |
| 农副食品加工业 | 99.8 | 96.3 |
| 食品制造业 | 91.5 | |
| 酒、饮料和精制茶制造业 | 98.7 | 92.5 |
| 烟草制品业 | 112.4 | 115.6 |
| 纺织业 | 94.5 | 87.4 |
| 木材加工和木、竹、藤、棕、草制品业 | 97.8 | 105.7 |
| 造纸和纸制品业 | 93.8 | 96.1 |
| 石油加工、炼焦和核燃料加工业 | 94.8 | 82.2 |
| 化学原料和化学制品制造业 | 96.5 | 91.3 |
| 医药制造业 | 94.1 | 101.6 |
| 橡胶和塑料制品业 | 98.8 | |
| 非金属矿物制品业 | 96.6 | 95.6 |
| 黑色金属冶炼和压延加工业 | 97.2 | 91.2 |
| 有色金属冶炼和压延加工业 | 111.7 | 85.5 |
| 金属制品业 | 97.0 | 92.2 |
| 通用设备制造业 | 97.2 | 98.7 |
| 专用设备制造业 | 97.3 | 100.0 |
| 汽车制造业 | 99.1 | |
| 铁路、船舶、航空航天和其他运输设备制造业 | 89.6 | |
| 电气机械和器材制造业 | 96.8 | 99.6 |
| 计算机、通信和其他电子设备制造业 | 88.9 | 99.9 |
| 仪器仪表制造业 | 96.4 | 86.5 |
| 废弃资源综合利用业 | 99.0 | 101.7 |
| 电力、热力生产和供应业 | 95.5 | 100.3 |
| 燃气生产和供应业 | 107.6 | 109.2 |
| 水的生产和供应业 | 97.9 | 100.0 |

# 第7篇

# 住户调查

# *Household Survey*

## 资料整理、审核

李　琰　　杜　鹃　　祁　静　　李　鹏

# 7-1 城镇居民家庭生活基本情况
## Basic conditions of the urban residents

| 项　目 | 单 位 | 2016 | 2015 |
|---|---|---|---|
| 调查户数 | 户 | 638 | 645 |
| 平均每户家庭人口 | 人 | 2.83 | 2.81 |
| 平均每户就业人口数 | 人 | 1.33 | 1.41 |
| 平均每一个就业者负担人数 | 人 | 2.12 | 2.00 |
| 平均每人全年可支配收入 | 元 | 29632 | 27727 |
| 人均月可支配收入 | 元 | 2469 | 2311 |
| 平均每人全年消费性支出 | 元 | 16775 | 15455 |
| 人均月消费性支出 | 元 | 1398 | 1288 |

注：2014 年城乡一体化住户调查改革，主要变化为城乡分类口径变化，城中村统一归入城镇范围；统计内容也发生变化。因此，2014、2013 年数据均为新口径数据。

# 7-2 城镇住户基本情况
## Basic situation of Urban Households

| 项　目 | 单 位 | 2016 | 2015 |
|---|---|---|---|
| **调查户数** | **户** | **638** | **645** |
| **家庭人口数** | **人** | **1805** | **1810** |
| **(一)有收入者人数** | **人** | **1142** | **1120** |
| 1.就业人口数 | 人 | 850 | 911 |
| 国有经济单位职工人数 | 人 | 331 | 347 |
| 个体经营者人数 | 人 | 106 | 109 |
| 离退休再就业者人数 | 人 | 25 | 29 |
| 其他就业者人数 | 人 | 388 | 426 |
| 2.离退休者人数 | 人 | 292 | 238 |
| **(二)无收入者人数** | **人** | **663** | **690** |

# 7-3 城镇居民家庭年末居住情况
## Urban residents living in the end of the year

| 项　目 | 单 位 | 2016 | 2015 |
|---|---|---|---|
| **一、现住房房屋来源** | | | |
| 租赁公房 | % | 1.73 | 2.49 |
| 租赁私房 | % | 5.96 | 8.70 |
| 自建住房 | % | 22.76 | 21.12 |
| 购买商品房 | % | 28.67 | 27.79 |
| 购买房改住房 | % | 24.35 | 25.62 |
| 购买保障性住房 | % | 6.59 | 5.75 |
| 拆迁安置房 | % | 4.55 | 2.94 |
| 继承或获赠住房 | % | 0.79 | 0.93 |
| 免费借用房 | % | 0.63 | 1.09 |
| 其他来源 | % | 3.03 | 2.95 |
| 雇主提供免费住房 | % | 0.94 | 0.62 |
| **二、住户居住空间样式** | | | |
| 1.单栋楼房 | % | 10.99 | 7.92 |
| 2.单栋平房 | % | 11.30 | 12.58 |
| 3.四居室及以上单元房 | % | 2.94 | 2.95 |
| 4.三居室单元房 | % | 28.68 | 28.12 |
| 5.二居室单元房 | % | 36.52 | 38.02 |
| 6.一居室单元房 | % | 3.14 | 2.95 |
| 7.筒子楼或连片平房 | % | 5.80 | 6.68 |
| 8.其他 | % | 0.63 | 0.78 |
| **三、住户主要饮用水来源情况** | | | |
| 1.经过净化处理的自来水 | % | 83.83 | 82.45 |
| 2.受保护的井水和泉水 | % | 13.03 | 14.45 |
| 3.不受保护的井水和泉水 | % | 3.14 | 3.10 |
| 4.江河湖泊水 | % | 0.00 | 0.00 |
| **四、住宅有管道供水情况** | | | |
| 1.管道供水入户 | % | 99.84 | 99.38 |
| 2.管道供水至公共取水点 | % | 0.16 | 0.62 |
| **五、住户厕所类型** | | | |
| 1.水冲式卫生厕所 | % | 84.46 | 84.47 |
| 2.水冲式非卫生厕所 | % | 0.16 | 0.00 |
| 3.卫生旱厕 | % | 1.73 | 1.40 |
| 4.普通旱厕 | % | 12.24 | 12.27 |
| 5.无厕所 | % | 1.41 | 1.86 |
| **六、住户厕所使用情况** | | | |
| 1.本住户独用 | % | 90.74 | 91.61 |

7-3 续表

| 项　目 | 单 位 | 2016 | 2015 |
|---|---|---|---|
| 2.几户合用 | % | 8.63 | 6.68 |
| 3.公用厕所 | % | 0.63 | 1.71 |
| **七、住户洗澡设施情况** | | | |
| 1.统一供热水 | % | 7.35 | 5.44 |
| 2.家庭自装热水器 | % | 67.54 | 65.67 |
| 3.其他 | % | 1.88 | 2.17 |
| 4.无洗澡设施 | % | 23.23 | 26.72 |
| **八、住户主要取暖设备状况** | | | |
| 1.由市政或小区集中供暖 | % | 84.15 | 82.91 |
| 2.自行供暖 | % | 14.91 | 16.00 |
| 3.无取暖设备 | % | 0.94 | 1.09 |
| **九、主要炊用能源状况** | | | |
| 1.柴草 | % | 0.78 | 1.09 |
| 2.煤炭 | % | 5.81 | 6.21 |
| 3.罐装液化石油气 | % | 4.55 | 6.21 |
| 4.管道液化石油气 | % | 0.94 | 0.47 |
| 5.管道煤气 | % | 11.61 | 14.59 |
| 6.管道天然气 | % | 55.12 | 48.60 |
| 7.电 | % | 15.54 | 16.31 |
| 8.其他 | % | 0.16 | 1.08 |
| 9.无炊用行为 | % | 5.49 | 5.44 |
| **十、信息化调查** | | | |
| (1)接入互联网的移动电话 | 部/百户 | 133 | 131 |
| (2)接入有线电视网络的电视机 | 部/百户 | 71 | 76 |
| (3)接入互联网的计算机 | 台/百户 | 63 | 68 |

## 7-4　城镇住户家庭年人均现金收入情况
## Annual per capita cash income of Urban Households

单位：元

| 项　目 | 2016 | 2015 |
|---|---|---|
| **可支配收入** | **29632** | **27727** |
| (一)工薪收入 | 17500 | 16911 |
| (二)经营净收入 | 3017 | 3090 |
| (三)财产性收入 | 3677 | 3154 |
| (四)转移性收入 | 5438 | 4572 |

# 7-5　城镇居民家庭年人均消费性支出情况

## Annual per capita consumption expenditure of urban residents

单位：元

| 项　目 | 2016 | 2015 |
|---|---|---|
| **消费性支出** | **16775** | **15455** |
| 一、食品 | 3538 | 3585 |
| 二、衣着 | 1488 | 1589 |
| 三、家庭设备用品及服务 | 1051 | 998 |
| 四、医疗保健 | 1533 | 1498 |
| 五、交通和通讯 | 2149 | 1785 |
| 六、教育文化娱乐服务 | 2280 | 2212 |
| 七、居住 | 4242 | 3355 |
| 八、其它商品和服务 | 494 | 433 |

# 7-6　城镇住户每百户期末主要消费品拥有量

## Urban households per household consumption of major consumer goods

| 项　目 | 单 位 | 2016 | 2015 |
|---|---|---|---|
| **调查户数** | **户** | **638** | **645** |
| 摩托车 | 辆 | 5 | 5 |
| 助力车 | 辆 | 29 | 25 |
| 家用汽车 | 辆 | 35 | 29 |
| 洗衣机 | 台 | 99 | 97 |
| 电冰箱 | 台 | 96 | 93 |
| 彩色电视机 | 台 | 105 | 104 |
| 家用电脑 | 台 | 79 | 79 |
| 摄像机 | 架 | 10 | 11 |
| 照相机 | 架 | 34 | 36 |
| 其他中高档乐器 | 件 | 3.2 | 4.5 |
| 微波炉 | 台 | 58 | 53 |
| 空调器 | 台 | 35 | 31 |
| 淋浴热水器 | 台 | 72 | 68 |
| 消毒碗柜 | 台 | 2.4 | 2.2 |
| 洗碗机 | 台 | 1.1 | 1.1 |
| 健身器材 | 套 | 6 | 6 |
| 固定电话 | 部 | 41 | 50 |
| 移动电话 | 部 | 219 | 207 |

# 7-7 农村住户人口与就业情况
## Population and employment of rural household

| 指　　标 | 单 位 | 2016 | 2015 |
|---|---|---|---|
| **一、调查户数** | **户** | **393** | **404** |
| **二、家庭常住人口** | **人** | **1275** | **1307** |
| **三、整半劳动力数** | **人** | **923** | **927** |
| #整劳动力 | 人 | 477 | 505 |
| **四、劳动力文化程度** | | | |
| 1.不识字或识字很少 | 人 | 35 | 40 |
| 2.小学程度 | 人 | 180 | 170 |
| 3.初中程度 | 人 | 499 | 495 |
| 4.高中程度 | 人 | 148 | 152 |
| 5.大专及以上 | 人 | 61 | 70 |
| **五、劳动力就业情况** | | | |
| 1.第一产业 | 人 | 222 | 237 |
| 2.第二产业 | 人 | 122 | 131 |
| (1) 采矿业 | 人 | 30 | 41 |
| (2) 制造业 | 人 | 41 | 47 |
| (3) 电力、势力、燃气及水生产和供应业 | 人 | 10 | 9 |
| (4) 建筑业 | 人 | 41 | 34 |
| 3.第三产业 | 人 | 351 | 348 |
| # (1) 交通运输、仓储和邮政业 | 人 | 78 | 76 |
| (2) 批发和零售业 | 人 | 45 | 58 |

# 7-8 农村住户人均总收支
## The total income and expenditure of rural households

单位：元

| 指　　标 | 2016 | 2015 |
|---|---|---|
| **农民人均可支配收入** | **14591** | **13626** |
| 工资性收入 | 8612 | 8182 |
| 家庭经营纯收入 | 3081 | 2967 |
| 财产性纯收入 | 548 | 505 |
| 转移性纯收入 | 2350 | 1973 |

## 7-9　农村住户人均消费支出

## Per capita consumption expenditure of rural households

单位：元

| 指　　标 | 2016 | 2015 |
|---|---|---|
| **生活消费支出** | **10929** | **10124** |
| 食品消费 | 2726 | 2578 |
| 衣着消费 | 916 | 893 |
| 居住消费 | 2985 | 2787 |
| 生活用品及服务消费 | 480 | 462 |
| 交通和通讯消费 | 1541 | 1324 |
| 文化教育、娱乐消费 | 1228 | 1073 |
| 医疗保健消费 | 916 | 875 |
| 其他商品和服务消费 | 137 | 132 |

## 7-10　农民家庭平均每人主要粮食消费品消费量

## Per capita consumption of major consumer goods of rural households

单位：公斤

| 指　　标 | 单位 | 2016 | 2015 |
|---|---|---|---|
| 粮食（原粮） | 公斤 | 124.2 | 125.6 |
| 蔬菜 | 公斤 | 71.4 | 70.8 |
| 食油 | 公斤 | 5.7 | 6.5 |
| 肉禽及其制品 | 公斤 | 13.1 | 12.5 |
| # 家禽 | 公斤 | 1.0 | 1.0 |
| 蛋类 | 公斤 | 8.3 | 8.1 |
| 水产品 | 公斤 | 1.6 | 2.0 |
| 食糖 | 公斤 | 0.7 | 0.8 |
| 酒 | 公斤 | 3.2 | 4.6 |

## 7-11　每百户农民主要耐用消费品拥有量

## Mainly consumer goods per 100 rural households

| 指　　标 | 单　位 | 2016 | 2015 |
|---|---|---|---|
| 家用轿车 | 辆 | 33 | 27 |
| 摩托车 | 辆 | 24 | 23 |
| 助力车 | 辆 | 46 | 38 |
| 电脑 | 台 | 42 | 43 |
| 彩电 | 台 | 106 | 105 |
| 热水器 | 台 | 38 | 39 |
| 照相机 | 架 | 11 | 10 |
| 空调 | 台 | 8 | 5 |
| 电冰箱 | 台 | 75 | 68 |
| 固定电话 | 部 | 30 | 29 |
| 手机 | 部 | 207 | 194 |
| 洗衣机 | 台 | 95 | 91 |

# 第8篇

# 公用事业

## *Public Utilities*

# 资料整理、审核

苏人龙

# 8-1 城市设施水平
## Level of urban facilities

| 指　标 | 单　位 | 2016 | 2015 |
|---|---|---|---|
| 用水普及率 | % | 100 | 100 |
| 燃气普及率 | % | 99.9 | 99.9 |
| 每万人拥有公共交通车辆 | 标台 | 9.3 | 9.8 |
| 人均城市道路面积 | 平方米 | 11.8 | 11.5 |
| 污水处理率 | % | 86.9 | 86.0 |
| 人均公园绿地面积 | 平方米 | 11.88 | 11.56 |
| 建成区绿地率 | % | 36.7 | 36.1 |
| 建成区绿化覆盖率 | % | 40.9 | 41.0 |
| 生活垃圾无害化处理率 | % | 100.0 | 100.0 |

# 8-2 城市用地
## Urban land

| 指　标 | 单　位 | 2016 | 2015 |
|---|---|---|---|
| 建成区面积 | 平方公里 | 374.25 | 374.25 |
| 城市建设用地面积 | 平方公里 | 366.99 | 364.81 |
| #居住用地 | 平方公里 | 79.31 | 79.76 |
| 工业用地 | 平方公里 | 87.71 | 86.71 |
| 仓储用地 | 平方公里 | 12.08 | 12.08 |
| 绿地 | 平方公里 | 38.13 | 38.13 |
| 本年征用土地面积 | 平方公里 | 13 | 13 |
| #耕地 | 平方公里 | 12 | 12 |

# 8-3 城市公共汽车、电车、出租汽车
## Urban buses, cars, taxis

| 指　标 | 单　位 | 2016 | 2015 |
|---|---|---|---|
| **公共汽车、电车** | | | |
| 营运车辆 | 辆 | 2671 | 2871 |
| 天然气燃料车 | 辆 | 1174 | 1160 |
| 双燃料车 | 辆 | 1088 | 1158 |
| 无轨电车 | 辆 | 130 | 121 |
| 标准运营车辆 | 标台 | 3275 | 3535 |
| 运营线路网长度 | 公里 | 4645 | 4616 |
| 客运总量 | 万人次 | 44719 | 51071 |
| 公共汽车 | 万人次 | 42758 | 47524 |
| 无轨电车 | 万人次 | 730 | 2170 |
| 运营收入 | 万元 | 26058 | 29401 |
| **出租汽车** | | | |
| 出租车运营车辆 | 辆 | 8726 | 8719 |
| 客运总量 | 万人次 | 20903 | 19305 |

# 8-4 城市公共供水
## Urban public water supply

| 指　标 | 单 位 | 2016 | 2015 |
|---|---|---|---|
| 水厂个数 | 个 | 16 | 15 |
| # 地下水 | 个 | 16 | 15 |
| 综合生产能力 | 万立方米/日 | 126 | 125 |
| 供水管道长度 | 公里 | 2559 | 2190 |
| 供水总量 | 万立方米 | 24226 | 22948 |
| 最高日供水量 | 万立方米 | 72 | 72 |
| 售水量 | 万立方米 | 21824 | 21562 |
| # 生产运营用水 | 万立方米 | 7309 | 7244 |
| 居民家庭用水 | 万立方米 | 12597 | 12544 |
| 漏损水量 | 万立方米 | 2397 | 1382 |
| 用水户数 | 户 | 392517 | 374563 |
| # 生产运营 | 户 | 12893 | 11470 |
| 公共服务 | 户 | 3677 | 3272 |
| 居民家庭 | 户 | 374960 | 358849 |
| 用水人口 | 万人 | 352 | 343 |

# 8-5 城市自建设施供水
## Urban self built facilities water supply

| 指　标 | 单 位 | 2016 | 2015 |
|---|---|---|---|
| 自备水源单位个数 | 个 | 103 | 106 |
| 综合生产能力 | 万立方米/日 | 88.7 | 84.5 |
| # 地下水 | 万立方米/日 | 3.8 | 3.7 |
| 供水总量 | 万立方米 | 12273 | 11839 |
| # 生产运营用水 | 万立方米 | 8767 | 8540 |
| 居民家庭用水 | 万立方米 | 3209 | 3006 |
| 供水管道长度 | 公里 | 422 | 350 |
| 用水户数 | 户 | 36761 | 34219 |
| # 居民家庭 | 户 | 33056 | 30698 |
| 用水人口 | 万人 | 50.4 | 50.22 |

# 8-6 城市天然气
## Urban natural gas

| 指　标 | 单 位 | 2016 | 2015 |
|---|---|---|---|
| 供气管道长度 | 公里 | 3037 | 3054 |
| 供气总量 | 万立方米 | 59350 | 56753 |
| 最高日供气量 | 万立方米 | 292 | 342 |
| 销售气量 | 万立方米 | 53934 | 51417 |
| # 居民家庭 | 万立方米 | 11574 | 10818 |
| 用气户数 | 户 | 953501 | 937001 |
| # 居民家庭 | 户 | 951870 | 932983 |
| 用气人口 | 万人 | 323.7 | 301.5 |
| 汽车加气站座数 | 座 | 3 | 3 |

# 8-7 城市集中供热
## Urban Central Heating

| 指　标 | 计量单位 | 2016 | 2015 |
|---|---|---|---|
| 供热能力（热水） | 兆瓦 | 8865 | 6167 |
| # 热电厂 | 兆瓦 | 7564 | 4888 |
| 锅炉房 | 兆瓦 | 1301 | 1279 |
| 供热总量 | 万吉焦 | 5408 | 3313 |
| # 热电厂 | 万吉焦 | 3957 | 2186 |
| 锅炉房 | 万吉焦 | 1451 | 1128 |
| 供热管道长度 | 公里 | 1142 | 1604 |
| 供热面积 | 万平方米 | 16551 | 8432 |
| # 住宅 | 万平方米 | 12116 | 6660 |

# 8-8 全社会用电量

## Total social electricity consumption

单位：万千瓦时

| 指 标 | 2016 | 2015 |
|---|---|---|
| **总 计** | **2507000** | **2403597** |
| 1.全行业用电 | 2099433 | 2039595 |
| 第一产业 | 19428 | 19385 |
| 第二产业 | 1653643 | 1625166 |
| 第三产业 | 426362 | 395044 |
| 2.城乡居民生活用电 | 341537 | 320958 |
| 城镇居民 | 305065 | 286127 |
| 乡村居民 | 36473 | 34831 |
| 全行业用电分类 | 2099433 | 2039595 |
| 农、林、牧、渔业 | 19428 | 19385 |
| 工业 | 1614558 | 1588858 |
| 建筑业 | 39085 | 36308 |
| 交通运输、仓储和邮政业 | 94115 | 97226 |
| 信息传输、计算机服务和软件业 | 22916 | 21428 |
| 商业、住宿和餐饮业 | 105752 | 92591 |
| 金融、房地产、商务及居民服务业 | 88106 | 73786 |
| 公共事业及管理机构 | 115472 | 110013 |
| 每一居民平均生活用电(千瓦时) | 922 | 874 |

# 8-9 城市道路桥梁
City Road Bridge

| 指　　标 | 单　位 | 2016 | 2015 |
|---|---|---|---|
| 道路长度 | 公里 | 2272 | 2088 |
| 道路面积 | 万平方米 | 4903 | 4140 |
| #车行道面积 | 万平方米 | 3876 | 3200 |
| 人行道面积 | 万平方米 | 1027 | 940 |
| 桥梁座数 | 座 | 249 | 179 |
| #大桥及特大桥 | 座 | 26 | 15 |
| 立交桥 | 座 | 119 | 36 |
| 人行过街天桥 | 座 | 36 | 28 |
| 人行地下通道 | 座 | 68 | 16 |
| 道路照明灯盏数 | 盏 | 98756 | 97731 |

# 8-10 城市排水
Urban drainage

| 指　　标 | 单　位 | 2016 | 2015 |
|---|---|---|---|
| 污水排放总量 | 万立方米 | 30828 | 28415 |
| 排水管道长度 | 公里 | 2417 | 2320.97 |
| 污水处理能力 | 万立方米/日 | 84.8 | 84.3 |
| 污水处理量 | 万立方米 | 26830 | 26494 |

# 8-11 城市园林绿化
City Garden Virescens

| 指　　标 | 单　位 | 2016 | 2015 |
|---|---|---|---|
| 绿化覆盖面积 | 公顷 | 14369 | 13940 |
| 绿地面积 | 公顷 | 12655 | 12264 |
| #公园绿地 | 公顷 | 4099 | 3930 |
| 生产绿地 | 公顷 | 683 | 683 |
| 附属绿地 | 公顷 | 5055 | 4911 |
| 公园个数 | 个 | 54 | 52 |
| #门票免费公园 | 个 | 52 | 50 |
| 公园面积 | 公顷 | 3499 | 3352 |
| #水域面积 | 公顷 | 469 | 465 |

# 8-12　城市市容环境卫生
## Appearance environment and sanitation of the city

| 指　标 | 单　位 | 2016 | 2015 |
|---|---|---|---|
| 道路清扫保洁面积 | 万平方米 | 6154 | 5331 |
| #机械化 | 万平方米 | 3861 | 3858 |
| 生活垃圾清运量 | 万吨 | 194 | 183 |
| #密闭车(箱)清运量 | 万吨 | 193 | 180 |
| 粪便清运量 | 万吨 | 0.72 | 0.83 |
| 生活垃圾转运站座数 | 座 | 105 | 84 |
| 公共厕所数量 | 座 | 769 | 713 |
| #三类以上 | 座 | 732 | 643 |
| 市容环卫专用车辆设备数 | 辆 | 2996 | 2439 |
| 生活垃圾(粪便)处理场处理能力 | 吨/日 | 5435 | 4757 |
| 生活垃圾(粪便)处理场处理量 | 万吨 | 192 | 181 |
| 本年运行天数 | 天 | 365 | 365 |
| 本年运行费用 | 万元 | 10866 | 10086 |

# 8-13　城市环境保护
## Urban environmental protection

| 指　标 | 单　位 | 2016 | 2015 |
|---|---|---|---|
| 二氧化硫排放量 | 万吨 | | 11.10 |
| 氮氧化物排放量 | 万吨 | | 11.15 |
| 烟尘排放量 | 万吨 | | 4.90 |
| 工业粉尘排放量 | 万吨 | | 1.47 |
| 化学需氧量排放量 | 万吨 | | 2.05 |
| 氨氮排放量 | 万吨 | | 0.40 |
| 市区环境空气综合污染指数 | % | 7.68 | 7.13 |
| 全年 COD 削减量 | 万吨 | | 0.20 |
| 市区环境空气二级以上天数 | 天 | 232 | 230 |
| 集中式饮用水源地水质达标率 | % | 100.0 | 100.0 |
| 市区水环境功能区水质达标率 | % | 75.0 | 75.0 |

注：部分指标尚未经过上级部门审定。

# 第9篇

# 农业

*Agriculture*

## 资料整理、审核

纪知明　　李建华　　姜　颖　　张妙莲

杨　雷　　丁永仙　　冀晓洁　　武卫东

李　江

# 9-1 农村基本情况
## Basic situation of rural

| 指　　标 | 单位 | 1995 | 2000 | 2005 | 2009 | 2010 | 2014 | 2015 | 2016 |
|---|---|---|---|---|---|---|---|---|---|
| **农村基层组织** | | | | | | | | | |
| 乡镇政府 | 个 | 83 | 83 | 79 | 52 | 52 | 52 | 52 | 52 |
| #镇政府 | 个 | 22 | 24 | 21 | 21 | 21 | 21 | 21 | 21 |
| 村民委员会 | 个 | 1285 | 1287 | 1017 | 973 | 965 | 932 | 931 | 925 |
| **乡村户数、人口、劳动力** | | | | | | | | | |
| 乡村户数 | 户 | 267535 | 289188 | 305763 | 326636 | 337761 | 365223 | 374352 | 369886 |
| 乡村人口 | 人 | 1004788 | 1056552 | 1060881 | 1026448 | 1037667 | 1045172 | 1050038 | 1034676 |
| 乡村从业人员数(实有劳动力) | 人 | 454648 | 481186 | 502875 | 492658 | 491238 | 493271 | 495003 | 487422 |
| 男劳动力 | 人 | 250465 | 266935 | 278965 | 272197 | 269930 | 274275 | 273189 | 270450 |
| 女劳动力 | 人 | 204183 | 214251 | 223910 | 220461 | 221308 | 218996 | 221814 | 216972 |
| **按行业分** | | | | | | | | | |
| 农林牧渔业 | 人 | 251582 | 271173 | 260224 | 239212 | 233253 | 234729 | 239151 | 237033 |
| 工业 | 人 | 92130 | 78455 | 82464 | 80951 | 78812 | 78886 | 75069 | 73755 |
| 建筑业 | 人 | 12394 | 15903 | 20951 | 22627 | 23708 | 24262 | 25657 | 26010 |
| 交通运输、仓储、邮电通信、信息传输、计算机业 | 人 | 39266 | 42795 | 52039 | 50415 | 55320 | 58656 | 58618 | 55302 |
| 批发和零售贸易业、住宿及餐饮业 | 人 | 18125 | 29092 | 40666 | 40792 | 44792 | 46939 | 46642 | 47548 |
| 其他行业 | 人 | 41151 | 43768 | 46531 | 58661 | 55353 | 49799 | 49866 | 47774 |

注：2009年以后乡镇政府口径与此前不同，不包括农业街办。

# 9-2 农业

Conditions of

| 指 标 | 单位 | 合计 | 小店区 | 迎泽区 | 杏花岭区 |
|---|---|---|---|---|---|
| **一、农村基层组织情况** | | | | | |
| 乡镇个数 | 个 | 75 | 6 | 1 | 3 |
| 1.镇 | 个 | 21 | 1 | 1 | |
| #城关镇 | 个 | 3 | | | |
| 2.乡 | 个 | 31 | 2 | | 2 |
| 3.涉农街办 | 个 | 23 | 3 | | 1 |
| 村委会个数 | 个 | 925 | 64 | 25 | 32 |
| **二、农村基础设施** | | | | | |
| 自来水受益村数 | 个 | 900 | 64 | 25 | 32 |
| 通汽车村数 | 个 | 925 | 64 | 25 | 32 |
| 通电话村数 | 个 | 925 | 64 | 25 | 32 |
| **三、乡村人口与从业人员** | | | | | |
| 乡村户数 | 户 | 369886 | 46018 | 8211 | 9187 |
| 乡村人口数 | 人 | 1034676 | 130364 | 21609 | 25574 |
| 1.男 | 人 | 529553 | 65286 | 10964 | 12643 |
| 2.女 | 人 | 505123 | 65078 | 10645 | 12931 |
| 乡村劳动力资源数 | 人 | 571981 | 79081 | 13476 | 16010 |
| 1.男 | 人 | 311279 | 42508 | 7477 | 8201 |
| 2.女 | 人 | 260702 | 36573 | 5999 | 7809 |
| 乡村从业人员数 | 人 | 487422 | 67148 | 10530 | 13845 |
| 1.男 | 人 | 270450 | 38463 | 6026 | 7771 |
| 2.女 | 人 | 216972 | 28685 | 4504 | 6074 |
| #1.农业从业人员 | 人 | 237033 | 34936 | 1170 | 2477 |
| 2.工业从业人员 | 人 | 73755 | 7861 | 1317 | 3829 |
| 3.建筑业从业人员 | 人 | 26010 | 5133 | 762 | 1067 |
| 4.交运仓储和邮政业从业人员 | 人 | 46312 | 4997 | 1120 | 1727 |
| 5.信息传输、计算机服务和软件业 | 人 | 8990 | 1146 | 163 | 225 |
| 6.批发与零售业从业人员 | 人 | 29435 | 5483 | 2082 | 2435 |
| 7.住宿和餐饮业从业人员 | 人 | 18113 | 3523 | 1370 | 793 |
| 8.其他行业从业人员 | 人 | 47774 | 4069 | 2546 | 1292 |
| **四、农业主要能源及物耗** | | | | | |
| 1.农村用电量 | 万千瓦时 | 54199.50 | 5912.00 | 2360.00 | 5164.50 |
| 2.农用化肥施用量(实物量) | 吨 | 90328.55 | 8598.00 | 8.10 | 86.10 |
| #(1)氮肥 | 吨 | 36616.22 | 3051.00 | 3.10 | 42.10 |
| (2)磷肥 | 吨 | 21075.74 | 1693.00 | 2.00 | 6.00 |
| (3)钾肥 | 吨 | 3503.42 | 376.00 | | |
| (4)复合肥 | 吨 | 29133.17 | 3478.00 | 3.00 | 38.00 |
| 3.农用化肥施用量(折纯量) | 吨 | 28719.19 | 3220.00 | 2.70 | 32.08 |
| #(1)氮肥 | 吨 | 8485.44 | 893.00 | 0.70 | 10.10 |
| (2)磷肥 | 吨 | 3492.94 | 330.00 | 0.36 | 1.08 |
| (3)钾肥 | 吨 | 1591.32 | 170.00 | | |
| (4)复合肥 | 吨 | 15149.49 | 1827.00 | 1.64 | 20.90 |
| 4.农用塑料薄膜使用量 | 吨 | 3849.93 | 176.00 | | 4.80 |
| #地膜使用量 | 吨 | 2336.90 | 49.00 | | 4.80 |
| 地膜覆盖面积 | 公顷 | 23984.90 | 740.00 | | 34.70 |
| 5.农用柴油使用量 | 吨 | 14853.12 | 3090.00 | 18.00 | 64.20 |
| 6.农药使用量 | 吨 | 863.06 | 70.00 | 1.00 | 11.30 |

# 生产条件
agricultural production

| 尖草坪区 | 万柏林区 | 晋源区 | 清徐县 | 阳曲县 | 娄烦县 | 古交市 |
|---|---|---|---|---|---|---|
| 12 | 6 | 6 | 9 | 10 | 8 | 14 |
| 2 |  | 3 | 4 | 4 | 3 | 3 |
|  |  |  | 1 | 1 | 1 |  |
| 3 | 1 |  | 5 | 6 | 5 | 7 |
| 7 | 5 | 3 |  |  |  | 4 |
| 84 | 42 | 85 | 188 | 117 | 142 | 146 |
|  |  |  |  |  |  |  |
| 84 | 42 | 85 | 188 | 113 | 139 | 128 |
| 84 | 42 | 85 | 188 | 117 | 142 | 146 |
| 84 | 42 | 85 | 188 | 117 | 142 | 146 |
|  |  |  |  |  |  |  |
| 34438 | 12341 | 42294 | 99394 | 45004 | 33548 | 39451 |
| 103071 | 32730 | 134937 | 268647 | 109547 | 102149 | 106048 |
| 53482 | 16093 | 67891 | 134667 | 57841 | 53846 | 56840 |
| 49589 | 16637 | 67046 | 133980 | 51706 | 48303 | 49208 |
| 58236 | 18710 | 81435 | 145348 | 58058 | 58947 | 42680 |
| 31591 | 9801 | 43042 | 74988 | 32906 | 34565 | 26200 |
| 26645 | 8909 | 38393 | 70360 | 25152 | 24382 | 16480 |
| 49662 | 13480 | 67791 | 128976 | 53902 | 48750 | 33338 |
| 28125 | 7481 | 37259 | 66722 | 30410 | 27880 | 20313 |
| 21537 | 5999 | 30532 | 62254 | 23492 | 20870 | 13025 |
| 16699 | 2394 | 27373 | 70871 | 31930 | 31533 | 17650 |
| 6899 | 1104 | 11155 | 23060 | 6540 | 4405 | 7585 |
| 2893 | 497 | 5027 | 4797 | 2918 | 2258 | 658 |
| 6827 | 1582 | 8940 | 11299 | 3560 | 3210 | 3050 |
| 1295 | 513 | 1940 | 1379 | 463 | 1481 | 385 |
| 3051 | 1286 | 4685 | 5406 | 2286 | 1454 | 1267 |
| 2577 | 908 | 2553 | 2469 | 1646 | 1416 | 858 |
| 9421 | 5196 | 6118 | 9695 | 4559 | 2993 | 1885 |
|  |  |  |  |  |  |  |
| 7266.00 | 1889.00 | 3977.00 | 19564.00 | 4010.00 | 662.00 | 3395.00 |
| 2891.00 | 90.53 | 3292.20 | 41873.62 | 28524.00 | 2431.00 | 2534.00 |
| 1532.00 | 15.00 | 1691.20 | 16432.82 | 10951.00 | 1162.00 | 1736.00 |
| 336.00 | 0.50 | 784.00 | 11517.24 | 5939.00 | 350.00 | 448.00 |
| 71.00 | 0.03 | 102.00 | 1097.39 | 1520.00 | 147.00 | 190.00 |
| 952.00 | 75.00 | 715.00 | 12826.17 | 10114.00 | 772.00 | 160.00 |
| 982.00 | 45.01 | 911.60 | 13184.00 | 8744.00 | 851.80 | 746.00 |
| 369.00 | 3.60 | 379.14 | 3842.00 | 2230.00 | 277.90 | 480.00 |
| 60.00 | 0.09 | 130.41 | 1843.00 | 978.00 | 74.00 | 76.00 |
| 33.00 | 0.02 | 45.90 | 548.00 | 632.00 | 59.40 | 103.00 |
| 520.00 | 41.30 | 356.15 | 6951.00 | 4904.00 | 440.50 | 87.00 |
| 403.00 | 2.20 | 146.85 | 1584.08 | 1305.00 | 78.00 | 150.00 |
| 142.00 | 2.10 | 65.00 | 656.00 | 1209.00 | 78.00 | 131.00 |
| 792.00 | 10.00 | 488.00 | 6112.20 | 14276.00 | 582.00 | 950.00 |
| 608.34 | 21.00 | 262.58 | 6790.00 | 2629.00 | 155.00 | 1215.00 |
| 102.00 | 1.55 | 66.21 | 474.40 | 96.00 | 9.60 | 31.00 |

# 9-3 主要农业

## Main agricultural

| 指 标 | 单 位 | 太原市 | 小店区 | 迎泽区 | 杏花岭区 |
|---|---|---|---|---|---|
| **一、农业机械总动力** | **千瓦** | **557304** | **67817** | **5370** | **5540** |
| 柴油发动机 | 千瓦 | 409897 | 54955 | 1862 | 3040 |
| 汽油发动机 | 千瓦 | 4848 | 57 | 976 | 1700 |
| 电动机 | 千瓦 | 142560 | 12805 | 2532 | 800 |
| **二、耕作机械** | | | | | |
| 大中型拖拉机 | 台 | 4887 | 648 | 17 | 72 |
| 动力 | 千瓦 | 198482 | 30800 | 493 | 1501 |
| 小型拖拉机 | 台 | 5612 | 410 | 3 | 94 |
| 动力 | 千瓦 | 49911 | 3700 | 31 | 223 |
| **三、拖拉机配套农具** | | | | | |
| 大中型 | 部 | 9346 | 1660 | 21 | 55 |
| 小型 | 部 | 12621 | 780 | 39 | 127 |
| **四、收获机械** | | | | | |
| 联合收获机 | 台 | 1006 | 168 | | 1 |
| 机动割晒机 | 台 | 118 | | | |
| 脱粒机 | 台 | 983 | 148 | | |
| **五、农田基本建设机械** | **台** | **1137** | **135** | **18** | **1** |

注：2016年农机报表取消农用运输车和三轮汽车，农用类汽车已交由公安交警部门管理。

# 机械拥有量
machinery

| 尖草坪区 | 万柏林区 | 晋源区 | 清徐县 | 阳曲县 | 娄烦县 | 古交市 |
|---|---|---|---|---|---|---|
| **26229** | **10138** | **43369** | **177511** | **108807** | **61495** | **51028** |
| 15571 | 8635 | 20703 | 127581 | 92142 | 50169 | 35239 |
| 29 | 12 | 524 | 367 | 19 | 1026 | 138 |
| 10630 | 1491 | 22142 | 49563 | 16646 | 10300 | 15651 |
| 242 | 92 | 185 | 1281 | 1133 | 817 | 400 |
| 7969 | 2680 | 7227 | 60090 | 41541 | 34065 | 12116 |
| 246 | | 186 | 787 | 2667 | 757 | 462 |
| 2070 | | 1759 | 7690 | 22720 | 7195 | 4523 |
| 276 | 27 | 247 | 3064 | 2656 | 533 | 807 |
| 538 | 45 | 175 | 2260 | 7051 | 664 | 942 |
| 9 | 1 | 11 | 489 | 308 | 2 | 17 |
| | | | 12 | 5 | 11 | 90 |
| 97 | | 54 | 246 | 412 | 25 | 1 |
| **87** | **58** | **165** | **170** | **98** | **229** | **176** |

# 9-4 农作物

## Sown Areas of

| 指 标 | 合计 | 小店区 | 迎泽区 | 杏花岭区 |
|---|---|---|---|---|
| **农作物总播种面积** | **98118.2** | **12656.9** | **182.8** | **620.4** |
| **一、粮食作物** | **73435.4** | **7603.7** | **171.9** | **569.9** |
| **(一)夏收粮食** | **80.7** | **58.6** | | |
| #冬小麦 | 80.7 | 58.6 | | |
| **(二)秋收粮食** | **73354.7** | **7545.1** | **171.9** | **569.9** |
| (一)谷物 | 62551.3 | 7566.2 | 131.4 | 400.8 |
| 1.稻谷 | 139.7 | | | |
| 2.玉米 | 51478.0 | 7483.9 | 90.4 | 275.1 |
| 3.谷子 | 6266.2 | | 24.3 | 49.1 |
| 4.高粱 | 1145.2 | 23.7 | 8.5 | 11.5 |
| 5.秋杂谷物 | 3441.5 | | 8.2 | 65.1 |
| #燕麦 | 392.5 | | 1.7 | 0.1 |
| 荞麦 | 1375.0 | | 3.2 | 50.5 |
| 6.小麦 | 80.7 | 58.6 | | |
| (二)豆类合计 | 4674.9 | 36.0 | 9.2 | 122.0 |
| 1.大豆 | 3186.5 | 6.6 | 1.1 | 107.7 |
| 2.秋杂豆 | 1488.4 | 29.4 | 8.1 | 14.3 |
| #绿豆 | 189.4 | | | 3.2 |
| 红小豆 | 620.7 | | | 3.5 |
| (三)薯类(折粮) | 6209.2 | 1.5 | 31.3 | 47.1 |
| 1.马铃薯 | 5989.6 | 1.5 | 24.8 | 33.8 |
| 2.红薯 | 219.6 | | 6.5 | 13.3 |
| **二、油料作物** | **1777.5** | | **3.3** | **3.3** |
| 1.花 生 | 20.1 | | | |
| 2.油菜籽 | | | | |
| 3.芝麻 | 0.8 | | | |
| 4.胡麻籽 | 877.1 | | | |
| 5.葵花籽 | 649.7 | | 3.3 | 2.6 |
| 6.其他油料 | 229.8 | | | 0.7 |
| **三、棉花** | **4.5** | | | |
| **四、药材类合计** | **1197.9** | | | |
| **五、蔬菜及食用菌** | **21184.9** | **5033.6** | **7.5** | **47.2** |
| **六、瓜果类** | **150.2** | **6.3** | **0.1** | |
| #西瓜 | 54.2 | 3.8 | | |
| 甜瓜 | 79.6 | | | |
| **七、其他农作物** | **367.8** | **13.3** | | |
| #青饲料 | 170.6 | 5.3 | | |

# 播种面积
# Farm Grops

单位：公顷

| 尖草坪区 | 万柏林区 | 晋源区 | 清徐县 | 阳曲县 | 娄烦县 | 古交市 |
|---|---|---|---|---|---|---|
| **5236.2** | **497.8** | **5059.2** | **30584.8** | **23534.2** | **10624.4** | **9121.5** |
| **4328.0** | **414.7** | **2665.7** | **20458.3** | **20579.1** | **9178.8** | **7465.3** |
| | | | **22.1** | | | |
| | | | 22.1 | | | |
| **4328.0** | **414.7** | **2665.7** | **20436.2** | **20579.1** | **9178.8** | **7465.3** |
| 3924.0 | 342.4 | 2600.8 | 20242.2 | 19144.5 | 4590.0 | 3609.0 |
| | | 139.7 | | | | |
| 3472.7 | 288.5 | 2392.9 | 19625.4 | 14647.1 | 1642.0 | 1560.0 |
| 310.7 | 44.4 | 1.7 | 2.7 | 3501.3 | 1515.0 | 817.0 |
| 50.7 | 6.1 | 66.5 | 592.0 | 136.9 | 217.3 | 32.0 |
| 89.9 | 3.4 | | | 859.2 | 1215.7 | 1200.0 |
| | | | | | 240.0 | 150.7 |
| | 0.7 | | | 195.0 | 975.7 | 149.9 |
| | | | 22.1 | | | |
| 285.0 | 13.2 | 33.5 | 64.5 | 1033.4 | 1237.8 | 1840.3 |
| 249.7 | 2.7 | 15.3 | 49.8 | 786.0 | 665.6 | 1302.0 |
| 35.3 | 10.5 | 18.2 | 14.7 | 247.4 | 572.2 | 538.3 |
| | | | 10.2 | 4.1 | 160.0 | 11.9 |
| | | | | 11.1 | 412.2 | 193.9 |
| 119.0 | 59.1 | 31.4 | 151.6 | 401.2 | 3351.0 | 2016.0 |
| 93.5 | 59.1 | 25.5 | 2.7 | 384.7 | 3351.0 | 2013.0 |
| 25.5 | | 5.9 | 148.9 | 16.5 | | 3.0 |
| **41.0** | | | **31.5** | **225.1** | **726.1** | **747.2** |
| | | | 18.8 | 1.3 | | |
| | | | | | | |
| | | | 0.8 | | | |
| | | | | 94.5 | 476.6 | 306.0 |
| 41.0 | | | 11.9 | 107.5 | 188.5 | 294.9 |
| | | | | 21.8 | 61.0 | 146.3 |
| | | | 4.5 | | | |
| **2.4** | **4.0** | | **203.3** | **301.1** | **416.4** | **270.7** |
| **831.0** | **45.8** | **2393.5** | **9660.4** | **2361.9** | **260.3** | **543.7** |
| **24.6** | | | **44.6** | **24.0** | **42.8** | **7.8** |
| 3.0 | | | 16.2 | 5.3 | 22.0 | 3.9 |
| 20.9 | | | 27.7 | 10.2 | 18.0 | 2.8 |
| **9.2** | **33.3** | | **182.2** | **43.0** | | **86.8** |
| | 33.3 | | 33.3 | 11.9 | | 86.8 |

# 9-5 农作物

Output of

| 指 标 | 合计 | 小店区 | 迎泽区 | 杏花岭区 |
|---|---|---|---|---|
| **一、粮食作物** | **312869.2** | **62439.8** | **409.4** | **880.6** |
| **(一)夏收粮食** | **475.9** | **340.0** | | |
| #冬小麦 | 475.9 | 340.0 | | |
| **(二)秋收粮食** | **312393.3** | **62099.8** | **409.4** | **880.6** |
| (一)谷物 | 294047.5 | 62372.0 | 351.8 | 641.6 |
| 1.稻谷 | 884.2 | | | |
| 2.玉米 | 270571.5 | 61850.0 | 268.8 | 480.0 |
| 3.谷子 | 12406.8 | | 57.0 | 63.5 |
| 4.高粱 | 5679.2 | 182.0 | 18.1 | 22.0 |
| 5.秋杂谷物 | 4029.9 | | 7.9 | 76.1 |
| #燕麦 | 765.2 | | 0.1 | 0.1 |
| 荞麦 | 2101.3 | | 1.9 | 49.2 |
| 6.小麦 | 475.9 | 340.0 | | |
| (二)豆类合计 | 6070.0 | 46.7 | 15.7 | 122.4 |
| 1.大豆 | 4120.1 | 10.5 | 2.1 | 96.8 |
| 2.秋杂豆 | 1949.9 | 36.2 | 13.6 | 25.6 |
| #:绿豆 | 299.5 | | | 3.8 |
| 红小豆 | 840.5 | | | 4.3 |
| (三)薯类(折粮) | 12751.7 | 21.1 | 41.9 | 116.6 |
| 1.马铃薯 | 11661.1 | 21.1 | 24.8 | 97.2 |
| 2.红薯 | 1090.6 | | 17.1 | 19.4 |
| **二、油料作物** | **2374.9** | | **6.4** | **3.4** |
| 1.花生 | 39.1 | | | |
| 2.油菜籽 | | | | |
| 3.芝麻 | 1.1 | | | |
| 4.胡麻籽 | 1064.5 | | | |
| 5.葵花籽 | 1032.5 | | 6.4 | 2.7 |
| 6.其他油料 | 237.7 | | | 0.7 |
| **三、棉花** | **8.0** | | | |
| **四、药材类合计** | **3392.4** | | | |
| **五、蔬菜及食用菌** | **1307797.0** | **274100.0** | **255.3** | **2200.4** |
| **六、瓜果类** | **4285.0** | **381.8** | **2.7** | |
| #西瓜 | 1668.9 | 214.0 | | |
| 甜瓜 | 2118.0 | | | |

# 总产量
## farm crops

单位：吨

| 尖草坪区 | 万柏林区 | 晋源区 | 清徐县 | 阳曲县 | 娄烦县 | 古交市 |
|---|---|---|---|---|---|---|
| **14896.1** | **1592.0** | **21533.8** | **104104.7** | **79269.7** | **16820.0** | **10923.1** |
| | | | **135.9** | | | |
| | | | 135.9 | | | |
| **14896.1** | **1592.0** | **21533.8** | **103968.8** | **79269.7** | **16820.0** | **10923.1** |
| 14247.3 | 1479.2 | 21226.8 | 103052.2 | 76829.1 | 7980.0 | 5867.5 |
| | | 884.2 | | | | |
| 13156.9 | 1369.2 | 19621.6 | 99277.2 | 66732.5 | 4515.0 | 3300.3 |
| 754.2 | 94.5 | 11.0 | 5.7 | 8318.7 | 1780.0 | 1322.2 |
| 140.7 | 11.8 | 710.0 | 3633.4 | 644.2 | 220.0 | 97.0 |
| 195.5 | 3.7 | | | 1133.7 | 1465.0 | 1148.0 |
| | | | | | 365.0 | 400.0 |
| | 0.3 | | | 249.9 | 1100.0 | 700.0 |
| | | | 135.9 | | | |
| 556.9 | 23.0 | 113.5 | 98.8 | 1397.4 | 1840.0 | 1855.6 |
| 500.3 | 1.6 | 56.3 | 74.4 | 1057.2 | 990.0 | 1330.9 |
| 56.6 | 21.4 | 57.2 | 24.4 | 340.2 | 850.0 | 524.7 |
| | | | 17.1 | 3.6 | 250.0 | 25.0 |
| | | | | 16.1 | 600.0 | 220.1 |
| 91.9 | 89.8 | 193.5 | 953.7 | 1043.2 | 7000.0 | 3200.0 |
| 67.8 | 89.8 | 153.6 | 5.2 | 1011.5 | 7000.0 | 3190.0 |
| 24.1 | | 39.8 | 948.5 | 31.7 | | 10.0 |
| **56.5** | | | **61.5** | **425.1** | **974.0** | **848.0** |
| | | | 37.1 | 2.0 | | |
| | | | | | | |
| | | | 1.1 | | | |
| | | | | 176.5 | 518.0 | 370.0 |
| 56.5 | | | 23.3 | 204.6 | 351.0 | 388.0 |
| | | | | 42.0 | 105.0 | 90.0 |
| | | | **8.0** | | | |
| | **4.0** | | **217.5** | **2232.4** | **938.5** | |
| **56981.1** | **1292.8** | **163575.5** | **663011.5** | **93840.8** | **9970.2** | **42569.4** |
| **786.2** | | | **852.7** | **530.2** | **1621.0** | **110.4** |
| 94.2 | | | 320.5 | 68.0 | 930.0 | 42.2 |
| 686.0 | | | 506.6 | 229.2 | 650.0 | 46.2 |

# 9-6 农作物
## Single output

| 指　标 | 太原市 | 小店区 | 迎泽区 | 杏花岭区 |
|---|---|---|---|---|
| **一、粮食作物** | **4260.5** | **8211.8** | **2381.6** | **1545.2** |
| **（一）夏收粮食** | **5897.1** | **5802.0** | | |
| #冬小麦 | 5897.1 | 5802.0 | | |
| **（二）秋收粮食** | **4258.7** | **8230.5** | **2381.6** | **1545.2** |
| （一）谷物 | 4700.9 | 8243.5 | 2677.3 | 1600.8 |
| 1.稻谷 | 6329.3 | | | |
| 2.玉米 | 5256.1 | 8264.4 | 2973.5 | 1744.8 |
| 3.谷子 | 1980.0 | | 2345.7 | 1293.3 |
| 4.高粱 | 4959.1 | 7679.3 | 2129.4 | 1913.0 |
| 5.秋杂谷物 | 1171.0 | | 963.4 | 1169.0 |
| #燕麦 | 1949.6 | | 58.8 | 1000.0 |
| 荞麦 | 1528.2 | | 593.8 | 974.3 |
| 6.小麦 | 5897.1 | 5802.0 | | |
| （二）豆类合计 | 1298.4 | 1297.2 | 1706.5 | 1003.3 |
| 1.大豆 | 1293.0 | 1590.9 | 1909.1 | 898.8 |
| 2.秋杂豆 | 1310.1 | 1231.3 | 1679.0 | 1790.2 |
| #绿豆 | 1581.3 | | | 1187.5 |
| 红小豆 | 1354.1 | | | 1228.6 |
| （三）薯类（折粮） | 2053.7 | 14040.0 | 1339.3 | 2475.2 |
| 1.马铃薯 | 1946.9 | 14040.0 | 1000.8 | 2875.7 |
| 2.红薯 | 4966.3 | | 2630.8 | 1457.1 |
| **二、油料作物** | **1336.1** | | **1939.4** | **1030.3** |
| 1.花生 | 1945.3 | | | |
| 2.油菜籽 | | | | |
| 3.芝麻 | 1375.0 | | | |
| 4.胡麻籽 | 1213.7 | | | |
| 5.葵花籽 | 1589.2 | | 1939.4 | 1038.5 |
| 6.其他油料 | 1034.4 | | | 1000.0 |
| **三、棉花** | **1777.8** | | | |
| **四、药材类合计** | **2832.0** | | | |
| **五、蔬菜及食用菌** | **61732.5** | **54454.1** | **34040.0** | **46618.6** |
| **六、瓜果类** | **28528.6** | **60603.2** | **27000.0** | |
| #西瓜 | 30791.5 | 56315.8 | | |
| 甜瓜 | 26608.0 | | | |

# 单产量
## of farm crops

单位：公斤/公顷

| 尖草坪区 | 万柏林区 | 晋源区 | 清徐县 | 阳曲县 | 娄烦县 | 古交市 |
|---|---|---|---|---|---|---|
| **3441.8** | **3838.9** | **8078.1** | **5088.6** | **3852.0** | **1832.5** | **1463.2** |
| | | | **6149.3** | | | |
| | | | 6149.3 | | | |
| **3441.8** | **3838.9** | **8078.1** | **5087.5** | **3852.0** | **1832.5** | **1463.2** |
| 3630.8 | 4320.1 | 8161.6 | 5091.0 | 4013.1 | 1738.6 | 1625.8 |
| | | 6329.3 | | | | |
| 3788.7 | 4745.9 | 8199.9 | 5058.6 | 4556.0 | 2749.7 | 2115.6 |
| 2427.4 | 2128.4 | 6470.6 | 2111.1 | 2375.9 | 1174.9 | 1618.4 |
| 2775.1 | 1934.4 | 10676.7 | 6137.5 | 4705.6 | 1012.4 | 3031.3 |
| 2174.6 | 1088.2 | | | 1319.5 | 1205.1 | 956.7 |
| | | | | | 1520.8 | 2654.3 |
| | 428.6 | | | 1281.5 | 1127.4 | 4669.8 |
| | | | 6149.3 | | | |
| 1954.0 | 1742.4 | 3388.1 | 1531.8 | 1352.2 | 1486.5 | 1008.3 |
| 2003.6 | 592.6 | 3679.7 | 1494.0 | 1345.0 | 1487.4 | 1022.2 |
| 1603.4 | 2038.1 | 3142.9 | 1659.9 | 1375.1 | 1485.5 | 974.7 |
| | | | 1676.5 | 878.0 | 1562.5 | 2100.8 |
| | | | | 1450.5 | 1455.6 | 1135.1 |
| 772.4 | 1520.1 | 6161.1 | 6291.0 | 2600.2 | 2088.9 | 1587.3 |
| 724.9 | 1520.1 | 6024.3 | 1940.7 | 2629.4 | 2088.9 | 1584.7 |
| 946.7 | | 6752.5 | 6369.9 | 1918.8 | | 3333.3 |
| **1378.0** | | | **1952.4** | **1888.5** | **1341.4** | **1134.9** |
| | | | 1973.4 | 1538.5 | | |
| | | | | | | |
| | | | 1375.0 | | | |
| | | | | 1867.7 | 1086.9 | 1209.2 |
| 1378.0 | | | 1958.0 | 1903.3 | 1862.1 | 1315.7 |
| | | | | 1926.6 | 1721.3 | 615.2 |
| | | | **1777.8** | | | |
| | **1000.0** | | **1069.8** | **7414.1** | **2253.8** | |
| **68569.3** | **28227.1** | **68341.6** | **68631.9** | **39731.1** | **38302.7** | **78295.8** |
| **31959.3** | | | **19118.8** | **22091.7** | **37873.8** | **14153.8** |
| 31400.0 | | | 19784.0 | 12830.2 | 42272.7 | 10820.5 |
| 32823.0 | | | 18288.8 | 22470.6 | 36111.1 | 16500.0 |

# 9-7 水果
# Fruit

| 指标名称 | | 单位 | 太原市 | 小店区 | 迎泽区 | 杏花岭区 |
|---|---|---|---|---|---|---|
| 茶叶 | 面积 | 公顷 | 1.3 | | | |
| | 产量 | 吨 | 3.0 | | | |
| 园林水果 | 面积 | 公顷 | 9211.1 | 303.4 | 62.8 | 628.7 |
| | 产量 | 吨 | 90756.5 | 1042.0 | 178.1 | 1128.9 |
| 苹果 | 面积 | 公顷 | 3285.9 | 18.7 | 6.7 | 388.3 |
| | 产量 | 吨 | 14777.9 | 280.0 | 59.5 | 571.4 |
| #红富士苹果 | 面积 | 公顷 | 1682.6 | 1.9 | 6.7 | 99.5 |
| | 产量 | 吨 | 8899.2 | 15.0 | 59.5 | 186.0 |
| 国光苹果 | 面积 | 公顷 | 992.3 | 0.3 | | 275.0 |
| | 产量 | 吨 | 2462.8 | 3.0 | | 347.4 |
| 梨 | 面积 | 公顷 | 1272.1 | 48.1 | 50.0 | 27.4 |
| | 产量 | 吨 | 24639.8 | 180.0 | 74.5 | 102.4 |
| #雪花梨 | 面积 | 公顷 | 563.3 | 7.1 | | 7.9 |
| | 产量 | 吨 | 8998.6 | 30.0 | | 10.0 |
| 鸭梨 | 面积 | 公顷 | 102.1 | 1.0 | | 8.1 |
| | 产量 | 吨 | 782.3 | 10.0 | | 38.1 |
| 桃 | 面积 | 公顷 | 626.4 | 38.6 | | 31.7 |
| | 产量 | 吨 | 4689.0 | 170.0 | | 123.0 |
| 杏 | 面积 | 公顷 | 555.1 | 6.8 | 2.0 | 18.2 |
| | 产量 | 吨 | 2864.6 | 12.0 | 28.6 | 63.3 |
| 葡萄 | 面积 | 公顷 | 2043.3 | 68.1 | | 59.0 |
| | 产量 | 吨 | 39488.8 | 120.0 | | 104.3 |
| 红枣 | 面积 | 公顷 | 831.1 | 123.1 | 3.7 | 17.0 |
| | 产量 | 吨 | 2252.5 | 280.0 | 14.9 | 65.6 |
| 柿子 | 面积 | 公顷 | 10.6 | | | |
| | 产量 | 吨 | 178.1 | | | |
| 沙果 | 面积 | 公顷 | 20.8 | | | 2.3 |
| | 产量 | 吨 | 115.1 | | | 12.0 |
| 其他园林水果 | 面积 | 公顷 | 565.8 | | 0.4 | 84.8 |
| | 产量 | 吨 | 1750.7 | | 0.6 | 86.9 |
| 食用坚果 | 产量 | 吨 | 1698.9 | 2.0 | 81.0 | |
| 核桃 | 面积 | 公顷 | 1013.5 | 4.0 | 27.3 | |
| | 产量 | 吨 | 1686.9 | 2.0 | 81.0 | |
| 仁用杏 | 产量 | 吨 | 12.0 | | | |

# 生产情况
# production

| 尖草坪区 | 万柏林区 | 晋源区 | 清徐县 | 阳曲县 | 娄烦县 | 古交市 |
|---|---|---|---|---|---|---|
| | | | | | | 1.3 |
| | | | | | | 3.0 |
| 1314.9 | 86.1 | 492.2 | 2711.5 | 2587.2 | 259.0 | 765.3 |
| 24905.4 | 602.9 | 3806.6 | 52447.6 | 4313.6 | 1705.0 | 626.4 |
| 539.5 | 2.7 | 123.9 | 133.5 | 1803.9 | 93.9 | 174.8 |
| 8140.0 | 12.0 | 1126.0 | 1696.0 | 2335.0 | 450.0 | 108.0 |
| 394.3 | 2.7 | 79.1 | 79.0 | 988.0 | 7.5 | 23.9 |
| 5916.7 | 12.0 | 799.0 | 716.0 | 1022.0 | 85.0 | 88.0 |
| 70.9 | | 21.2 | 8.9 | 516.9 | 44.1 | 55.0 |
| 1046.5 | | 104.0 | 163.5 | 530.0 | 251.0 | 17.4 |
| 82.2 | 22.9 | 26.8 | 668.8 | 252.7 | 33.9 | 59.3 |
| 1765.7 | 128.7 | 137.5 | 21371.0 | 503.0 | 315.0 | 62.0 |
| 56.5 | | 16.1 | 277.5 | 175.1 | 16.4 | 6.7 |
| 4.0 | | 28.6 | 8445.0 | 209.0 | 220.0 | 52.0 |
| 23.3 | | 10.7 | 6.2 | 51.8 | 1.0 | |
| 366.4 | | 108.9 | 150.9 | 93.0 | 15.0 | |
| 25.9 | 2.4 | 62.0 | 301.1 | 101.3 | 21.6 | 41.8 |
| 564.6 | 19.9 | 1100.1 | 2136.7 | 403.2 | 145.0 | 26.5 |
| 26.9 | 23.6 | 72.7 | 76.7 | 22.3 | 60.5 | 245.4 |
| 241.6 | 73.6 | 919.0 | 497.5 | 278.0 | 430.0 | 321.0 |
| 472.9 | 20.9 | 55.9 | 1226.2 | 114.1 | 12.2 | 14.0 |
| 13083.5 | 236.0 | 366.0 | 25136.0 | 306.0 | 65.0 | 72.0 |
| 108.7 | 5.1 | 117.6 | 153.4 | 233.3 | 31.5 | 37.7 |
| 381.5 | 35.6 | 151.0 | 754.5 | 326.0 | 240.0 | 3.4 |
| | 6.7 | | 3.9 | | | |
| | 89.1 | | 89.0 | | | |
| 14.7 | | | | 3.8 | | |
| 41.0 | | | | 62.1 | | |
| 44.1 | 1.8 | 33.3 | 147.9 | 55.8 | 5.4 | 192.3 |
| 687.5 | 8.0 | 7.0 | 766.9 | 100.3 | 60.0 | 33.5 |
| 7.1 | 5.5 | 19.0 | 174.7 | 394.6 | 998.0 | 17.0 |
| 9.5 | 20.0 | 13.3 | 53.8 | 690.1 | 192.2 | 3.3 |
| 7.1 | 5.5 | 19.0 | 174.7 | 382.6 | 998.0 | 17.0 |
| | | | | 12.0 | | |

# 9-8 畜牧业
## Livestock

| 指标 | | | 单位 | 太原市 | 小店区 | 迎泽区 | 杏花岭区 |
|---|---|---|---|---|---|---|---|
| 畜禽存栏 | 猪 | | 头 | 277720 | 17514 | 2922 | 13095 |
| | | 能繁母猪 | 头 | 26922 | 1877 | 202 | 884 |
| | 牛 | | 头 | 41303 | 8684 | 130 | 26 |
| | | 1.肉 牛 | 头 | 15297 | 267 | 130 | 25 |
| | | 2.奶 牛 | 头 | 25764 | 8392 | | 1 |
| | 羊 | | 只 | 468930 | 18273 | 6156 | 7356 |
| | | 1.山羊 | 只 | 115803 | 422 | 260 | 93 |
| | | 2.绵羊 | 只 | 353127 | 17851 | 5896 | 7263 |
| | 家禽 | | 万只 | 365.3 | 55.0 | 8.3 | 10.9 |
| | | 蛋鸡 | 万只 | 265.1 | 25.7 | 8.3 | 10.4 |
| 畜禽出栏 | 猪 | | 头 | 444652 | 26294 | 2127 | 19832 |
| | 牛 | | 头 | 16179 | 2079 | 20 | 30 |
| | 羊 | | 只 | 431379 | 13317 | 3268 | 8832 |
| | 家禽 | | 万只 | 562.0 | 135.0 | 0.8 | 5.4 |
| 畜禽产品产量 | 猪肉 | | 吨 | 38001.29 | 2100.00 | 178.10 | 1470.93 |
| | 牛肉 | | 吨 | 2306.75 | 260.00 | 3.75 | 4.20 |
| | 羊肉 | | 吨 | 7830.79 | 212.00 | 65.40 | 149.46 |
| | 禽肉 | | 吨 | 8115.53 | 1890.00 | 11.20 | 77.68 |
| | 禽蛋 | | 吨 | 30928.80 | 4100.00 | 226.00 | 394.20 |
| | 牛奶 | | 吨 | 111416.16 | 42500.00 | 18.00 | 34.16 |
| 大牲畜（除牛外） | | 年末存栏 | 头 | 4563 | 25 | | 27 |
| | | 当年出栏 | 头 | 1155 | | | 15 |
| | | 肉产量 | 吨 | 141.21 | | | 1.79 |
| | #1.马 | 年末存栏 | 头 | 299 | 10 | | 4 |
| | | 当年出栏 | 头 | 28 | | | |
| | | 肉产量 | 吨 | 4.08 | | | |
| | 2.驴 | 年末存栏 | 头 | 2415 | | | 10 |
| | | 当年出栏 | 头 | 706 | | | 6 |
| | | 肉产量 | 吨 | 84.19 | | | 0.72 |
| | 3.骡 | 年末存栏 | 头 | 1847 | 15 | | 13 |
| | | 当年出栏 | 头 | 421 | | | 9 |
| | | 肉产量 | 吨 | 52.94 | | | 1.07 |
| | 4.骆驼 | 年末存栏 | 头 | 2 | | | |
| 兔 | | 年末存栏 | 万只 | 1.61 | | | |
| | | 当年出栏 | 万只 | 2.73 | | | |
| | | 肉产量 | 吨 | 40.29 | | | |
| 其他奶产量 | | | 吨 | 224.30 | | | |
| 山羊毛产量 | | | 吨 | 106.55 | | 0.13 | |
| 绵羊毛产量 | | | 吨 | 370.68 | 15.00 | 6.85 | 5.30 |
| | 细羊毛 | | 吨 | 48.58 | | | |
| | 半细羊毛 | | 吨 | 80.80 | | 6.85 | 5.30 |
| 羊绒产量 | | | 吨 | 55.36 | | 0.01 | |
| 蜂蜜产量 | | | 吨 | 73.46 | | | |
| 肉类总产量 | | | 吨 | 56440.96 | 4462.00 | 258.45 | 1704.06 |

# 生产情况
# production

| 尖草坪区 | 万柏林区 | 晋源区 | 清徐县 | 阳曲县 | 娄烦县 | 古交市 |
|---|---|---|---|---|---|---|
| 28500 | 8838 | 17359 | 119811 | 35234 | 12430 | 22017 |
| 2452 | 668 | 2442 | 10290 | 4562 | 1281 | 2264 |
| 10153 | 146 | 2378 | 7421 | 6917 | 3015 | 2433 |
| 245 | 87 | 32 | 4820 | 4351 | 3015 | 2325 |
| 9783 | 59 | 2264 | 2601 | 2566 |  | 98 |
| 25807 | 872 | 15876 | 108997 | 140144 | 69843 | 75606 |
| 170 | 45 | 220 | 2614 | 28672 | 37645 | 45662 |
| 25637 | 827 | 15656 | 106383 | 111472 | 32198 | 29944 |
| 16.8 | 5.7 | 56.0 | 92.8 | 58.2 | 11.5 | 50.3 |
| 13.8 | 5.5 | 49.1 | 56.8 | 58.0 | 9.7 | 27.8 |
| 46348 | 9714 | 39497 | 198460 | 55976 | 14592 | 31812 |
| 354 | 78 | 1003 | 6878 | 2914 | 1561 | 1262 |
| 15840 | 611 | 8215 | 148959 | 130078 | 49143 | 53116 |
| 18.1 | 6.7 | 75.7 | 200.9 | 37.3 | 13.3 | 68.9 |
| 3708.00 | 856.30 | 3234.62 | 16902.00 | 5000.34 | 1245.00 | 3306.00 |
| 57.10 | 12.83 | 155.47 | 987.00 | 424.70 | 235.70 | 166.00 |
| 276.71 | 10.50 | 147.30 | 2580.30 | 2691.12 | 839.00 | 859.00 |
| 258.21 | 97.60 | 1086.77 | 2915.70 | 593.57 | 220.30 | 964.50 |
| 1719.00 | 717.00 | 5735.00 | 7277.00 | 6735.00 | 815.00 | 3210.60 |
| 26659.00 | 323.00 | 12159.00 | 12416.00 | 17048.00 |  | 259.00 |
| 64 | 5 | 43 | 93 | 1341 | 1801 | 1164 |
| 11 |  |  | 14 | 527 | 565 | 23 |
| 1.27 |  |  | 1.69 | 63.60 | 70.36 | 2.50 |
| 8 | 5 | 40 | 27 | 185 | 20 |  |
|  |  |  | 2 | 18 | 8 |  |
|  |  |  | 0.24 | 2.68 | 1.16 |  |
| 49 |  |  | 19 | 658 | 1192 | 487 |
| 7 |  |  | 4 | 346 | 333 | 10 |
| 0.83 |  |  | 0.42 | 41.52 | 39.70 | 1.00 |
| 7 |  | 1 | 47 | 498 | 589 | 677 |
| 4 |  |  | 8 | 163 | 224 | 13 |
| 0.44 |  |  | 1.03 | 19.40 | 29.50 | 1.50 |
|  |  | 2 |  |  |  |  |
|  |  |  | 0.09 | 0.52 | 1.00 |  |
|  |  |  | 0.19 | 1.54 | 1.00 |  |
|  |  |  | 2.85 | 24.64 | 12.80 |  |
| 6.50 |  |  | 215.00 | 2.80 |  |  |
|  | 0.11 |  | 0.21 | 33.20 | 68.00 | 4.90 |
| 12.56 | 0.36 |  | 97.71 | 186.40 | 42.00 | 4.50 |
| 1.00 |  |  |  | 13.20 | 34.10 | 0.28 |
| 9.48 |  |  |  | 48.50 | 7.90 | 2.77 |
|  | 0.03 |  | 0.02 | 5.00 | 47.90 | 2.40 |
| 1.02 | 4.74 |  | 32.20 | 13.53 | 21.97 |  |
| 4302.29 | 977.23 | 4624.16 | 23389.54 | 8802.07 | 2623.16 | 5298.00 |

# 9-9 农林牧渔业

Gross output value of agriculture,

| 指 标 | 太原市 | | 小店区 | | 迎泽区 | | 杏花岭区 | |
|---|---|---|---|---|---|---|---|---|
| | 按现行价格 | 按可比价格 | 按现行价格 | 按可比价格 | 按现行价格 | 按可比价格 | 按现行价格 | 按可比价格 |
| **农林牧渔业总产值** | **767904.8** | **760618.2** | **154161.8** | **153144.4** | **7051.8** | **7433.3** | **10842.8** | **10938.7** |
| **一、农业产值** | **438166.2** | **446747.5** | **102058.7** | **100448.5** | **319.3** | **274.8** | **1569.8** | **1569.8** |
| (一)谷物及其他作物 | 81763.8 | 88393.3 | 18382.6 | 18388.1 | 113.0 | 126.6 | 364.9 | 364.9 |
| 1.谷物 | 62049.8 | 68991.8 | 17128.5 | 17128.5 | 72.7 | 76.4 | 143.5 | 143.5 |
| 其中:小麦 | 95.2 | 104.7 | 83.3 | 83.3 | | | | |
| 稻谷 | 207.8 | 212.2 | | | | | | |
| 玉米 | 53979.0 | 60878.6 | 17008.8 | 17008.8 | 53.8 | 57.0 | 96.0 | 96.0 |
| 2.薯类 | 7045.1 | 9645.6 | 8.4 | 8.4 | 25.5 | 35.5 | 145.7 | 77.7 |
| 其中:马铃薯 | 6413.6 | 8745.8 | 8.4 | 8.4 | 13.1 | 14.9 | 121.5 | 58.3 |
| 3.油料 | 1372.3 | 1372.3 | | | 3.1 | 3.1 | 1.4 | 1.4 |
| 其中:花生 | 28.5 | 28.5 | | | | | | |
| 4.豆类 | 4370.5 | 3616.1 | 30.1 | 35.3 | 7.6 | 7.5 | 56.9 | 56.9 |
| 其中:大豆 | 2966.5 | 2204.3 | 8.4 | 6.3 | 0.9 | 0.9 | 42.6 | 42.6 |
| 5.棉花 | 12.0 | 21.6 | | | | | | |
| 6.其他农作物 | 6914.1 | 6797.7 | 1215.6 | 1215.6 | 4.2 | 4.2 | 17.3 | 17.3 |
| 其中:青饲料 | 187.7 | 187.7 | 0.3 | 0.3 | | | | |
| (二)蔬菜、食用菌及花卉盆景园艺产品 | 325934.8 | 316441.5 | 83024.5 | 81396.6 | 71.8 | 48.5 | 974.6 | 974.6 |
| 1.蔬菜(含菜用瓜) | 314838.8 | 306263.2 | 81654.5 | 80030.3 | 64.2 | 41.9 | 383.2 | 383.2 |
| 2.食用菌 | 4648.6 | 4648.6 | 18.0 | 18.0 | 7.7 | 6.7 | 238.2 | 238.2 |
| 3.花卉 | 6447.4 | 7153.4 | 1352.0 | 1352.0 | | | 353.2 | 353.2 |
| 4.盆景园艺 | | | | | | | | |
| (三)水果、坚果、茶、饮料和香料作物 | 26705.2 | 38150.3 | 651.6 | 663.8 | 134.4 | 99.7 | 230.4 | 230.4 |
| 1.园林水果 | 23335.7 | 33364.8 | 648.8 | 659.8 | 73.7 | 47.1 | 230.4 | 230.4 |
| 其中:苹果 | 3251.2 | 3768.4 | 84.0 | 84.0 | 25.1 | 14.9 | 85.7 | 85.7 |
| 梨 | 5174.4 | 6529.6 | 63.0 | 63.0 | 27.9 | 16.8 | 20.5 | 20.5 |
| 红枣 | 901.0 | 1250.1 | 168.0 | 145.6 | 8.1 | 5.2 | 32.8 | 32.8 |
| 2.食用坚果 | 3043.6 | 3381.0 | 2.8 | 4.0 | 60.8 | 52.7 | | |
| 其中:核桃 | 3036.4 | 3373.8 | 2.8 | 4.0 | 60.8 | 52.7 | | |
| 3.茶及其他饮料 | 270.0 | 1350.0 | | | | | | |
| 其中:茶叶 | 270.0 | 1350.0 | | | | | | |
| 4.香料原料 | 55.9 | 55.9 | | | | | | |
| 其中:花椒 | 55.9 | 55.9 | | | | | | |
| (四)中草药材 | 3762.4 | 3762.4 | | | | | | |

# 总产值
## forestry, animal husbandry and fishery

单位：万元

| 尖草坪区 | | 万柏林区 | | 晋源区 | | 清徐县 | | 阳曲县 | | 娄烦县 | | 古交市 | |
|---|---|---|---|---|---|---|---|---|---|---|---|---|---|
| 按现行价格 | 按可比价格 | 按现行价格 | 按可比价格 | 按现行价格 | 按可比价格 | 按现行价格 | 按可比价格 | 按现行价格 | 按可比价格 | 按现行价格 | 按可比价格 | 按现行价格 | 按可比价格 |
| **69026.6** | **64048.9** | **10398.4** | **12160.5** | **77593.9** | **78885.8** | **259838.8** | **262932.1** | **95183.6** | **98934.0** | **40268.3** | **37267.9** | **43481.5** | **41588.7** |
| **36421.5** | **33006.8** | **1053.9** | **1031.3** | **51231.8** | **50896.6** | **173417.6** | **178784.9** | **45653.7** | **49096.6** | **18102.5** | **16968.4** | **13366.9** | **12673.2** |
| 3780.7 | 3600.7 | 487.7 | 465.1 | 5968.5 | 6156.3 | 22585.9 | 23774.6 | 20900.7 | 24731.5 | 11775.2 | 11096.1 | 3661.7 | 3390.4 |
| 2916.6 | 3705.0 | 326.3 | 326.3 | 5182.0 | 5331.9 | 19265.8 | 21721.2 | 15067.2 | 19769.7 | 2726.5 | 2726.5 | 1592.7 | 1502.4 |
| | | | | | | 35.3 | 35.3 | | | | | | |
| | | | | 203.4 | 213.1 | | | | | | | | |
| 2499.8 | 3289.2 | 273.8 | 273.8 | 4787.7 | 4905.4 | 18465.6 | 20848.2 | 10009.9 | 14681.2 | 947.1 | 947.1 | 841.5 | 742.5 |
| 83.9 | 80.5 | 89.8 | 67.4 | 200.0 | 231.0 | 858.4 | 905.8 | 848.8 | 736.6 | 7350.0 | 7350.0 | 642.0 | 632.4 |
| 60.3 | 57.6 | 89.8 | 67.4 | 138.3 | 161.3 | 4.7 | 4.7 | 809.2 | 708.1 | 7350.0 | 7350.0 | 638.0 | 628.4 |
| 28.5 | 28.5 | | | | | 32.4 | 32.4 | 188.7 | 244.1 | 477.3 | 477.3 | 406.9 | 466.9 |
| | | | | | | 18.6 | 18.6 | 1.0 | 1.8 | | | | |
| 348.3 | 348.3 | 10.4 | 10.3 | 45.4 | 52.4 | 61.6 | 61.6 | 1029.1 | 1097.9 | 903.0 | 903.0 | 784.5 | 784.5 |
| 300.2 | 300.2 | 0.8 | 0.7 | 22.5 | 29.6 | 37.2 | 37.2 | 761.2 | 792.9 | 418.8 | 418.8 | 665.5 | 665.5 |
| | | | | | | 6.4 | 6.4 | | | | | | |
| 403.5 | 402.7 | 61.1 | 61.1 | 541.1 | 541.1 | 2361.3 | 3835.6 | 3766.8 | 3661.7 | 318.4 | 318.4 | 235.6 | 227.1 |
| | | 30.0 | 30.0 | | | 30.0 | 30.0 | 14.3 | 11.9 | | | 91.8 | 91.8 |
| 20355.1 | 18337.9 | 268.9 | 268.9 | 44098.1 | 43575.2 | 128692.4 | 133706.3 | 19681.5 | 19184.6 | 2135.1 | 1958.8 | 8104.6 | 7682.1 |
| 16563.9 | 14545.9 | 268.9 | 268.9 | 36680.2 | 35406.8 | 128554.1 | 133567.8 | 18073.1 | 17620.8 | 2092.8 | 2092.8 | 8017.8 | 8008.6 |
| 3678.2 | 3657.0 | | | 472.9 | 472.9 | 101.9 | 101.9 | 1571.8 | 1571.7 | 42.4 | 42.4 | 86.8 | 86.8 |
| 113.0 | 392.3 | | | 6945.0 | 7643.7 | 3.0 | 3.0 | 36.6 | 51.7 | | | | |
| | | | | | | 33.4 | 33.4 | | | | | | |
| 12285.7 | 11068.2 | 289.4 | 289.4 | 1165.2 | 1165.2 | 21878.4 | 21043.0 | 2365.0 | 2471.0 | 3065.9 | 2787.2 | 1600.6 | 1600.6 |
| 12271.5 | 11492.0 | 275.1 | 275.1 | 1160.6 | 1160.6 | 21407.1 | 20572.2 | 1651.1 | 1680.5 | 1069.9 | 1069.9 | 257.6 | 257.6 |
| 3256.0 | 3174.6 | 5.2 | 5.2 | 305.7 | 305.7 | 508.8 | 508.8 | 887.3 | 887.3 | 105.8 | 105.8 | 41.0 | 41.0 |
| 621.9 | 620.1 | 59.2 | 59.2 | 34.6 | 34.6 | 6411.3 | 5556.5 | 181.1 | 176.1 | 78.8 | 78.8 | 19.8 | 19.8 |
| 362.4 | 343.4 | 22.1 | 22.1 | 64.9 | 64.9 | 377.3 | 377.3 | 104.3 | 104.3 | 134.4 | 134.4 | 1.5 | 1.5 |
| 14.2 | 14.2 | 14.3 | 14.3 | 4.6 | 4.6 | 419.3 | 419.3 | 713.9 | 790.4 | 1996.0 | 1996.0 | 68.0 | 68.0 |
| 14.2 | 14.2 | 14.3 | 14.3 | 4.6 | 4.6 | 419.3 | 419.3 | 688.7 | 765.2 | 1996.0 | 1996.0 | 68.0 | 68.0 |
| | | | | | | | | | | | | 1275.0 | 1275.0 |
| | | | | | | | | | | | | 1275.0 | 1275.0 |
| | | | | | | 52.0 | 52.0 | | | | | | |
| | | | | | | 52.0 | 52.0 | | | | | | |
| | | 8.0 | 8.0 | | | 261.0 | 261.0 | 2706.5 | 2706.5 | 1126.2 | 1126.2 | | |

## 9-9 续表

| 指 标 | 太原市 | | 小店区 | | 迎泽区 | | 杏花岭区 | |
|---|---|---|---|---|---|---|---|---|
| | 按现行价格 | 按可比价格 | 按现行价格 | 按可比价格 | 按现行价格 | 按可比价格 | 按现行价格 | 按可比价格 |
| **二、林业产值** | **74207.9** | **64563.5** | **9893.2** | **8662.8** | **5693.8** | **6185.6** | **4698.0** | **4793.8** |
| (一)林木的培育和种植 | 73940.5 | 64296.1 | 9858.8 | 8628.4 | 5693.8 | 6185.6 | 4698.0 | 4793.8 |
| 1.育种育苗 | 21130.8 | 19019.8 | 2298.8 | 2202.6 | 131.8 | 131.8 | 298.0 | 234.0 |
| 2.造 林 | 3962.8 | 2266.8 | | | | | 1215.0 | 810.0 |
| 3.未成林、成林抚育管理面积 | 150.2 | 150.0 | | | | | | |
| (二)木材采运 | 267.5 | 267.5 | 34.4 | 34.4 | | | | |
| 其中:村及村以下 | 267.5 | 1069.8 | 34.4 | 34.4 | | | | |
| **三、牧业产值** | **214410.8** | **208236.3** | **37645.5** | **39290.3** | **979.1** | **913.4** | **4575.0** | **4575.0** |
| (一)牲畜饲养 | 89098.8 | 89098.8 | 25739.9 | 27811.9 | 337.9 | 319.3 | 750.3 | 750.3 |
| 1.牛的饲养 | 12943.2 | 12943.2 | 1663.2 | 1871.1 | 16.0 | 16.0 | 21.6 | 21.6 |
| 2.羊的饲养 | 36128.0 | 36128.0 | 1331.7 | 1331.7 | 312.8 | 294.1 | 706.6 | 706.6 |
| 3.其他牲畜饲养 | 462.0 | 462.0 | | | | | 7.5 | 7.5 |
| 4.奶产品 | 38107.0 | 38107.0 | 22737.5 | 23375.0 | 5.5 | 5.5 | 12.0 | 12.0 |
| 其中:生牛奶 | 38048.6 | 38048.6 | 22737.5 | 23375.0 | 5.5 | 5.5 | 12.0 | 12.0 |
| 5.毛绒产品 | 1458.7 | 1458.7 | 7.5 | 7.5 | 3.7 | 3.7 | 2.7 | 2.7 |
| 其中:羊毛 | 295.3 | 295.3 | 7.5 | 7.5 | 3.7 | 3.7 | 2.7 | 2.7 |
| 山羊绒 | 1163.4 | 1163.4 | | | | | | |
| 6.其他牲畜副产品 | | | | | | | | |
| (二)猪的饲养 | 89641.8 | 84028.7 | 5521.7 | 5258.8 | 437.5 | 382.9 | 3371.4 | 3371.4 |
| (三)家禽饲养 | 34999.7 | 34438.3 | 6383.9 | 6219.7 | 203.7 | 211.3 | 453.3 | 453.3 |
| 1.肉 禽 | 11803.1 | 11241.0 | 3103.9 | 3103.9 | 13.4 | 16.9 | 122.2 | 122.2 |
| 2.禽 蛋 | 23196.6 | 23196.6 | 3280.0 | 3116.0 | 190.3 | 194.4 | 331.1 | 331.1 |
| (四)狩猎和捕捉动物 | | | | | | | | |
| (五)其他畜牧业 | 670.5 | 670.5 | | | | | | |
| 其中:蚕 茧 | | | | | | | | |
| 家 兔 | 65.5 | 65.5 | | | | | | |
| **四、渔业产值(淡水产品)** | **3120.0** | **3070.9** | **64.4** | **55.2** | **59.6** | **59.5** | | |
| 其中:养殖 | 3120.0 | 3070.9 | 64.4 | 55.2 | 59.6 | 59.5 | | |
| 1.鱼 类 | 3120.0 | 3116.2 | 64.4 | 55.2 | 59.6 | 59.5 | | |
| 2.虾蟹类 | | | | | | | | |
| 3.贝 类 | | | | | | | | |
| 4.其 他 | | | | | | | | |
| **五、农林牧渔服务业** | **38000.0** | **38000.0** | **4500.0** | **4687.5** | | | | |

单位：万元

| 尖草坪区 | | 万柏林区 | | 晋源区 | | 清徐县 | | 阳曲县 | | 娄烦县 | | 古交市 | |
|---|---|---|---|---|---|---|---|---|---|---|---|---|---|
| 按现行价格 | 按可比价格 | 按现行价格 | 按可比价格 | 按现行价格 | 按可比价格 | 按现行价格 | 按可比价格 | 按现行价格 | 按可比价格 | 按现行价格 | 按可比价格 | 按现行价格 | 按可比价格 |
| **9615.5** | **9363.5** | **5138.5** | **6654.3** | **2064.8** | **3813.5** | **4052.4** | **4052.4** | **8764.8** | **7963.4** | **6995.2** | **6452.2** | **8454.9** | **7976.3** |
| 9606.0 | 9354.4 | 5138.5 | 6654.3 | 2059.5 | 3808.3 | 3880.3 | 3880.3 | 8732.6 | 7930.8 | 6962.1 | 6419.0 | 8454.9 | 7976.3 |
| 8724.0 | 8724.0 | 23.5 | 603.0 | 1600.0 | 1600.0 | 1455.8 | 1455.8 | 6536.6 | 6095.2 | 1830.0 | 1647.0 | 6013.5 | 2658.6 |
| | | | | 107.5 | 108.2 | 1404.5 | 1404.5 | 592.1 | 547.9 | 547.4 | 478.9 | 1381.4 | 894.5 |
| | | | | | | | | 13.9 | 16.0 | 26.7 | 21.4 | | |
| 9.5 | 9.1 | | | 5.3 | 5.3 | 172.1 | 172.1 | 32.3 | 32.6 | 33.2 | 33.2 | | |
| 9.5 | 9.1 | | | 5.3 | 5.3 | 172.1 | 172.1 | 32.3 | 32.6 | 33.2 | 33.2 | | |
| **22007.2** | **20729.4** | **3143.0** | **3067.5** | **22888.6** | **22766.9** | **71000.8** | **68726.8** | **38096.3** | **39133.4** | **12945.9** | **11622.6** | **17316.7** | **16596.2** |
| 11397.3 | 10651.7 | 230.6 | 188.7 | 7369.0 | 7247.2 | 23103.2 | 24148.8 | 20373.7 | 20715.5 | 6602.8 | 6170.9 | 6048.4 | 5706.0 |
| 304.4 | 301.3 | 54.6 | 54.6 | 978.0 | 978.0 | 6878.0 | 7428.2 | 1457.0 | 1457.0 | 1404.9 | 1404.9 | 949.0 | 949.0 |
| 1346.4 | 1332.1 | 46.4 | 46.4 | 1643.0 | 1643.0 | 11916.7 | 11916.7 | 10406.2 | 10406.2 | 4177.2 | 4521.2 | 4780.4 | 4780.4 |
| 4.5 | 4.5 | | | | | 9.8 | 9.8 | 84.3 | 84.3 | 271.2 | 271.2 | 9.3 | 9.3 |
| 9733.1 | 9599.8 | 129.2 | 87.2 | 4742.0 | 4620.4 | 4059.1 | 4555.8 | 8184.6 | 8525.5 | | | 93.2 | 93.2 |
| 9730.5 | 9597.2 | 129.2 | 87.2 | 4742.0 | 4620.4 | 3973.1 | 4469.8 | 8183.0 | 8524.0 | | | 93.2 | 93.2 |
| 8.9 | 8.9 | 0.4 | 0.4 | 5.9 | 5.9 | 68.5 | 68.5 | 241.6 | 241.6 | 749.6 | 749.6 | 216.4 | 205.2 |
| 8.9 | 8.9 | 0.4 | 0.4 | 5.9 | 5.9 | 68.5 | 68.5 | 111.6 | 111.6 | 31.1 | 31.1 | 88.4 | 80.1 |
| | | | | | | | | 130.0 | 130.0 | 718.5 | 718.5 | 4.8 | 1.9 |
| | | | | | | 171.0 | 171.0 | | | | | | |
| 8806.1 | 8307.7 | 2137.1 | 2137.1 | 7109.5 | 7109.5 | 36516.6 | 33197.0 | 11755.0 | 12315.3 | 2728.7 | 2550.2 | 6680.5 | 6302.4 |
| 1720.7 | 1687.0 | 765.0 | 731.5 | 5963.4 | 5963.4 | 10623.6 | 10623.6 | 5886.9 | 6021.8 | 978.5 | 978.5 | 4587.8 | 4587.8 |
| 379.9 | 379.9 | 134.0 | 100.5 | 1513.6 | 1513.6 | 4802.0 | 4802.0 | 633.6 | 633.6 | 306.1 | 306.1 | 1377.2 | 1514.9 |
| 1340.8 | 1339.5 | 631.0 | 631.0 | 4449.8 | 4449.8 | 5821.6 | 5821.6 | 5253.3 | 5388.0 | 672.4 | 672.4 | 3210.6 | 2671.2 |
| | | | | | | 60.0 | 60.0 | | | 2195.0 | 1782.1 | | |
| 83.1 | 83.1 | 10.3 | 10.3 | 2446.8 | 2446.8 | 697.4 | 697.4 | 80.7 | 80.7 | 140.9 | 140.9 | | |
| | | | | | | | | | | | | | |
| | | | | | | 4.8 | 4.8 | 30.8 | 30.8 | 30.0 | 30.0 | | |
| **232.4** | **199.2** | **30.0** | **30.0** | **298.8** | **298.8** | **2168.0** | **2168.0** | **68.8** | **60.2** | **524.7** | **524.7** | **143.0** | **143.0** |
| | | | | | | | | | | 524.7 | 524.7 | 143.0 | 143.0 |
| 232.4 | 199.2 | 30.0 | 30.0 | 298.8 | 298.8 | 2168.0 | 2168.0 | 68.8 | 60.2 | 524.7 | 524.7 | 143.0 | 171.6 |
| | | | | | | | | | | | | | |
| | | | | | | | | | | | | | |
| | | | | | | | | | | | | | |
| **750.0** | **750.0** | **1033.0** | **1377.3** | **1110.0** | **1110.0** | **9200.0** | **9200.0** | **2600.0** | **2680.4** | **1700.0** | **1700.0** | **4200.0** | **4200.0** |

# 9-10 农林牧渔业

## Intermediate consumption of agriculture,

| 指　标 | 太原市 | 小店区 | 迎泽区 | 杏花岭区 |
|---|---|---|---|---|
| **农林牧渔业中间消耗总计** | **362833.0** | **69533.1** | **3733.9** | **5872.1** |
| **一、农业中间消耗合计** | **169500.0** | **40619.4** | **142.0** | **620.1** |
| (一)物质消耗 | 141172.7 | 31332.8 | 138.0 | 596.0 |
| (1)用种量 | 14798.8 | 96.0 | 20.5 | 172.5 |
| (2)役畜用饲料、饲草 | 1163.6 | | | 0.3 |
| (3)肥料 | 39180.8 | 1448.8 | 2.6 | 9.8 |
| (4)燃料 | 16878.6 | 2856.2 | 10.2 | 87.2 |
| (5)农药 | 3146.8 | 100.0 | 3.0 | 8.1 |
| (6)农用塑料薄膜 | 3464.9 | 193.6 | | 2.4 |
| (7)用电量 | 13352.3 | 1656.0 | 93.5 | 300.0 |
| (8)小农具购置 | 12021.0 | 5468.0 | 2.2 | 4.3 |
| (9)办公用品购置 | 9955.0 | 7890.1 | | 5.0 |
| (10)其他 | 27210.9 | 11624.1 | 6.0 | 6.4 |
| (二)生产服务支出 | 28327.3 | 9286.6 | 4.0 | 24.1 |
| **二、林业中间消耗合计** | **37000.0** | **5400.0** | **2950.0** | **2359.0** |
| (一)物质消耗 | 31647.6 | 3347.0 | 2304.0 | 1802.2 |
| 1.用种量 | 20707.4 | 2750.3 | 1294.4 | 666.6 |
| 2.肥料 | 759.5 | 90.6 | | 4.1 |
| 3.燃料 | 1421.3 | 244.1 | 1.7 | 38.3 |
| 4.农药 | 175.0 | 40.0 | | 3.2 |
| 5.用电量 | 3184.4 | 25.0 | 674.3 | 800.0 |
| 6.小农机具购置 | 1806.0 | 92.0 | 100.0 | 190.0 |
| 7.办公用品购置 | 1550.0 | 5.0 | 133.6 | |
| 8.其他 | 2044.0 | 100.0 | 100.0 | 100.0 |
| (二)生产服务支出 | 5352.4 | 2053.0 | 646.0 | 556.8 |
| **三、牧业中间消耗合计** | **134220.0** | **21280.0** | **611.0** | **2893.0** |
| (一)物质消耗 | 122957.0 | 16867.2 | 607.4 | 2593.0 |
| 1.用种量 | 751.0 | 173.6 | 10.8 | 10.1 |
| 2.饲料、饲草 | 102610.3 | 8400.3 | 329.9 | 2375.6 |
| 3.燃料 | 1543.7 | 589.0 | 1.7 | 72.0 |
| 4.用电量 | 5502.9 | 1010.0 | 264.0 | |
| 5.畜牧用药品 | 4211.0 | 2100.0 | | |
| 6.其他 | 8338.1 | 4594.3 | 1.0 | 135.3 |
| (二)生产服务支出 | 11263.0 | 4412.8 | 3.6 | 300.0 |
| **四、渔业中间消耗合计** | **1454.0** | **33.7** | **30.9** | |
| (一)物质消耗 | 1075.3 | 27.7 | 30.9 | |
| 1.饲料 | | | | |
| 2.燃料 | 148.8 | 5.8 | 1.7 | |
| 3.用电量 | 526.5 | 10.0 | 29.2 | |
| 4.办公用品购置 | 120.0 | 7.1 | | |
| 5.其他 | 280.0 | 4.8 | | |
| (二)生产服务支出 | 378.7 | 6.0 | | |
| **五、农林牧渔服务业中间消耗合计** | **20659.0** | **2200.0** | | |
| (一)物质消耗 | 9509.0 | 1400.0 | | |
| (二)生产服务支出 | 11150.0 | 800.0 | | |

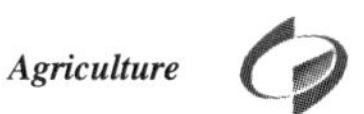

# 中间消耗
## forestry, animal husbandry and fishery

单位：万元

| 尖草坪区 | 万柏林区 | 晋源区 | 清徐县 | 阳曲县 | 娄烦县 | 古交市 |
|---|---|---|---|---|---|---|
| **32941.0** | **5132.1** | **36224.8** | **119486.0** | **43447.5** | **19797.3** | **22573.0** |
| **14430.0** | **328.0** | **20200.0** | **70400.0** | **15650.0** | **6820.0** | **5310.0** |
| 8348.3 | 319.2 | 15674.6 | 52529.3 | 15214.2 | 5267.1 | 4658.3 |
| 1263.2 | 59.3 | 2629.0 | 4786.7 | 2037.6 | 1394.4 | 2187.0 |
| 4.4 | | 0.7 | 96.6 | 70.5 | 73.4 | 39.0 |
| 444.9 | 11.6 | 6570.9 | 18698.2 | 6223.7 | 203.3 | 382.8 |
| 821.6 | 11.4 | 950.3 | 7710.6 | 2078.8 | 1360.5 | 692.5 |
| 204.0 | 3.2 | 141.0 | 2335.0 | 141.9 | 32.4 | 20.0 |
| 322.4 | 1.2 | 73.5 | 2217.6 | 1083.2 | 70.2 | 75.0 |
| 1760.0 | 117.5 | 1200.0 | 4549.1 | 1320.0 | 276.0 | 775.0 |
| 600.0 | 4.0 | 800.0 | 1100.0 | 450.0 | 548.7 | 120.0 |
| 611.0 | 2.0 | 500.0 | 2000.0 | 350.0 | 540.0 | 105.0 |
| 2316.8 | 109.0 | 2809.2 | 9035.5 | 1458.5 | 768.2 | 262.0 |
| 6081.7 | 8.8 | 4525.4 | 17870.7 | 435.8 | 1552.9 | 651.7 |
| **5000.0** | **2364.0** | **990.0** | **2260.0** | **4200.0** | **3465.0** | **4020.0** |
| 4028.5 | 1516.0 | 889.0 | 2169.4 | 4140.0 | 3039.0 | 3942.5 |
| 2447.4 | 917.5 | 240.1 | 1654.1 | 2950.7 | 2269.5 | 3069.1 |
| 37.5 | 6.3 | 126.0 | 26.5 | 512.2 | 266.9 | 60.1 |
| 50.6 | 4.8 | 222.1 | 15.5 | 569.8 | 23.3 | 310.7 |
| | | 76.0 | 35.5 | 16.5 | 3.6 | 11.0 |
| 66.0 | 103.4 | 110.0 | 347.8 | 20.0 | 39.8 | 392.5 |
| 700.0 | 150.0 | 78.8 | 40.0 | 11.1 | 100.0 | 50.0 |
| 412.0 | 134.0 | 16.0 | 40.0 | 50.0 | 48.0 | 10.0 |
| 315.0 | 200.0 | 20.0 | 10.0 | 9.7 | 287.9 | 39.1 |
| 971.5 | 848.0 | 101.0 | 90.6 | 60.0 | 426.0 | 77.5 |
| **13000.0** | **1870.0** | **14305.4** | **40580.0** | **22300.0** | **8350.0** | **10880.0** |
| 12018.6 | 1740.0 | 14305.4 | 39243.4 | 21299.1 | 6178.3 | 10578.4 |
| 22.6 | 7.8 | 100.3 | 4772.0 | 51.7 | 19.3 | 148.8 |
| 10105.0 | 1085.1 | 12534.2 | 33017.6 | 18814.8 | 4833.2 | 9507.8 |
| 83.2 | 2.9 | 55.9 | 114.5 | 382.6 | 223.0 | 276.3 |
| 330.0 | 253.8 | 540.0 | 1119.3 | 655.0 | 140.0 | 425.0 |
| 560.0 | 130.0 | 500.0 | 59.0 | 480.0 | 376.7 | 60.0 |
| 917.8 | 260.4 | 575.0 | 161.0 | 915.0 | 586.1 | 160.5 |
| 981.4 | 130.0 | | 1336.6 | 1000.9 | 2171.7 | 301.6 |
| **126.0** | **15.1** | **161.4** | **1176.0** | **37.5** | **280.5** | **78.0** |
| 97.2 | 15.1 | 161.4 | 957.3 | 31.6 | 203.9 | 68.3 |
| | 6.1 | 126.8 | 156.8 | | 108.3 | |
| 48.9 | 1.0 | 18.2 | | 9.1 | 27.1 | 37.5 |
| 8.3 | 8.0 | 9.6 | 630.5 | 15.0 | 12.5 | 18.8 |
| 5.0 | | 3.3 | 20.0 | 4.0 | 16.0 | 5.0 |
| 35.0 | | 3.5 | 150.0 | 3.5 | 40.0 | 7.0 |
| 28.8 | | | 218.7 | 5.9 | 76.6 | 9.7 |
| **385.0** | **555.0** | **568.0** | **5070.0** | **1260.0** | **881.8** | **2285.0** |
| 385.0 | 445.0 | | | 620.0 | 558.0 | 2285.0 |
| | 110.0 | 568.0 | 5070.0 | 640.0 | 323.8 | |

# 9-11 林业渔业生产情况
## Conditions of Forestry and fishery production

| 指 标 | 单位 | 合计 | 小店区 | 迎泽区 | 杏花岭区 | 尖草坪区 | 万柏林区 | 晋源区 | 清徐县 | 阳曲县 | 娄烦县 | 古交市 | 太原市直 |
|---|---|---|---|---|---|---|---|---|---|---|---|---|---|
| **林业生产情况** | | | | | | | | | | | | | |
| 一、当年造林面积 | 公顷 | 10293 | | | 270 | | | 86 | 612 | 2193 | 3421 | 3578 | 133 |
| 1.人工造林 | 公顷 | 5960 | | | 270 | | | 86 | 212 | 726 | 2421 | 2245 | |
| 2.无林地和疏林地新封 | 公顷 | 4333 | | | | | | | 400 | 1467 | 1000 | 1333 | 133 |
| 二、零星植树 | 万株 | 1222 | 126 | 108 | 91 | 126 | 267 | 50 | 136 | 106 | 106 | 106 | |
| 三、育苗面积 | 公顷 | 4831 | 613 | 27 | 78 | 727 | 67 | 640 | 647 | 667 | 732 | 633 | |
| # 本年新育 | 公顷 | 833 | 100 | 13 | 14 | 133 | 13 | 113 | 120 | 113 | 107 | 107 | |
| 四、村及村以下木材采伐量 | 立方米 | 5349 | 689 | | | 182 | | 4 | 2967 | 717 | 790 | | |
| 渔业生产情况 | | | | | | | | | | | | | |
| 1.养殖面积 | 公顷 | 1227 | 22 | 167 | | 20 | 11 | 77 | 314 | 37 | 33 | 20 | 526 |
| 2.水产品产量 | 吨 | 2600 | 46 | 50 | | 166 | 20 | 261 | 1355 | 43 | 477 | 143 | 39 |

# 第10篇

## 工业、交通运输和邮电

## *Industry, Transportation and Telecommunications*

# 资料整理、审核

李春宝　　郭　瑞　　亢会明　　高　宏

张　越　　张明敏

# 10-1 全市规模以上工业企业单位数

## The number of industrial enterprises above Designated Size in the city

单位：个

| 指 标 | 2016 | 2015 |
|---|---|---|
| **规模以上工业企业数** | **355** | **408** |
| 在总计中：国有及国有控股 | 93 | 91 |
| (一)按隶属关系分 | | |
| 中央企业 | 31 | 31 |
| 省属企业 | 30 | 31 |
| 市属企业 | 33 | 32 |
| 县及县以下 | 261 | 314 |
| (二)按轻重工业分 | | |
| 轻工业 | 77 | 81 |
| 重工业 | 278 | 327 |
| (三)按登记注册类型分组 | | |
| 国有企业 | 11 | 19 |
| 集体企业 | 13 | 16 |
| 股份合作企业 | 1 | 1 |
| 联营企业 | | |
| 有限责任公司 | 111 | 104 |
| 股份有限公司 | 15 | 14 |
| 私营企业 | 184 | 230 |
| 其他企业 | | |
| 港、澳、台商投资企业 | 3 | 3 |
| 外商投资企业 | 17 | 21 |
| (四)按企业规模分 | | |
| 大型企业 | 22 | 24 |
| 中型企业 | 69 | 69 |
| 小型企业 | 264 | 315 |
| 纯小型企业 | 253 | 279 |
| 微型企业 | 11 | 36 |

# 10-2 全社会主要工业产品产量

## Output of major industrial products

| 指 标 | 单 位 | 2016 | 2015 |
|---|---|---|---|
| 原煤 | 万吨 | 2858.17 | 3988.88 |
| 洗煤 | 万吨 | 2426.95 | 2822.03 |
| #洗精煤(用于炼焦) | 万吨 | 1582.34 | 2116.73 |
| 生铁 | 万吨 | 771.68 | 777.37 |
| 粗钢 | 万吨 | 1106.17 | 1078.60 |
| 钢材 | 万吨 | 1048.79 | 1018.53 |
| 焦炭 | 万吨 | 1069.21 | 1029.40 |
| 水泥 | 万吨 | 527.72 | 520.12 |
| 机制纸及纸板 | 万吨 | 2.57 | 2.60 |
| 白酒(折65度,商品量) | 千升 | 7319.00 | 4205.00 |
| 饮料酒 | 千升 | 108456.95 | 110663.44 |
| 精制食用植物油 | 万吨 | 5.77 | 8.53 |
| 食醋 | 万吨 | 46.39 | 47.01 |
| 乳制品 | 万吨 | 10.74 | 11.53 |
| 软饮料 | 万吨 | 26.37 | 29.23 |

# 10-3　规模以上工业企业主要产品产量
## The main product output of Industrial Enterprises above Designated Size

| 指　标 | 单　位 | 2016 | 2015 |
| --- | --- | --- | --- |
| 原煤 | 万吨 | 2858.17 | 3988.88 |
| 洗煤 | 万吨 | 2426.95 | 2822.03 |
| # 洗精煤 | 万吨 | 1582.34 | 2116.73 |
| 发电量 | 亿千瓦小时 | 279.20 | 257.48 |
| 小麦粉 | 万吨 | 0.83 | 1.62 |
| 配混合饲料 | 万吨 | 11.65 | 21.29 |
| 精制食用植物油 | 万吨 | 5.77 | 8.53 |
| 白酒(折 65 度,商品量) | 千升 | 7319.00 | 4205.00 |
| 啤酒 | 千升 | 100588.95 | 105825.44 |
| 软饮料 | 万吨 | 26.37 | 29.23 |
| 卷烟 | 亿支 | 155.50 | 163.50 |
| 家具 | 万件 | 1.47 | 1.59 |
| 焦炭 | 万吨 | 1069.21 | 1029.40 |
| 饮料酒 | 千升 | 108456.95 | 110663.44 |
| 单色印刷品 | 令 | 1615825.95 | 1657840.72 |
| 多色印刷品 | 对开色令 | 7124796 | 6768914 |
| 涂料(油漆) | 万吨 | 1.22 | 1.31 |
| 橡胶轮胎外胎 | 万条 | 145.76 | 154.98 |
| 水泥 | 万吨 | 492.72 | 478.07 |
| 商品混凝土 | 万立方米 | 514.61 | 287.23 |
| 镁合金 | 吨 | 13602 | 3999 |
| 生铁 | 万吨 | 771.68 | 777.27 |
| 粗钢 | 万吨 | 1106.17 | 1078.60 |
| 钢材 | 万吨 | 1048.79 | 1018.53 |
| 铁合金 | 万吨 | 0.42 | 1.44 |
| 原铝(电解铝) | 万吨 | 2.17 | 0.40 |
| 金属镁 | 万吨 | 1.07 | 0.98 |
| 钕铁硼 | 吨 | 1328.44 | 1353.72 |
| 电站锅炉 | 蒸发量吨 | 14310 | 10985 |
| 金属切削机床 | 台 | 13 | 109 |
| 起重机 | 吨 | 11983 | 21527 |
| 采矿专用设备 | 吨 | 42811 | 48376 |
| 交流电动机 | 万千瓦 | 142.68 | 98.28 |
| 乳制品 | 万吨 | 10.74 | 11.53 |
| 食醋 | 万吨 | 46.39 | 47.00 |
| 粗苯 | 万吨 | 6.29 | 6.16 |
| 车轮 | 万吨 | 8.08 | 14.00 |
| 车轴 | 万吨 | 7.57 | 8.89 |
| 汽车 | 辆 | 64 | 65 |
| 煤气生产量 | 亿立方米 | 164.97 | 163.69 |
| 自来水生产量 | 亿立方米 | 3.16 | 3.13 |

# 10-4 规模以上工业主要产品生产能力
## Above scale industrial production capacity

| 指　标 | 单 位 | 生产能力 |
|---|---|---|
| 原煤 | 吨 | 44500000 |
| 发电设备容量总计/发电量 | 万千瓦 | 760.31 |
| 卷烟 | 万支 | 2520000 |
| 移动通信手持机（手机) | 台 | 25000000 |
| 焦炭 | 吨 | 12560000 |
| 棉纺锭/纺纱量 | 吨 | 24.48 |
| 水泥 | 吨 | 9800000 |
| 硅酸盐水泥熟料 | 吨 | 6042500 |
| 生铁 | 吨 | 8450000 |
| 粗钢 | 吨 | 14280000 |
| 钢材 | 吨 | 14332722 |
| 铁合金 | 吨 | 5000 |
| 挖掘机 | 台 | 24 |
| 金属切削机床 | 台 | 13 |
| 汽车 | 辆 | 16000 |

# 10-5　规模以上工业企业

## Major economic indicators of Industrial

| 指　　标 | 企业单位数（个） | 亏损企业 | 工业总产值（当年价格） | 工业销售产值（当年价格） | 出口交货值 | 年初存货 |
|---|---|---|---|---|---|---|
| **总　　计** | **355** | **113** | **22074174** | **22112196** | **6582534** | **4324216** |
| **一、按登记注册类型分组:** | | | | | | |
| 内资企业 | 335 | 105 | 15284559 | 14985300 | 1023524 | 3567492 |
| 国有企业 | 11 | 5 | 506090 | 501648 | 2893 | 106292 |
| 中央企业 | 5 | 2 | 276027 | 278465 | 10 | 58394 |
| 地方企业 | 6 | 3 | 230063 | 223184 | 2883 | 47899 |
| 集体企业 | 13 | 5 | 51373 | 51334 | | 5695 |
| 股份合作企业 | 1 | | 2713 | 2713 | | 1251 |
| 有限责任公司 | 111 | 45 | 12672071 | 12515155 | 1010690 | 3092713 |
| 国有独资公司 | 20 | 10 | 7534123 | 7468738 | 965699 | 1640727 |
| 其他有限责任公司 | 91 | 35 | 5137949 | 5046417 | 44991 | 1451986 |
| 股份有限公司 | 15 | 5 | 200403 | 193132 | 3852 | 65227 |
| 私营企业 | 184 | 45 | 1851909 | 1721318 | 6090 | 296314 |
| 私营独资企业 | 10 | 6 | 87205 | 79897 | | 22256 |
| 私营有限责任公司 | 162 | 36 | 1629201 | 1508827 | 6090 | 245334 |
| 私营股份有限公司 | 12 | 3 | 135504 | 132594 | | 28724 |
| 港、澳、台商投资企业 | 3 | 1 | 5362050 | 5704949 | 5458164 | 541355 |
| 合资经营企业(港或澳、台资) | 3 | 1 | 5362050 | 5704949 | 5458164 | 541355 |
| 外商投资企业 | 17 | 7 | 1427565 | 1421947 | 100847 | 215369 |
| 中外合资经营企业 | 11 | 5 | 570456 | 560368 | | 128862 |
| 外资企业 | 5 | 2 | 850555 | 854561 | 100847 | 84754 |
| 外商投资股份有限公司 | 1 | | 6554 | 7018 | | 1753 |
| **二、按经济组织类型分组** | | | | | | |
| 独资企业 | 39 | 18 | 1495224 | 1487441 | 103739 | 218997 |
| 国有企业 | 11 | 5 | 506090 | 501648 | 2893 | 106292 |
| 集体企业 | 13 | 5 | 51373 | 51334 | | 5695 |
| 私营独资企业 | 10 | 6 | 87205 | 79897 | | 22256 |
| 外资企业 | 5 | 2 | 850555 | 854561 | 100847 | 84754 |
| 合作、合伙企业 | 1 | | 2713 | 2713 | | 1251 |
| 股份合作企业 | 1 | | 2713 | 2713 | | 1251 |
| 股份有限公司 | 28 | 8 | 342460 | 332744 | 3852 | 95704 |
| 股份有限公司(内资) | 15 | 5 | 200403 | 193132 | 3852 | 65227 |
| 私营股份有限公司 | 12 | 3 | 135504 | 132594 | | 28724 |
| 外商投资股份有限公司 | 1 | | 6554 | 7018 | | 1753 |
| 有限责任公司 | 287 | 87 | 20233778 | 20289298 | 6474943 | 4008264 |
| 国有独资公司 | 20 | 10 | 7534123 | 7468738 | 965699 | 1640727 |
| 私营有限责任公司 | 162 | 36 | 1629201 | 1508827 | 6090 | 245334 |
| 合资经营企业(港或澳、台资) | 3 | 1 | 5362050 | 5704949 | 5458164 | 541355 |
| 中外合资经营企业 | 11 | 5 | 570456 | 560368 | | 128862 |
| 其他有限责任公司 | 91 | 35 | 5137949 | 5046417 | 44991 | 1451986 |

# 主要经济指标(一)
# Enterprises above Designated Size(1)

单位：万元

| 产成品 | 资产总计 | 流动资产合计 | 应收账款 | 存货 | 产成品 | 固定资产合计 | 固定资产原价 |
|---|---|---|---|---|---|---|---|
| **1573360** | **48878463** | **20998353** | **5117912** | **4506602** | **1230694** | **16316604** | **28117758** |
| | | | | | | | |
| 1136125 | 41420060 | 14682449 | 3811304 | 3863318 | 1132621 | 15447969 | 26417247 |
| 34002 | 2181448 | 669110 | 70989 | 190415 | 33635 | 1401129 | 2433620 |
| 4448 | 800587 | 237942 | 23903 | 141352 | 5080 | 497412 | 1177890 |
| 29554 | 1380860 | 431169 | 47086 | 49064 | 28555 | 903717 | 1255730 |
| 2665 | 53691 | 46712 | 22508 | 5688 | 2623 | 5329 | 12351 |
| | 5220 | 4516 | 2684 | 1182 | | 704 | 2619 |
| 948348 | 35702649 | 11970738 | 2983898 | 3249658 | 926062 | 13094727 | 22650232 |
| 484157 | 19294608 | 5667170 | 1342529 | 1656742 | 503135 | 7272877 | 13571918 |
| 464192 | 16408041 | 6303569 | 1641369 | 1592915 | 422927 | 5821849 | 9078314 |
| 36023 | 663942 | 355724 | 127157 | 70855 | 37839 | 105701 | 134128 |
| 115086 | 2813110 | 1635649 | 604068 | 345521 | 132463 | 840379 | 1184297 |
| 12587 | 66368 | 51988 | 21921 | 19510 | 8870 | 12704 | 26890 |
| 99322 | 2432243 | 1436986 | 543304 | 281794 | 112311 | 706398 | 1016678 |
| 3177 | 314500 | 146674 | 38843 | 44216 | 11282 | 121277 | 140729 |
| 391658 | 5819383 | 5231098 | 1042652 | 463114 | 44734 | 461831 | 692548 |
| 391658 | 5819383 | 5231098 | 1042652 | 463114 | 44734 | 461831 | 692548 |
| 45577 | 1639020 | 1084806 | 263956 | 180170 | 53339 | 406804 | 1007963 |
| 33004 | 679020 | 438147 | 128596 | 161535 | 45133 | 143430 | 344257 |
| 11717 | 948735 | 640040 | 132801 | 16750 | 7309 | 260665 | 657619 |
| 856 | 11265 | 6620 | 2559 | 1885 | 897 | 2709 | 6088 |
| | | | | | | | |
| 60972 | 3250241 | 1407850 | 248219 | 232363 | 52437 | 1679827 | 3130480 |
| 34002 | 2181448 | 669110 | 70989 | 190415 | 33635 | 1401129 | 2433620 |
| 2665 | 53691 | 46712 | 22508 | 5688 | 2623 | 5329 | 12351 |
| 12587 | 66368 | 51988 | 21921 | 19510 | 8870 | 12704 | 26890 |
| 11717 | 948735 | 640040 | 132801 | 16750 | 7309 | 260665 | 657619 |
| | 5220 | 4516 | 2684 | 1182 | | 704 | 2619 |
| | 5220 | 4516 | 2684 | 1182 | | 704 | 2619 |
| 40056 | 989707 | 509018 | 168558 | 116956 | 50017 | 229687 | 280945 |
| 36023 | 663942 | 355724 | 127157 | 70855 | 37839 | 105701 | 134128 |
| 3177 | 314500 | 146674 | 38843 | 44216 | 11282 | 121277 | 140729 |
| 856 | 11265 | 6620 | 2559 | 1885 | 897 | 2709 | 6088 |
| 1472333 | 44633295 | 19076969 | 4698450 | 4156101 | 1128240 | 14406386 | 24703714 |
| 484157 | 19294608 | 5667170 | 1342529 | 1656742 | 503135 | 7272877 | 13571918 |
| 99322 | 2432243 | 1436986 | 543304 | 281794 | 112311 | 706398 | 1016678 |
| 391658 | 5819383 | 5231098 | 1042652 | 463114 | 44734 | 461831 | 692548 |
| 33004 | 679020 | 438147 | 128596 | 161535 | 45133 | 143430 | 344257 |
| 464192 | 16408041 | 6303569 | 1641369 | 1592915 | 422927 | 5821849 | 9078314 |

10-5 续表 1-1

| 指 标 | 企业单位数(个) | 亏损企业 | 工业总产值(当年价格) | 工业销售产值(当年价格) | 出口交货值 | 年初存货 |
|---|---|---|---|---|---|---|
| **三、在总计中:亏损企业** | **113** | **113** | **3994026** | **3839928** | **58215** | **1974248** |
| 在总计中:国有控股企业 | 93 | 40 | 12013514 | 11908760 | 1014958 | 3032385 |
| 在总计中:轻工业 | 77 | 18 | 1443971 | 1394674 | 5045 | 171676 |
| 重工业 | 278 | 95 | 20630204 | 20717522 | 6577489 | 4152540 |
| 在总计中:大型企业 | 22 | 12 | 16513776 | 16699566 | 6563043 | 3308525 |
| 中型企业 | 69 | 24 | 2882895 | 2876318 | 1915 | 547077 |
| 小型企业 | 264 | 77 | 2677504 | 2536312 | 17576 | 468614 |
| 纯小型企业 | 253 | 72 | 2631557 | 2495287 | 17576 | 447554 |
| 微型企业 | 11 | 5 | 45948 | 41025 | | 21060 |
| **四、按行业大类分组:** | | | | | | |
| 煤炭开采和洗选业 | 23 | 15 | 1755735 | 1714559 | | 783064 |
| 石油和天然气开采业 | 1 | 1 | 7099 | 7099 | | 474 |
| 黑色金属矿采选业 | 2 | 1 | 26700 | 25800 | | 276 |
| 农副食品加工业 | 14 | 2 | 338969 | 336214 | 2968 | 22726 |
| 食品制造业 | 15 | 1 | 226102 | 222576 | 118 | 28898 |
| 酒、饮料和精制茶制造业 | 6 | 1 | 85308 | 82217 | | 16485 |
| 烟草制品业 | 1 | | 420925 | 422692 | | 42588 |
| 纺织业 | 2 | 2 | 12521 | 12610 | 76 | 8720 |
| 纺织服装、服饰业 | 2 | | 6322 | 6522 | | 2292 |
| 家具制造业 | 2 | | 7561 | 7561 | | 1556 |
| 造纸和纸制品业 | 5 | 1 | 16743 | 16657 | | 3734 |
| 印刷和记录媒介复制业 | 11 | 6 | 50917 | 49074 | | 11841 |
| 文教、工美、体育和娱乐用品制造业 | 1 | | 19097 | 9307 | | 33 |
| 石油加工、炼焦和核燃料加工业 | 9 | 6 | 875700 | 825701 | | 138997 |
| 化学原料和化学制品制造业 | 13 | 3 | 256185 | 274966 | | 24015 |
| 医药制造业 | 8 | 2 | 74946 | 64864 | 1883 | 22797 |
| 橡胶和塑料制品业 | 7 | 1 | 297529 | 233331 | 43334 | 67143 |
| 非金属矿物制品业 | 50 | 16 | 424479 | 386175 | | 49786 |
| 黑色金属冶炼和压延加工业 | 14 | 4 | 6041695 | 6057272 | 914797 | 883527 |
| 有色金属冶炼和压延加工业 | 11 | 4 | 491440 | 466089 | 3256 | 48965 |
| 金属制品业 | 25 | 8 | 241110 | 221844 | 6950 | 73127 |
| 通用设备制造业 | 16 | 3 | 252450 | 237865 | 583 | 139565 |
| 专用设备制造业 | 31 | 9 | 788289 | 710574 | 52263 | 937524 |
| 汽车制造业 | 6 | 2 | 66913 | 67851 | | 32786 |
| 铁路、船舶、航空航天和其他运输设备制造业 | 11 | 4 | 554528 | 589961 | | 155337 |
| 电气机械和器材制造业 | 14 | 3 | 123064 | 115286 | 288 | 32393 |
| 计算机、通信和其他电子设备制造业 | 17 | 3 | 6327285 | 6673148 | 5554516 | 681361 |
| 仪器仪表制造业 | 14 | 3 | 211257 | 208581 | 1503 | 80140 |
| 废弃资源综合利用业 | 1 | | 17420 | 17420 | | 1908 |
| 金属制品、机械和设备修理业 | 2 | | 47003 | 47003 | | 1354 |
| 电力、热力生产和供应业 | 12 | 7 | 959776 | 956769 | | 21611 |
| 燃气生产和供应业 | 6 | 3 | 960346 | 960346 | | 8921 |
| 水的生产和供应业 | 3 | 2 | 88761 | 84261 | | 271 |

单位：万元

| 产成品 | 资产总计 | 流动资产合计 | | | | 固定资产合计 | 固定资产原价 |
|---|---|---|---|---|---|---|---|
| | | | 应收账款 | 存货 | | | |
| | | | | | 产成品 | | |
| **521382** | **18989124** | **7477719** | **2041530** | **2270687** | **546039** | **7462341** | **11539905** |
| 917523 | 35658304 | 11505808 | 2890062 | 3218027 | 888884 | 14054226 | 24267619 |
| 59460 | 2150025 | 1036322 | 203016 | 151766 | 54110 | 797152 | 1169063 |
| 1513900 | 46728439 | 19962031 | 4914896 | 4354836 | 1176584 | 15519452 | 26948695 |
| 1196522 | 37062289 | 15479579 | 3321558 | 3355073 | 829145 | 12789390 | 22577152 |
| 209007 | 6732697 | 2849246 | 895161 | 642353 | 221658 | 2051180 | 3287429 |
| 167831 | 5083477 | 2669528 | 901193 | 509177 | 179891 | 1476034 | 2253177 |
| 159177 | 4718742 | 2361990 | 861649 | 482070 | 171509 | 1471973 | 2243812 |
| 8655 | 364734 | 307539 | 39544 | 27107 | 8382 | 4062 | 9366 |
| | | | | | | | |
| 212672 | 9534528 | 2818708 | 468800 | 903016 | 196144 | 3763490 | 5463681 |
| | 108715 | 21262 | 19622 | 596 | | 83813 | 101334 |
| 89 | 52196 | 23574 | 11018 | 3503 | 2704 | 17112 | 25953 |
| 4890 | 311669 | 137864 | 15880 | 27948 | 10691 | 85341 | 114433 |
| 12369 | 295478 | 132146 | 26356 | 33683 | 13916 | 122650 | 166209 |
| 7237 | 99930 | 51725 | 3175 | 14140 | 6135 | 42505 | 87253 |
| 10183 | 418993 | 272709 | 64012 | 21479 | 8749 | 143319 | 148892 |
| 5729 | 87702 | 54492 | 7471 | 1224 | 201 | 703 | 4975 |
| 1930 | 11818 | 7442 | 2031 | 2611 | 1577 | 2617 | 4601 |
| | 13091 | 7400 | 790 | 1745 | | 5388 | 8023 |
| 1706 | 26259 | 14395 | 7892 | 4184 | 2070 | 7171 | 10309 |
| 4478 | 117963 | 53436 | 13658 | 11635 | 1451 | 40213 | 74287 |
| | 13427 | 13060 | 9056 | 50 | | 367 | 1163 |
| 54838 | 1900884 | 1105403 | 156749 | 230448 | 65342 | 305828 | 685473 |
| 10809 | 1279981 | 733119 | 245323 | 220017 | 17956 | 407049 | 547203 |
| 8518 | 120388 | 64928 | 8458 | 22164 | 6020 | 42352 | 57508 |
| 51479 | 310559 | 104808 | 43454 | 28129 | 15232 | 196350 | 285175 |
| 13678 | 777994 | 409896 | 255449 | 48992 | 17686 | 315421 | 462774 |
| 380487 | 12751264 | 2463954 | 238528 | 745920 | 346621 | 6038030 | 11350014 |
| 13549 | 325850 | 146295 | 14369 | 75223 | 25117 | 158593 | 194063 |
| 17234 | 700160 | 462718 | 155895 | 72016 | 19470 | 159767 | 172402 |
| 54361 | 501470 | 367157 | 79567 | 169860 | 67849 | 97007 | 128353 |
| 190115 | 3223968 | 2529160 | 1046499 | 893270 | 237284 | 508222 | 567949 |
| 14231 | 252492 | 74668 | 21958 | 25434 | 13687 | 70614 | 73856 |
| 46466 | 1223165 | 851295 | 492459 | 144348 | 30233 | 257580 | 358459 |
| 19012 | 264242 | 160598 | 69840 | 35428 | 24814 | 85190 | 46497 |
| 404862 | 7302907 | 6185342 | 1222458 | 615792 | 55294 | 751246 | 1362410 |
| 27990 | 451654 | 299454 | 113284 | 98751 | 37063 | 55143 | 70809 |
| 1529 | 47866 | 9385 | 1576 | 1268 | 904 | 36505 | 43378 |
| | 33517 | 30907 | 20800 | 2316 | | 2382 | 9557 |
| | 3381134 | 785193 | 184678 | 35544 | 121 | 2189828 | 4157951 |
| 2920 | 2393577 | 445726 | 83460 | 15311 | 6366 | 62797 | 930721 |
| | 543622 | 160134 | 13348 | 558 | | 262011 | 402095 |

# 10-5 规模以上工业企业

## Major economic indicators of Industrial

| 指 标 | 累计折旧 | 本年折旧 | 负债合计 | 流动负债合计 | 应付账款 |
|---|---|---|---|---|---|
| **总 计** | **12312168** | **1225947** | **36603795** | **26050534** | **6539189** |
| **一、按登记注册类型分组** | | | | | |
| 内资企业 | 11479143 | 1045241 | 30783755 | 20269957 | 4232123 |
| 国有企业 | 1052893 | 69409 | 1489073 | 490281 | 234178 |
| 中央企业 | 689440 | 38503 | 740432 | 160371 | 162920 |
| 地方企业 | 363453 | 30906 | 748641 | 329910 | 71258 |
| 集体企业 | 7028 | 562 | 36286 | 36165 | 22446 |
| 股份合作企业 | 1915 | 178 | 2165 | 2098 | 424 |
| 有限责任公司 | 9956820 | 887776 | 26729891 | 17666928 | 3355149 |
| 国有独资公司 | 5760346 | 524719 | 13339883 | 9117154 | 1204832 |
| 其他有限责任公司 | 4196475 | 363057 | 13390007 | 8549773 | 2150317 |
| 股份有限公司 | 36886 | 8650 | 232911 | 200664 | 89853 |
| 私营企业 | 423602 | 78666 | 2293430 | 1873821 | 530073 |
| 私营独资企业 | 14186 | 2234 | 93309 | 92763 | 14338 |
| 私营有限责任公司 | 389963 | 71625 | 2057764 | 1647659 | 490090 |
| 私营股份有限公司 | 19453 | 4807 | 142357 | 133400 | 25645 |
| 港、澳、台商投资企业 | 230717 | 79380 | 5080644 | 5068644 | 2027537 |
| 合资经营企业(港或澳、台资) | 230717 | 79380 | 5080644 | 5068644 | 2027537 |
| 外商投资企业 | 602308 | 101327 | 739396 | 711934 | 279529 |
| 中外合资经营企业 | 201445 | 23945 | 496265 | 469774 | 132674 |
| 外资企业 | 397484 | 77035 | 236896 | 235924 | 144468 |
| 外商投资股份有限公司 | 3379 | 347 | 6235 | 6235 | 2387 |
| **二、按经济组织类型分组** | | | | | |
| 独资企业 | 1471592 | 149240 | 1855563 | 855132 | 415430 |
| 国有企业 | 1052893 | 69409 | 1489073 | 490281 | 234178 |
| 集体企业 | 7028 | 562 | 36286 | 36165 | 22446 |
| 私营独资企业 | 14186 | 2234 | 93309 | 92763 | 14338 |
| 外资企业 | 397484 | 77035 | 236896 | 235924 | 144468 |
| 合作、合伙企业 | 1915 | 178 | 2165 | 2098 | 424 |
| 股份合作企业 | 1915 | 178 | 2165 | 2098 | 424 |
| 股份有限公司 | 59717 | 13804 | 381503 | 340299 | 117885 |
| 股份有限公司(内资) | 36886 | 8650 | 232911 | 200664 | 89853 |
| 私营股份有限公司 | 19453 | 4807 | 142357 | 133400 | 25645 |
| 外商投资股份有限公司 | 3379 | 347 | 6235 | 6235 | 2387 |
| 有限责任公司 | 10778945 | 1062725 | 34364564 | 24853005 | 6005450 |
| 国有独资公司 | 5760346 | 524719 | 13339883 | 9117154 | 1204832 |
| 私营有限责任公司 | 389963 | 71625 | 2057764 | 1647659 | 490090 |
| 合资经营企业(港或澳、台资) | 230717 | 79380 | 5080644 | 5068644 | 2027537 |
| 中外合资经营企业 | 201445 | 23945 | 496265 | 469774 | 132674 |
| 其他有限责任公司 | 4196475 | 363057 | 13390007 | 8549773 | 2150317 |

# 主要经济指标（二）
# Enterprises above Designated Size(2)

单位：万元

| 非流动负债合计 | 所有者权益合计 | 实收资本 | 国家资本 | 集体资本 | 法人资本 | 个人资本 | 港澳台资本 | 外商资本 | 营业收入 |
|---|---|---|---|---|---|---|---|---|---|
| **9848601** | **12240365** | **6335919** | **2997805** | **72938** | **2103144** | **453498** | **36510** | **672024** | **23992615** |
| | | | | | | | | | |
| 9809138 | 10602003 | 5557087 | 2995678 | 66775 | 2032307 | 453498 | 1145 | 7685 | 16712291 |
| 958013 | 692375 | 385001 | 380613 | | 4388 | | | | 508114 |
| 539342 | 60155 | 9844 | 9844 | | | | | | 272541 |
| 418671 | 632220 | 375157 | 370769 | | 4388 | | | | 235573 |
| | 17405 | 10932 | | 10334 | 500 | 98 | | | 56818 |
| 67 | 3055 | 2000 | | | | 2000 | | | 2694 |
| 8444697 | 8938459 | 4492125 | 2599231 | 52383 | 1720040 | 112855 | | 7616 | 14097739 |
| 4222729 | 5954725 | 1448649 | 1420749 | | 27900 | | | | 8708941 |
| 4221967 | 2983734 | 3043476 | 1178482 | 52383 | 1692140 | 112855 | | 7616 | 5388799 |
| 32247 | 431031 | 215406 | 5702 | | 189936 | 18668 | 1100 | | 213108 |
| 374115 | 519677 | 451623 | 10132 | 4058 | 117443 | 319878 | 45 | 69 | 1833818 |
| 389 | -26942 | 5568 | | | 1040 | 4528 | | | 87367 |
| 369111 | 374476 | 390669 | 132 | 4058 | 97496 | 288870 | 45 | 69 | 1610946 |
| 4615 | 172143 | 55386 | 10000 | | 18907 | 26480 | | | 135504 |
| 12000 | 738739 | 349482 | | | 11930 | | 25590 | 311962 | 5709237 |
| 12000 | 738739 | 349482 | | | 11930 | | 25590 | 311962 | 5709237 |
| 27463 | 899623 | 429350 | 2127 | 6163 | 58908 | | 9775 | 352378 | 1571088 |
| 26491 | 182755 | 98336 | 2127 | 6163 | 55904 | | 7872 | 26271 | 678214 |
| 972 | 711839 | 328010 | | | | | 1903 | 326107 | 885855 |
| | 5030 | 3004 | | | 3004 | | | | 7018 |
| | | | | | | | | | |
| 959374 | 1394678 | 729511 | 380613 | 10334 | 5928 | 4626 | 1903 | 326107 | 1538155 |
| 958013 | 692375 | 385001 | 380613 | | 4388 | | | | 508114 |
| | 17405 | 10932 | | 10334 | 500 | 98 | | | 56818 |
| 389 | -26942 | 5568 | | | 1040 | 4528 | | | 87367 |
| 972 | 711839 | 328010 | | | | | 1903 | 326107 | 885855 |
| 67 | 3055 | 2000 | | | | 2000 | | | 2694 |
| 67 | 3055 | 2000 | | | | 2000 | | | 2694 |
| 36862 | 608204 | 273796 | 15702 | | 211847 | 45148 | 1100 | | 355631 |
| 32247 | 431031 | 215406 | 5702 | | 189936 | 18668 | 1100 | | 213108 |
| 4615 | 172143 | 55386 | 10000 | | 18907 | 26480 | | | 135504 |
| | 5030 | 3004 | | | 3004 | | | | 7018 |
| 8852299 | 10234429 | 5330612 | 2601490 | 62604 | 1885370 | 401724 | 33507 | 345917 | 22096136 |
| 4222729 | 5954725 | 1448649 | 1420749 | | 27900 | | | | 8708941 |
| 369111 | 374476 | 390669 | 132 | 4058 | 97496 | 288870 | 45 | 69 | 1610946 |
| 12000 | 738739 | 349482 | | | 11930 | | 25590 | 311962 | 5709237 |
| 26491 | 182755 | 98336 | 2127 | 6163 | 55904 | | 7872 | 26271 | 678214 |
| 4221967 | 2983734 | 3043476 | 1178482 | 52383 | 1692140 | 112855 | | 7616 | 5388799 |

10-5 续表 2-1

| 指 标 | 累计折旧 | 本年折旧 | 负债合计 | 流动负债合计 | 应付账款 |
|---|---|---|---|---|---|
| **三、在总计中:亏损企业** | **5450011** | **435349** | **16639287** | **10593862** | **2750367** |
| 在总计中:国有控股企业 | 10626146 | 910180 | 26590305 | 16789667 | 3248897 |
| 在总计中:轻工业 | 463367 | 64180 | 950860 | 763195 | 233508 |
| 重工业 | 11848801 | 1161767 | 35652935 | 25287339 | 6305681 |
| 在总计中:大型企业 | 10275050 | 932451 | 28263437 | 20032855 | 4665971 |
| 中型企业 | 1383159 | 166197 | 5007330 | 3757126 | 1021704 |
| 小型企业 | 653960 | 127300 | 3333028 | 2260554 | 851514 |
| 纯小型企业 | 648956 | 126721 | 2978266 | 2178755 | 841364 |
| 微型企业 | 5004 | 578 | 354762 | 81799 | 10150 |
| **四、按行业大类分组** | | | | | |
| 煤炭开采和洗选业 | 2735095 | 204457 | 8666374 | 5183515 | 951859 |
| 石油和天然气开采业 | 17521 | 5924 | 88703 | 88703 | 87839 |
| 黑色金属矿采选业 | 15603 | 8927 | 43031 | 27531 | 531 |
| 农副食品加工业 | 30054 | 7735 | 156179 | 115891 | 16434 |
| 食品制造业 | 48047 | 9118 | 154398 | 121163 | 22886 |
| 酒、饮料和精制茶制造业 | 45852 | 5247 | 55009 | 54275 | 8940 |
| 烟草制品业 | 72066 | 7295 | 51468 | 51468 | 17671 |
| 纺织业 | 4272 | 699 | 58307 | 58307 | 19517 |
| 纺织服装、服饰业 | 1984 | 164 | 5852 | 5852 | 1659 |
| 家具制造业 | 2635 | 389 | 2167 | 1998 | 621 |
| 造纸和纸制品业 | 3305 | 642 | 18367 | 17714 | 1214 |
| 印刷和记录媒介复制业 | 45154 | 4777 | 70027 | 65192 | 15759 |
| 文教、工美、体育和娱乐用品制造业 | 797 | 132 | 11654 | 11654 | 11625 |
| 石油加工、炼焦和核燃料加工业 | 385587 | 36689 | 1535796 | 1335964 | 339284 |
| 化学原料和化学制品制造业 | 139989 | 12965 | 1028707 | 651464 | 208735 |
| 医药制造业 | 18999 | 2259 | 82740 | 72636 | 14240 |
| 橡胶和塑料制品业 | 86259 | 12145 | 180639 | 139405 | 59893 |
| 非金属矿物制品业 | 150774 | 28681 | 531961 | 490058 | 284662 |
| 黑色金属冶炼和压延加工业 | 5163603 | 439336 | 8381387 | 5660903 | 319414 |
| 有色金属冶炼和压延加工业 | 23460 | 6106 | 223051 | 163705 | 28582 |
| 金属制品业 | 60512 | 6380 | 412677 | 369015 | 69311 |
| 通用设备制造业 | 32981 | 5464 | 393122 | 327870 | 95246 |
| 专用设备制造业 | 332730 | 30817 | 2447857 | 2103758 | 713399 |
| 汽车制造业 | 34459 | 6256 | 245799 | 245009 | 20545 |
| 铁路、船舶、航空航天和其他运输设备制造业 | 100854 | 27488 | 852339 | 626741 | 252061 |
| 电气机械和器材制造业 | 17453 | 4297 | 130932 | 83399 | 42864 |
| 计算机、通信和其他电子设备制造业 | 628461 | 151664 | 5613787 | 5604119 | 2328160 |
| 仪器仪表制造业 | 24898 | 6088 | 241149 | 220056 | 110216 |
| 废弃资源综合利用业 | 6873 | 2028 | 16359 | 4359 | 931 |
| 金属制品、机械和设备修理业 | 7175 | 601 | 15966 | 15966 | 11285 |
| 电力、热力生产和供应业 | 1775087 | 134895 | 2757481 | 908745 | 298861 |
| 燃气生产和供应业 | 156254 | 37842 | 1873499 | 1077487 | 92273 |
| 水的生产和供应业 | 143376 | 18441 | 257012 | 146616 | 92674 |

单位：万元

| 非流动负债合计 | 所有者权益合计 | 实收资本 | | | | | | | 营业收入 |
|---|---|---|---|---|---|---|---|---|---|
| | | | 国家资本 | 集体资本 | 法人资本 | 个人资本 | 港澳台资本 | 外商资本 | |
| **5703710** | **2315538** | **3207848** | **1633711** | **19573** | **1425541** | **104301** | **9515** | **15207** | **4815983** |
| 9150731 | 9033699 | 4583528 | 2971577 | 36216 | 1514624 | 52395 | 1100 | 7616 | 13535049 |
| 168814 | 1199164 | 424231 | 149295 | 12750 | 136612 | 93391 | 590 | 31593 | 1428981 |
| 9679787 | 11041201 | 5911688 | 2848510 | 60188 | 1966533 | 360108 | 35920 | 640430 | 22563635 |
| 8230583 | 8798852 | 3570567 | 1742496 | | 1210670 | 7000 | | 610402 | 18412373 |
| 1195186 | 1725367 | 1553163 | 1025117 | 56023 | 326574 | 123207 | 8972 | 13271 | 2861735 |
| 422833 | 1716146 | 1212189 | 230192 | 16915 | 565901 | 323292 | 27538 | 48351 | 2718507 |
| 421103 | 1740472 | 1203364 | 230192 | 16915 | 564441 | 317831 | 25635 | 48351 | 2670329 |
| 1730 | –24326 | 8824 | | | 1460 | 5461 | 1903 | | 48178 |
| 3210868 | 833856 | 1695721 | 574102 | 20458 | 1068745 | 32416 | | | 1966453 |
| | 20013 | 20000 | | | 20000 | | | | 7099 |
| | 9166 | 1800 | | | 1000 | 800 | | | 14682 |
| 29263 | 155491 | 36888 | 14094 | 3667 | 2482 | 16645 | | | 339929 |
| 28109 | 141080 | 48133 | 138 | 5167 | 26932 | 15896 | | | 214111 |
| 674 | 44922 | 37553 | 3140 | | 3077 | 25100 | | 6236 | 102272 |
| | 367525 | 61320 | | | 61320 | | | | 423136 |
| | 29395 | 21520 | | | 20930 | | 590 | | 11180 |
| | 5966 | 2589 | | 2089 | | 500 | | | 7146 |
| 169 | 10924 | 2700 | | | | 2700 | | | 7561 |
| 653 | 7893 | 8458 | | | 1440 | 7018 | | | 19612 |
| 4813 | 47935 | 32321 | 16194 | 1827 | 6944 | 7356 | | | 60327 |
| | 1772 | 50 | | | | 50 | | | 9307 |
| 190694 | 365088 | 189335 | | 6163 | 122950 | 54300 | 5922 | | 894754 |
| 377217 | 251273 | 179130 | 134597 | 14968 | 8090 | 19262 | | 2214 | 673306 |
| 7515 | 37648 | 24903 | 6400 | | 3398 | 15106 | | | 67644 |
| 41234 | 129920 | 98553 | 63682 | | 6307 | 5420 | | 23144 | 315503 |
| 34503 | 246032 | 214736 | 81480 | 5515 | 67675 | 60066 | | | 437592 |
| 2720483 | 4369877 | 773223 | 687887 | 102 | 61889 | 21442 | 1903 | | 6859475 |
| 59346 | 102798 | 121091 | 21200 | 130 | 93861 | 5900 | | | 467938 |
| 43375 | 287483 | 117423 | 1703 | 4417 | 87500 | 23803 | | | 297443 |
| 65252 | 108348 | 63093 | 30996 | 5772 | 7768 | 15390 | | 3168 | 222928 |
| 340493 | 776110 | 325817 | 181205 | | 76398 | 49742 | | 18471 | 764007 |
| 790 | 6692 | 47656 | 12749 | | 35263 | –356 | | | 69169 |
| 225599 | 370825 | 209983 | 150073 | 787 | 44520 | 9782 | | 4821 | 631362 |
| 47435 | 133310 | 93167 | 4382 | 58 | 50599 | 38015 | 45 | 69 | 125213 |
| 9668 | 1689120 | 773384 | 4932 | | 143419 | 14632 | | 610402 | 6716563 |
| 21043 | 210505 | 63448 | 10322 | | 39205 | 10871 | 3050 | | 206521 |
| 12000 | 31506 | 25000 | | | | | 25000 | | 16445 |
| | 17551 | 13100 | | | 13018 | 82 | | | 47005 |
| 1471089 | 623652 | 637328 | 631328 | | 5000 | 1000 | | | 967367 |
| 795921 | 520078 | 280200 | 260000 | | 16140 | 560 | | 3500 | 940527 |
| 110396 | 286611 | 116295 | 107202 | 1819 | 7275 | | | | 89040 |

# 10-5　规模以上工业企业

## Major economic indicators of Industrial

| 指　　标 | 主营业务收入 | 营业成本 | 主营业务成本 | 营业税金及附加 | 主营业务税金及附加 |
|---|---|---|---|---|---|
| **总　　计** | **23461124** | **20736205** | **20403552** | **374222** | **364588** |
| **一、按登记注册类型分组** | | | | | |
| 内资企业 | 16219820 | 13920839 | 13619717 | 352126 | 342507 |
| 国有企业 | 493486 | 463377 | 459989 | 6464 | 4479 |
| 中央企业 | 264983 | 239428 | 239029 | 3738 | 1756 |
| 地方企业 | 228503 | 223948 | 220960 | 2727 | 2723 |
| 集体企业 | 54532 | 51066 | 48961 | 532 | 528 |
| 股份合作企业 | 2694 | 2244 | 2244 | 13 | 13 |
| 有限责任公司 | 13679031 | 11617575 | 11376889 | 333366 | 325762 |
| 国有独资公司 | 8532719 | 7391375 | 7317545 | 42323 | 41650 |
| 其他有限责任公司 | 5146311 | 4226200 | 4059344 | 291044 | 284112 |
| 股份有限公司 | 213014 | 161384 | 161375 | 947 | 947 |
| 私营企业 | 1777065 | 1625194 | 1570259 | 10804 | 10779 |
| 私营独资企业 | 86886 | 82330 | 81850 | 351 | 351 |
| 私营有限责任公司 | 1555506 | 1441156 | 1386701 | 9991 | 9966 |
| 私营股份有限公司 | 134672 | 101708 | 101708 | 462 | 462 |
| 港、澳、台商投资企业 | 5702142 | 5537837 | 5534299 | 8140 | 8140 |
| 合资经营企业(港或澳、台资) | 5702142 | 5537837 | 5534299 | 8140 | 8140 |
| 外商投资企业 | 1539161 | 1277528 | 1249536 | 13956 | 13940 |
| 中外合资经营企业 | 672816 | 540626 | 535704 | 2972 | 2972 |
| 外资企业 | 859386 | 731773 | 708734 | 10936 | 10936 |
| 外商投资股份有限公司 | 6959 | 5130 | 5098 | 48 | 32 |
| **二、按经济组织类型分组** | | | | | |
| 独资企业 | 1494290 | 1328545 | 1299534 | 18283 | 16293 |
| 国有企业 | 493486 | 463377 | 459989 | 6464 | 4479 |
| 集体企业 | 54532 | 51066 | 48961 | 532 | 528 |
| 私营独资企业 | 86886 | 82330 | 81850 | 351 | 351 |
| 外资企业 | 859386 | 731773 | 708734 | 10936 | 10936 |
| 合作、合伙企业 | 2694 | 2244 | 2244 | 13 | 13 |
| 股份合作企业 | 2694 | 2244 | 2244 | 13 | 13 |
| 股份有限公司 | 354644 | 268222 | 268182 | 1457 | 1440 |
| 股份有限公司(内资) | 213014 | 161384 | 161375 | 947 | 947 |
| 私营股份有限公司 | 134672 | 101708 | 101708 | 462 | 462 |
| 外商投资股份有限公司 | 6959 | 5130 | 5098 | 48 | 32 |
| 有限责任公司 | 21609496 | 19137194 | 18833593 | 354470 | 346841 |
| 国有独资公司 | 8532719 | 7391375 | 7317545 | 42323 | 41650 |
| 私营有限责任公司 | 1555506 | 1441156 | 1386701 | 9991 | 9966 |
| 合资经营企业(港或澳、台资) | 5702142 | 5537837 | 5534299 | 8140 | 8140 |
| 中外合资经营企业 | 672816 | 540626 | 535704 | 2972 | 2972 |
| 其他有限责任公司 | 5146311 | 4226200 | 4059344 | 291044 | 284112 |

# 主要经济指标(三)
# Enterprises above Designated Size(3)

单位：万元

| 其他业务收入 | 其他业务利润 | 销售费用 | 管理费用 | | 财务费用 | | | 营业利润 |
|---|---|---|---|---|---|---|---|---|
| | | | | 税金 | | 利息收入 | 利息支出 | |
| **531491** | **65303** | **575026** | **1482070** | **60253** | **869869** | **1971** | **906720** | **-53804** |
| | | | | | | | | |
| 492471 | 58123 | 527465 | 1353485 | 51545 | 862630 | 50563 | 859362 | -312312 |
| 14628 | 1287 | 3870 | 30092 | 839 | 47456 | 909 | 48243 | -70978 |
| 7558 | 1238 | 1233 | 8421 | 122 | 26295 | 333 | 26504 | -34347 |
| 7071 | 49 | 2637 | 21671 | 717 | 21161 | 575 | 21738 | -36631 |
| 2286 | -29 | 120 | 6734 | 42 | -94 | -47 | 1 | -1539 |
| | | 31 | 423 | 12 | 1 | | | -18 |
| 418709 | 50647 | 440668 | 1198153 | 46765 | 773249 | 49942 | 774803 | -245280 |
| 176221 | 1652 | 249970 | 598597 | 26940 | 411739 | 31869 | 400170 | -72823 |
| 242487 | 48995 | 190698 | 599556 | 19824 | 361509 | 18073 | 374634 | -172457 |
| 94 | 9 | 15475 | 27662 | 535 | 2556 | 253 | 2748 | 6056 |
| 56753 | 6210 | 67301 | 90422 | 3353 | 39463 | -493 | 33568 | -554 |
| 481 | -42 | 2580 | 1327 | 293 | 2620 | 1 | 2470 | -1841 |
| 55440 | 5510 | 55485 | 74632 | 2543 | 35287 | -531 | 29337 | -5382 |
| 832 | 742 | 9235 | 14463 | 518 | 1556 | 36 | 1760 | 6669 |
| 7094 | 3556 | 1776 | 50174 | 4797 | -2217 | -43028 | 37450 | 115995 |
| 7094 | 3556 | 1776 | 50174 | 4797 | -2217 | -43028 | 37450 | 115995 |
| 31927 | 3624 | 45786 | 78412 | 3911 | 9455 | -5564 | 9908 | 142514 |
| 5398 | 194 | 42136 | 31257 | 1194 | 13044 | 104 | 8353 | 41119 |
| 26469 | 3430 | 3422 | 45927 | 1982 | -3646 | -5668 | 1502 | 101067 |
| 60 | | 227 | 1227 | 736 | 58 | 1 | 54 | 328 |
| | | | | | | | | |
| 43865 | 4646 | 9992 | 84081 | 3155 | 46336 | -4806 | 52215 | 26710 |
| 14628 | 1287 | 3870 | 30092 | 839 | 47456 | 909 | 48243 | -70978 |
| 2286 | -29 | 120 | 6734 | 42 | -94 | -47 | 1 | -1539 |
| 481 | -42 | 2580 | 1327 | 293 | 2620 | 1 | 2470 | -1841 |
| 26469 | 3430 | 3422 | 45927 | 1982 | -3646 | -5668 | 1502 | 101067 |
| | | 31 | 423 | 12 | 1 | | | -18 |
| | | 31 | 423 | 12 | 1 | | | -18 |
| 986 | 750 | 24937 | 43352 | 1789 | 4169 | 290 | 4562 | 13052 |
| 94 | 9 | 15475 | 27662 | 535 | 2556 | 253 | 2748 | 6056 |
| 832 | 742 | 9235 | 14463 | 518 | 1556 | 36 | 1760 | 6669 |
| 60 | | 227 | 1227 | 736 | 58 | 1 | 54 | 328 |
| 486640 | 59907 | 540066 | 1354215 | 55298 | 819363 | 6487 | 849943 | -93548 |
| 176221 | 1652 | 249970 | 598597 | 26940 | 411739 | 31869 | 400170 | -72823 |
| 55440 | 5510 | 55485 | 74632 | 2543 | 35287 | -531 | 29337 | -5382 |
| 7094 | 3556 | 1776 | 50174 | 4797 | -2217 | -43028 | 37450 | 115995 |
| 5398 | 194 | 42136 | 31257 | 1194 | 13044 | 104 | 8353 | 41119 |
| 242487 | 48995 | 190698 | 599556 | 19824 | 361509 | 18073 | 374634 | -172457 |

10-5 续表 3-1

| 指　　标 | 主营业务收入 | 营业成本 | 主营业务成本 | 营业税金及附加 | 主营业务税金及附加 |
|---|---|---|---|---|---|
| **三、在总计中:亏损企业** | **4529549** | **4253733** | **4041437** | **105910** | **97398** |
| 在总计中:国有控股企业 | 13119039 | 11168068 | 10938604 | 337372 | 327796 |
| 在总计中:轻工业 | 1419663 | 981213 | 973819 | 195716 | 195571 |
| 重工业 | 22041462 | 19754992 | 19429734 | 178507 | 169017 |
| 在总计中:大型企业 | 17970419 | 16217391 | 15937260 | 150368 | 143461 |
| 中型企业 | 2807184 | 2126792 | 2098412 | 214039 | 211816 |
| 小型企业 | 2683521 | 2392021 | 2367880 | 9815 | 9311 |
| 纯小型企业 | 2635747 | 2345280 | 2321280 | 9106 | 8602 |
| 微型企业 | 47774 | 46741 | 46600 | 709 | 709 |
| **四、按行业大类分组** | | | | | |
| 煤炭开采和洗选业 | 1783063 | 1505564 | 1369920 | 93164 | 88667 |
| 石油和天然气开采业 | 6734 | 9494 | 9494 | 144 | 144 |
| 黑色金属矿采选业 | 14682 | 10176 | 10176 | 1483 | 1483 |
| 农副食品加工业 | 339766 | 288348 | 287934 | 596 | 596 |
| 食品制造业 | 212912 | 158038 | 156987 | 662 | 662 |
| 酒、饮料和精制茶制造业 | 101807 | 71584 | 70929 | 4890 | 4890 |
| 烟草制品业 | 420748 | 156286 | 154001 | 187160 | 187160 |
| 纺织业 | 11180 | 12359 | 12359 | 24 | 24 |
| 纺织服装、服饰业 | 5922 | 7030 | 5886 | 38 | 38 |
| 家具制造业 | 7561 | 4801 | 4801 | 17 | 17 |
| 造纸和纸制品业 | 19562 | 18459 | 18459 | 51 | 51 |
| 印刷和记录媒介复制业 | 58450 | 48602 | 47139 | 594 | 449 |
| 文教、工美、体育和娱乐用品制造业 | 9307 | 8656 | 8656 | 25 | 25 |
| 石油加工、炼焦和核燃料加工业 | 876494 | 738052 | 721275 | 1591 | 1578 |
| 化学原料和化学制品制造业 | 652215 | 618556 | 599531 | 6228 | 6228 |
| 医药制造业 | 66359 | 50252 | 50249 | 553 | 553 |
| 橡胶和塑料制品业 | 310987 | 288072 | 284260 | 545 | 545 |
| 非金属矿物制品业 | 434786 | 392204 | 387279 | 1940 | 1919 |
| 黑色金属冶炼和压延加工业 | 6689114 | 5785683 | 5705790 | 32680 | 32680 |
| 有色金属冶炼和压延加工业 | 464067 | 446214 | 443458 | 185 | 185 |
| 金属制品业 | 295187 | 249978 | 248970 | 1415 | 1415 |
| 通用设备制造业 | 221488 | 173911 | 172375 | 847 | 839 |
| 专用设备制造业 | 760246 | 694830 | 694693 | 2949 | 2949 |
| 汽车制造业 | 59723 | 58900 | 49974 | 187 | 49 |
| 铁路、船舶、航空航天和其他运输设备制造业 | 628579 | 485806 | 483774 | 4820 | 4820 |
| 电气机械和器材制造业 | 124452 | 112010 | 111635 | 362 | 362 |
| 计算机、通信和其他电子设备制造业 | 6677653 | 6369532 | 6340756 | 19607 | 19527 |
| 仪器仪表制造业 | 206516 | 164322 | 164226 | 1205 | 1186 |
| 废弃资源综合利用业 | 16443 | 7201 | 7201 | 277 | 277 |
| 金属制品、机械和设备修理业 | 47005 | 42357 | 42357 | 588 | 588 |
| 电力、热力生产和供应业 | 940288 | 882424 | 879352 | 6547 | 2393 |
| 燃气生产和供应业 | 908976 | 783430 | 766584 | 2193 | 1634 |
| 水的生产和供应业 | 88854 | 93076 | 93076 | 658 | 658 |

单位：万元

| 其他业务收入 | 其他业务利润 | 销售费用 | 管理费用 | 税金 | 财务费用 | 利息收入 | 利息支出 | 营业利润 |
|---|---|---|---|---|---|---|---|---|
| **286434** | **47111** | **173832** | **622071** | **19538** | **467131** | **8948** | **476039** | **-783011** |
| 416010 | 50468 | 392863 | 1178048 | 44298 | 791218 | 50248 | 798282 | -336308 |
| 9318 | 2347 | 72205 | 98139 | 3839 | 14534 | 4779 | 16663 | 68907 |
| 522173 | 62956 | 502821 | 1383931 | 56415 | 855335 | -2809 | 890057 | -122711 |
| 441954 | 48097 | 380581 | 1061841 | 49113 | 730798 | -9471 | 774231 | -110062 |
| 54551 | 9657 | 116716 | 247571 | 6040 | 80508 | 11056 | 82402 | 38934 |
| 34986 | 7549 | 77730 | 172658 | 5101 | 58563 | 386 | 50088 | 17324 |
| 34582 | 7362 | 75528 | 153470 | 4412 | 56928 | 321 | 49814 | 27507 |
| 404 | 187 | 2203 | 19187 | 689 | 1635 | 65 | 274 | -10183 |
| | | | | | | | | |
| 183390 | 37276 | 81033 | 387781 | 12777 | 276481 | 5274 | 281733 | -224636 |
| 365 | | | 1491 | | -5 | | | -4078 |
| | | 1684 | 1257 | 35 | -4 | | -4 | 86 |
| 163 | | 15736 | 11758 | 213 | 4308 | -328 | 4254 | 19182 |
| 1200 | 98 | 19400 | 16374 | 670 | 3104 | 87 | 2528 | 16554 |
| 465 | -174 | 13285 | 6124 | 398 | 210 | -149 | 361 | 6177 |
| 2388 | 103 | 5106 | 26723 | 934 | -4542 | 4547 | | 52403 |
| | | 68 | 682 | 133 | 1006 | | 997 | -2958 |
| 1224 | | 42 | 755 | | -1 | 1 | | -719 |
| | | 1348 | 1024 | 3 | -23 | 24 | | 395 |
| 50 | 50 | 152 | 486 | 44 | 367 | 6 | 379 | 97 |
| 1877 | 704 | 3376 | 6675 | 142 | 1762 | 15 | 859 | -681 |
| | | 368 | 180 | | -4 | | | 83 |
| 18259 | 1381 | 61625 | 26615 | 2038 | 31618 | 258 | 24690 | 32036 |
| 21092 | 454 | 13041 | 53151 | 1479 | 12551 | 1071 | 19026 | -55784 |
| 1285 | 1282 | 3607 | 7797 | 388 | 1978 | 95 | 1898 | 3409 |
| 4515 | 703 | 5452 | 7651 | 724 | 8549 | -171 | 7658 | 5524 |
| 2806 | 1805 | 12346 | 25147 | 804 | 10605 | 48 | 7676 | -4973 |
| 170361 | 239 | 169427 | 437946 | 24591 | 299690 | 27004 | 274486 | 109819 |
| 3871 | 266 | 3925 | 10890 | 680 | 6295 | 56 | 5544 | 669 |
| 2257 | 926 | 7260 | 28960 | 606 | 3206 | 4537 | 7636 | 5499 |
| 1440 | 130 | 9616 | 27326 | 458 | 7040 | 335 | 6675 | 3184 |
| 3761 | 670 | 41080 | 101712 | 705 | 64653 | 2101 | 71190 | -179578 |
| 9446 | | 2267 | 21120 | 1318 | 3834 | 71 | 3221 | -18573 |
| 2783 | 497 | 20305 | 52827 | 870 | 12223 | 1220 | 11841 | 50562 |
| 761 | 299 | 3078 | 9998 | 94 | 680 | -480 | 849 | -694 |
| 38910 | 10309 | 7374 | 116127 | 6875 | -6659 | -48255 | 39335 | 217041 |
| 5 | 5 | 13217 | 22573 | 368 | 1264 | -8 | 1233 | 1473 |
| 3 | 3 | 314 | 4874 | 7 | 690 | -19 | 701 | 3045 |
| | | | 2781 | 6 | -6 | -16 | 2 | 1254 |
| 27079 | 8090 | 5734 | 25387 | 847 | 89532 | 1951 | 91341 | -111087 |
| 31552 | | 48576 | 23077 | 1240 | 33733 | 2230 | 35125 | 50428 |
| 186 | 186 | 5183 | 14804 | 811 | 5734 | 465 | 5489 | -28958 |

# 10-5　规模以上工业企业

## Major economic indicators of Industrial

| 指　　标 | 资产减值损失 | 公允价值变动收益 | 投资收益 | 营业外收入 | 政府补助 |
|---|---|---|---|---|---|
| **总　　计** | **328102** | **17095** | **301986** | **365413** | **148870** |
| **一、按登记注册类型分组** | | | | | |
| 内资企业 | 320957 | 17095 | 295810 | 322891 | 148564 |
| 国有企业 | 28855 | | 1023 | 23267 | 20492 |
| 中央企业 | 28091 | | 318 | 5896 | 5717 |
| 地方企业 | 764 | | 705 | 17371 | 14775 |
| 集体企业 | | | | 1684 | 1118 |
| 股份合作企业 | | | | 135 | 113 |
| 有限责任公司 | 290388 | 17045 | 293336 | 274959 | 114931 |
| 国有独资公司 | 199338 | 17045 | 94534 | 166654 | 60802 |
| 其他有限责任公司 | 91050 | | 198802 | 108305 | 54129 |
| 股份有限公司 | -44 | | 926 | 6709 | 4489 |
| 私营企业 | 1759 | 50 | 525 | 16137 | 7420 |
| 私营独资企业 | | | | 40 | 40 |
| 私营有限责任公司 | 314 | 50 | 492 | 13182 | 5680 |
| 私营股份有限公司 | 1444 | | 33 | 2915 | 1701 |
| 港、澳、台商投资企业 | 46 | | 2514 | 38422 | |
| 合资经营企业(港或澳、台资) | 46 | | 2514 | 38422 | |
| 外商投资企业 | 7099 | | 3661 | 4100 | 306 |
| 中外合资经营企业 | 7099 | | 38 | 3643 | 215 |
| 外资企业 | | | 3623 | 427 | 60 |
| 外商投资股份有限公司 | | | | 31 | 30 |
| **二、按经济组织类型分组** | | | | | |
| 独资企业 | 28855 | | 4646 | 25418 | 21710 |
| 国有企业 | 28855 | | 1023 | 23267 | 20492 |
| 集体企业 | | | | 1684 | 1118 |
| 私营独资企业 | | | | 40 | 40 |
| 外资企业 | | | 3623 | 427 | 60 |
| 合作、合伙企业 | | | | 135 | 113 |
| 股份合作企业 | | | | 135 | 113 |
| 股份有限公司 | 1400 | | 959 | 9654 | 6220 |
| 股份有限公司(内资) | -44 | | 926 | 6709 | 4489 |
| 私营股份有限公司 | 1444 | | 33 | 2915 | 1701 |
| 外商投资股份有限公司 | | | | 31 | 30 |
| 有限责任公司 | 297847 | 17095 | 296381 | 330207 | 120826 |
| 国有独资公司 | 199338 | 17045 | 94534 | 166654 | 60802 |
| 私营有限责任公司 | 314 | 50 | 492 | 13182 | 5680 |
| 合资经营企业(港或澳、台资) | 46 | | 2514 | 38422 | |
| 中外合资经营企业 | 7099 | | 38 | 3643 | 215 |
| 其他有限责任公司 | 91050 | | 198802 | 108305 | 54129 |

# 主要经济指标(四)
# Enterprises above Designated Size(4)

单位：万元

| 营业外支出 | 利润总额 | 所得税费用 | 亏损企业亏损总额 | 利税总额 | 应交税金及附加 | 本年应付职工薪酬 | 本年应交增值税 | 总资产贡献率（%） |
|---|---|---|---|---|---|---|---|---|
| **136771** | **174837** | **130594** | **654745** | **1169419** | **1185429** | **2576118** | **620360** | **4.24** |
| | | | | | | | | |
| 119747 | -109170 | 81266 | 640900 | 766811 | 1008793 | 1811872 | 523856 | 3.80 |
| 1990 | -49700 | 626 | 53336 | -22753 | 28411 | 120817 | 20483 | 1.13 |
| 1512 | -29962 | 633 | 33473 | -11851 | 18866 | 63205 | 14374 | 1.79 |
| 478 | -19738 | -7 | 19863 | -10903 | 9545 | 57612 | 6109 | 0.74 |
| 43 | 102 | 51 | 288 | 4726 | 4716 | 13893 | 4091 | 8.89 |
| 1 | 116 | 16 | | 237 | 149 | 152 | 108 | 4.54 |
| 114931 | -85252 | 72332 | 521660 | 716772 | 921121 | 1569878 | 468658 | 4.04 |
| 95343 | -1512 | 27101 | 250830 | 273376 | 328930 | 618141 | 232565 | 3.33 |
| 19588 | -83740 | 45231 | 270830 | 443397 | 592191 | 951737 | 236093 | 4.88 |
| 136 | 12628 | 1714 | 5731 | 18598 | 8218 | 20229 | 5023 | 3.18 |
| 2647 | 12935 | 6528 | 59886 | 49232 | 46177 | 86903 | 25493 | 2.96 |
| 22 | -1823 | 10 | 2346 | 585 | 2710 | 2729 | 2057 | 4.60 |
| 2066 | 5734 | 5373 | 52000 | 35044 | 37226 | 74395 | 19319 | 2.67 |
| 559 | 9024 | 1145 | 5540 | 13603 | 6241 | 9779 | 4117 | 4.87 |
| 8583 | 145834 | 29658 | 5339 | 154554 | 43175 | 521618 | 580 | 4.04 |
| 8583 | 145834 | 29658 | 5339 | 154554 | 43175 | 521618 | 580 | 4.04 |
| 8440 | 138173 | 19670 | 8506 | 248054 | 133462 | 242628 | 95925 | 16.08 |
| 194 | 44568 | 8322 | 8121 | 67967 | 32915 | 32073 | 20427 | 11.22 |
| 8193 | 93301 | 11300 | 384 | 179363 | 99343 | 209596 | 75126 | 19.66 |
| 54 | 304 | 48 | | 724 | 1204 | 960 | 371 | 6.90 |
| | | | | | | | | |
| 10247 | 41881 | 11986 | 56354 | 161920 | 135181 | 347035 | 101756 | 6.74 |
| 1990 | -49700 | 626 | 53336 | -22753 | 28411 | 120817 | 20483 | 1.13 |
| 43 | 102 | 51 | 288 | 4726 | 4716 | 13893 | 4091 | 8.89 |
| 22 | -1823 | 10 | 2346 | 585 | 2710 | 2729 | 2057 | 4.60 |
| 8193 | 93301 | 11300 | 384 | 179363 | 99343 | 209596 | 75126 | 19.66 |
| 1 | 116 | 16 | | 237 | 149 | 152 | 108 | 4.54 |
| 1 | 116 | 16 | | 237 | 149 | 152 | 108 | 4.54 |
| 750 | 21956 | 2907 | 11271 | 32924 | 15663 | 30968 | 9511 | 3.76 |
| 136 | 12628 | 1714 | 5731 | 18598 | 8218 | 20229 | 5023 | 3.18 |
| 559 | 9024 | 1145 | 5540 | 13603 | 6241 | 9779 | 4117 | 4.87 |
| 54 | 304 | 48 | | 724 | 1204 | 960 | 371 | 6.90 |
| 125773 | 110884 | 115684 | 587119 | 974338 | 1034437 | 2197963 | 508984 | 4.07 |
| 95343 | -1512 | 27101 | 250830 | 273376 | 328930 | 618141 | 232565 | 3.33 |
| 2066 | 5734 | 5373 | 52000 | 35044 | 37226 | 74395 | 19319 | 2.67 |
| 8583 | 145834 | 29658 | 5339 | 154554 | 43175 | 521618 | 580 | 4.04 |
| 194 | 44568 | 8322 | 8121 | 67967 | 32915 | 32073 | 20427 | 11.22 |
| 19588 | -83740 | 45231 | 270830 | 443397 | 592191 | 951737 | 236093 | 4.88 |

10-5 续表 4-1

| 指 标 | 资产减值损失 | 公允价值变动收益 | 投资收益 | 营业外收入 | 政府补助 |
|---|---|---|---|---|---|
| **三、在总计中:亏损企业** | **166023** | | **189706** | **240512** | **100408** |
| 在总计中:国有控股企业 | 314738 | 17045 | 293907 | 283105 | 122846 |
| 在总计中:轻工业 | 231 | | 1965 | 8250 | 3648 |
| 重工业 | 327871 | 17095 | 300021 | 357163 | 145222 |
| 在总计中:大型企业 | 286254 | 17045 | 287753 | 275915 | 100126 |
| 中型企业 | 38330 | | 1158 | 42447 | 25493 |
| 小型企业 | 3518 | 50 | 13075 | 47051 | 23251 |
| 纯小型企业 | 3518 | 50 | 961 | 38323 | 23190 |
| 微型企业 | | | 12114 | 8728 | 61 |
| **四、按行业大类分组** | | | | | |
| 煤炭开采和洗选业 | 43164 | | 196099 | 55807 | 20032 |
| 石油和天然气开采业 | 55 | | | 3586 | |
| 黑色金属矿采选业 | | | | 66 | |
| 农副食品加工业 | | | | 732 | 29 |
| 食品制造业 | 6 | | 26 | 1438 | 9 |
| 酒、饮料和精制茶制造业 | 1 | | | 773 | 119 |
| 烟草制品业 | | | | 309 | 309 |
| 纺织业 | | | | | |
| 纺织服装、服饰业 | | | | 730 | 204 |
| 家具制造业 | | | | 86 | |
| 造纸和纸制品业 | | | | 70 | 40 |
| 印刷和记录媒介复制业 | | | | 1318 | 1287 |
| 文教、工美、体育和娱乐用品制造业 | | | | | |
| 石油加工、炼焦和核燃料加工业 | 3340 | | 123 | 6653 | 3398 |
| 化学原料和化学制品制造业 | 15235 | | -10329 | 118179 | 36494 |
| 医药制造业 | 54 | | 7 | 245 | 123 |
| 橡胶和塑料制品业 | 146 | | 436 | 3051 | 145 |
| 非金属矿物制品业 | 738 | | 417 | 2704 | 1441 |
| 黑色金属冶炼和压延加工业 | 144737 | 17045 | 103463 | 25829 | 14572 |
| 有色金属冶炼和压延加工业 | -240 | | | 1418 | 119 |
| 金属制品业 | 1393 | | 267 | 5628 | 3946 |
| 通用设备制造业 | 1007 | | 2 | 2571 | 1177 |
| 专用设备制造业 | 40263 | | 1901 | 6623 | 1175 |
| 汽车制造业 | 1868 | | 435 | 12703 | 11530 |
| 铁路、船舶、航空航天和其他运输设备制造业 | 4905 | | 85 | 3869 | 256 |
| 电气机械和器材制造业 | | | 220 | 572 | 366 |
| 计算机、通信和其他电子设备制造业 | -149 | 50 | 6261 | 41077 | 387 |
| 仪器仪表制造业 | 3166 | | 699 | 5995 | 5072 |
| 废弃资源综合利用业 | 46 | | | | |
| 金属制品、机械和设备修理业 | 31 | | | 2 | |
| 电力、热力生产和供应业 | 67165 | | -1666 | 48635 | 39568 |
| 燃气生产和供应业 | 1172 | | 2081 | 11552 | 5219 |
| 水的生产和供应业 | 1 | | 1457 | 3191 | 1853 |

单位：万元

| 营业外支出 | 利润总额 | 所得税费用 | 亏损企业亏损总额 | 利税总额 | 应交税金及附加 | 本年应付职工薪酬 | 本年应交增值税 | 总资产贡献率（%） |
|---|---|---|---|---|---|---|---|---|
| **112246** | **−654745** | **10373** | **654745** | **−366572** | **318084** | **1074779** | **182263** | **0.53** |
| 115934 | −169137 | 63995 | 556873 | 632817 | 910247 | 1646578 | 464582 | 3.87 |
| 7091 | 70066 | 18902 | 36755 | 336859 | 289533 | 104374 | 71077 | 16.22 |
| 129680 | 104771 | 111692 | 617990 | 832561 | 895896 | 2471743 | 549283 | 3.69 |
| 120649 | 45204 | 86223 | 487050 | 632035 | 722166 | 2181979 | 436462 | 3.82 |
| 4169 | 77212 | 32165 | 108823 | 411015 | 372009 | 254407 | 119764 | 7.16 |
| 11952 | 52421 | 12205 | 58873 | 126369 | 91254 | 139731 | 64133 | 3.46 |
| 10267 | 55561 | 12193 | 55207 | 126999 | 88042 | 138421 | 62332 | 3.74 |
| 1685 | −3140 | 12 | 3666 | −630 | 3211 | 1310 | 1802 | −0.12 |
| | | | | | | | | |
| 12850 | −181679 | 20349 | 193136 | 30154 | 244958 | 720008 | 118669 | 3.22 |
| 5 | −497 | | 497 | 238 | 735 | 1437 | 592 | 0.22 |
| 63 | 89 | 138 | 197 | 1679 | 1763 | 1497 | 107 | 3.21 |
| 536 | 19379 | 1 | 79 | 20987 | 1823 | 7190 | 1013 | 8.20 |
| 510 | 17482 | 2484 | 936 | 24383 | 10055 | 12384 | 6239 | 9.08 |
| 350 | 6600 | 1659 | 139 | 17181 | 12638 | 13555 | 5692 | 17.70 |
| 479 | 52233 | 13058 | | 285253 | 247012 | 21619 | 45860 | 67.00 |
| 4343 | −7301 | | 7301 | −7092 | 341 | 935 | 184 | −6.95 |
| | 11 | 2 | | 272 | 263 | 1410 | 223 | 2.30 |
| 5 | 475 | 7 | | 601 | 136 | 1006 | 109 | 4.40 |
| 4 | 162 | 34 | 2 | 362 | 278 | 1027 | 150 | 2.80 |
| 525 | 113 | 87 | 1080 | 2591 | 2708 | 11361 | 1885 | 2.91 |
| | 83 | 21 | | 314 | 252 | 80 | 206 | 2.34 |
| 558 | 38131 | 7817 | 14025 | 53239 | 24963 | 24551 | 13517 | 4.09 |
| 87489 | −25095 | 393 | 29860 | −5596 | 21370 | 38728 | 13270 | 0.97 |
| 79 | 3575 | 672 | 865 | 8016 | 5500 | 6338 | 3888 | 8.16 |
| 613 | 7962 | 263 | 3226 | 12099 | 5123 | 9184 | 3592 | 6.42 |
| 822 | −3092 | 1153 | 13121 | 10995 | 16043 | 28030 | 12146 | 2.39 |
| 2650 | 132998 | 7551 | 39951 | 358498 | 257642 | 439997 | 192819 | 4.75 |
| 14 | 2073 | 849 | 2822 | 3424 | 2879 | 11797 | 1166 | 2.73 |
| 4049 | 7078 | 497 | 2049 | 16345 | 10370 | 23996 | 7852 | 2.78 |
| 650 | 5105 | 241 | 4063 | 12559 | 8153 | 28195 | 6608 | 3.77 |
| 1154 | −174109 | 1516 | 188348 | −152386 | 23944 | 109489 | 18775 | −2.58 |
| 54 | −5923 | 68 | 6777 | −4516 | 2793 | 14890 | 1220 | −0.54 |
| 951 | 53479 | 11399 | 13981 | 84737 | 43527 | 59768 | 26439 | 7.80 |
| 56 | −178 | 69 | 1220 | 666 | 1006 | 6195 | 482 | 0.75 |
| 12452 | 245666 | 40810 | 3828 | 343889 | 145908 | 748909 | 78615 | 5.91 |
| 28 | 7440 | 1256 | 8212 | 15129 | 9313 | 17585 | 6484 | 3.62 |
| 2 | 3043 | 750 | | 3702 | 1417 | 2506 | 382 | 9.24 |
| 5 | 1251 | | | 6117 | 4872 | 14830 | 4278 | 18.30 |
| 2284 | −64736 | 280 | 86283 | −20700 | 45163 | 123089 | 37489 | 2.03 |
| 3007 | 58973 | 17130 | 6471 | 68235 | 27631 | 50634 | 7069 | 4.23 |
| 186 | −25954 | 42 | 26279 | −21954 | 4853 | 23899 | 3343 | −3.11 |

# 10-5 规模以上工业企业

## Major economic indicators of Industrial

| 指 标 | 资产负债率（%） | 流动资产周转率（次/年） | 成本费用利润率（%） | 产品销售率（%） | 从业人员平均人数(人) |
|---|---|---|---|---|---|
| **总 计** | **74.89** | **1.14** | **0.74** | **100.17** | **306529** |
| **一、按登记注册类型分组** | | | | | |
| 内资企业 | 74.32 | 1.14 | -0.66 | 98.04 | 233213 |
| 国有企业 | 68.26 | 0.76 | -9.12 | 99.12 | 12093 |
| 中央企业 | 92.49 | 1.15 | -10.88 | 100.88 | 4403 |
| 地方企业 | 54.22 | 0.55 | -7.33 | 97.01 | 7690 |
| 集体企业 | 67.58 | 1.22 | 0.18 | 99.92 | 3559 |
| 股份合作企业 | 41.47 | 0.60 | 4.30 | 100.00 | 69 |
| 有限责任公司 | 74.87 | 1.18 | -0.61 | 98.76 | 191012 |
| 国有独资公司 | 69.14 | 1.54 | -0.02 | 99.13 | 64771 |
| 其他有限责任公司 | 81.61 | 0.85 | -1.56 | 98.22 | 126241 |
| 股份有限公司 | 35.08 | 0.60 | 6.10 | 96.37 | 3821 |
| 私营企业 | 81.53 | 1.12 | 0.71 | 92.95 | 22659 |
| 私营独资企业 | 140.59 | 1.68 | -2.05 | 91.62 | 887 |
| 私营有限责任公司 | 84.60 | 1.12 | 0.36 | 92.61 | 19625 |
| 私营股份有限公司 | 45.26 | 0.92 | 7.11 | 97.85 | 2147 |
| 港、澳、台商投资企业 | 87.31 | 1.09 | 2.61 | 106.39 | 54672 |
| 合资经营企业(港或澳、台资) | 87.31 | 1.09 | 2.61 | 106.39 | 54672 |
| 外商投资企业 | 45.11 | 1.45 | 9.79 | 99.61 | 18644 |
| 中外合资经营企业 | 73.09 | 1.55 | 7.11 | 98.23 | 4664 |
| 外资企业 | 24.97 | 1.38 | 12.00 | 100.47 | 13752 |
| 外商投资股份有限公司 | 55.35 | 1.06 | 4.58 | 107.08 | 228 |
| **二、按经济组织类型分组** | | | | | |
| 独资企业 | 57.09 | 1.09 | 2.85 | 99.48 | 30291 |
| 国有企业 | 68.26 | 0.76 | -9.12 | 99.12 | 12093 |
| 集体企业 | 67.58 | 1.22 | 0.18 | 99.92 | 3559 |
| 私营独资企业 | 140.59 | 1.68 | -2.05 | 91.62 | 887 |
| 外资企业 | 24.97 | 1.38 | 12.00 | 100.47 | 13752 |
| 合作、合伙企业 | 41.47 | 0.60 | 4.30 | 100.00 | 69 |
| 股份合作企业 | 41.47 | 0.60 | 4.30 | 100.00 | 69 |
| 股份有限公司 | 38.55 | 0.70 | 6.44 | 97.16 | 6196 |
| 股份有限公司(内资) | 35.08 | 0.60 | 6.10 | 96.37 | 3821 |
| 私营股份有限公司 | 45.26 | 0.92 | 7.11 | 97.85 | 2147 |
| 外商投资股份有限公司 | 55.35 | 1.06 | 4.58 | 107.08 | 228 |
| 有限责任公司 | 76.99 | 1.16 | 0.51 | 100.27 | 269973 |
| 国有独资公司 | 69.14 | 1.54 | -0.02 | 99.13 | 64771 |
| 私营有限责任公司 | 84.60 | 1.12 | 0.36 | 92.61 | 19625 |
| 合资经营企业(港或澳、台资) | 87.31 | 1.09 | 2.61 | 106.39 | 54672 |
| 中外合资经营企业 | 73.09 | 1.55 | 7.11 | 98.23 | 4664 |
| 其他有限责任公司 | 81.61 | 0.85 | -1.56 | 98.22 | 126241 |

# 主要经济指标(五)
# Enterprises above Designated Size(5)

单位：万元

| 从业人员期末人数(人) | 平均用工人数(人) | 期末用工人数(人) | 主营业务收入利润率(%) | 人均主营业务收入(万元/人) | 每百元资产实现的主营业务收入(元) | 产成品存货周转天数(天) | 应收账款平均回收期(天) |
|---|---|---|---|---|---|---|---|
| **313090** | **306004** | **308889** | **0.75** | **76.67** | **48.00** | **21.71** | **78.53** |
| | | | | | | | |
| 231694 | 232705 | 227534 | -0.67 | 69.70 | 39.16 | 29.94 | 84.59 |
| 13629 | 12132 | 13631 | -10.07 | 40.68 | 22.62 | 26.32 | 51.79 |
| 4370 | 4364 | 4376 | -11.31 | 60.72 | 33.10 | 7.65 | 32.47 |
| 9259 | 7768 | 9255 | -8.64 | 29.42 | 16.55 | 46.52 | 74.18 |
| 3481 | 3535 | 3438 | 0.19 | 15.43 | 101.57 | 19.29 | 148.59 |
| 68 | 69 | 68 | 4.31 | 39.04 | 51.60 | 0.00 | 358.72 |
| 188283 | 190787 | 184351 | -0.62 | 71.70 | 38.31 | 29.30 | 78.53 |
| 65032 | 63514 | 62216 | -0.02 | 134.34 | 44.22 | 24.75 | 56.64 |
| 123251 | 127273 | 122135 | -1.63 | 40.44 | 31.36 | 37.51 | 114.82 |
| 3816 | 3735 | 3798 | 5.93 | 57.03 | 32.08 | 84.41 | 214.90 |
| 22417 | 22447 | 22248 | 0.73 | 79.17 | 63.17 | 30.37 | 122.37 |
| 641 | 838 | 596 | -2.10 | 103.68 | 130.92 | 39.01 | 90.83 |
| 19544 | 19489 | 19492 | 0.37 | 79.81 | 63.95 | 29.16 | 125.74 |
| 2232 | 2120 | 2160 | 6.70 | 63.52 | 42.82 | 39.93 | 103.83 |
| 63598 | 54873 | 63598 | 2.56 | 103.92 | 97.99 | 2.91 | 65.83 |
| 63598 | 54873 | 63598 | 2.56 | 103.92 | 97.99 | 2.91 | 65.83 |
| 17798 | 18426 | 17757 | 8.98 | 83.53 | 93.91 | 15.37 | 61.74 |
| 4643 | 4644 | 4611 | 6.62 | 144.88 | 99.09 | 30.33 | 68.81 |
| 12919 | 13554 | 12910 | 10.86 | 63.40 | 90.58 | 3.71 | 55.63 |
| 236 | 228 | 236 | 4.37 | 30.52 | 61.77 | 63.32 | 132.36 |
| | | | | | | | |
| 30670 | 30059 | 30575 | 2.80 | 49.71 | 45.97 | 14.53 | 59.80 |
| 13629 | 12132 | 13631 | -10.07 | 40.68 | 22.62 | 26.32 | 51.79 |
| 3481 | 3535 | 3438 | 0.19 | 15.43 | 101.57 | 19.29 | 148.59 |
| 641 | 838 | 596 | -2.10 | 103.68 | 130.92 | 39.01 | 90.83 |
| 12919 | 13554 | 12910 | 10.86 | 63.40 | 90.58 | 3.71 | 55.63 |
| 68 | 69 | 68 | 4.31 | 39.04 | 51.60 | | 358.72 |
| 68 | 69 | 68 | 4.31 | 39.04 | 51.60 | | 358.72 |
| 6284 | 6083 | 6194 | 6.19 | 58.30 | 35.83 | 67.14 | 171.10 |
| 3816 | 3735 | 3798 | 5.93 | 57.03 | 32.08 | 84.41 | 214.90 |
| 2232 | 2120 | 2160 | 6.70 | 63.52 | 42.82 | 39.93 | 103.83 |
| 236 | 228 | 236 | 4.37 | 30.52 | 61.77 | 63.32 | 132.36 |
| 276068 | 269793 | 272052 | 0.51 | 80.10 | 48.42 | 21.57 | 78.27 |
| 65032 | 63514 | 62216 | -0.02 | 134.34 | 44.22 | 24.75 | 56.64 |
| 19544 | 19489 | 19492 | 0.37 | 79.81 | 63.95 | 29.16 | 125.74 |
| 63598 | 54873 | 63598 | 2.56 | 103.92 | 97.99 | 2.91 | 65.83 |
| 4643 | 4644 | 4611 | 6.62 | 144.88 | 99.09 | 30.33 | 68.81 |
| 123251 | 127273 | 122135 | -1.63 | 40.44 | 31.36 | 37.51 | 114.82 |

10-5 续表 5-1

| 指 标 | 资产负债率(%) | 流动资产周转率(次/年) | 成本费用利润率(%) | 产品销售率(%) | 从业人员平均人数(人) |
|---|---|---|---|---|---|
| **三、在总计中:亏损企业** | **87.63** | **0.64** | **-11.87** | **96.14** | **145849** |
| 在总计中:国有控股企业 | 74.57 | 1.18 | -1.25 | 99.13 | 192434 |
| 在总计中:轻工业 | 44.23 | 1.38 | 6.01 | 96.59 | 18019 |
| 重工业 | 76.30 | 1.13 | 0.47 | 100.42 | 288510 |
| 在总计中:大型企业 | 76.26 | 1.19 | 0.25 | 101.13 | 236292 |
| 中型企业 | 74.37 | 1.00 | 3.00 | 99.77 | 42356 |
| 小型企业 | 65.57 | 1.02 | 1.94 | 94.73 | 27881 |
| 纯小型企业 | 63.12 | 1.13 | 2.11 | 94.82 | 27532 |
| 微型企业 | 97.27 | 0.16 | -4.50 | 89.29 | 349 |
| **四、按行业大类分组** | | | | | |
| 煤炭开采和洗选业 | 90.89 | 0.70 | -8.07 | 97.65 | 92807 |
| 石油和天然气开采业 | 81.59 | 0.33 | -4.53 | 100.00 | 186 |
| 黑色金属矿采选业 | 82.44 | 0.62 | 0.68 | 96.63 | 373 |
| 农副食品加工业 | 50.11 | 2.47 | 6.05 | 99.19 | 1987 |
| 食品制造业 | 52.25 | 1.62 | 8.88 | 98.44 | 3698 |
| 酒、饮料和精制茶制造业 | 55.05 | 1.98 | 7.24 | 96.38 | 1801 |
| 烟草制品业 | 12.28 | 1.55 | 28.45 | 100.42 | 953 |
| 纺织业 | 66.48 | 0.21 | -51.72 | 100.71 | 294 |
| 纺织服装、服饰业 | 49.52 | 0.96 | 0.14 | 103.17 | 429 |
| 家具制造业 | 16.55 | 1.02 | 6.65 | 100.00 | 205 |
| 造纸和纸制品业 | 69.94 | 1.36 | 0.83 | 99.49 | 364 |
| 印刷和记录媒介复制业 | 59.36 | 1.13 | 0.19 | 96.38 | 2709 |
| 文教、工美、体育和娱乐用品制造业 | 86.80 | 0.71 | 0.90 | 48.73 | 21 |
| 石油加工、炼焦和核燃料加工业 | 80.79 | 0.81 | 4.44 | 94.29 | 7180 |
| 化学原料和化学制品制造业 | 80.37 | 0.92 | -3.60 | 107.33 | 8527 |
| 医药制造业 | 68.73 | 1.04 | 5.62 | 86.55 | 1246 |
| 橡胶和塑料制品业 | 58.17 | 3.01 | 2.57 | 78.42 | 2521 |
| 非金属矿物制品业 | 68.38 | 1.07 | -0.70 | 90.98 | 6694 |
| 黑色金属冶炼和压延加工业 | 65.73 | 2.78 | 1.99 | 100.26 | 35218 |
| 有色金属冶炼和压延加工业 | 68.45 | 3.20 | 0.44 | 94.84 | 2327 |
| 金属制品业 | 58.94 | 0.64 | 2.45 | 92.01 | 7871 |
| 通用设备制造业 | 78.39 | 0.61 | 2.34 | 94.22 | 4919 |
| 专用设备制造业 | 75.93 | 0.30 | -19.30 | 90.14 | 17457 |
| 汽车制造业 | 97.35 | 0.93 | -6.88 | 101.40 | 2214 |
| 铁路、船舶、航空航天和其他运输设备制造业 | 69.68 | 0.74 | 9.36 | 106.39 | 6347 |
| 电气机械和器材制造业 | 49.55 | 0.78 | -0.14 | 93.68 | 1559 |
| 计算机、通信和其他电子设备制造业 | 76.87 | 1.09 | 3.79 | 105.47 | 71710 |
| 仪器仪表制造业 | 53.39 | 0.69 | 3.69 | 98.73 | 2536 |
| 废弃资源综合利用业 | 34.18 | 1.75 | 23.27 | 100.00 | 154 |
| 金属制品、机械和设备修理业 | 47.63 | 1.52 | 2.77 | 100.00 | 1237 |
| 电力、热力生产和供应业 | 81.55 | 1.23 | -6.45 | 99.69 | 10118 |
| 燃气生产和供应业 | 78.27 | 2.11 | 6.64 | 100.00 | 7745 |
| 水的生产和供应业 | 47.28 | 0.56 | -21.85 | 94.93 | 3122 |

单位：万元

| 从业人员期末人数(人) | 平均用工人数(人) | 期末用工人数(人) | 主营业务收入利润率(%) | 人均主营业务收入(万元/人) | 每百元资产实现的主营业务收入(元) | 产成品存货周转天数(天) | 应收账款平均回收期(天) |
|---|---|---|---|---|---|---|---|
| **143908** | **147422** | **144318** | **-14.45** | **30.73** | **23.85** | **48.64** | **162.26** |
| 191193 | 192093 | 188385 | -1.29 | 68.30 | 36.79 | 29.25 | 79.31 |
| 17855 | 18227 | 16746 | 4.94 | 77.89 | 66.03 | 20.00 | 51.48 |
| 295235 | 287777 | 292143 | 0.48 | 76.59 | 47.17 | 21.80 | 80.27 |
| 243679 | 233982 | 240068 | 0.25 | 76.80 | 48.49 | 18.73 | 66.54 |
| 42127 | 42320 | 42023 | 2.75 | 66.33 | 41.69 | 38.03 | 114.80 |
| 27284 | 29702 | 26798 | 1.95 | 90.35 | 52.79 | 27.35 | 120.90 |
| 27154 | 27724 | 26681 | 2.11 | 95.07 | 55.86 | 26.60 | 117.69 |
| 130 | 1978 | 117 | -6.57 | 24.15 | 13.10 | 64.75 | 297.98 |
| | | | | | | | |
| 89938 | 94357 | 90615 | -10.19 | 18.9 | 18.7 | 51.54 | 94.65 |
| 176 | 238 | 238 | -7.38 | 28.29 | 6.19 | | 1049.02 |
| 405 | 385 | 384 | 0.6 | 38.13 | 28.13 | 95.64 | 270.15 |
| 2012 | 1954 | 1930 | 5.7 | 173.88 | 109.01 | 13.37 | 16.83 |
| 3711 | 3851 | 3513 | 8.21 | 55.29 | 72.06 | 31.91 | 44.56 |
| 1791 | 1824 | 1791 | 6.48 | 55.82 | 101.88 | 31.14 | 11.23 |
| 951 | 953 | 951 | 12.41 | 441.5 | 100.42 | 20.45 | 54.77 |
| 284 | 294 | 284 | -65.3 | 38.03 | 12.75 | 5.86 | 240.56 |
| 437 | 539 | 532 | 0.19 | 10.99 | 50.11 | 96.43 | 123.45 |
| 211 | 205 | 211 | 6.29 | 36.88 | 57.76 | | 37.6 |
| 304 | 332 | 272 | 0.83 | 58.92 | 74.49 | 40.37 | 145.24 |
| 2582 | 2659 | 1664 | 0.19 | 21.98 | 49.55 | 11.08 | 84.12 |
| 21 | 32 | 31 | 0.89 | 290.83 | 69.31 | | 350.3 |
| 7324 | 7131 | 7200 | 4.35 | 122.91 | 46.11 | 32.61 | 64.38 |
| 8373 | 8370 | 8367 | -3.85 | 77.92 | 50.96 | 10.78 | 135.41 |
| 1278 | 1229 | 1232 | 5.39 | 53.99 | 55.12 | 43.13 | 45.88 |
| 2462 | 2465 | 2377 | 2.56 | 126.16 | 100.14 | 19.29 | 50.3 |
| 6656 | 6557 | 6552 | -0.71 | 66.31 | 55.89 | 16.44 | 211.51 |
| 35900 | 34854 | 33875 | 1.99 | 191.92 | 52.46 | 21.87 | 12.84 |
| 2334 | 2321 | 2250 | 0.45 | 199.94 | 142.42 | 20.39 | 11.15 |
| 7514 | 7691 | 7681 | 2.4 | 38.38 | 42.16 | 28.15 | 190.12 |
| 4901 | 4941 | 4950 | 2.3 | 44.83 | 44.17 | 141.7 | 129.33 |
| 16872 | 16778 | 16111 | -22.9 | 45.31 | 23.58 | 122.96 | 495.55 |
| 2234 | 2258 | 2277 | -9.92 | 26.45 | 23.65 | 98.6 | 132.36 |
| 6278 | 6382 | 6297 | 8.51 | 98.49 | 51.39 | 22.5 | 282.04 |
| 1529 | 1573 | 1530 | -0.14 | 79.12 | 47.1 | 80.02 | 202.02 |
| 79986 | 71802 | 80086 | 3.68 | 93 | 91.44 | 3.14 | 65.9 |
| 2559 | 2468 | 2539 | 3.6 | 83.68 | 45.72 | 81.24 | 197.48 |
| 152 | 154 | 152 | 18.5 | 106.77 | 34.35 | 45.18 | 34.5 |
| 1026 | 1237 | 1026 | 2.66 | 38 | 140.24 | | 159.31 |
| 11789 | 10156 | 11807 | -6.88 | 92.58 | 27.81 | 0.05 | 70.71 |
| 7956 | 6831 | 6956 | 6.49 | 133.07 | 37.98 | 2.99 | 33.05 |
| 3144 | 3183 | 3208 | -29.21 | 27.92 | 16.34 | | 54.08 |

# 10-6 国有控股工业企业

## Main economic indicators of state

| 指 标 | 企业单位数(个) | 亏损企业 | 工业总产值(当年价格) | 工业销售产值(当年价格) | 出口交货值 | 年初存货 |
|---|---|---|---|---|---|---|
| **总 计** | **93** | **40** | **12013514** | **11908760** | **1014958** | **3032385** |
| 煤炭开采和洗选业 | 9 | 7 | 1577986 | 1572729 | | 759366 |
| 石油和天然气开采业 | 1 | 1 | 7099 | 7099 | | 474 |
| 农副食品加工业 | 2 | | 17392 | 16214 | 2968 | 1727 |
| 食品制造业 | 2 | | 44975 | 45861 | | 2452 |
| 酒、饮料和精制茶制造业 | 2 | | 40982 | 37216 | | 8938 |
| 烟草制品业 | 1 | | 420925 | 422692 | | 42588 |
| 印刷和记录媒介复制业 | 4 | 4 | 18551 | 17110 | | 3612 |
| 化学原料和化学制品制造业 | 5 | 2 | 132676 | 165811 | | 14651 |
| 医药制造业 | 1 | 1 | 2444 | 2065 | | 393 |
| 橡胶和塑料制品业 | 2 | 1 | 245571 | 183213 | 43334 | 54624 |
| 非金属矿物制品业 | 6 | 4 | 59555 | 58939 | | 19795 |
| 黑色金属冶炼和压延加工业 | 3 | | 5807523 | 5821380 | 912454 | 805087 |
| 有色金属冶炼和压延加工业 | 4 | 1 | 139850 | 128748 | 1251 | 31175 |
| 金属制品业 | 3 | | 110432 | 110083 | 4968 | 44475 |
| 通用设备制造业 | 6 | 2 | 168019 | 153639 | 371 | 121951 |
| 专用设备制造业 | 8 | 2 | 665348 | 584554 | 47821 | 891781 |
| 汽车制造业 | 2 | | 23988 | 23746 | | 7417 |
| 铁路、船舶、航空航天和其他运输设备制造业 | 4 | 1 | 298139 | 333106 | | 93699 |
| 电气机械和器材制造业 | 2 | | 74766 | 69580 | 288 | 27595 |
| 计算机、通信和其他电子设备制造业 | 2 | 1 | 111911 | 112734 | | 56477 |
| 仪器仪表制造业 | 5 | 2 | 22937 | 22801 | 1503 | 12293 |
| 金属制品、机械和设备修理业 | 1 | | 44530 | 44530 | | 1354 |
| 电力、热力生产和供应业 | 10 | 6 | 933771 | 930763 | | 21288 |
| 燃气生产和供应业 | 6 | 3 | 960346 | 960346 | | 8921 |
| 水的生产和供应业 | 2 | 2 | 83801 | 83801 | | 254 |

# 主要经济指标(一)
## holding Industrial Enterprises(1)

单位：万元

| 产成品 | 资产总计 | 流动资产合计 | 应收账款 | 存货 | 产成品 | 固定资产合计 | 固定资产原价 |
|---|---|---|---|---|---|---|---|
| **917523** | **35658304** | **11505808** | **2890062** | **3218027** | **888884** | **14054226** | **24267619** |
| 201670 | 9268815 | 2722101 | 453005 | 873169 | 184188 | 3640386 | 5316125 |
|  | 108715 | 21262 | 19622 | 596 |  | 83813 | 101334 |
| 1050 | 49225 | 25546 | 3182 | 2964 | 2771 | 8447 | 17656 |
| 1016 | 23646 | 15752 | 5999 | 3043 | 1145 | 4134 | 18212 |
| 3579 | 44390 | 26008 | 677 | 6108 | 1903 | 14322 | 24313 |
| 10183 | 418993 | 272709 | 64012 | 21479 | 8749 | 143319 | 148892 |
| 1242 | 56909 | 20201 | 5626 | 3207 | 1214 | 16892 | 40728 |
| 6861 | 1194216 | 673279 | 214333 | 210145 | 12962 | 388969 | 509067 |
| 219 | 9104 | 979 | 194 | 446 | 146 | 6301 | 6301 |
| 46994 | 219271 | 52536 | 19300 | 14067 | 9802 | 161467 | 216139 |
| 3623 | 193444 | 55053 | 13954 | 19458 | 4854 | 115577 | 153853 |
| 330522 | 12323800 | 2243408 | 208539 | 669854 | 298122 | 5893234 | 11094291 |
| 5818 | 149536 | 81914 | 12063 | 41223 | 10057 | 58588 | 83982 |
| 7814 | 550200 | 347301 | 104825 | 43102 | 10599 | 139244 | 129096 |
| 41987 | 389762 | 288886 | 62796 | 142300 | 49299 | 68997 | 87937 |
| 181408 | 2871018 | 2299339 | 936463 | 844200 | 226833 | 438193 | 438306 |
| 4394 | 48872 | 28166 | 7400 | 6600 | 4318 | 9473 | 17967 |
| 42004 | 974196 | 627582 | 404686 | 86688 | 26245 | 234797 | 278967 |
| 18370 | 183265 | 91173 | 27948 | 29352 | 23164 | 79598 | 39498 |
| 1636 | 337001 | 211357 | 17930 | 131547 | 1518 | 63489 | 96963 |
| 4213 | 56381 | 41828 | 9267 | 15277 | 4632 | 11487 | 13744 |
|  | 31397 | 29132 | 19727 | 2316 |  | 2238 | 9277 |
|  | 3248440 | 726618 | 182689 | 35030 |  | 2146630 | 4092611 |
| 2920 | 2393577 | 445726 | 83460 | 15311 | 6366 | 62797 | 930721 |
|  | 514132 | 157952 | 12366 | 548 |  | 261835 | 401642 |

# 10-6 国有控股工业企业

## Main economic indicators of state

| 指 标 | 累计折旧 | 本年折旧 | 负债合计 | 流动负债合计 | 应付账款 |
|---|---|---|---|---|---|
| **总 计** | **10626146** | **910180** | **26590305** | **16789667** | **3248897** |
| 煤炭开采和洗选业 | 2709375 | 196708 | 8421532 | 4960681 | 909353 |
| 石油和天然气开采业 | 17521 | 5924 | 88703 | 88703 | 87839 |
| 农副食品加工业 | 9209 | 1160 | 30024 | 25605 | 2940 |
| 食品制造业 | 14079 | 1656 | 7667 | 7445 | 4204 |
| 酒、饮料和精制茶制造业 | 10157 | 1795 | 17618 | 17526 | 4169 |
| 烟草制品业 | 72066 | 7295 | 51468 | 51468 | 17671 |
| 印刷和记录媒介复制业 | 25348 | 1735 | 40887 | 37782 | 7184 |
| 化学原料和化学制品制造业 | 119924 | 10392 | 987772 | 610595 | 194080 |
| 医药制造业 | 1377 | 345 | 4385 | 3335 | 34 |
| 橡胶和塑料制品业 | 51521 | 5774 | 134682 | 93478 | 49131 |
| 非金属矿物制品业 | 37750 | 5822 | 82983 | 80630 | 23783 |
| 黑色金属冶炼和压延加工业 | 5052915 | 427903 | 7802511 | 5308199 | 278946 |
| 有色金属冶炼和压延加工业 | 10541 | 3716 | 123247 | 69422 | 17718 |
| 金属制品业 | 36909 | 4290 | 336062 | 292809 | 47702 |
| 通用设备制造业 | 18940 | 3338 | 305287 | 258493 | 72144 |
| 专用设备制造业 | 271581 | 22528 | 2248637 | 1928423 | 648896 |
| 汽车制造业 | 8494 | 417 | 30827 | 30145 | 7854 |
| 铁路、船舶、航空航天和其他运输设备制造业 | 44156 | 16862 | 707119 | 486517 | 204800 |
| 电气机械和器材制造业 | 13841 | 3963 | 95998 | 48691 | 26332 |
| 计算机、通信和其他电子设备制造业 | 33474 | 2982 | 278854 | 273853 | 148214 |
| 仪器仪表制造业 | 8393 | 710 | 38069 | 36935 | 7729 |
| 金属制品、机械和设备修理业 | 7039 | 582 | 14596 | 14596 | 10557 |
| 电力、热力生产和供应业 | 1752182 | 128070 | 2629030 | 845581 | 293390 |
| 燃气生产和供应业 | 156254 | 37842 | 1873499 | 1077487 | 92273 |
| 水的生产和供应业 | 143099 | 18372 | 238850 | 141271 | 91957 |

# 主要经济指标(二)
# holding Industrial Enterprises(2)

单位：万元

| 非流动负债合计 | 所有者权益合计 | 实收资本 | | | | | | | 营业收入 |
|---|---|---|---|---|---|---|---|---|---|
| | | | 国家资本 | 集体资本 | 法人资本 | 个人资本 | 港澳台资本 | 外商资本 | |
| **9150731** | **9033699** | **4583528** | **2971577** | **36216** | **1514624** | **52395** | **1100** | **7616** | **13535049** |
| 3188859 | 812985 | 1661841 | 574102 | 20458 | 1063165 | 4116 | | | 1810098 |
| | 20013 | 20000 | | | 20000 | | | | 7099 |
| 4419 | 19201 | 14064 | 14064 | | | | | | 18876 |
| 154 | 15979 | 13027 | | | 11667 | 1360 | | | 52086 |
| 32 | 26772 | 23140 | 3140 | | | 20000 | | | 42126 |
| | 367525 | 61320 | | | 61320 | | | | 423136 |
| 3105 | 16022 | 14734 | 7694 | | 6944 | 96 | | | 21280 |
| 377177 | 206445 | 156946 | 132470 | 14968 | 5000 | 4508 | | | 567252 |
| 1050 | 4719 | 8000 | 6400 | | 1600 | | | | 2065 |
| 41204 | 84589 | 63682 | 63682 | | | | | | 260681 |
| 2353 | 110462 | 97490 | 81480 | | 16010 | | | | 60698 |
| 2494312 | 4521289 | 753930 | 687887 | | 50000 | 16043 | | | 6591525 |
| 53826 | 26288 | 48761 | 11200 | | 37161 | 400 | | | 129544 |
| 43253 | 214139 | 87053 | 1703 | | 85350 | | | | 175409 |
| 46795 | 84475 | 36264 | 30996 | 790 | 4388 | 90 | | | 146145 |
| 320213 | 622381 | 210006 | 181055 | | 23094 | 1741 | | 4116 | 634143 |
| 682 | 18045 | 12293 | 12749 | | | -456 | | | 24933 |
| 220601 | 267077 | 185680 | 149792 | | 32700 | 3188 | | | 373486 |
| 47307 | 87267 | 44070 | 4280 | | 39040 | 750 | | | 71963 |
| 5001 | 58147 | 21791 | 4932 | | 16859 | | | | 91500 |
| 1084 | 18312 | 17709 | 5422 | | 11187 | | 1100 | | 27001 |
| | 16801 | 13000 | | | 13000 | | | | 44530 |
| 1405802 | 619410 | 631328 | 631328 | | | | | | 934869 |
| 795921 | 520078 | 280200 | 260000 | | 16140 | 560 | | 3500 | 940527 |
| 97580 | 275282 | 107202 | 107202 | | | | | | 84079 |

# 10-6 国有控股工业企业

## Main economic indicators of state

| 指 标 | 主营业务收入 | 营业成本 | 主营业务成本 | 营业税金及附加 | 主营业务税金及附加 |
|---|---|---|---|---|---|
| **总 计** | **13119039** | **11168068** | **10938604** | **337372** | **327796** |
| 煤炭开采和洗选业 | 1628580 | 1367382 | 1233240 | 89175 | 84682 |
| 石油和天然气开采业 | 6734 | 9494 | 9494 | 144 | 144 |
| 农副食品加工业 | 18713 | 13399 | 13399 | 23 | 23 |
| 食品制造业 | 50938 | 45312 | 44261 | 133 | 133 |
| 酒、饮料和精制茶制造业 | 42086 | 29113 | 29038 | 4600 | 4600 |
| 烟草制品业 | 420748 | 156286 | 154001 | 187160 | 187160 |
| 印刷和记录媒介复制业 | 20387 | 17294 | 16923 | 307 | 162 |
| 化学原料和化学制品制造业 | 547522 | 527205 | 509394 | 5667 | 5667 |
| 医药制造业 | 2065 | 1050 | 1050 | 23 | 23 |
| 橡胶和塑料制品业 | 256513 | 240834 | 237279 | 340 | 340 |
| 非金属矿物制品业 | 60365 | 50988 | 50775 | 392 | 392 |
| 黑色金属冶炼和压延加工业 | 6457772 | 5492849 | 5448678 | 32430 | 32430 |
| 有色金属冶炼和压延加工业 | 126813 | 115508 | 113540 | 150 | 150 |
| 金属制品业 | 173503 | 139898 | 139301 | 602 | 602 |
| 通用设备制造业 | 145368 | 114881 | 114456 | 617 | 613 |
| 专用设备制造业 | 630653 | 596568 | 596431 | 2156 | 2156 |
| 汽车制造业 | 24673 | 20345 | 19798 | 129 | 7 |
| 铁路、船舶、航空航天和其他运输设备制造业 | 370956 | 299451 | 297419 | 2826 | 2826 |
| 电气机械和器材制造业 | 71621 | 63937 | 63798 | 15 | 15 |
| 计算机、通信和其他电子设备制造业 | 90842 | 78821 | 78795 | 629 | 549 |
| 仪器仪表制造业 | 27001 | 19629 | 19629 | 180 | 160 |
| 金属制品、机械和设备修理业 | 44530 | 40245 | 40245 | 559 | 559 |
| 电力、热力生产和供应业 | 907789 | 855026 | 851953 | 6462 | 2308 |
| 燃气生产和供应业 | 908976 | 783430 | 766584 | 2193 | 1634 |
| 水的生产和供应业 | 83893 | 89125 | 89125 | 463 | 463 |

# 主要经济指标(三)

## holding Industrial Enterprises(3)

单位：万元

| 其他业务收入 | 其他业务利润 | 销售费用 | 管理费用 | | 财务费用 | | | 营业利润 |
|---|---|---|---|---|---|---|---|---|
| | | | | 税金 | | 利息收入 | 利息支出 | |
| **416010** | **50468** | **392863** | **1178048** | **44298** | **791218** | **50248** | **798282** | **-336308** |
| 181518 | 37319 | 75134 | 384675 | 12658 | 275564 | 5762 | 281311 | -228987 |
| 365 | | | 1491 | | -5 | | | -4078 |
| 163 | | 1189 | 4034 | 60 | -337 | -329 | 22 | 567 |
| 1148 | 98 | 3631 | 1509 | 80 | -22 | 54 | 26 | 1524 |
| 40 | -36 | 130 | 2489 | 102 | -143 | -143 | | 5935 |
| 2388 | 103 | 5106 | 26723 | 934 | -4542 | 4547 | | 52403 |
| 894 | 714 | 149 | 4364 | 116 | 340 | -15 | 372 | -1173 |
| 19730 | 306 | 8230 | 47821 | 1396 | 9567 | 1104 | 16222 | -56740 |
| | | 702 | 679 | 74 | 175 | 3 | 178 | -558 |
| 4168 | 614 | 4100 | 5170 | 620 | 7019 | -224 | 6690 | 3074 |
| 333 | 120 | 3550 | 6795 | 202 | 1662 | 24 | 255 | -2607 |
| 133754 | 239 | 168253 | 431292 | 23627 | 292970 | 27332 | 267447 | 149522 |
| 2731 | | 2082 | 7936 | 205 | 3806 | 22 | 3675 | 36 |
| 1906 | 916 | 4841 | 21360 | 83 | 2678 | 4531 | 7090 | 5322 |
| 777 | 62 | 6726 | 22372 | 407 | 4508 | 274 | 4580 | -3965 |
| 3490 | 499 | 35248 | 81385 | 193 | 61278 | 1603 | 69165 | -180707 |
| 260 | | 635 | 3929 | | 39 | 52 | 45 | -146 |
| 2530 | 497 | 15749 | 37947 | 568 | 9524 | 969 | 10069 | 8282 |
| 342 | 194 | 1437 | 6358 | 33 | 197 | -482 | 689 | 238 |
| 659 | 546 | 794 | 11350 | 62 | -485 | 542 | 48 | 365 |
| | | 1419 | 4843 | 50 | 233 | 6 | 258 | -145 |
| | | | 2606 | 6 | -5 | -16 | 2 | 1093 |
| 27079 | 8090 | | 23572 | 843 | 88462 | 1940 | 90258 | -107485 |
| 31552 | | 48576 | 23077 | 1240 | 33733 | 2230 | 35125 | 50428 |
| 186 | 186 | 5183 | 14271 | 739 | 5002 | 463 | 4755 | -28507 |

# 10-6　国有控股工业企业

## Main economic indicators of state

| 指　　标 | 资产减值损失 | 公允价值变动收益 | 投资收益 | 营业外收入 | 政府补助 |
|---|---|---|---|---|---|
| **总　计** | **314738** | **17045** | **293907** | **283105** | **122846** |
| 煤炭开采和洗选业 | 43253 | | 196099 | 55679 | 19952 |
| 石油和天然气开采业 | 55 | | | 3586 | |
| 农副食品加工业 | | | | 663 | |
| 食品制造业 | | | | 147 | |
| 酒、饮料和精制茶制造业 | 1 | | | 611 | 119 |
| 烟草制品业 | | | | 309 | 309 |
| 印刷和记录媒介复制业 | | | | 497 | 485 |
| 化学原料和化学制品制造业 | 15134 | | -10368 | 117773 | 36154 |
| 医药制造业 | -5 | | | 2 | |
| 橡胶和塑料制品业 | 146 | | | 2957 | 94 |
| 非金属矿物制品业 | 295 | | 378 | 830 | 814 |
| 黑色金属冶炼和压延加工业 | 144718 | 17045 | 103463 | 23596 | 13370 |
| 有色金属冶炼和压延加工业 | 24 | | | 1042 | 117 |
| 金属制品业 | 964 | | 257 | 4218 | 3195 |
| 通用设备制造业 | 1007 | | 1 | 2311 | 1003 |
| 专用设备制造业 | 39485 | | 1270 | 4165 | 603 |
| 汽车制造业 | 437 | | 435 | 630 | |
| 铁路、船舶、航空航天和其他运输设备制造业 | -208 | | 85 | 3538 | |
| 电气机械和器材制造业 | | | 218 | 358 | 319 |
| 计算机、通信和其他电子设备制造业 | 222 | | 195 | 165 | 115 |
| 仪器仪表制造业 | 841 | | | 315 | 137 |
| 金属制品、机械和设备修理业 | 31 | | | 2 | |
| 电力、热力生产和供应业 | 67165 | | -1666 | 45746 | 39316 |
| 燃气生产和供应业 | 1172 | | 2081 | 11552 | 5219 |
| 水的生产和供应业 | | | 1457 | 2414 | 1527 |

# 主要经济指标(四)
## holding Industrial Enterprises(4)

单位：万元

| 营业外支出 | 利润总额 | 所得税费用 | 亏损企业亏损总额 | 利税总额 | 应交税金及附加 | 本年应付职工薪酬 | 本年应交增值税 | 总资产贡献率（%） |
|---|---|---|---|---|---|---|---|---|
| **115934** | **-169137** | **63995** | **556873** | **632817** | **910247** | **1646578** | **464582** | **3.87** |
| 12643 | -185951 | 18473 | 189296 | 19624 | 236706 | 718067 | 116400 | 3.18 |
| 5 | -497 | | 497 | 238 | 735 | 1437 | 592 | 0.22 |
| 455 | 775 | | | 832 | 116 | 1489 | 34 | 2.40 |
| 27 | 1644 | -165 | | 2841 | 1113 | 2024 | 1065 | 11.90 |
| 329 | 6217 | 1578 | | 14152 | 9615 | 4976 | 3335 | 32.20 |
| 479 | 52233 | 13058 | | 285253 | 247012 | 21619 | 45860 | 67.00 |
| 216 | -892 | | 892 | 434 | 1442 | 5036 | 1019 | 1.44 |
| 87418 | -26385 | 118 | 29784 | -11224 | 16675 | 34918 | 9494 | 0.33 |
| 1 | -558 | | 558 | -345 | 287 | 636 | 190 | -1.87 |
| 594 | 5436 | | 3226 | 9060 | 4243 | 6509 | 3284 | 7.29 |
| 73 | -1850 | 219 | 5715 | 1527 | 3798 | 6852 | 2985 | 0.91 |
| 2364 | 170754 | 7336 | | 394908 | 255117 | 430804 | 191724 | 5.15 |
| 1 | 1077 | 54 | 722 | -3856 | -4673 | 6243 | -5083 | -0.13 |
| 3615 | 5925 | -241 | | 10239 | 4155 | 7945 | 3712 | 2.33 |
| 390 | -2043 | 72 | 3797 | 3519 | 6042 | 22193 | 4946 | 2.01 |
| 861 | -177403 | 1178 | 186663 | -161378 | 17396 | 87514 | 13869 | -3.27 |
| -7 | 491 | 20 | | 1293 | 822 | 4463 | 673 | 2.63 |
| 927 | 10892 | 4120 | 13676 | 26439 | 20234 | 47053 | 12721 | 3.65 |
| 4 | 592 | 15 | | 303 | -241 | 3563 | -304 | 0.80 |
| 87 | 443 | 231 | 413 | 1880 | 1731 | 16564 | 809 | 0.41 |
| 3 | 168 | 522 | 3350 | 2534 | 2938 | 7912 | 2187 | 4.94 |
| 5 | 1090 | | | 5666 | 4581 | 13206 | 4017 | 18.10 |
| 2251 | -63990 | 280 | 85534 | -16242 | 48870 | 121812 | 41285 | 2.22 |
| 3007 | 58973 | 17130 | 6471 | 68235 | 27631 | 50634 | 7069 | 4.23 |
| 186 | -26279 | | 26279 | -23116 | 3902 | 23108 | 2700 | -3.66 |

# 10-6　国有控股工业企业

## Main economic indicators of state

| 指　　标 | 资产负债率(%) | 流动资产周转率(次/年) | 成本费用利润率(%) | 产品销售率(%) | 从业人员平均人数(人) |
|---|---|---|---|---|---|
| **总　计** | **74.57** | **1.18** | **-1.25** | **99.13** | **192434** |
| 煤炭开采和洗选业 | 90.86 | 0.66 | -8.84 | 99.67 | 91326 |
| 石油和天然气开采业 | 81.59 | 0.33 | -4.53 | 100.00 | 186 |
| 农副食品加工业 | 60.99 | 0.74 | 4.24 | 93.23 | 315 |
| 食品制造业 | 32.42 | 3.31 | 3.26 | 101.97 | 383 |
| 酒、饮料和精制茶制造业 | 39.69 | 1.62 | 19.68 | 90.81 | 682 |
| 烟草制品业 | 12.28 | 1.55 | 28.45 | 100.42 | 953 |
| 印刷和记录媒介复制业 | 71.85 | 1.05 | -4.03 | 92.23 | 1059 |
| 化学原料和化学制品制造业 | 82.71 | 0.84 | -4.45 | 124.97 | 7325 |
| 医药制造业 | 48.17 | 2.11 | -21.40 | 84.51 | 85 |
| 橡胶和塑料制品业 | 61.42 | 4.96 | 2.11 | 74.61 | 1892 |
| 非金属矿物制品业 | 42.90 | 1.10 | -2.94 | 98.97 | 1709 |
| 黑色金属冶炼和压延加工业 | 63.31 | 2.94 | 2.67 | 100.24 | 32021 |
| 有色金属冶炼和压延加工业 | 82.42 | 1.58 | 0.83 | 92.06 | 1047 |
| 金属制品业 | 61.08 | 0.51 | 3.51 | 99.68 | 3587 |
| 通用设备制造业 | 78.33 | 0.51 | -1.38 | 91.44 | 3584 |
| 专用设备制造业 | 78.32 | 0.28 | -22.91 | 87.86 | 14091 |
| 汽车制造业 | 63.08 | 0.89 | 1.97 | 98.99 | 709 |
| 铁路、船舶、航空航天和其他运输设备制造业 | 72.58 | 0.60 | 3.00 | 111.73 | 5034 |
| 电气机械和器材制造业 | 52.38 | 0.79 | 0.82 | 93.06 | 1042 |
| 计算机、通信和其他电子设备制造业 | 82.75 | 0.43 | 0.49 | 100.74 | 2577 |
| 仪器仪表制造业 | 67.52 | 0.65 | 0.64 | 99.41 | 1271 |
| 金属制品、机械和设备修理业 | 46.49 | 1.53 | 2.54 | 100.00 | 962 |
| 电力、热力生产和供应业 | 80.93 | 1.29 | -6.62 | 99.68 | 9813 |
| 燃气生产和供应业 | 78.27 | 2.11 | 6.64 | 100.00 | 7745 |
| 水的生产和供应业 | 46.46 | 0.53 | -23.14 | 100.00 | 3036 |

# 主要经济指标(五)

## holding Industrial Enterprises(5)

单位：万元

| 从业人员期末人数(人) | 平均用工人数(人) | 期末用工人数(人) | 主营业务收入利润率(%) | 人均主营业务收入(万元/人) | 每百元资产实现的主营业务收入(元) | 产成品存货周转天数(天) | 应收账款平均回收期(天) |
|---|---|---|---|---|---|---|---|
| **191193** | **192093** | **188385** | **-1.29** | **68.30** | **36.79** | **29.25** | **79.31** |
| 88380 | 92892 | 89071 | -11.42 | 17.53 | 17.57 | 53.77 | 100.14 |
| 176 | 238 | 238 | -7.38 | 28.29 | 6.19 | | 1049.02 |
| 325 | 315 | 321 | 4.14 | 59.41 | 38.01 | 74.45 | 61.21 |
| 376 | 383 | 376 | 3.23 | 133.00 | 215.42 | 9.31 | 42.40 |
| 692 | 705 | 692 | 14.77 | 59.70 | 94.81 | 23.59 | 5.79 |
| 951 | 953 | 951 | 12.41 | 441.50 | 100.42 | 20.45 | 54.77 |
| 1047 | 1037 | 1027 | -4.38 | 19.66 | 35.82 | 25.82 | 99.34 |
| 7177 | 7171 | 7177 | -4.82 | 76.35 | 45.85 | 9.16 | 140.93 |
| 86 | 86 | 86 | -27.00 | 24.01 | 22.68 | 50.03 | 33.82 |
| 1880 | 1890 | 1882 | 2.12 | 135.72 | 116.98 | 14.87 | 27.09 |
| 1671 | 1728 | 1671 | -3.07 | 34.93 | 31.21 | 34.42 | 83.22 |
| 32797 | 31828 | 30895 | 2.64 | 202.90 | 52.40 | 19.70 | 11.63 |
| 1040 | 1044 | 955 | 0.85 | 121.47 | 84.80 | 31.89 | 34.25 |
| 3491 | 3503 | 3491 | 3.41 | 49.53 | 31.53 | 27.39 | 217.50 |
| 3602 | 3642 | 3688 | -1.41 | 39.91 | 37.30 | 155.06 | 155.51 |
| 13566 | 13217 | 12731 | -28.13 | 47.72 | 21.97 | 136.91 | 534.57 |
| 712 | 753 | 755 | 1.99 | 32.77 | 50.48 | 78.51 | 107.97 |
| 4967 | 5110 | 5029 | 2.94 | 72.59 | 38.08 | 31.77 | 392.73 |
| 1013 | 1042 | 1013 | 0.83 | 68.73 | 39.08 | 130.71 | 140.48 |
| 2688 | 2577 | 2688 | 0.49 | 35.25 | 26.96 | 6.93 | 71.06 |
| 1267 | 1238 | 1278 | 0.62 | 21.81 | 47.89 | 84.95 | 123.55 |
| 949 | 962 | 949 | 2.45 | 46.29 | 141.83 | | 159.49 |
| 11326 | 9851 | 11345 | -7.05 | 92.15 | 27.95 | | 72.45 |
| 7956 | 6831 | 6956 | 6.49 | 133.07 | 37.98 | 2.99 | 33.05 |
| 3058 | 3097 | 3120 | -31.32 | 27.09 | 16.32 | | 53.07 |

# 10-7　集体工业企业

Main economic indicators of

| 指　标 | 企业单位数(个) | 亏损企业 | 工业总产值(当年价格) | 工业销售产值(当年价格) | 出口交货值年初存货 | 产成品 |
|---|---|---|---|---|---|---|
| **总　计** | **13** | **5** | **51373** | **51334** | **5695** | **2665** |
| 纺织服装、服饰业 | 1 | | 2645 | 2846 | 2270 | 1919 |
| 印刷和记录媒介复制业 | 1 | 1 | 281 | 281 | 285 | 222 |
| 黑色金属冶炼和压延加工业 | 1 | | 6122 | 6117 | 549 | 2 |
| 有色金属冶炼和压延加工业 | 1 | | 2475 | 2325 | 26 | |
| 金属制品业 | 6 | 2 | 25447 | 25382 | 1284 | 522 |
| 通用设备制造业 | 1 | | 8518 | 8498 | 32 | |
| 铁路、船舶、航空航天和其他运输设备制造业 | 2 | 2 | 5887 | 5887 | 1248 | |

# 10-7　集体工业企业

Main economic indicators of

| 指　标 | 负债合计 | 流动负债合计 | 应付账款 | 所有者权益合计 | 实收资本 | 集体资本 |
|---|---|---|---|---|---|---|
| **总　计** | **36286** | **36165** | **22446** | **17405** | **10932** | **10334** |
| 纺织服装、服饰业 | 4253 | 4253 | 2534 | 5495 | 2089 | 2089 |
| 印刷和记录媒介复制业 | 1546 | 1524 | 1524 | 1726 | 1827 | 1827 |
| 黑色金属冶炼和压延加工业 | 7235 | 7235 | 6980 | 644 | 200 | 102 |
| 有色金属冶炼和压延加工业 | 3082 | 3082 | 2956 | 1758 | 130 | 130 |
| 金属制品业 | 6660 | 6561 | 1610 | 5909 | 4917 | 4417 |
| 通用设备制造业 | 2094 | 2094 | 937 | 1202 | 982 | 982 |
| 铁路、船舶、航空航天和其他运输设备制造业 | 11416 | 11416 | 5905 | 670 | 787 | 787 |

## 主要经济指标(一)
## collective industrial enterprises(1)

单位：万元

| 资产总计 | 流动资产合计 | 流动资产合计 | | | 固定资产合计 | 固定资产原价 | 累计折旧 | |
|---|---|---|---|---|---|---|---|---|
| | | 应收账款 | 存货 | 产成品 | | | | 本年折旧 |
| **53691** | **46712** | **22508** | **5688** | **2623** | **5329** | **12351** | **7028** | **562** |
| 9748 | 6411 | 1926 | 1915 | 1566 | 2366 | 4284 | 1918 | 106 |
| 3272 | 2856 | 329 | 308 | 210 | 46 | 995 | 948 | 109 |
| 7879 | 7712 | 6543 | 1052 | 7 | 166 | 546 | 386 | 16 |
| 4841 | 4127 | 1518 | 9 | | 498 | 900 | 402 | 6 |
| 12569 | 11562 | 2154 | 1599 | 841 | 915 | 2358 | 1443 | 182 |
| 3297 | 2478 | 1951 | 47 | | 819 | 1561 | 743 | 97 |
| 12087 | 11566 | 8088 | 759 | | 519 | 1708 | 1188 | 45 |

## 主要经济指标(二)
## collective industrial enterprises(2)

单位：万元

| 法人资本 | 个人资本 | 营业收入 | 主营业务收入 | 营业成本 | 主营业务成本 | 营业税金及附加 | 主营业务税金及附加 | 其他业务收入 |
|---|---|---|---|---|---|---|---|---|
| **500** | **98** | **56818** | **54532** | **51066** | **48961** | **532** | **528** | **2286** |
| | | 3469 | 2246 | 3515 | 2371 | 38 | 38 | 1224 |
| | | 3047 | 2161 | 2685 | 1770 | 20 | 20 | 886 |
| | 98 | 6080 | 6080 | 6117 | 6117 | 78 | 78 | |
| | | 2325 | 2325 | 2239 | 2239 | 4 | 4 | |
| 500 | | 27031 | 26939 | 23809 | 23764 | 214 | 214 | 92 |
| | | 8910 | 8826 | 7688 | 7688 | 96 | 92 | 84 |
| | | 5956 | 5956 | 5013 | 5013 | 82 | 82 | |

# 10-7　集体工业企业

Main economic indicators of

| 指　标 | 其他业务利润 | 销售费用 | 管理费用 | 税金 | 财务费用 | 利息收入 | 利息支出 |
|---|---|---|---|---|---|---|---|
| **总　计** | **-29** | **120** | **6734** | **42** | **-94** | **-47** | **1** |
| 纺织服装、服饰业 | | 17 | 629 | | | 1 | |
| 印刷和记录媒介复制业 | -30 | | 466 | 2 | -9 | -9 | 1 |
| 黑色金属冶炼和压延加工业 | | 19 | 268 | 2 | | | |
| 有色金属冶炼和压延加工业 | | | 68 | | -3 | 3 | |
| 金属制品业 | | | 3012 | 25 | -29 | 3 | |
| 通用设备制造业 | | | 1105 | 13 | -5 | 6 | |
| 铁路、船舶、航空航天和其他运输设备制造业 | | 84 | 1185 | | -49 | -50 | |

# 10-7　集体工业企业

Main economic indicators of

| 指　标 | 本年应付职工薪酬 | 本年应交增值税 | 总资产贡献率(%) | 资产负债率(%) | 流动资产周转率(次/年) | 成本费用利润率(%) | 产品销售率(%) |
|---|---|---|---|---|---|---|---|
| **总　计** | **13893** | **4091** | **8.89** | **67.58** | **1.22** | **0.18** | **99.92** |
| 纺织服装、服饰业 | 1049 | 222 | 2.67 | 43.63 | 0.54 | | 107.58 |
| 印刷和记录媒介复制业 | 1241 | 170 | 1.95 | 47.24 | 1.07 | -4.32 | 100.00 |
| 黑色金属冶炼和压延加工业 | 361 | 599 | 11.15 | 91.82 | 0.79 | 3.15 | 99.92 |
| 有色金属冶炼和压延加工业 | 69 | 57 | 1.56 | 63.67 | 0.56 | 0.72 | 93.94 |
| 金属制品业 | 6024 | 1665 | 15.51 | 52.98 | 2.34 | 0.28 | 99.75 |
| 通用设备制造业 | 3692 | 765 | 27.45 | 63.53 | 3.60 | 0.56 | 99.76 |
| 铁路、船舶、航空航天和其他运输设备制造业 | 1455 | 613 | 5.31 | 94.45 | 0.51 | -1.66 | 100.00 |

# 主要经济指标(三)
collective industrial enterprises(3)

单位：万元

| 营业利润 | 营业外收入 | 政府补助 | 营业外支出 | 利润总额 | 所得税费用 | 亏损企业亏损总额 | 利税总额 | 应交税金及附加 |
|---|---|---|---|---|---|---|---|---|
| **-1539** | **1684** | **1118** | **43** | **102** | **51** | **288** | **4726** | **4716** |
| -730 | 730 | 204 | | | | | 261 | 261 |
| -115 | 18 | | 39 | -136 | 1 | 136 | 54 | 192 |
| -401 | 603 | 603 | | 201 | 1 | | 878 | 680 |
| 17 | | | | 17 | 3 | | 78 | 65 |
| 25 | 53 | 31 | 4 | 74 | 31 | 49 | 1953 | 1935 |
| 25 | 25 | 25 | | 49 | 12 | | 911 | 886 |
| -359 | 256 | 256 | | -103 | 3 | 103 | 591 | 698 |

# 主要经济指标(四)
collective industrial enterprises(4)

单位：万元

| 从业人员平均人数(人) | 从业人员期末人数(人) | 平均用工人数(人) | 期末用工人数(人) | 主营业务收入利润率(%) | 人均主营业务收入(万元/人) | 每百元资产实现的主营业务收入(元) | 产成品存货周转天数(天) | 应收账款平均回收期(天) |
|---|---|---|---|---|---|---|---|---|
| **3559** | **3481** | **3535** | **3438** | **0.19** | **15.43** | **101.57** | **19.29** | **148.59** |
| 349 | 342 | 349 | 342 | | 6.43 | 23.04 | 237.66 | 308.76 |
| 254 | 237 | 254 | 237 | -6.28 | 8.51 | 66.05 | 42.65 | 54.73 |
| 134 | 134 | 134 | 134 | 3.31 | 45.37 | 77.16 | 0.42 | 387.47 |
| 25 | 25 | 25 | 25 | 0.71 | 93.00 | 48.03 | | 235.08 |
| 1848 | 1809 | 1824 | 1766 | 0.28 | 14.77 | 214.33 | 12.74 | 28.78 |
| 610 | 593 | 610 | 593 | 0.56 | 14.47 | 267.71 | | 79.56 |
| 339 | 341 | 339 | 341 | -1.73 | 17.57 | 49.28 | | 488.83 |

# 10-8　私营工业企业

## Major economic indicators of

| 指　　标 | 企业单位数（个） | 亏损企业 | 工业总产值（当年价格） | 工业销售产值（当年价格） | 出口交货值 |
|---|---|---|---|---|---|
| **总　计** | **184** | **45** | **1851909** | **1721318** | **6090** |
| 煤炭开采和洗选业 | 14 | 8 | 177748 | 141829 | |
| 黑色金属矿采选业 | 2 | 1 | 26700 | 25800 | |
| 农副食品加工业 | 10 | 1 | 285286 | 277515 | |
| 食品制造业 | 9 | | 93932 | 93817 | |
| 酒、饮料和精制茶制造业 | 2 | | 4814 | 4896 | |
| 纺织服装、服饰业 | 1 | | 3676 | 3676 | |
| 家具制造业 | 2 | | 7561 | 7561 | |
| 造纸和纸制品业 | 5 | 1 | 16743 | 16657 | |
| 印刷和记录媒介复制业 | 5 | 1 | 24307 | 24307 | |
| 文教、工美、体育和娱乐用品制造业 | 1 | | 19097 | 9307 | |
| 石油加工、炼焦和核燃料加工业 | 3 | 3 | 68494 | 66996 | |
| 化学原料和化学制品制造业 | 6 | 1 | 78327 | 76027 | |
| 医药制造业 | 4 | 1 | 14319 | 15139 | 1883 |
| 橡胶和塑料制品业 | 4 | | 33555 | 35865 | |
| 非金属矿物制品业 | 36 | 8 | 286280 | 251403 | |
| 黑色金属冶炼和压延加工业 | 5 | 1 | 197975 | 198688 | |
| 有色金属冶炼和压延加工业 | 5 | 3 | 69876 | 55294 | 2005 |
| 金属制品业 | 13 | 4 | 94346 | 76300 | 1982 |
| 通用设备制造业 | 8 | 1 | 63404 | 61951 | 212 |
| 专用设备制造业 | 17 | 4 | 80817 | 80168 | 8 |
| 汽车制造业 | 2 | 1 | 34370 | 35023 | |
| 铁路、船舶、航空航天和其他运输设备制造业 | 1 | | 1328 | 1328 | |
| 电气机械和器材制造业 | 11 | 3 | 45324 | 42381 | |
| 计算机、通信和其他电子设备制造业 | 10 | 1 | 55223 | 53340 | |
| 仪器仪表制造业 | 6 | 1 | 50726 | 48370 | |
| 金属制品、机械和设备修理业 | 1 | | 2474 | 2474 | |
| 电力、热力生产和供应业 | 1 | 1 | 15207 | 15207 | |

# 主要经济指标(一)
# private industrial enterprises(1)

单位：万元

| 年初存货 | | 资产总计 | 流动资产合计 | | | | 固定资产合计 |
|---|---|---|---|---|---|---|---|
| | 产成品 | | 流动资产合计 | 应收账款 | 存货 | 产成品 | |
| **296314** | **115086** | **2813110** | **1635649** | **604068** | **345521** | **132463** | **840379** |
| 23698 | 11002 | 265714 | 96607 | 15795 | 29848 | 11956 | 123104 |
| 276 | 89 | 52196 | 23574 | 11018 | 3503 | 2704 | 17112 |
| 17778 | 3181 | 193058 | 101033 | 11149 | 21877 | 7192 | 71673 |
| 10365 | 2365 | 117796 | 40627 | 13068 | 13334 | 3046 | 69203 |
| 2636 | | 17617 | 12575 | 1146 | 3322 | 1205 | 3997 |
| 22 | 11 | 2071 | 1031 | 105 | 697 | 11 | 251 |
| 1556 | | 13091 | 7400 | 790 | 1745 | | 5388 |
| 3734 | 1706 | 26259 | 14395 | 7892 | 4184 | 2070 | 7171 |
| 5915 | 3014 | 38789 | 23962 | 6023 | 6652 | 27 | 13264 |
| 33 | | 13427 | 13060 | 9056 | 50 | | 367 |
| 29582 | 20973 | 143503 | 87957 | 14863 | 32492 | 11290 | 29276 |
| 6325 | 2414 | 48616 | 27594 | 15835 | 7109 | 3527 | 13798 |
| 3945 | 689 | 59850 | 36731 | 3961 | 9574 | 2115 | 15850 |
| 9897 | 4440 | 50178 | 39737 | 22398 | 11264 | 5405 | 6375 |
| 17706 | 5321 | 423584 | 293878 | 219002 | 16757 | 7341 | 112050 |
| 43875 | 21976 | 344926 | 156189 | 10931 | 40071 | 21469 | 127636 |
| 6001 | 3337 | 92910 | 31756 | 769 | 14465 | 11148 | 51612 |
| 17141 | 7807 | 103691 | 81172 | 38227 | 18232 | 7519 | 15959 |
| 13906 | 8957 | 95588 | 68907 | 14608 | 24122 | 15669 | 21736 |
| 18627 | 2338 | 181600 | 129322 | 65132 | 23690 | 2142 | 26398 |
| 21628 | 8886 | 73143 | 36829 | 12000 | 16856 | 8473 | 36066 |
| 3371 | 1102 | 7735 | 6849 | 2931 | 2152 | 1102 | 858 |
| 4334 | 642 | 68627 | 57686 | 37051 | 5198 | 1185 | 5581 |
| 8307 | 2138 | 99496 | 67701 | 20632 | 8525 | 3789 | 24204 |
| 25536 | 2700 | 163268 | 122936 | 46700 | 29473 | 1959 | 12334 |
| | | 2120 | 1775 | 1073 | | | 145 |
| 121 | | 114261 | 54366 | 1915 | 334 | 121 | 28974 |

# 10-8　私营工业企业
## Major economic indicators of

| 指　标 | 固定资产原价 | 累计折旧 | 本年折旧 | 负债合计 | 流动负债合计 |
|---|---|---|---|---|---|
| **总　计** | **1184297** | **423602** | **78666** | **2293430** | **1873821** |
| 煤炭开采和洗选业 | 147556 | 25720 | 7749 | 244842 | 222834 |
| 黑色金属矿采选业 | 25953 | 15603 | 8927 | 43031 | 27531 |
| 农副食品加工业 | 86006 | 15158 | 5992 | 86515 | 75434 |
| 食品制造业 | 83863 | 16630 | 4518 | 50697 | 39874 |
| 酒、饮料和精制茶制造业 | 7629 | 4967 | 408 | 6848 | 6207 |
| 纺织服装、服饰业 | 317 | 66 | 58 | 1600 | 1600 |
| 家具制造业 | 8023 | 2635 | 389 | 2167 | 1998 |
| 造纸和纸制品业 | 10309 | 3305 | 642 | 18367 | 17714 |
| 印刷和记录媒介复制业 | 22323 | 13543 | 1956 | 26646 | 24939 |
| 文教、工美、体育和娱乐用品制造业 | 1163 | 797 | 132 | 11654 | 11654 |
| 石油加工、炼焦和核燃料加工业 | 85228 | 59086 | 6087 | 205137 | 200232 |
| 化学原料和化学制品制造业 | 24028 | 10240 | 2009 | 21266 | 21199 |
| 医药制造业 | 19969 | 4316 | 517 | 31474 | 25291 |
| 橡胶和塑料制品业 | 8655 | 2850 | 370 | 37514 | 37484 |
| 非金属矿物制品业 | 178018 | 68697 | 15290 | 339519 | 316218 |
| 黑色金属冶炼和压延加工业 | 220693 | 93058 | 8813 | 500983 | 274812 |
| 有色金属冶炼和压延加工业 | 57591 | 8822 | 430 | 70967 | 70967 |
| 金属制品业 | 31835 | 16695 | 1573 | 58032 | 57789 |
| 通用设备制造业 | 33400 | 12482 | 1387 | 76481 | 58023 |
| 专用设备制造业 | 47015 | 20793 | 3856 | 111384 | 102650 |
| 汽车制造业 | 7530 | 2682 | 590 | 70556 | 70556 |
| 铁路、船舶、航空航天和其他运输设备制造业 | 3185 | 2315 | 161 | 2723 | 2723 |
| 电气机械和器材制造业 | 6977 | 3601 | 331 | 28088 | 27862 |
| 计算机、通信和其他电子设备制造业 | 12324 | 6288 | 959 | 56396 | 51928 |
| 仪器仪表制造业 | 17162 | 4828 | 1140 | 74698 | 74598 |
| 金属制品、机械和设备修理业 | 280 | 136 | 19 | 1370 | 1370 |
| 电力、热力生产和供应业 | 37265 | 8291 | 4364 | 114478 | 50336 |

# 主要经济指标(二)
## private industrial enterprises(2)

单位：万元

| 应付账款 | 非流动负债合计 | 所有者权益合计 | 实收资本 | 国家资本 | 集体资本 | 法人资本 | 个人资本 | 港澳台资本 |
|---|---|---|---|---|---|---|---|---|
| **530073** | **374115** | **519677** | **451623** | **10132** | **4058** | **117443** | **319878** | **45** |
| 42506 | 22008 | 20871 | 33880 | | | 5580 | 28300 | |
| 531 | | 9166 | 1800 | | | 1000 | 800 | |
| 10462 | 56 | 106544 | 19112 | 30 | | 2482 | 16600 | |
| 10263 | 5765 | 67099 | 21418 | | | 6881 | 14536 | |
| 43 | 641 | 10769 | 6100 | | | 1000 | 5100 | |
| -875 | | 471 | 500 | | | | 500 | |
| 621 | 169 | 10924 | 2700 | | | | 2700 | |
| 1214 | 653 | 7893 | 8458 | | | 1440 | 7018 | |
| 6551 | 1708 | 12143 | 7260 | | | | 7260 | |
| 11625 | | 1772 | 50 | | | | 50 | |
| 28199 | 4904 | -61633 | 23300 | | | | 23300 | |
| 7376 | 40 | 27350 | 16845 | | | 3090 | 13755 | |
| 3611 | 3593 | 28376 | 11953 | | | 1460 | 10493 | |
| 9456 | 30 | 12665 | 11727 | | | 6307 | 5420 | |
| 220554 | 15900 | 84064 | 72959 | | | 24665 | 48294 | |
| 25370 | 226171 | -156057 | 7989 | | | 6989 | 1000 | |
| 2023 | | 21943 | 22200 | 10000 | | 6700 | 5500 | |
| 12695 | 55 | 45658 | 19517 | | | 1150 | 18367 | |
| 14648 | 18458 | 19107 | 22680 | | 4000 | 3380 | 15300 | |
| 33169 | 5127 | 70216 | 44236 | | | 12401 | 31835 | |
| 10161 | | 2587 | 4180 | | | 4080 | 100 | |
| 913 | | 5011 | 5000 | | | | 5000 | |
| 14771 | 128 | 40539 | 43597 | 102 | 58 | 11059 | 32265 | 45 |
| 21076 | 4467 | 43100 | 16824 | | | 2192 | 14632 | |
| 37000 | 100 | 88569 | 26239 | | | 15568 | 10671 | |
| 728 | | 750 | 100 | | | 18 | 82 | |
| 5383 | 64142 | -217 | 1000 | | | | 1000 | |

# 10-8 私营工业企业

Major economic indicators of

| 指 标 | 外商资本 | 营业收入 | 主营业务收入 | 营业成本 | 主营业务成本 |
|---|---|---|---|---|---|
| **总 计** | **69** | **1833818** | **1777065** | **1625194** | **1570259** |
| 煤炭开采和洗选业 | | 156355 | 154483 | 138182 | 136681 |
| 黑色金属矿采选业 | | 14682 | 14682 | 10176 | 10176 |
| 农副食品加工业 | | 278083 | 278083 | 239031 | 238616 |
| 食品制造业 | | 83418 | 83367 | 55544 | 55544 |
| 酒、饮料和精制茶制造业 | | 4557 | 4557 | 3274 | 3274 |
| 纺织服装、服饰业 | | 3676 | 3676 | 3514 | 3514 |
| 家具制造业 | | 7561 | 7561 | 4801 | 4801 |
| 造纸和纸制品业 | | 19612 | 19562 | 18459 | 18459 |
| 印刷和记录媒介复制业 | | 24371 | 24294 | 21138 | 21138 |
| 文教、工美、体育和娱乐用品制造业 | | 9307 | 9307 | 8656 | 8656 |
| 石油加工、炼焦和核燃料加工业 | | 66971 | 61083 | 61692 | 55812 |
| 化学原料和化学制品制造业 | | 73433 | 72083 | 65624 | 64413 |
| 医药制造业 | | 17451 | 16569 | 9111 | 9111 |
| 橡胶和塑料制品业 | | 35397 | 35396 | 30718 | 30718 |
| 非金属矿物制品业 | | 307276 | 305375 | 278734 | 274388 |
| 黑色金属冶炼和压延加工业 | | 235250 | 198770 | 261263 | 225577 |
| 有色金属冶炼和压延加工业 | | 56347 | 55294 | 54796 | 54008 |
| 金属制品业 | | 84914 | 84745 | 77189 | 76832 |
| 通用设备制造业 | | 54096 | 53517 | 39633 | 38522 |
| 专用设备制造业 | | 81790 | 81523 | 64761 | 64761 |
| 汽车制造业 | | 26741 | 26022 | 23886 | 23009 |
| 铁路、船舶、航空航天和其他运输设备制造业 | | 2026 | 2026 | 1790 | 1790 |
| 电气机械和器材制造业 | 69 | 49879 | 49506 | 45068 | 44832 |
| 计算机、通信和其他电子设备制造业 | | 68890 | 63854 | 48556 | 46126 |
| 仪器仪表制造业 | | 47561 | 47557 | 40030 | 39933 |
| 金属制品、机械和设备修理业 | | 2475 | 2475 | 2111 | 2111 |
| 电力、热力生产和供应业 | | 21700 | 21700 | 17458 | 17458 |

# 主要经济指标（三）
# private industrial enterprises(3)

单位：万元

| 营业税金及附加 | 主营业务税金及附加 | 其他业务收入 | 其他业务利润 | 销售费用 | 管理费用 | 税金 | 财务费用 | 利息收入 |
|---|---|---|---|---|---|---|---|---|
| **10804** | **10779** | **56753** | **6210** | **67301** | **90422** | **3353** | **39463** | **-493** |
| 3989 | 3986 | 1872 | -43 | 5899 | 3106 | 119 | 917 | -487 |
| 1483 | 1483 | | | 1684 | 1257 | 35 | -4 | |
| 506 | 506 | | | 13771 | 5366 | 9 | 2274 | 6 |
| 298 | 298 | 51 | | 8176 | 6961 | 367 | 1848 | 30 |
| 42 | 42 | | | 315 | 478 | 1 | 29 | |
| | | | | 25 | 126 | | | |
| 17 | 17 | | | 1348 | 1024 | 3 | -23 | 24 |
| 51 | 51 | 50 | 50 | 152 | 486 | 44 | 367 | 6 |
| 91 | 91 | 77 | | 156 | 1566 | 24 | 648 | 29 |
| 25 | 25 | | | 368 | 180 | | -4 | |
| 269 | 269 | 5888 | 7 | 3386 | 4031 | 82 | 6260 | 19 |
| 164 | 164 | 1350 | 140 | 1598 | 2870 | 37 | 2591 | |
| 180 | 180 | 882 | 882 | 1628 | 2898 | 65 | 382 | 72 |
| 42 | 42 | 1 | 1 | 793 | 1437 | 17 | 817 | 1 |
| 1330 | 1309 | 1901 | 1686 | 7182 | 11818 | 366 | 5766 | 28 |
| 134 | 134 | 36480 | | 483 | 2977 | 933 | 6491 | -329 |
| 31 | 31 | 1053 | 266 | 296 | 1451 | 47 | 1813 | 34 |
| 538 | 538 | 168 | 5 | 1769 | 3072 | 452 | 554 | 3 |
| 105 | 105 | 579 | 68 | 1936 | 3216 | 38 | 2536 | 58 |
| 461 | 461 | 268 | 171 | 3316 | 9848 | 308 | 2264 | -9 |
| 10 | 10 | 719 | | 1003 | 2850 | 140 | 509 | 2 |
| 21 | 21 | | | | 195 | | 21 | |
| 342 | 342 | 373 | 105 | 1478 | 3500 | 58 | 383 | 2 |
| 295 | 295 | 5036 | 2868 | 2228 | 10422 | 60 | 1949 | 6 |
| 323 | 323 | 5 | 5 | 3446 | 7481 | 143 | 8 | 1 |
| 29 | 29 | | | | 175 | | -1 | |
| 31 | 31 | | | 4862 | 1633 | 4 | 1072 | 11 |

# 10-8 私营工业企业

Major economic indicators of

| 指 标 | 利息支出 | 营业利润 | 资产减值损失 | 公允价值变动收益 | 投资收益 | 营业外收入 |
|---|---|---|---|---|---|---|
| **总 计** | **33568** | **-554** | **1759** | **50** | **525** | **16137** |
| 煤炭开采和洗选业 | 422 | 4350 | -89 | | | 129 |
| 黑色金属矿采选业 | -4 | 86 | | | | 66 |
| 农副食品加工业 | 1909 | 17136 | | | | 40 |
| 食品制造业 | 1414 | 10612 | 6 | | 26 | 1206 |
| 酒、饮料和精制茶制造业 | 29 | 419 | | | | |
| 纺织服装、服饰业 | | 11 | | | | |
| 家具制造业 | | 395 | | | | 86 |
| 造纸和纸制品业 | 379 | 97 | | | | 70 |
| 印刷和记录媒介复制业 | 486 | 772 | | | | |
| 文教、工美、体育和娱乐用品制造业 | | 83 | | | | |
| 石油加工、炼焦和核燃料加工业 | 4876 | -8545 | | | 123 | 3398 |
| 化学原料和化学制品制造业 | 2481 | 577 | 11 | | | 397 |
| 医药制造业 | 442 | 3202 | 56 | | 7 | 154 |
| 橡胶和塑料制品业 | 810 | 1590 | | | | 51 |
| 非金属矿物制品业 | 5045 | 2342 | 102 | | | 1280 |
| 黑色金属冶炼和压延加工业 | 6787 | -36098 | | | | 798 |
| 有色金属冶炼和压延加工业 | 1810 | -2038 | | | | 180 |
| 金属制品业 | 545 | 1786 | 6 | | | 922 |
| 通用设备制造业 | 2092 | 6670 | | | 2 | 230 |
| 专用设备制造业 | 820 | 1110 | 31 | | | 1920 |
| 汽车制造业 | 92 | -1817 | 299 | | | 267 |
| 铁路、船舶、航空航天和其他运输设备制造业 | 21 | | | | | |
| 电气机械和器材制造业 | 65 | -890 | | | 2 | 154 |
| 计算机、通信和其他电子设备制造业 | 1963 | 5854 | 2 | 50 | 365 | 806 |
| 仪器仪表制造业 | | -5061 | 1336 | | | 1346 |
| 金属制品、机械和设备修理业 | | 161 | | | | |
| 电力、热力生产和供应业 | 1083 | -3357 | | | | 2637 |

# 主要经济指标(四)
## private industrial enterprises(4)

单位：万元

| 政府补助 | 营业外支出 | 利润总额 | 所得税费用 | 亏损企业亏损总额 | 利税总额 | 应交税金及附加 | 本年应付职工薪酬 | 本年应交增值税 |
|---|---|---|---|---|---|---|---|---|
| **7420** | **2647** | **12935** | **6528** | **59886** | **49232** | **46177** | **86903** | **25493** |
| 80 | 207 | 4273 | 1876 | 3840 | 10530 | 8252 | 1941 | 2269 |
|  | 63 | 89 | 138 | 197 | 1679 | 1763 | 1497 | 107 |
| 29 | 32 | 17144 | 1 | 44 | 17693 | 560 | 3323 | 44 |
| 9 | 478 | 11341 | 1839 |  | 14497 | 5363 | 5384 | 2858 |
|  |  | 419 | 81 |  | 565 | 228 | 239 | 104 |
|  |  | 11 | 2 |  | 12 | 3 | 361 | 1 |
|  | 5 | 475 | 7 |  | 601 | 136 | 1006 | 109 |
| 40 | 4 | 162 | 34 | 2 | 362 | 278 | 1027 | 150 |
|  | 131 | 642 | 10 | 52 | 1280 | 673 | 2015 | 548 |
|  |  | 83 | 21 |  | 314 | 252 | 80 | 206 |
| 3398 | 24 | -5170 |  | 5170 | -3911 | 1341 | 4012 | 991 |
| 340 | 37 | 936 | 150 | 76 | 2302 | 1553 | 2457 | 1202 |
| 93 | 75 | 3281 | 569 | 307 | 4283 | 1635 | 2519 | 822 |
| 51 | 5 | 1636 | 41 |  | 2053 | 475 | 1155 | 375 |
| 433 | 574 | 3048 | 728 | 1073 | 11993 | 10039 | 14489 | 7615 |
| 234 | 263 | -35562 | 2 | 36717 | -35352 | 1145 | 6121 | 77 |
| 2 | 11 | -1870 | 6 | 2100 | -1371 | 551 | 3284 | 468 |
| 565 | 341 | 2367 | 691 | 596 | 4948 | 3725 | 8673 | 2044 |
| 149 | 199 | 6702 | 57 | 266 | 7476 | 870 | 2043 | 669 |
| 476 | 97 | 2934 | 474 | 937 | 6418 | 4267 | 9096 | 3024 |
|  | 5 | -1555 |  | 1613 | -1369 | 326 | 2379 | 176 |
|  |  |  |  |  | 200 | 199 | 493 | 179 |
| 47 | 53 | -789 | 49 | 1220 | 334 | 1231 | 2422 | 781 |
| 272 | 5 | 6655 | 485 | 65 | 9240 | 3130 | 4753 | 2291 |
| 1202 | 12 | -3727 | -733 | 4862 | -941 | 2196 | 3536 | 2463 |
|  |  | 161 |  |  | 451 | 290 | 1623 | 262 |
|  | 30 | -749 |  | 749 | -5056 | -4303 | 977 | -4338 |

# 10-8 私营工业企业

## Major economic indicators of

| 指 标 | 总资产贡献率（%） | 资产负债率（%） | 流动资产周转率(次/年) | 成本费用利润率(%) | 产品销售率(%) |
|---|---|---|---|---|---|
| **总 计** | **2.96** | **81.53** | **1.12** | **0.71** | **92.95** |
| 煤炭开采和洗选业 | 4.31 | 92.15 | 1.62 | 2.88 | 79.79 |
| 黑色金属矿采选业 | 3.21 | 82.44 | 0.62 | 0.68 | 96.63 |
| 农副食品加工业 | 10.15 | 44.81 | 2.75 | 6.58 | 97.28 |
| 食品制造业 | 13.48 | 43.04 | 2.05 | 15.64 | 99.88 |
| 酒、饮料和精制茶制造业 | 3.37 | 38.87 | 0.36 | 10.22 | 101.69 |
| 纺织服装、服饰业 | 0.55 | 77.27 | 3.57 | 0.30 | 100.00 |
| 家具制造业 | 4.40 | 16.55 | 1.02 | 6.65 | 100.00 |
| 造纸和纸制品业 | 2.80 | 69.94 | 1.36 | 0.83 | 99.49 |
| 印刷和记录媒介复制业 | 4.48 | 68.70 | 1.02 | 2.73 | 100.00 |
| 文教、工美、体育和娱乐用品制造业 | 2.34 | 86.80 | 0.71 | 0.90 | 48.73 |
| 石油加工、炼焦和核燃料加工业 | 0.66 | 142.95 | 0.76 | -6.86 | 97.81 |
| 化学原料和化学制品制造业 | 9.84 | 43.74 | 2.66 | 1.29 | 97.06 |
| 医药制造业 | 7.77 | 52.59 | 0.48 | 23.40 | 105.73 |
| 橡胶和塑料制品业 | 5.70 | 74.76 | 0.89 | 4.84 | 106.88 |
| 非金属矿物制品业 | 4.02 | 80.15 | 1.05 | 1.00 | 87.82 |
| 黑色金属冶炼和压延加工业 | -8.19 | 145.24 | 1.51 | -13.11 | 100.36 |
| 有色金属冶炼和压延加工业 | 0.44 | 76.38 | 1.77 | -3.20 | 79.13 |
| 金属制品业 | 5.29 | 55.97 | 1.05 | 2.87 | 80.87 |
| 通用设备制造业 | 9.95 | 80.01 | 0.79 | 14.16 | 97.71 |
| 专用设备制造业 | 3.99 | 61.33 | 0.63 | 3.66 | 99.20 |
| 汽车制造业 | -1.75 | 96.46 | 0.73 | -5.50 | 101.90 |
| 铁路、船舶、航空航天和其他运输设备制造业 | 2.85 | 35.21 | 0.30 | 0.01 | 100.00 |
| 电气机械和器材制造业 | 0.58 | 40.93 | 0.86 | -1.56 | 93.51 |
| 计算机、通信和其他电子设备制造业 | 11.25 | 56.68 | 1.02 | 10.54 | 96.59 |
| 仪器仪表制造业 | -0.58 | 45.75 | 0.39 | -7.31 | 95.36 |
| 金属制品、机械和设备修理业 | 21.26 | 64.60 | 1.39 | 7.02 | 100.00 |
| 电力、热力生产和供应业 | -3.49 | 100.19 | 0.40 | -2.99 | 100.00 |

# 主要经济指标(五)
# private industrial enterprises(5)

单位：万元

| 从业人员平均人数(人) | 从业人员期末人数(人) | 平均用工人数(人) | 期末用工人数(人) | 主营业务收入利润率(%) | 人均主营业务收入(万元/人) | 每百元资产实现的主营业务收入(元) | 产成品存货周转天数(天) | 应收账款平均回收期(天) |
|---|---|---|---|---|---|---|---|---|
| **22659** | **22417** | **22447** | **22248** | **0.73** | **79.17** | **63.17** | **30.37** | **122.37** |
| 1481 | 1558 | 1465 | 1544 | 2.77 | 105.45 | 58.14 | 31.49 | 36.81 |
| 373 | 405 | 385 | 384 | 0.60 | 38.13 | 28.13 | 95.64 | 270.15 |
| 965 | 937 | 946 | 873 | 6.17 | 293.96 | 144.04 | 10.85 | 14.43 |
| 1557 | 1583 | 1625 | 1590 | 13.60 | 51.30 | 70.77 | 19.74 | 56.43 |
| 98 | 100 | 98 | 100 | 9.19 | 46.50 | 25.87 | 132.50 | 90.53 |
| 80 | 95 | 190 | 190 | 0.30 | 19.35 | 177.56 | 1.14 | 10.26 |
| 205 | 211 | 205 | 211 | 6.29 | 36.88 | 57.76 |  | 37.60 |
| 364 | 304 | 332 | 272 | 0.83 | 58.92 | 74.49 | 40.37 | 145.24 |
| 495 | 403 | 492 | 400 | 2.64 | 49.38 | 62.63 | 0.46 | 89.25 |
| 21 | 21 | 32 | 31 | 0.89 | 290.83 | 69.31 |  | 350.30 |
| 1256 | 1312 | 1196 | 1198 | -8.46 | 51.07 | 42.57 | 72.82 | 87.59 |
| 527 | 521 | 525 | 515 | 1.30 | 137.30 | 148.27 | 19.71 | 79.09 |
| 470 | 500 | 448 | 455 | 19.80 | 36.98 | 27.68 | 83.58 | 86.07 |
| 378 | 373 | 324 | 286 | 4.62 | 109.25 | 70.54 | 63.34 | 227.80 |
| 3745 | 3757 | 3600 | 3660 | 1.00 | 84.83 | 72.09 | 9.63 | 258.18 |
| 2293 | 2297 | 2158 | 2179 | -17.89 | 92.11 | 57.63 | 34.26 | 19.80 |
| 1061 | 1055 | 1060 | 1056 | -3.38 | 52.16 | 59.51 | 74.31 | 5.01 |
| 2068 | 1852 | 1997 | 2062 | 2.79 | 42.44 | 81.73 | 35.23 | 162.39 |
| 682 | 663 | 644 | 626 | 12.52 | 83.10 | 55.99 | 146.43 | 98.26 |
| 1727 | 1667 | 1834 | 1741 | 3.60 | 44.45 | 44.89 | 11.91 | 287.62 |
| 523 | 533 | 523 | 533 | -5.97 | 49.76 | 35.58 | 132.56 | 166.01 |
| 113 | 109 | 109 | 102 | 0.01 | 18.59 | 26.19 | 221.72 | 520.86 |
| 472 | 467 | 482 | 467 | -1.59 | 102.71 | 72.14 | 9.51 | 269.43 |
| 787 | 819 | 867 | 908 | 10.42 | 73.65 | 64.18 | 29.57 | 116.32 |
| 431 | 428 | 423 | 418 | -7.84 | 112.43 | 29.13 | 17.66 | 353.51 |
| 275 | 77 | 275 | 77 | 6.48 | 9.00 | 116.75 |  | 156.07 |
| 212 | 370 | 212 | 370 | -3.45 | 102.36 | 18.99 | 2.49 | 31.77 |

# 10-9 外商投资和港澳台商

## The main economic indicators of Industrial Enterprises with

| 指 标 | 企业单位数(个) | 亏损企业 | 工业总产值(当年价格) | 工业销售产值(当年价格) | 出口交货值 | 年初存货 | 产成品 | 资产总计 |
|---|---|---|---|---|---|---|---|---|
| **总 计** | **20** | **8** | **6789615** | **7126896** | **5559010** | **756724** | **437235** | **7458403** |
| 食品制造业 | 1 | | 41160 | 42237 | | 1017 | 304 | 19096 |
| 酒、饮料和精制茶制造业 | 2 | 1 | 39512 | 40105 | | 4911 | 3659 | 37923 |
| 纺织业 | 1 | 1 | 4703 | 4205 | 76 | 1728 | 402 | 25167 |
| 石油加工、炼焦和核燃料加工业 | 2 | 2 | 117193 | 105142 | | 40109 | 21107 | 222916 |
| 化学原料和化学制品制造业 | 1 | | 17515 | 16999 | | 2795 | 1331 | 20031 |
| 橡胶和塑料制品业 | 1 | | 18403 | 14253 | | 2622 | 45 | 41110 |
| 非金属矿物制品业 | 2 | 2 | 18598 | 18691 | | 5023 | 1977 | 39945 |
| 黑色金属冶炼和压延加工业 | 1 | 1 | 2837 | 2837 | | 324 | | 1145 |
| 通用设备制造业 | 1 | | 12509 | 13778 | | 3676 | 3418 | 12823 |
| 专用设备制造业 | 2 | 1 | 14471 | 18111 | 4418 | 9221 | 1477 | 24672 |
| 汽车制造业 | 1 | | 6554 | 7018 | | 1753 | 856 | 11265 |
| 铁路、船舶、航空航天和其他运输设备制造业 | 1 | | 240303 | 240770 | | 51570 | 3359 | 218448 |
| 计算机、通信和其他电子设备制造业 | 2 | | 6152182 | 6499077 | 5554516 | 609223 | 397772 | 6630182 |
| 仪器仪表制造业 | 1 | | 86254 | 86254 | | 20845 | | 105815 |
| 废弃资源综合利用业 | 1 | | 17420 | 17420 | | 1908 | 1529 | 47866 |

# 10-9 外商投资和港澳台商

## The main economic indicators of Industrial Enterprises with

| 指 标 | 流动负债合计 | 应付账款 | 非流动负债合计 | 所有者权益合计 | 实收资本 | 国家资本 | 法人资本 |
|---|---|---|---|---|---|---|---|
| **总 计** | **5780578** | **2307066** | **39463** | **1638363** | **778831** | **2127** | **6163** |
| 食品制造业 | 5274 | 3703 | 154 | 13668 | 11667 | | |
| 酒、饮料和精制茶制造业 | 30543 | 4728 | | 7380 | 8313 | | |
| 纺织业 | 22377 | 12413 | | 2790 | 12520 | | |
| 石油加工、炼焦和核燃料加工业 | 241173 | 48930 | 2017 | -20274 | 15235 | | 6163 |
| 化学原料和化学制品制造业 | 3993 | 2205 | | 16038 | 4340 | 2127 | |
| 橡胶和塑料制品业 | 8444 | 1306 | | 32667 | 23144 | | |
| 非金属矿物制品业 | 20701 | 14407 | 15291 | 3952 | 16010 | | |
| 黑色金属冶炼和压延加工业 | 481 | 1 | | 664 | 1903 | | |
| 通用设备制造业 | 9260 | 7518 | | 3563 | 3168 | | |
| 专用设备制造业 | 17010 | 7597 | 972 | 6690 | 23055 | | |
| 汽车制造业 | 6235 | 2387 | | 5030 | 3004 | | |
| 铁路、船舶、航空航天和其他运输设备制造业 | 118077 | 36311 | 4998 | 95373 | 16071 | | |
| 计算机、通信和其他电子设备制造业 | 5252813 | 2144707 | | 1377369 | 610402 | | |
| 仪器仪表制造业 | 39839 | 19922 | 4031 | 61945 | 5000 | | |
| 废弃资源综合利用业 | 4359 | 931 | 12000 | 31506 | 25000 | | |

# 投资工业企业主要经济指标(一)
# Hong Kong, Macao and Taiwan and foreign fonds(1)

单位：万元

| 流动资产合计 | 应收账款 | 存货 | 产成品 | 固定资产合计 | 固定资产原价 | 累计折旧 | 本年折旧 | 负债合计 |
|---|---|---|---|---|---|---|---|---|
| **6315904** | **1306608** | **643284** | **98073** | **868635** | **1700511** | **833025** | **180707** | **5820040** |
| 12546 | 4960 | 1549 | 309 | 3779 | 16904 | 13124 | 1574 | 5428 |
| 13143 | 1353 | 4710 | 3027 | 24186 | 55311 | 30729 | 3044 | 30543 |
| 21000 | 6581 | 214 | 201 | 603 | 3878 | 3275 | 568 | 22377 |
| 122873 | 18870 | 66032 | 25387 | 58384 | 124868 | 66485 | 5812 | 243189 |
| 16551 | 7278 | 2475 | 1264 | 3392 | 12232 | 8840 | 366 | 3993 |
| 12535 | 1757 | 2799 | 25 | 28507 | 60380 | 31887 | 6001 | 8444 |
| 15752 | 1409 | 6181 | 3438 | 19288 | 26695 | 8418 | 933 | 35993 |
| 845 | | 333 | | | 1701 | 1401 | 130 | 481 |
| 6886 | 213 | 3392 | 2881 | 5455 | 5455 | 817 | 642 | 9260 |
| 15151 | 6930 | 6278 | 1470 | 9511 | 25945 | 16438 | 1162 | 17982 |
| 6620 | 2559 | 1885 | 897 | 2709 | 6088 | 3379 | 347 | 6235 |
| 195250 | 72895 | 49376 | 2886 | 20755 | 72544 | 51789 | 10381 | 123075 |
| 5810694 | 1160307 | 468683 | 48032 | 651402 | 1235308 | 583905 | 147033 | 5252813 |
| 56675 | 19922 | 28110 | 7351 | 4160 | 9825 | 5665 | 687 | 43870 |
| 9385 | 1576 | 1268 | 904 | 36505 | 43378 | 6873 | 2028 | 16359 |

# 投资工业企业主要经济指标(二)
# Hong Kong, Macao and Taiwan and foreign fonds(2)

单位：万元

| 个人资本 | 港澳台资本 | 外商资本 | 营业收入 | 主营业务收入 | 营业成本 | 主营业务成本 | 营业税金及附加 | 主营业务税金及附加 | 其他业务收入 |
|---|---|---|---|---|---|---|---|---|---|
| | **35365** | **664339** | **7280324** | **7241304** | **6815365** | **6783835** | **22096** | **22080** | **39021** |
| | | | 43386 | 42237 | 38957 | 37906 | 71 | 71 | 1148 |
| | | 6236 | 55589 | 55164 | 39197 | 38618 | 249 | 249 | 425 |
| | 590 | | 2374 | 2374 | 1973 | 1973 | 7 | 7 | |
| | 5922 | | 212087 | 208587 | 191159 | 187884 | 196 | 196 | 3500 |
| | | 2214 | 16492 | 16481 | 13148 | 13145 | 122 | 122 | 11 |
| | | 23144 | 19425 | 19079 | 16520 | 16263 | 163 | 163 | 346 |
| | | | 18764 | 18708 | 17657 | 17643 | 28 | 28 | 56 |
| | 1903 | | 2837 | 2837 | 2778 | 2778 | 2 | 2 | |
| | | 3168 | 13777 | 13777 | 11709 | 11709 | 30 | 30 | |
| | | 14355 | 17974 | 17971 | 14865 | 14865 | 110 | 110 | 4 |
| | | | 7018 | 6959 | 5130 | 5098 | 48 | 32 | 60 |
| | | 4821 | 241023 | 240770 | 172395 | 172395 | 1821 | 1821 | 253 |
| | | 610402 | 6532294 | 6499079 | 6222303 | 6195983 | 18569 | 18569 | 33215 |
| | 1950 | | 80839 | 80839 | 60373 | 60373 | 405 | 405 | |
| | 25000 | | 16445 | 16443 | 7201 | 7201 | 277 | 277 | 3 |

# 10-9 外商投资和港澳台商

The main economic indicators of Industrial Enterprises with

| 指 标 | 其他业务利润 | 销售费用 | 管理费用 | | 财务费用 | | |
|---|---|---|---|---|---|---|---|
| | | | | 税金 | | 利息收入 | 利息支出 |
| **总 计** | **7179** | **47562** | **128585** | **8709** | **7239** | **-48592** | **47358** |
| 食品制造业 | 98 | 2085 | 1192 | 70 | -49 | 53 | |
| 酒、饮料和精制茶制造业 | -138 | 12840 | 3157 | 294 | 324 | -6 | 331 |
| 纺织业 | | 29 | 356 | | 1006 | | 997 |
| 石油加工、炼焦和核燃料加工业 | 226 | 15835 | 3757 | 324 | 8142 | -207 | 5404 |
| 化学原料和化学制品制造业 | 8 | 1753 | 1157 | 36 | -32 | -34 | |
| 橡胶和塑料制品业 | 88 | 559 | 1045 | 87 | 713 | 53 | 159 |
| 非金属矿物制品业 | | 823 | 2466 | 51 | 1138 | 6 | 219 |
| 黑色金属冶炼和压延加工业 | | 18 | 221 | 1 | | | |
| 通用设备制造业 | | 954 | 632 | | 1 | -3 | 3 |
| 专用设备制造业 | | 474 | 1967 | 59 | 717 | 2 | 363 |
| 汽车制造业 | | 227 | 1227 | 736 | 58 | 1 | 54 |
| 铁路、船舶、航空航天和其他运输设备制造业 | | 4376 | 11732 | 302 | 2730 | 301 | 1751 |
| 计算机、通信和其他电子设备制造业 | 6895 | 3168 | 88481 | 6682 | -8671 | -48728 | 36918 |
| 仪器仪表制造业 | | 4109 | 6320 | 60 | 472 | -10 | 458 |
| 废弃资源综合利用业 | 3 | 314 | 4874 | 7 | 690 | -19 | 701 |

# 10-9 外商投资和港澳台商

The main economic indicators of Industrial Enterprises with

| 指 标 | 应交税金及附加 | 本年应付职工薪酬 | 本年应交增值税 | 总资产贡献率(%) | 资产负债率(%) | 流动资产周转率(次/年) | 成本费用利润率(%) |
|---|---|---|---|---|---|---|---|
| **总 计** | **176637** | **764246** | **96505** | **6.68** | **78.03** | **1.15** | **4.06** |
| 食品制造业 | 449 | 759 | 588 | 9.37 | 28.43 | 3.46 | 2.80 |
| 酒、饮料和精制茶制造业 | 2796 | 8340 | 2253 | 7.39 | 80.54 | 4.23 | -0.07 |
| 纺织业 | 63 | 106 | 56 | -17.00 | 88.91 | 0.11 | -158.74 |
| 石油加工、炼焦和核燃料加工业 | 3341 | 5290 | 2821 | 1.82 | 109.09 | 1.73 | -2.09 |
| 化学原料和化学制品制造业 | 1281 | 298 | 1020 | 7.22 | 19.93 | 1.00 | 1.68 |
| 橡胶和塑料制品业 | 405 | 1519 | -67 | 2.66 | 20.54 | 1.55 | 4.73 |
| 非金属矿物制品业 | 104 | 3289 | 25 | -7.86 | 90.11 | 1.19 | -15.42 |
| 黑色金属冶炼和压延加工业 | 18 | 67 | 15 | -14.41 | 41.98 | 3.36 | -6.03 |
| 通用设备制造业 | 356 | 267 | 227 | 5.14 | 72.21 | 2.00 | 2.98 |
| 专用设备制造业 | 385 | 3032 | 216 | 2.43 | 72.88 | 1.19 | -0.47 |
| 汽车制造业 | 1204 | 960 | 371 | 6.90 | 55.35 | 1.06 | 4.58 |
| 铁路、船舶、航空航天和其他运输设备制造业 | 21759 | 9504 | 12362 | 26.78 | 56.34 | 1.23 | 22.41 |
| 计算机、通信和其他电子设备制造业 | 140015 | 726307 | 74878 | 6.33 | 79.23 | 1.12 | 3.81 |
| 仪器仪表制造业 | 3047 | 2001 | 1358 | 9.82 | 41.46 | 1.43 | 11.45 |
| 废弃资源综合利用业 | 1417 | 2506 | 382 | 9.24 | 34.18 | 1.75 | 23.27 |

# 投资工业企业主要经济指标(三)
# Hong Kong, Macao and Taiwan and foreign fonds(3)

单位：万元

| 营业利润 | 资产减值损失 | 投资收益 | 营业外收入 | 政府补助 | 营业外支出 | 利润总额 | 所得税费用 | 亏损企业亏损总额 | 利税总额 |
|---|---|---|---|---|---|---|---|---|---|
| **258508** | **7144** | **6176** | **42522** | **306** | **17023** | **284007** | **49327** | **13844** | **402608** |
| 1130 | | | 79 | | 26 | 1182 | −280 | | 1841 |
| −177 | | | 162 | | 21 | −37 | | 139 | 2465 |
| −996 | | | | | 4343 | −5339 | | 5339 | −5276 |
| −7001 | | | 2463 | | 39 | −4577 | | 4577 | −1560 |
| 292 | 90 | 38 | 7 | | 30 | 269 | 104 | | 1411 |
| 860 | | 436 | 43 | | 13 | 890 | 222 | | 986 |
| −3599 | 251 | | 217 | 215 | 23 | −3406 | | 3406 | −3353 |
| −182 | | | | | | −182 | | 182 | −165 |
| 453 | | | 5 | | 61 | 397 | 99 | | 653 |
| −220 | 61 | | 162 | 60 | 28 | −85 | | 203 | 240 |
| 328 | | | 31 | 30 | 54 | 304 | 48 | | 724 |
| 42855 | 5113 | | 15 | | 12 | 42857 | 7274 | | 57040 |
| 214145 | | 5701 | 38740 | | 12357 | 240529 | 39886 | | 333976 |
| 7576 | 1584 | | 599 | | 14 | 8160 | 1224 | | 9924 |
| 3045 | 46 | | | | 2 | 3043 | 750 | | 3702 |

# 投资工业企业主要经济指标(四)
# Hong Kong, Macao and Taiwan and foreign fonds(4)

单位：万元

| 产品销售率(%) | 从业人员平均人数(人) | 从业人员期末人数(人) | 平均用工人数(人) | 期末用工人数(人) | 主营业务收入利润率(%) | 人均主营业务收入(万元/人) | 每百元资产实现的主营业务收入(元) | 产成品存货周转天数(天) | 应收账款平均回收期(天) |
|---|---|---|---|---|---|---|---|---|---|
| **104.97** | **73316** | **81396** | **73299** | **81355** | **3.92** | **98.79** | **97.09** | **5.20** | **64.96** |
| 102.62 | 252 | 245 | 252 | 245 | 2.80 | 167.61 | 221.19 | 2.93 | 42.27 |
| 101.50 | 1021 | 999 | 1021 | 999 | −0.07 | 54.03 | 145.46 | 28.22 | 8.83 |
| 89.42 | 62 | 60 | 62 | 60 | −224.85 | 38.30 | 9.43 | 36.72 | 997.87 |
| 89.72 | 1682 | 1682 | 1690 | 1675 | −2.19 | 123.42 | 93.57 | 48.64 | 32.57 |
| 97.05 | 304 | 301 | 303 | 301 | 1.63 | 54.39 | 82.28 | 34.63 | 158.97 |
| 77.45 | 251 | 209 | 251 | 209 | 4.67 | 76.01 | 46.41 | 0.56 | 33.15 |
| 100.50 | 333 | 334 | 333 | 334 | −18.20 | 56.18 | 46.83 | 70.16 | 27.11 |
| 100.00 | 15 | 15 | 15 | 10 | −6.41 | 189.14 | 247.74 | | 0.03 |
| 110.14 | 43 | 43 | 45 | 43 | 2.88 | 306.16 | 107.44 | 88.58 | 5.57 |
| 125.15 | 249 | 251 | 245 | 247 | −0.47 | 73.35 | 72.84 | 35.61 | 138.83 |
| 107.08 | 228 | 236 | 228 | 236 | 4.37 | 30.52 | 61.77 | 63.32 | 132.36 |
| 100.19 | 525 | 524 | 498 | 499 | 17.80 | 483.47 | 110.22 | 6.03 | 108.99 |
| 105.64 | 67854 | 75993 | 67859 | 75993 | 3.70 | 95.77 | 98.02 | 2.79 | 64.27 |
| 100.00 | 343 | 352 | 343 | 352 | 10.09 | 235.68 | 76.40 | 43.84 | 88.72 |
| 100.00 | 154 | 152 | 154 | 152 | 18.50 | 106.77 | 34.35 | 45.18 | 34.50 |

# 10-10 大中型工业企业

## Major economic indicators of large

| 指 标 | 企业单位数（个） | 亏损企业 | 工业总产值（当年价格） | 工业销售产值（当年价格） | 出口交货值 |
|---|---|---|---|---|---|
| **总 计** | **91** | **36** | **19396670** | **19575884** | **6564959** |
| 煤炭开采和洗选业 | 8 | 6 | 1616167 | 1607954 | |
| 黑色金属矿采选业 | 1 | | 23300 | 23300 | |
| 农副食品加工业 | 1 | | 36291 | 42485 | |
| 食品制造业 | 3 | | 130610 | 126435 | 118 |
| 酒、饮料和精制茶制造业 | 3 | 1 | 75520 | 72209 | |
| 烟草制品业 | 1 | | 420925 | 422692 | |
| 纺织服装、服饰业 | 1 | | 2645 | 2846 | |
| 印刷和记录媒介复制业 | 2 | 1 | 14589 | 12568 | |
| 石油加工、炼焦和核燃料加工业 | 8 | 5 | 857019 | 807442 | |
| 化学原料和化学制品制造业 | 6 | 2 | 171187 | 192398 | |
| 医药制造业 | 1 | | 34521 | 23876 | |
| 橡胶和塑料制品业 | 1 | | 245571 | 182085 | 43285 |
| 非金属矿物制品业 | 4 | 2 | 79995 | 79034 | |
| 黑色金属冶炼和压延加工业 | 2 | 1 | 5903883 | 5920452 | 912454 |
| 有色金属冶炼和压延加工业 | 4 | 3 | 151253 | 138910 | |
| 金属制品业 | 8 | 1 | 151200 | 153784 | 4968 |
| 通用设备制造业 | 4 | 1 | 160331 | 145931 | |
| 专用设备制造业 | 7 | 1 | 670774 | 592613 | 47837 |
| 汽车制造业 | 3 | 1 | 20966 | 21440 | |
| 铁路、船舶、航空航天和其他运输设备制造业 | 4 | 1 | 534191 | 566932 | |
| 电气机械和器材制造业 | 1 | | 25164 | 22276 | 288 |
| 计算机、通信和其他电子设备制造业 | 4 | 1 | 6264093 | 6611811 | 5554516 |
| 仪器仪表制造业 | 3 | 1 | 132706 | 132641 | 1493 |
| 金属制品、机械和设备修理业 | 1 | | 44530 | 44530 | |
| 电力、热力生产和供应业 | 6 | 6 | 605680 | 605680 | |
| 燃气生产和供应业 | 2 | | 939760 | 939760 | |
| 水的生产和供应业 | 2 | 2 | 83801 | 83801 | |

# 主要经济指标(一)

## and medium sized industrial enterprises(1)

单位：万元

| 年初存货 | 产成品 | 资产总计 | 流动资产合计 | 应收账款 | 存货 | 产成品 | 固定资产合计 | 固定资产原价 |
|---|---|---|---|---|---|---|---|---|
| **3855601** | **1405529** | **43794987** | **18328824** | **4216719** | **3997426** | **1050803** | **14840570** | **25864581** |
| 753750 | 201670 | 9071622 | 2468535 | 425749 | 870851 | 180748 | 3714871 | 5398618 |
| 276 | 89 | 19036 | 13780 | 10924 | 1121 | 322 | 5257 | 11974 |
| 2581 | 19 | 66285 | 8729 | 892 | 2452 | 73 | 4997 | 10452 |
| 16985 | 8953 | 197928 | 71200 | 6021 | 18047 | 9185 | 99506 | 123759 |
| 13769 | 7202 | 77673 | 38653 | 1923 | 10730 | 4921 | 34364 | 71186 |
| 42588 | 10183 | 418993 | 272709 | 64012 | 21479 | 8749 | 143319 | 148892 |
| 2270 | 1919 | 9748 | 6411 | 1926 | 1915 | 1566 | 2366 | 4284 |
| 3741 | 551 | 51470 | 14942 | 4089 | 2923 | 512 | 15380 | 28039 |
| 138997 | 54838 | 1861019 | 1092488 | 153530 | 224738 | 64441 | 300113 | 658737 |
| 17146 | 8095 | 1225033 | 700018 | 226630 | 212395 | 14229 | 392428 | 522309 |
| 14511 | 7318 | 29336 | 20070 | 2614 | 8068 | 581 | 9262 | 14975 |
| 35040 | 30681 | 185955 | 29020 | 12455 | 12879 | 9641 | 155408 | 198420 |
| 8652 | 3437 | 175347 | 69806 | 46382 | 8500 | 3597 | 82976 | 108511 |
| 828269 | 341118 | 12494606 | 2325432 | 210250 | 683446 | 308054 | 5928411 | 11197842 |
| 17205 | 6975 | 183262 | 75519 | 7150 | 36527 | 18293 | 92873 | 118220 |
| 47634 | 9844 | 576014 | 365925 | 105805 | 46481 | 12139 | 142871 | 137168 |
| 119372 | 41920 | 343988 | 262340 | 54171 | 138895 | 49104 | 63683 | 78072 |
| 881543 | 177787 | 2897955 | 2310133 | 932839 | 834296 | 223933 | 438307 | 458122 |
| 17128 | 12342 | 180534 | 39549 | 6942 | 14888 | 11428 | 35821 | 65107 |
| 140805 | 42539 | 1181324 | 814392 | 475006 | 131956 | 26075 | 252673 | 346223 |
| 16032 | 12945 | 130961 | 64609 | 22966 | 18326 | 15467 | 57995 | 8934 |
| 665700 | 399408 | 6967183 | 6022051 | 1178237 | 600230 | 49550 | 714891 | 1332271 |
| 45520 | 22893 | 225736 | 123055 | 48005 | 55500 | 32561 | 39653 | 44096 |
| 1354 | | 31397 | 29132 | 19727 | 2316 | | 2238 | 9277 |
| 16099 | | 2442733 | 506044 | 105027 | 25039 | 121 | 1833297 | 3501279 |
| 8381 | 2806 | 2235718 | 426333 | 81078 | 12881 | 5516 | 15777 | 866173 |
| 254 | | 514132 | 157952 | 12366 | 548 | | 261835 | 401642 |

# 10-10 大中型工业企业

## Major economic indicators of large

| 指　标 | 累计折旧 | 本年折旧 | 负债合计 | 流动负债合计 | 应付账款 |
|---|---|---|---|---|---|
| **总　计** | **11658209** | **1098648** | **33270767** | **23789980** | **5687674** |
| 煤炭开采和洗选业 | 2717384 | 202269 | 8216873 | 5024587 | 914952 |
| 黑色金属矿采选业 | 7645 | 968 | 22357 | 22357 | |
| 农副食品加工业 | 5497 | 582 | 36763 | 11976 | 2307 |
| 食品制造业 | 24253 | 5710 | 103885 | 78071 | 14341 |
| 酒、饮料和精制茶制造业 | 36574 | 4128 | 43623 | 43530 | 8549 |
| 烟草制品业 | 72066 | 7295 | 51468 | 51468 | 17671 |
| 纺织服装、服饰业 | 1918 | 106 | 4253 | 4253 | 2534 |
| 印刷和记录媒介复制业 | 17743 | 1691 | 26176 | 25015 | 1479 |
| 石油加工、炼焦和核燃料加工业 | 363070 | 33401 | 1506921 | 1307089 | 331377 |
| 化学原料和化学制品制造业 | 129707 | 10956 | 1006840 | 629663 | 201097 |
| 医药制造业 | 6872 | 794 | 28041 | 28041 | 4904 |
| 橡胶和塑料制品业 | 43012 | 5505 | 122830 | 81625 | 46055 |
| 非金属矿物制品业 | 26630 | 4020 | 109696 | 106123 | 44039 |
| 黑色金属冶炼和压延加工业 | 5121290 | 432142 | 8266575 | 5547652 | 287683 |
| 有色金属冶炼和压延加工业 | 13337 | 3619 | 167591 | 119681 | 17519 |
| 金属制品业 | 40937 | 4970 | 342855 | 299602 | 48104 |
| 通用设备制造业 | 14389 | 2814 | 267233 | 234010 | 63475 |
| 专用设备制造业 | 291229 | 22509 | 2238559 | 1904532 | 633239 |
| 汽车制造业 | 29286 | 5733 | 181710 | 180920 | 8778 |
| 铁路、船舶、航空航天和其他运输设备制造业 | 93536 | 26991 | 823980 | 598381 | 236380 |
| 电气机械和器材制造业 | 4881 | 362 | 76992 | 30775 | 13566 |
| 计算机、通信和其他电子设备制造业 | 617379 | 150015 | 5531667 | 5526666 | 2292920 |
| 仪器仪表制造业 | 13676 | 4390 | 130825 | 110709 | 65090 |
| 金属制品、机械和设备修理业 | 7039 | 582 | 14596 | 14596 | 10557 |
| 电力、热力生产和供应业 | 1676945 | 113584 | 1961472 | 678823 | 273746 |
| 燃气生产和供应业 | 138815 | 35139 | 1748139 | 988568 | 55357 |
| 水的生产和供应业 | 143099 | 18372 | 238850 | 141271 | 91957 |

# 主要经济指标(二)

## and medium sized industrial enterprises(2)

单位：万元

| 非流动负债合计 | 所有者权益合计 | 实收资本 | 国家资本 | 集体资本 | 法人资本 | 个人资本 | 港澳台资本 | 外商资本 |
|---|---|---|---|---|---|---|---|---|
| **9425769** | **10524219** | **5123730** | **2767613** | **56023** | **1537244** | **130207** | **8972** | **623672** |
| 3191528 | 854749 | 1676841 | 571552 | 20458 | 1063165 | 21666 | | |
| | -3321 | 800 | | | | 800 | | |
| 24788 | 29522 | 3667 | | 3667 | | | | |
| 21472 | 94043 | 21808 | | 5167 | 10765 | 5876 | | |
| 32 | 34050 | 31453 | 3140 | | 2077 | 20000 | | 6236 |
| | 367525 | 61320 | | | 61320 | | | |
| | 5495 | 2089 | | 2089 | | | | |
| 1162 | 25294 | 12581 | 12037 | | 544 | | | |
| 190694 | 354098 | 184335 | | 6163 | 122950 | 49300 | 5922 | |
| 377177 | 218194 | 157286 | 134597 | 14968 | | 5508 | | 2214 |
| | 1295 | 450 | | | 338 | 113 | | |
| 41204 | 63126 | 30000 | 30000 | | | | | |
| 3573 | 65651 | 69480 | 62280 | | | 7200 | | |
| 2718923 | 4228032 | 673357 | 667468 | | 5889 | | | |
| 47909 | 15671 | 46640 | 20000 | | 26640 | | | |
| 43253 | 233160 | 91382 | 1703 | 2529 | 85350 | 1800 | | |
| 33222 | 76756 | 27573 | 22203 | 982 | 4388 | | | |
| 334027 | 659396 | 225298 | 171341 | | 40794 | 13162 | | |
| 790 | -1177 | 39872 | 10149 | | 30079 | -356 | | |
| 225599 | 357345 | 196959 | 145000 | | 43950 | 3188 | | 4821 |
| 46217 | 53969 | 5030 | 4280 | | | 750 | | |
| 5001 | 1435516 | 632192 | 4932 | | 16859 | | | 610402 |
| 20116 | 94911 | 18089 | 5702 | | 9137 | 200 | 3050 | |
| | 16801 | 13000 | | | 13000 | | | |
| 1241930 | 481261 | 543028 | 542028 | | | 1000 | | |
| 759571 | 487579 | 252000 | 252000 | | | | | |
| 97580 | 275282 | 107202 | 107202 | | | | | |

# 10-10 大中型工业企业

## Major economic indicators of large

| 指 标 | 营业收入 | 主营业务收入 | 营业成本 | 主营业务成本 | 营业税金及附加 |
|---|---|---|---|---|---|
| **总 计** | **21274108** | **20777603** | **18344183** | **18035672** | **364408** |
| 煤炭开采和洗选业 | 1832165 | 1650864 | 1379686 | 1245684 | 92068 |
| 黑色金属矿采选业 | 12670 | 12670 | 8472 | 8472 | 1297 |
| 农副食品加工业 | 42484 | 42484 | 35448 | 35448 | 67 |
| 食品制造业 | 113966 | 113915 | 77618 | 77618 | 334 |
| 酒、饮料和精制茶制造业 | 93085 | 92955 | 63778 | 63474 | 4848 |
| 烟草制品业 | 423136 | 420748 | 156286 | 154001 | 187160 |
| 纺织服装、服饰业 | 3469 | 2246 | 3515 | 2371 | 38 |
| 印刷和记录媒介复制业 | 21599 | 21124 | 15486 | 15157 | 382 |
| 石油加工、炼焦和核燃料加工业 | 876494 | 858235 | 722714 | 705937 | 1580 |
| 化学原料和化学制品制造业 | 594120 | 574379 | 548448 | 530634 | 6038 |
| 医药制造业 | 23891 | 23876 | 18425 | 18422 | 248 |
| 橡胶和塑料制品业 | 243512 | 242634 | 223608 | 223221 | 44 |
| 非金属矿物制品业 | 74137 | 73804 | 64272 | 64059 | 353 |
| 黑色金属冶炼和压延加工业 | 6722452 | 6552457 | 5655905 | 5576048 | 32484 |
| 有色金属冶炼和压延加工业 | 138910 | 138910 | 128291 | 128291 | 12 |
| 金属制品业 | 215682 | 213731 | 176674 | 176077 | 864 |
| 通用设备制造业 | 139724 | 138963 | 109673 | 109299 | 579 |
| 专用设备制造业 | 640109 | 636631 | 593284 | 593147 | 2316 |
| 汽车制造业 | 32383 | 22996 | 26667 | 17772 | 132 |
| 铁路、船舶、航空航天和其他运输设备制造业 | 606306 | 603524 | 465010 | 462977 | 4567 |
| 电气机械和器材制造业 | 20564 | 20231 | 16633 | 16495 | 15 |
| 计算机、通信和其他电子设备制造业 | 6623795 | 6589921 | 6301124 | 6274778 | 19198 |
| 仪器仪表制造业 | 126552 | 126552 | 101133 | 101133 | 693 |
| 金属制品、机械和设备修理业 | 44530 | 44530 | 40245 | 40245 | 559 |
| 电力、热力生产和供应业 | 637418 | 612945 | 584567 | 581513 | 6118 |
| 燃气生产和供应业 | 886877 | 862386 | 738093 | 724273 | 1951 |
| 水的生产和供应业 | 84079 | 83893 | 89125 | 89125 | 463 |

# 主要经济指标(三)
## and medium sized industrial enterprises(3)

单位：万元

| 主营业务税金及附加 | 其他业务收入 | 其他业务利润 | 销售费用 | 管理费用 | 税金 | 财务费用 | 利息收入 | 利息支出 |
|---|---|---|---|---|---|---|---|---|
| **355277** | **496505** | **57754** | **497296** | **1309413** | **55153** | **811306** | **1585** | **856632** |
| 87575 | 181301 | 37319 | 74881 | 367120 | 12308 | 272977 | 5273 | 280488 |
| 1297 | | | 1684 | 954 | 35 | –4 | | –4 |
| 67 | | | 752 | 2336 | 144 | 2369 | –5 | 2320 |
| 334 | 51 | | 11211 | 10868 | 551 | 2107 | 30 | 2133 |
| 4848 | 130 | –174 | 12970 | 5646 | 397 | 186 | –142 | 331 |
| 187160 | 2388 | 103 | 5106 | 26723 | 934 | –4542 | 4547 | |
| 38 | 1224 | | 17 | 629 | | | 1 | |
| 237 | 474 | 321 | 3201 | 2260 | 1 | 840 | 14 | 60 |
| 1567 | 18259 | 1381 | 60706 | 25351 | 2038 | 30220 | 258 | 23292 |
| 6038 | 19741 | 315 | 11318 | 50102 | 1442 | 9966 | 1071 | 16545 |
| 248 | 15 | 12 | 1056 | 2561 | 98 | 1025 | 20 | 880 |
| 44 | 878 | 492 | 3830 | 3795 | 620 | 6283 | 608 | 6868 |
| 353 | 333 | 120 | 4782 | 5954 | 232 | 2679 | 14 | 1341 |
| 32484 | 169995 | | 166982 | 431820 | 24371 | 299303 | 26998 | 274104 |
| 12 | | | 1563 | 6239 | 169 | 4918 | 45 | 4741 |
| 864 | 1952 | 916 | 4998 | 23067 | 209 | 3068 | 4529 | 7495 |
| 571 | 760 | 46 | 5875 | 20677 | 412 | 3999 | 276 | 4081 |
| 2316 | 3478 | 495 | 36740 | 87363 | 288 | 60789 | 2078 | 69139 |
| 10 | 9386 | | 1698 | 16784 | 456 | 3339 | 48 | 3165 |
| 4567 | 2783 | 497 | 19973 | 48544 | 810 | 12256 | 1270 | 11820 |
| 15 | 333 | 194 | 1034 | 2850 | 28 | 200 | –491 | 689 |
| 19118 | 33874 | 7441 | 3962 | 99831 | 6744 | –9156 | –48186 | 36965 |
| 693 | | | 7204 | 10569 | 209 | 829 | –16 | 846 |
| 559 | | | | 2606 | 6 | –5 | –16 | 2 |
| 2332 | 24473 | 8090 | 4862 | 20625 | 714 | 69597 | 676 | 70148 |
| 1466 | 24491 | | 45710 | 19867 | 1200 | 33064 | 2224 | 34430 |
| 463 | 186 | 186 | 5183 | 14271 | 739 | 5002 | 463 | 4755 |

# 10-10 大中型工业企业

## Major economic indicators of large

| 指 标 | 营业利润 | 资产减值损失 | 公允价值变动收益 | 投资收益 | 营业外收入 |
|---|---|---|---|---|---|
| **总 计** | **-71128** | **324584** | **17045** | **288911** | **318362** |
| 煤炭开采和洗选业 | -213708 | 43124 | | 183985 | 47121 |
| 黑色金属矿采选业 | 267 | | | | 55 |
| 农副食品加工业 | 1513 | | | | 28 |
| 食品制造业 | 11847 | 6 | | 26 | 739 |
| 酒、饮料和精制茶制造业 | 5655 | 1 | | | 759 |
| 烟草制品业 | 52403 | | | | 309 |
| 纺织服装、服饰业 | -730 | | | | 730 |
| 印刷和记录媒介复制业 | -568 | -1 | | | 831 |
| 石油加工、炼焦和核燃料加工业 | 32592 | 3340 | | 8 | 6653 |
| 化学原料和化学制品制造业 | -57305 | 15224 | | -10329 | 117756 |
| 医药制造业 | 577 | | | | 26 |
| 橡胶和塑料制品业 | 5809 | 146 | | | 2951 |
| 非金属矿物制品业 | -4211 | 307 | | | 66 |
| 黑色金属冶炼和压延加工业 | 111465 | 145000 | 17045 | 103463 | 24302 |
| 有色金属冶炼和压延加工业 | -2138 | 24 | | | 249 |
| 金属制品业 | 6303 | 964 | | 257 | 4583 |
| 通用设备制造业 | -1702 | 622 | | | 2065 |
| 专用设备制造业 | -178185 | 39195 | | 1394 | 5328 |
| 汽车制造业 | -17357 | 1554 | | 435 | 12406 |
| 铁路、船舶、航空航天和其他运输设备制造业 | 51138 | 4905 | | 85 | 3550 |
| 电气机械和器材制造业 | 51 | | | 218 | 19 |
| 计算机、通信和其他电子设备制造业 | 214510 | 222 | | 5897 | 38905 |
| 仪器仪表制造业 | 4539 | 1584 | | | 4327 |
| 金属制品、机械和设备修理业 | 1093 | 31 | | | 2 |
| 电力、热力生产和供应业 | -114681 | 67178 | | 848 | 30822 |
| 燃气生产和供应业 | 48203 | 1156 | | 1167 | 11366 |
| 水的生产和供应业 | -28507 | | | 1457 | 2414 |

# 主要经济指标(四)

# and medium sized industrial enterprises(4)

单位：万元

| 政府补助 | 营业外支出 | 利润总额 | 所得税费用 | 亏损企业亏损总额 | 利税总额 | 应交税金及附加 | 本年应付职工薪酬 | 本年应交增值税 |
|---|---|---|---|---|---|---|---|---|
| **125619** | **124819** | **122416** | **118389** | **595872** | **1043050** | **1094176** | **2436386** | **556227** |
| 19952 | 11037 | −177624 | 20347 | 188343 | 30401 | 240680 | 717800 | 115956 |
| | 37 | 285 | 138 | | 1665 | 1553 | 1380 | 83 |
| | 48 | 1494 | | | 2497 | 1147 | 2377 | 936 |
| | 471 | 12115 | 1751 | | 16823 | 7011 | 7450 | 4375 |
| 119 | 335 | 6078 | 1578 | 139 | 16206 | 12102 | 13135 | 5279 |
| 309 | 479 | 52233 | 13058 | | 285253 | 247012 | 21619 | 45860 |
| 204 | | | | | 261 | 261 | 1049 | 222 |
| 830 | 145 | 118 | 76 | 381 | 1116 | 1075 | 4905 | 616 |
| 3398 | 547 | 38698 | 7817 | 13457 | 53670 | 24827 | 23573 | 13392 |
| 36154 | 87453 | −27001 | | 29784 | −8992 | 19450 | 35999 | 11971 |
| | 3 | 600 | 91 | | 2915 | 2504 | 1736 | 2067 |
| 94 | 98 | 8662 | | | 9023 | 980 | 5887 | 317 |
| 39 | 23 | −4168 | 169 | 5287 | −1418 | 3152 | 7328 | 2397 |
| 13514 | 2539 | 133228 | 7329 | 36717 | 356178 | 254650 | 433739 | 190466 |
| | 2 | −1891 | | 2604 | −7710 | −5650 | 5526 | −5831 |
| 3226 | 3693 | 7192 | 87 | 47 | 13240 | 6345 | 17255 | 5184 |
| 757 | 381 | −18 | 29 | 1440 | 5673 | 6132 | 23326 | 5112 |
| 544 | 902 | −173759 | 1454 | 185128 | −156195 | 19306 | 95258 | 15248 |
| 11500 | −1 | −4950 | 18 | 5164 | −4048 | 1376 | 12393 | 770 |
| | 939 | 53749 | 11394 | 13676 | 83245 | 41699 | 53597 | 24929 |
| 5 | | 69 | 13 | | −525 | −553 | 2035 | −609 |
| 115 | 12444 | 240971 | 40117 | 413 | 335856 | 141746 | 742870 | 75687 |
| 3717 | 16 | 8850 | 1361 | 943 | 10988 | 3709 | 7114 | 1445 |
| | 5 | 1090 | | | 5666 | 4581 | 13206 | 4017 |
| 24396 | 2211 | −86070 | −4258 | 86070 | −53921 | 28604 | 117309 | 26031 |
| 5219 | 826 | 58743 | 15821 | | 68301 | 26578 | 45412 | 7607 |
| 1527 | 186 | −26279 | | 26279 | −23116 | 3902 | 23108 | 2700 |

# 10-10　大中型工业企业

## Major economic indicators of large

| 指　标 | 总资产贡献率(%) | 资产负债率(%) | 流动资产周转率(次/年) | 成本费用利润率(%) | 产品销售率(%) | 从业人员平均人数(人) |
|---|---|---|---|---|---|---|
| **总　计** | **4.33** | **75.97** | **1.16** | **0.58** | **100.92** | **278648** |
| 煤炭开采和洗选业 | 3.37 | 90.58 | 0.74 | -8.48 | 99.49 | 92181 |
| 黑色金属矿采选业 | 8.72 | 117.45 | 0.92 | 2.57 | 100.00 | 303 |
| 农副食品加工业 | 7.27 | 55.46 | 4.87 | 3.65 | 117.07 | 583 |
| 食品制造业 | 9.56 | 52.49 | 1.60 | 11.90 | 96.80 | 2065 |
| 酒、饮料和精制茶制造业 | 21.47 | 56.16 | 2.41 | 7.36 | 95.62 | 1672 |
| 烟草制品业 | 67.00 | 12.28 | 1.55 | 28.45 | 100.42 | 953 |
| 纺织服装、服饰业 | 2.67 | 43.63 | 0.54 |  | 107.58 | 349 |
| 印刷和记录媒介复制业 | 2.26 | 50.86 | 1.45 | 0.54 | 86.14 | 1443 |
| 石油加工、炼焦和核燃料加工业 | 4.12 | 80.97 | 0.80 | 4.61 | 94.22 | 6950 |
| 化学原料和化学制品制造业 | 0.53 | 82.19 | 0.85 | -4.36 | 112.39 | 7944 |
| 医药制造业 | 12.87 | 95.58 | 1.19 | 2.60 | 69.16 | 380 |
| 橡胶和塑料制品业 | 8.22 | 66.05 | 8.39 | 3.65 | 74.15 | 1797 |
| 非金属矿物制品业 | -0.05 | 62.56 | 1.06 | -5.37 | 98.80 | 2000 |
| 黑色金属冶炼和压延加工业 | 4.83 | 66.16 | 2.89 | 2.03 | 100.28 | 33603 |
| 有色金属冶炼和压延加工业 | -1.64 | 91.45 | 1.84 | -1.34 | 91.84 | 1620 |
| 金属制品业 | 2.81 | 59.52 | 0.59 | 3.46 | 101.71 | 5845 |
| 通用设备制造业 | 2.76 | 77.69 | 0.53 | -0.01 | 91.02 | 3760 |
| 专用设备制造业 | -3.08 | 77.25 | 0.28 | -22.33 | 88.35 | 15004 |
| 汽车制造业 | -0.52 | 100.65 | 0.82 | -10.21 | 102.26 | 1735 |
| 铁路、船舶、航空航天和其他运输设备制造业 | 7.94 | 69.75 | 0.74 | 9.85 | 106.13 | 5317 |
| 电气机械和器材制造业 | 0.50 | 58.79 | 0.32 | 0.33 | 88.52 | 845 |
| 计算机、通信和其他电子设备制造业 | 6.04 | 79.40 | 1.10 | 3.77 | 105.55 | 70431 |
| 仪器仪表制造业 | 5.25 | 57.95 | 1.03 | 7.39 | 99.95 | 1209 |
| 金属制品、机械和设备修理业 | 18.10 | 46.49 | 1.53 | 2.54 | 100.00 | 962 |
| 电力、热力生产和供应业 | 0.64 | 80.30 | 1.26 | -12.66 | 100.00 | 9531 |
| 燃气生产和供应业 | 4.50 | 78.19 | 2.08 | 7.02 | 100.00 | 7130 |
| 水的生产和供应业 | -3.66 | 46.46 | 0.53 | -23.14 | 100.00 | 3036 |

# 主要经济指标(五)
# and medium sized industrial enterprises(5)

单位：万元

| 从业人员期末人数(人) | 平均用工人数(人) | 期末用工人数(人) | 主营业务收入利润率(%) | 人均主营业务收入(万元/人) | 每百元资产实现的主营业务收入(元) | 产成品存货周转天数(天) | 应收账款平均回收期(天) |
|---|---|---|---|---|---|---|---|
| **285806** | **276302** | **282091** | **0.59** | **75.20** | **47.44** | **20.97** | **73.06** |
| 89305 | 92102 | 89986 | -10.76 | 17.92 | 18.20 | 52.24 | 92.84 |
| 305 | 285 | 284 | 2.25 | 44.46 | 66.56 | 13.66 | 310.40 |
| 626 | 583 | 626 | 3.52 | 72.87 | 64.09 | 0.74 | 7.56 |
| 2060 | 2060 | 2060 | 10.64 | 55.30 | 57.55 | 42.60 | 19.03 |
| 1662 | 1695 | 1662 | 6.54 | 54.84 | 119.68 | 27.91 | 7.45 |
| 951 | 953 | 951 | 12.41 | 441.50 | 100.42 | 20.45 | 54.77 |
| 342 | 349 | 342 | | 6.43 | 23.04 | 237.66 | 308.76 |
| 1415 | 1391 | 520 | 0.56 | 15.19 | 41.04 | 12.15 | 69.69 |
| 7040 | 6851 | 6920 | 4.51 | 125.27 | 46.12 | 32.86 | 64.40 |
| 7796 | 7804 | 7796 | -4.70 | 73.60 | 46.89 | 9.65 | 142.04 |
| 381 | 380 | 381 | 2.51 | 62.83 | 81.39 | 11.35 | 39.42 |
| 1795 | 1795 | 1797 | 3.57 | 135.17 | 130.48 | 15.55 | 18.48 |
| 1976 | 2021 | 1984 | -5.65 | 36.52 | 42.09 | 20.22 | 226.24 |
| 34366 | 33290 | 32366 | 2.03 | 196.83 | 52.44 | 19.89 | 11.55 |
| 1622 | 1620 | 1622 | -1.36 | 85.75 | 75.80 | 51.33 | 18.53 |
| 5614 | 5836 | 5961 | 3.37 | 36.62 | 37.11 | 24.82 | 178.21 |
| 3783 | 3753 | 3783 | -0.01 | 37.03 | 40.40 | 161.73 | 140.34 |
| 14485 | 14148 | 13653 | -27.29 | 45.00 | 21.97 | 135.91 | 527.50 |
| 1755 | 1779 | 1798 | -21.53 | 12.93 | 12.74 | 231.50 | 108.67 |
| 5252 | 5363 | 5283 | 8.91 | 112.53 | 51.09 | 20.28 | 283.34 |
| 811 | 845 | 811 | 0.34 | 23.94 | 15.45 | 337.57 | 408.67 |
| 78681 | 70436 | 78681 | 3.66 | 93.56 | 94.59 | 2.84 | 64.37 |
| 1233 | 1141 | 1232 | 6.99 | 110.91 | 56.06 | 115.91 | 136.56 |
| 949 | 962 | 949 | 2.45 | 46.29 | 141.83 | | 159.49 |
| 11198 | 9563 | 11198 | -14.04 | 64.10 | 25.09 | 0.07 | 61.69 |
| 7345 | 6200 | 6325 | 6.81 | 139.09 | 38.57 | 2.74 | 33.85 |
| 3058 | 3097 | 3120 | -31.32 | 27.09 | 16.32 | | 53.07 |

## 10-11 民用汽车拥有量

Namber of civil Motor vehicles

单位：辆

| 指 标 | 2016 | 2015 | 比2015年增长（%） |
|---|---|---|---|
| **总 计** | **1293324** | **1142147** | **13.2** |
| 一、汽车 | 1272333 | 1122913 | 13.3 |
| #载客汽车 | 1174425 | 1027588 | 14.3 |
| 载货汽车 | 92344 | 89392 | 3.3 |
| 其他汽车 | 5564 | 5933 | -6.2 |
| #个人汽车 | 1143419 | 992443 | 15.2 |
| 二、电车 | 147 | 156 | -5.8 |
| 三、摩托车 | 1105 | 616 | 79.4 |
| 四、拖拉机 | 10499 | 10192 | 3.0 |
| 五、挂车 | 9064 | 8083 | 12.1 |
| 六、其他类型 | 176 | 187 | -5.9 |

## 10-12 公路运输线路长度

Length of Highway transportation route

单位：公里

| 指 标 | 2016 | 2015 |
|---|---|---|
| **公路线路里程** | **7400.98** | **7359.55** |
| #等级公路 | 7282.87 | 7239.73 |
| #晴雨通车里程 | 7333.12 | 7291.69 |
| #高速公路 | 286.89 | 286.89 |
| 小 店 区 | 956.03 | 956.03 |
| 迎 泽 区 | 177.82 | 163.74 |
| 杏花岭区 | 274.42 | 274.42 |
| 尖草坪区 | 649.33 | 639.78 |
| 万柏林区 | 516.47 | 510.74 |
| 晋 源 区 | 550.26 | 550.69 |
| 清 徐 县 | 1336.13 | 1324.72 |
| 阳 曲 县 | 1209.89 | 1208.87 |
| 娄 烦 县 | 728.30 | 726.93 |
| 古 交 市 | 1002.34 | 994.61 |
| **每百平方公里平均里程** | **105.90** | **105.32** |

## 10-13 旅客运输量及周转量

Passenger transport and turnover volume

| 指 标 | 2016 | 比2015年增长（%） |
|---|---|---|
| **旅客发送量总计（万人）** | **4502.18** | **-1.4** |
| 铁 路 | 2641.40 | 1.7 |
| 公 路 | 876.00 | -19.3 |
| 民 航 | 984.78 | 11.4 |
| **旅客周转量总计（百万人公里）** | **8105.59** | **-5.0** |
| 铁 路 | 5851.79 | 1.9 |
| 公 路 | 2253.80 | -19.1 |

## 10–14 货物运输量及周转量

## Freight traffic and turnover volume

| 指　标 | 2016 | 比2015年增长（%） |
|---|---|---|
| **货物运输量总计（万吨）** | **18451.55** | **-1.4** |
| 铁　路 | 3403.64 | -22.9 |
| 公　路 | 15043.00 | 5.3 |
| 民　航 | 4.91 | 7.9 |
| **货物周转量总计（百万吨公里）** | **61313.1** | **-10.0** |
| 铁　路 | 46949.79 | -13.3 |
| 公　路 | 14363.31 | 2.8 |

## 10–15 公路通车里程

## Lenth of highway

| 指　标 | 单　位 | 2016 | 比2015年增长（%、百分点） |
|---|---|---|---|
| **公路通车里程** | **公里** | **7400.98** | **0.6** |
| **按隶属关系分** | | | |
| 国道 | 公里 | 618.31 | 61.0 |
| 省道 | 公里 | 252.87 | -45.9 |
| 县公路 | 公里 | 1009.66 | -0.3 |
| 乡公路 | 公里 | 1711.12 | -0.3 |
| 村道 | 公里 | 3706.60 | 0.8 |
| 专用公路 | 公里 | 102.42 | 持平 |
| **按等级分** | | | |
| 等级里程 | 公里 | 7282.87 | 0.6 |
| 高速 | 公里 | 286.89 | 持平 |
| 一级 | 公里 | 221.34 | 7.3 |
| 二级 | 公里 | 950.50 | 0.2 |
| 三级 | 公里 | 1254.54 | 持平 |
| 四级 | 公里 | 4569.60 | 0.6 |
| 等外里程 | 公里 | 118.11 | -1.4 |
| 等级公路占总里程比重 | % | 98.4 | 持平 |
| **按铺装质量分** | | | |
| 有铺装路面里程 | 公里 | 5845.27 | 1.2 |
| 占总里程比重 | % | 79.0 | 0.5 |
| 简易铺装路面里程 | 公里 | 731.65 | -0.5 |
| 占总里程比重 | % | 9.9 | -0.1 |
| 未铺装路面里程 | 公里 | 824.06 | -2.6 |
| 占总里程比重 | % | 11.1 | -0.4 |
| **百平方公里公路网密度** | **公里** | **105.90** | **0.6** |

## 10-16 公路绿化里程
Lengh of afforest highways

| 指 标 | 单 位 | 2016 | 比2015年增长（%、百分点） |
|---|---|---|---|
| **公路绿化里程** | **公里** | **2272.84** | **1.6** |
| 国道 | 公里 | 476.15 | 74.5 |
| 省道 | 公里 | 170.99 | -49.9 |
| 县公路 | 公里 | 673.20 | -0.4 |
| 乡公路 | 公里 | 615.30 | -0.2 |
| 村道 | 公里 | 250.80 | 2.7 |
| 专用公路 | 公里 | 86.40 | 持平 |
| **县级以下公路绿化率** | | | |
| 县公路 | % | 73.80 | -0.1 |
| 乡公路 | % | 49.69 | -0.3 |
| 村道 | % | 51.91 | -3.3 |
| 专用公路 | % | 93.31 | 持平 |

## 10-17 乡镇、村通公路、通油路情况
Traffic connection of towns, townships and villages

| 指 标 | 单 位 | 数 量 |
|---|---|---|
| 乡镇总数 | 个 | 52 |
| 通油路乡镇数 | 个 | 52 |
| 乡镇通油路率 | % | 100.0 |
| 行政村总数 | 个 | 894 |
| 通公路行政村数 | 个 | 894 |
| 行政村通公路率 | % | 100.0 |
| 通油路行政村数 | 个 | 892 |
| 行政村通油路率 | % | 99.8 |

# 10-18 铁路线路长度
## Length of railway line

| 线路名称 | 起始地点 | 营业里程（公里） | 延展里程（公里） |
|---|---|---|---|
| **太原铁路局** | | **2623.76** | **7033.81** |
| 京包线 | 郭磊庄 | 155.50 | 435.13 |
| 太焦线 | 修文 | 190.80 | 249.87 |
| 南同蒲线 | 榆次 | 478.48 | 1288.84 |
| 侯月线 | 侯马北 | 150.29 | 432.66 |
| 北同蒲线 | 大同 | 335.48 | 1136.01 |
| 京原线 | 灵丘 | 174.74 | 256.68 |
| 石太线 | 赛鱼 | 123.40 | 525.26 |
| 口泉线 | 平旺 | 9.73 | 100.50 |
| 宁岢线 | 宁武 | 95.37 | 167.99 |
| 忻河线 | 忻州 | 39.94 | 58.14 |
| 兰村线 | 汾河 | 12.66 | 16.64 |
| 太岚线 | 太北一场 | 7.19 | 17.57 |
| 西山线 | 太北四场 | 23.60 | 76.00 |
| 介西线 | 介休 | 46.91 | 118.57 |
| 二峰山线 | 翼城东 | 4.32 | 7.49 |
| 礼垣线 | 礼元 | 44.28 | 52.53 |
| 大秦线 | 韩家岭 | 652.00 | 1824.62 |
| 秦皇岛进出港线 | 东信号所 | 0.30 | 9.96 |
| 湖大线 | 湖东 | 21.76 | 64.91 |
| 大秦四期煤码头线 | 柳村南 | 7.64 | 68.51 |
| 秦东联络线 | 秦皇岛 | 14.42 | 79.89 |
| 大秦津蓟上联线 | 蓟县西 | 5.10 | 5.10 |
| 榆次联络线 | 榆北 | 1.80 | 0.85 |
| 南联线 | 东信号所 | 1.23 | 1.23 |
| 龙联线 | 秦皇岛东 | 1.90 | 10.29 |
| 同蒲大秦上联线 | 西韩岭 | 0.23 | 6.91 |
| 同蒲大秦下联线 | 西韩岭 | 5.75 | 5.81 |
| 茶高线 | 茶坞 | 5.95 | 2.95 |
| 大段上联线 | 大石庄 | 8.00 | 6.65 |
| 大段下联线 | 大石庄 | 5.00 | 6.26 |

## 10-19 邮政线路及通信工具拥有量

## The amount of the post office (the) post and telecommunications lines and communication tools

| 指 标 | 单 位 | 2016 | 2015 | 比2015年增长% |
|---|---|---|---|---|
| 邮路总条数 | 条 | 98 | 98 | 持平 |
| 邮路总长度 | 公里 | 72786 | 55409 | 31.4 |
| 汽车邮路 | 公里 | 24220 | 10953 | 121.1 |
| 铁路邮路 | 公里 | 8306 | 4196 | 98.0 |
| 航空邮路 | 公里 | 40260 | 40260 | 持平 |
| 函件 | 万件 | 13362.68 | 13752.28 | -2.8 |
| 包件 | 万件 | 104.62 | 583.77 | -82.1 |
| 快递包裹 | 万件 | 5004.02 | 2631.13 | 90.2 |
| 汇票 | 万笔 | 40.30 | 49.79 | -19.1 |
| 定销报纸 | 万份 | 8477.42 | 8274.05 | 2.5 |
| 定销杂志 | 万份 | 324.17 | 717.10 | -54.8 |
| 已通电话的行政村 | 个 | 931 | 932 | -0.1 |
| 长途电话通话时长 | 万分钟 | 24919 | 30529 | -18.4 |
| 局用电话交换机容量 | 门 | 207982 | 937966 | -77.8 |
| 接入网交换机容量 | 门 | 8134 | 127734 | -93.6 |
| 软交换接入设备容量 | 门 | 1111590 | 739440 | 50.3 |

## 10-20 邮电业务量

## Volume of Postal and Telecommunication Services

| 指 标 | 单 位 | 2016 | 2015 | 比2015年增长% |
|---|---|---|---|---|
| **邮电业务总量** | **万 元** | **1546030** | **1072137** | **44.2** |
| 邮政业务总量 | 万 元 | 67021 | 58566 | 14.4 |
| 电信业务总量 | 万 元 | 1479009 | 1013571 | 45.9 |
| 全市电话用户 | 户 | 7749465 | 8435278 | -8.1 |
| 固定电话用户 | 户 | 837229 | 1022286 | -18.1 |
| # 住宅电话 | 户 | 359069 | 504463 | -28.8 |
| 无线市话 | 户 | 5046 | 6064 | -16.8 |
| 公用电话 | 部 | 148655 | 165421 | -10.1 |
| #IC 电话 | 部 | 13180 | 13200 | -0.2 |
| 移动电话用户 | 户 | 6912236 | 7412992 | -6.8 |
| #3G 用户 | 户 | 585486 | 1546403 | -62.1 |
| 4G 用户 | 户 | 4472768 | 2785132 | 60.6 |
| 互联网用户 | 户 | 1351211 | 1289106 | 4.8 |
| 宽带用户 | 户 | 1322714 | 1235948 | 7.0 |

# 第11篇

## 国内外贸易和旅游

## *Domestic and Foreign trade , Tourism*

## 资料整理、审核

师　超　　李红令　　郑慧华　　马　娜　　陶姝钰

# 11-1 社会消费品零售总额

## Total retail sales of social consumer goods

单位：万元

| 指　　标 | 2016 | 2015 | 比 2015 年增长% |
|---|---|---|---|
| **社会消费品零售总额** | **16662362** | **15407962** | **8.1** |
| **一、按销售地区分** | | | |
| 城镇 | 15306214 | 14336098 | 6.8 |
| # 城区 | 13102450 | 12556325 | 4.3 |
| 乡村 | 1356148 | 1071864 | 26.5 |
| **二、按行业分** | | | |
| 批发和零售业 | 15873931 | 14640294 | 8.4 |
| 住宿和餐饮业 | 788431 | 767667 | 2.7 |

# 11-2 限额以上连锁零售餐饮业经营情况

## Management of chain enterprises above designated size and catering service

| 指　　标 | 单位 | 总计 | 直营店 | 加盟店 |
|---|---|---|---|---|
| 门店总数 | 个 | 2912 | 1271 | 1641 |
| 营业面积 | 平方米 | 1671714 | 1570026 | 101688 |
| 从业人员 | 人 | 29986 | 21781 | 8205 |
| 销售额 | 万元 | 2400603 | 2172974 | 227629 |
| # 零售额 | 万元 | 2344106 | 2116477 | 227629 |
| **比 2015 年增长速度** | | | | |
| 门店总数 | % | 8.4 | 6.9 | 16.1 |
| 营业面积 | % | 31.8 | 32.0 | 32.9 |
| 从业人员 | % | -8.6 | -23.9 | 39.5 |
| 销售额 | % | 1.9 | 2.0 | 11.9 |
| # 零售额 | % | 5.0 | 5.4 | 11.9 |

# 11-3 限额以上批发和零售业法人商品购进、销售、库存总额

## The purchase, sale and inventory of legal persons in the wholesale and retail trade of the above Designated Size

单位：万元

| 指 标 | 法人企业数（个） | 从业人员期末人数（人） | 商品购进额 | #进口 | 商品销售额 | 批发额 | #出口 | 零售额 | 期末商品库存额 |
|---|---|---|---|---|---|---|---|---|---|
| **总计** | **697** | **80153** | **36230768.0** | **320944.5** | **39092406.1** | **31152241.7** | **60593.1** | **7940164.4** | **1972107.1** |
| **一、批发业** | **298** | **39345** | **29402366.4** | **226791.5** | **30909701.9** | **30305803.2** | **59692.3** | **603898.7** | **1039720.9** |
| 农、林、牧产品批发 | 6 | 306 | 27581.2 | | 28453.8 | 28453.8 | | | 11448.5 |
| 谷物、豆及薯类批发 | 6 | 306 | 27581.2 | | 28453.8 | 28453.8 | | | 11448.5 |
| 食品、饮料及烟草制品批发 | 26 | 3730 | 887089.3 | | 1199163.2 | 1098020.1 | | 101143.1 | 69082.6 |
| 米、面制品及食用油批发 | 3 | 131 | 58920.0 | | 60006.7 | 54246.0 | | 5760.7 | 3095.6 |
| 糕点、糖果及糖批发 | 1 | 5 | 3729.8 | | 3938.0 | 3938.0 | | | 451.1 |
| 果品、蔬菜批发 | 1 | 632 | 235702.9 | | 324567.6 | 324289.1 | | 278.5 | 6595.6 |
| 肉、禽、蛋、奶及水产品批发 | 3 | 635 | 29637.8 | | 30269.8 | 13675.4 | | 16594.4 | 682.7 |
| 盐及调味品批发 | 4 | 732 | 52501.4 | | 83933.2 | 83563.4 | | 369.8 | 3016.1 |
| 营养和保健品批发 | 1 | 30 | 7993.7 | | 8782.0 | 8782.0 | | | 332.7 |
| 酒、饮料及茶叶批发 | 9 | 417 | 36190.0 | | 42776.6 | 41008.6 | | 1768.0 | 19621.4 |
| 烟草制品批发 | 1 | 785 | 376767.1 | | 554182.4 | 554182.4 | | | 31025.5 |
| 其他食品批发 | 3 | 363 | 85646.6 | | 90706.9 | 14335.2 | | 76371.7 | 4261.9 |
| 纺织、服装及家庭用品批发 | 19 | 4048 | 577911.4 | 12608.3 | 681939.8 | 354862.9 | 629.4 | 327076.9 | 81029.8 |
| 服装批发 | 7 | 3098 | 362972.4 | 12608.3 | 435966.6 | 125528.6 | | 310438.0 | 43517.1 |
| 鞋帽批发 | 2 | 1 | 10441.2 | | 11102.4 | 10985.3 | | 117.1 | 21.8 |
| 厨房、卫生间用具及日用杂货批发 | 1 | 12 | 438.2 | | 629.4 | 629.4 | 629.4 | | 7.9 |
| 家用电器批发 | 8 | 874 | 193681.0 | | 223100.3 | 206578.5 | | 16521.8 | 37220.3 |
| 其他家庭用品批发 | 1 | 63 | 10378.6 | | 11141.1 | 11141.1 | | | 262.7 |
| 文化、体育用品及器材批发 | 8 | 431 | 423232.4 | | 443485.8 | 443485.8 | 16845.6 | | 61916.1 |
| 文具用品批发 | 3 | 122 | 111494.5 | | 122990.0 | 122990.0 | | | 12559.3 |
| 体育用品及器材批发 | 1 | 50 | 16845.6 | | 16845.6 | 16845.6 | 16845.6 | | 5.6 |
| 图书批发 | 2 | 231 | 206436.5 | | 214895.1 | 214895.1 | | | 45879.5 |
| 首饰、工艺品及收藏品批发 | 2 | 28 | 88455.8 | | 88755.1 | 88755.1 | | | 3471.7 |
| 医药及医疗器材批发 | 44 | 4995 | 1617736.7 | 1144.2 | 1767029.1 | 1744986.0 | 1300.0 | 22043.1 | 173281.8 |
| 西药批发 | 17 | 3420 | 1140095.0 | | 1251228.8 | 1246603.8 | | 4625.0 | 121624.2 |
| 中药批发 | 17 | 1065 | 280664.8 | | 312625.1 | 311427.1 | | 1198.0 | 32340.7 |
| 医疗用品及器材批发 | 10 | 510 | 196976.9 | 1144.2 | 203175.2 | 186955.1 | 1300.0 | 16220.1 | 19316.9 |

11-3 续表 1

单位：万元

| 指　标 | 法人企业数(个) | 从业人员期末人数(人) | 商品购进额 | #进口 | 商品销售额 | 批发额 | #出口 | 零售额 | 期末商品库存额 |
|---|---|---|---|---|---|---|---|---|---|
| 矿产品、建材及化工产品批发 | 142 | 24507 | 20564396.8 | 206350.0 | 21408725.5 | 21286695.7 | 34086.9 | 122029.8 | 556835.2 |
| 煤炭及制品批发 | 56 | 21816 | 12076128.4 | 28382.2 | 12747719.9 | 12695359.5 | | 52360.4 | 241472.4 |
| 石油及制品批发 | 13 | 786 | 578624.8 | | 648101.9 | 638397.5 | | 9704.4 | 83834.0 |
| 非金属矿及制品批发 | 2 | 22 | 2401.9 | | 2076.4 | 2076.4 | 1843.7 | | 1041.7 |
| 金属及金属矿批发 | 49 | 1066 | 4515365.9 | 177766.6 | 4577775.5 | 4518724.6 | 7342.8 | 59050.9 | 191848.2 |
| 建材批发 | 14 | 315 | 257357.9 | | 271218.9 | 271174.1 | 349.3 | 44.8 | 17404.8 |
| 化肥批发 | 3 | 218 | 3039871.6 | | 3034517.0 | 3033647.7 | 20990.4 | 869.3 | 17132.2 |
| 其他化工产品批发 | 5 | 284 | 94646.3 | 201.2 | 127315.9 | 127315.9 | 3560.7 | | 4101.9 |
| 机械设备、五金产品及电子产品批发 | 41 | 1017 | 5264137.3 | 532.5 | 5300997.7 | 5269391.9 | 6691.7 | 31605.8 | 37378.0 |
| 农业机械批发 | 2 | 113 | 3523.7 | | 5026.6 | 5026.6 | | | 3747.7 |
| 汽车批发 | 4 | 54 | 20508.5 | | 20554.0 | 7569.2 | | 12984.8 | 2046.1 |
| 汽车零配件批发 | 1 | 47 | 8977.9 | | 8901.7 | | | 8901.7 | 472.4 |
| 五金产品批发 | 4 | 86 | 8315.0 | | 9897.3 | 7790.0 | | 2107.3 | 2067.6 |
| 电气设备批发 | 4 | 117 | 9008.9 | | 11100.1 | 9710.2 | | 1389.9 | 3091.8 |
| 计算机、软件及辅助设备批发 | 4 | 38 | 17173.5 | | 18371.1 | 17048.1 | | 1323.0 | 1166.5 |
| 其他机械设备及电子产品批发 | 22 | 562 | 5196629.8 | 532.5 | 5227146.9 | 5222247.8 | 6691.7 | 4899.1 | 24785.9 |
| 贸易经纪与代理 | 1 | 5 | 871.5 | 871.5 | 35768.6 | 35768.6 | 138.7 | | 14576.6 |
| 贸易代理 | 1 | 5 | 871.5 | 871.5 | 35768.6 | 35768.6 | 138.7 | | 14576.6 |
| 其他批发业 | 11 | 306 | 39409.8 | 5285.0 | 44138.4 | 44138.4 | | | 34172.3 |
| 再生物资回收与批发 | 2 | 78 | 5669.3 | | 6596.5 | 6596.5 | | | 250.8 |
| 其他未列明批发业 | 9 | 228 | 33740.5 | 5285.0 | 37541.9 | 37541.9 | | | 33921.5 |
| 内资企业 | 293 | 37565 | 27953319.5 | 58402.2 | 29423404.3 | 28830615.3 | 59692.3 | 592789.0 | 977408.1 |
| 国有企业 | 18 | 2186 | 1708317.0 | | 1909341.6 | 1798199.6 | | 111142.0 | 127414.8 |
| 集体企业 | 4 | 250 | 35867.0 | | 44863.6 | 44863.6 | | | 548.2 |
| 有限责任公司 | 86 | 26292 | 20342480.0 | 30991.8 | 20981156.9 | 20932965.9 | 20990.4 | 48191.0 | 340719.7 |
| 国有独资公司 | 20 | 19604 | 6040266.4 | 30991.8 | 6424391.2 | 6421065.9 | | 3325.3 | 102322.1 |
| 其他有限责任公司 | 66 | 6688 | 14302213.6 | | 14556765.7 | 14511900.0 | 20990.4 | 44865.7 | 238397.6 |
| 股份有限公司 | 8 | 811 | 3184603.1 | | 3527917.2 | 3527917.2 | | | 169457.0 |
| 私营企业 | 177 | 8026 | 2682052.4 | 27410.4 | 2960125.0 | 2526669.0 | 38701.9 | 433456.0 | 339268.4 |
| 私营有限责任公司 | 173 | 6369 | 2382896.5 | 27410.4 | 2593090.3 | 2469868.3 | 38701.9 | 123222.0 | 319977.6 |
| 私营股份有限公司 | 4 | 1657 | 299155.9 | | 367034.7 | 56800.7 | | 310234.0 | 19290.8 |
| 港、澳、台商投资企业 | 4 | 1548 | 1441295.9 | 168389.3 | 1478084.0 | 1475187.9 | | 2896.1 | 62268.5 |
| 与港澳台商合资经营企业 | 2 | 279 | 1397581.8 | 168389.3 | 1414544.1 | 1414544.1 | | | 46806.9 |

11-3 续表 2

单位：万元

| 指标 | 法人企业数(个) | 从业人员期末人数(人) | 商品购进额 | #进口 | 商品销售额 | 批发额 | #出口 | 零售额 | 期末商品库存额 |
|---|---|---|---|---|---|---|---|---|---|
| 港澳台商独资企业 | 2 | 1269 | 43714.1 | | 63539.9 | 60643.8 | | 2896.1 | 15461.6 |
| 外商投资企业 | 1 | 232 | 7751.0 | | 8213.6 | | | 8213.6 | 44.3 |
| 中外合资经营企业 | 1 | 232 | 7751.0 | | 8213.6 | | | 8213.6 | 44.3 |
| 国有控股 | 81 | 25849 | 24852505.8 | 199381.1 | 25860159.5 | 25729393.1 | 20990.4 | 130766.4 | 569960.5 |
| 集体控股 | 6 | 314 | 87724.8 | | 99946.1 | 99946.1 | | | 7015.3 |
| 私人控股 | 188 | 9254 | 3075727.8 | 27410.4 | 3475782.7 | 3030558.6 | 38701.9 | 445224.1 | 386309.6 |
| 港澳台商控股 | 3 | 1548 | 85187.2 | | 106567.4 | 103671.3 | | 2896.1 | 15477.0 |
| 其他 | 20 | 2380 | 1301220.8 | | 1367246.2 | 1342234.1 | | 25012.1 | 60958.5 |
| 独立门店 | 166 | 29051 | 12005882.4 | 210456.0 | 12749408.3 | 12183364.2 | 48717.8 | 566044.1 | 585257.5 |
| 其他 | 132 | 10294 | 17396484.0 | 16335.5 | 18160293.6 | 18122439.0 | 10974.5 | 37854.6 | 454463.4 |
| 大型 | 15 | 26567 | 7887135.1 | | 8632387.9 | 8215230.7 | | 417157.2 | 297623.4 |
| 中型 | 112 | 9762 | 13741080.2 | 49395.9 | 14375165.2 | 14216080.3 | 44877.0 | 159084.9 | 544919.6 |
| 小型 | 103 | 2371 | 894920.8 | 9006.3 | 978810.3 | 953173.4 | 14185.9 | 25636.9 | 97908.1 |
| 微型 | 68 | 645 | 6879230.3 | 168389.3 | 6923338.5 | 6921318.8 | 629.4 | 2019.7 | 99269.8 |
| **二、零售业** | **399** | **40808** | **6828401.6** | **94153.0** | **8182704.2** | **846438.5** | **900.8** | **7336265.7** | **932386.2** |
| 综合零售 | 29 | 11044 | 896860.6 | 766.5 | 1534097.8 | 98257.0 | | 1435840.8 | 54653.2 |
| 百货零售 | 16 | 2614 | 420143.8 | 766.5 | 507229.0 | 98257.0 | | 408972.0 | 15290.1 |
| 超级市场零售 | 10 | 7717 | 303179.2 | | 851556.5 | | | 851556.5 | 37435.9 |
| 其他综合零售 | 3 | 713 | 173537.6 | | 175312.3 | | | 175312.3 | 1927.2 |
| 食品、饮料及烟草制品专门零售 | 48 | 2873 | 249420.7 | | 368767.4 | 88183.6 | | 280583.8 | 31238.2 |
| 粮油零售 | 8 | 196 | 8856.5 | | 9714.7 | 715.3 | | 8999.4 | 1104.5 |
| 糕点、面包零售 | 1 | 534 | 14050.5 | | 25364.6 | | | 25364.6 | 63.9 |
| 果品、蔬菜零售 | 10 | 386 | 114617.0 | | 203033.2 | 52905.4 | | 150127.8 | 377.3 |
| 肉、禽、蛋、奶及水产品零售 | 2 | 708 | 24956.1 | | 28291.3 | | | 28291.3 | 578.9 |
| 酒、饮料及茶叶零售 | 18 | 754 | 62662.0 | | 71647.0 | 29597.3 | | 42049.7 | 23201.7 |
| 烟草制品零售 | 2 | 97 | 7502.1 | | 9370.1 | | | 9370.1 | 2137.6 |
| 其他食品零售 | 7 | 198 | 16776.5 | | 21346.5 | 4965.6 | | 16380.9 | 3774.3 |
| 纺织、服装及日用品专门零售 | 44 | 3810 | 308719.6 | | 555886.2 | 44423.4 | | 511462.8 | 88058.1 |
| 纺织品及针织品零售 | 2 | 179 | 37034.7 | | 49987.8 | 1395.8 | | 48592.0 | 13824.2 |

11-3 续表 3

单位：万元

| 指标 | 法人企业数(个) | 从业人员期末人数(人) | 商品购进额 | #进口 | 商品销售额 | 批发额 | #出口 | 零售额 | 期末商品库存额 |
|---|---|---|---|---|---|---|---|---|---|
| 服装零售 | 35 | 2790 | 234142.8 | | 447147.0 | 42405.0 | | 404742.0 | 70286.4 |
| 鞋帽零售 | 1 | 372 | 15645.6 | | 27855.8 | | | 27855.8 | 1508.0 |
| 化妆品及卫生用品零售 | 2 | 310 | 14881.8 | | 23086.8 | | | 23086.8 | 1804.5 |
| 钟表、眼镜零售 | 3 | 149 | 6181.9 | | 6771.1 | | | 6771.1 | 498.4 |
| 其他日用品零售 | 1 | 10 | 832.8 | | 1037.7 | 622.6 | | 415.1 | 136.6 |
| 文化、体育用品及器材专门零售 | 22 | 912 | 73823.4 | | 90922.6 | 20761.4 | | 70161.2 | 35947.9 |
| 文具用品零售 | 3 | 22 | 2044.3 | | 2604.9 | 1121.8 | | 1483.1 | 7.1 |
| 体育用品及器材零售 | 1 | 15 | 1289.0 | | 1357.0 | 1056.0 | | 301.0 | 100.0 |
| 图书、报刊零售 | 5 | 99 | 5710.5 | | 5856.7 | 69.6 | | 5787.1 | 1147.5 |
| 珠宝首饰零售 | 6 | 677 | 56277.2 | | 71302.2 | 17121.4 | | 54180.8 | 29135.3 |
| 工艺美术品及收藏品零售 | 2 | 22 | 4898.6 | | 3857.6 | 610.0 | | 3247.6 | 2890.9 |
| 乐器零售 | 2 | 50 | 1848.7 | | 4124.4 | | | 4124.4 | 1733.7 |
| 照相器材零售 | 2 | 21 | 1029.4 | | 1037.2 | | | 1037.2 | 532.2 |
| 其他文化用品零售 | 1 | 6 | 725.7 | | 782.6 | 782.6 | | | 401.2 |
| 医药及医疗器材专门零售 | 23 | 7804 | 1018897.8 | | 1084735.7 | 324515.7 | | 760220.0 | 107035.2 |
| 药品零售 | 21 | 7767 | 1016005.4 | | 1080698.8 | 320478.8 | | 760220.0 | 106426.0 |
| 医疗用品及器材零售 | 2 | 37 | 2892.4 | | 4036.9 | 4036.9 | | | 609.2 |
| 汽车、摩托车、燃料及零配件专门零售 | 163 | 11250 | 3617180.4 | 93386.5 | 3841306.3 | 154718.4 | 900.8 | 3686587.9 | 571333.7 |
| 汽车零售 | 118 | 8206 | 2849182.2 | 91185.9 | 2998733.9 | 61877.1 | 900.8 | 2936856.8 | 390628.9 |
| 汽车零配件零售 | 9 | 115 | 29892.5 | 2200.6 | 30650.2 | 25124.2 | | 5526.0 | 4045.6 |
| 机动车燃料零售 | 36 | 2929 | 738105.7 | | 811922.2 | 67717.1 | | 744205.1 | 176659.2 |
| 家用电器及电子产品专门零售 | 40 | 2114 | 436336.2 | | 474725.8 | 53759.5 | | 420966.3 | 33234.9 |
| 家用视听设备零售 | 1 | 21 | 959.2 | | 1003.8 | | | 1003.8 | 240.5 |
| 日用家电设备零售 | 11 | 1094 | 313273.1 | | 346606.2 | 8155.5 | | 338450.7 | 12726.2 |
| 计算机、软件及辅助设备零售 | 19 | 673 | 84651.9 | | 89242.1 | 38697.9 | | 50544.2 | 14708.5 |
| 通信设备零售 | 7 | 313 | 35143.5 | | 35626.2 | 6906.1 | | 28720.1 | 5243.5 |
| 其他电子产品零售 | 2 | 13 | 2308.5 | | 2247.5 | | | 2247.5 | 316.2 |
| 五金、家具及室内装饰材料专门零售 | 16 | 252 | 110270.1 | | 112787.3 | 38183.2 | | 74604.1 | 6796.1 |

11-3　续表 4

单位：万元

| 指　　标 | 法人企业数(个) | 从业人员期末人数(人) | 商品购进额 | #进口 | 商品销售额 | 批发额 | #出口 | 零售额 | 期末商品库存额 |
|---|---|---|---|---|---|---|---|---|---|
| 五金零售 | 7 | 64 | 11404.0 | | 11697.5 | 10678.1 | | 1019.4 | 696.1 |
| 家具零售 | 3 | 76 | 36917.4 | | 36743.4 | 22683.5 | | 14059.9 | 4448.5 |
| 陶瓷、石材装饰材料零售 | 3 | 73 | 58269.2 | | 60032.4 | 4786.5 | | 55245.9 | 512.4 |
| 其他室内装饰材料零售 | 3 | 39 | 3679.5 | | 4314.0 | 35.1 | | 4278.9 | 1139.1 |
| 货摊、无店铺及其他零售业 | 14 | 749 | 116892.8 | | 119475.1 | 23636.3 | | 95838.8 | 4088.9 |
| 互联网零售 | 10 | 559 | 114280.7 | | 114327.2 | 23636.3 | | 90690.9 | 3619.4 |
| 其他未列明零售业 | 4 | 190 | 2612.1 | | 5147.9 | | | 5147.9 | 469.5 |
| 内资企业 | 388 | 38634 | 6570359.0 | 32713.8 | 7897567.6 | 831287.9 | 900.8 | 7066279.7 | 885573.0 |
| 国有企业 | 12 | 414 | 19964.0 | | 23445.8 | 39.6 | | 23406.2 | 1712.1 |
| 集体企业 | 10 | 364 | 20808.1 | | 27695.3 | 1104.5 | | 26590.8 | 4450.7 |
| 股份合作企业 | 1 | 35 | 6210.0 | | 7867.8 | | | 7867.8 | 65.1 |
| 有限责任公司 | 48 | 10626 | 1843351.8 | 846.2 | 2031046.2 | 360262.0 | | 1670784.2 | 162961.6 |
| 国有独资公司 | 2 | 85 | 11593.9 | | 12154.6 | | | 12154.6 | 146.8 |
| 其他有限责任公司 | 46 | 10541 | 1831757.9 | 846.2 | 2018891.6 | 360262.0 | | 1658629.6 | 162814.8 |
| 股份有限公司 | 6 | 1905 | 626576.7 | | 665446.9 | 64448.3 | | 600998.6 | 171517.1 |
| 私营企业 | 308 | 25218 | 4052415.6 | 31867.6 | 5140661.6 | 405390.0 | 900.8 | 4735271.6 | 544825.7 |
| 私营独资企业 | 10 | 158 | 13746.0 | | 14860.7 | | | 14860.7 | 1028.4 |
| 私营有限责任公司 | 292 | 18213 | 3792597.5 | 31867.6 | 4320146.8 | 405390.0 | 900.8 | 3914756.8 | 513276.6 |
| 私营股份有限公司 | 6 | 6847 | 246072.1 | | 805654.1 | | | 805654.1 | 30520.7 |
| 其他企业 | 3 | 72 | 1032.8 | | 1404.0 | 43.5 | | 1360.5 | 40.7 |
| 港、澳、台商投资企业 | 8 | 1264 | 214222.4 | 61439.2 | 237832.5 | 15150.6 | | 222681.9 | 40025.7 |
| 与港澳台商合资经营企业 | 3 | 446 | 84356.3 | | 94921.4 | 13137.0 | | 81784.4 | 32718.4 |
| 港澳台商独资企业 | 5 | 818 | 129866.1 | 61439.2 | 142911.1 | 2013.6 | | 140897.5 | 7307.3 |
| 外商投资企业 | 3 | 910 | 43820.2 | | 47304.1 | | | 47304.1 | 6787.5 |
| 中外合资经营企业 | 1 | 223 | 10085.2 | | 11245.0 | | | 11245.0 | 1190.7 |
| 外资企业 | 1 | 566 | 21703.9 | | 20484.3 | | | 20484.3 | 4585.5 |
| 其他外商投资企业 | 1 | 121 | 12031.1 | | 15574.8 | | | 15574.8 | 1011.3 |
| 国有控股 | 29 | 7804 | 1769632.8 | 766.5 | 1925367.5 | 392625.6 | | 1532741.9 | 274829.9 |
| 集体控股 | 19 | 1903 | 171035.2 | 79.7 | 200186.2 | 3845.4 | | 196340.8 | 34518.9 |

11-3 续表 5

单位：万元

| 指 标 | 法人企业数（个） | 从业人员期末人数（人） | 商品购进额 | #进口 | 商品销售额 | 批发额 | #出口 | 零售额 | 期末商品库存额 |
|---|---|---|---|---|---|---|---|---|---|
| 私人控股 | 324 | 28090 | 4339543.4 | 31867.6 | 5442161.7 | 415777.1 | 900.8 | 5026384.6 | 559329.0 |
| 港澳台商控股 | 7 | 1161 | 206999.4 | 61439.2 | 229957.8 | 14104.1 | | 215853.7 | 33256.5 |
| 外商控股 | 2 | 789 | 31789.1 | | 31729.3 | | | 31729.3 | 5776.2 |
| 其他 | 18 | 1061 | 309401.7 | | 353301.7 | 20086.3 | | 333215.4 | 24675.7 |
| 独立门店 | 325 | 20858 | 4692881.5 | 94153.0 | 5353903.0 | 697902.4 | 900.8 | 4656000.6 | 645023.6 |
| 连锁总店 | 30 | 10925 | 1537040.3 | | 1654439.9 | 64230.8 | | 1590209.1 | 240327.0 |
| 连锁门店 | 7 | 7314 | 277504.8 | | 825141.9 | | | 825141.9 | 28734.9 |
| 其他 | 37 | 1711 | 320975.0 | | 349219.4 | 84305.3 | | 264914.1 | 18300.7 |
| 大型 | 21 | 20397 | 3290719.2 | 766.5 | 4135689.5 | 454374.5 | | 3681315.0 | 383727.3 |
| 中型 | 118 | 15430 | 2546467.2 | 73980.5 | 2946696.9 | 113654.9 | | 2833042.0 | 432316.1 |
| 小型 | 172 | 4273 | 836682.9 | 14918.0 | 913124.0 | 236880.2 | | 676243.8 | 96657.3 |
| 微型 | 88 | 708 | 154532.3 | 4488.0 | 187193.8 | 41528.9 | 900.8 | 145664.9 | 19685.5 |
| 有店铺零售 | 375 | 39624 | 6676226.1 | 91952.4 | 8022330.4 | 805141.2 | 900.8 | 7217189.2 | 924701.2 |
| 便利店 | 3 | 713 | 173537.6 | | 175312.3 | | | 175312.3 | 1927.2 |
| 超市 | 14 | 468 | 48119.7 | | 49291.6 | 150.0 | | 49141.6 | 2647.7 |
| 大型超市 | 8 | 8054 | 299318.4 | | 847740.9 | | | 847740.9 | 40759.2 |
| 百货店 | 23 | 2651 | 430014.5 | 766.5 | 525862.3 | 98416.2 | | 427446.1 | 15413.8 |
| 专业店 | 171 | 17216 | 3523094.9 | 4488.0 | 3911635.4 | 550849.5 | | 3360785.9 | 470539.0 |
| 专卖店 | 129 | 9060 | 2029351.9 | 86697.9 | 2195225.6 | 134878.4 | 900.8 | 2060347.2 | 348521.1 |
| 家居建材商店 | 4 | 76 | 58301.2 | | 60067.5 | 4821.6 | | 55245.9 | 1164.9 |
| 购物中心 | 8 | 856 | 63976.0 | | 187571.2 | 3030.0 | | 184541.2 | 25086.9 |
| 厂家直销中心 | 15 | 530 | 50511.9 | | 69623.6 | 12995.5 | | 56628.1 | 18641.4 |
| 无店铺零售 | 24 | 1184 | 152175.5 | 2200.6 | 160373.8 | 41297.3 | | 119076.5 | 7685.0 |
| 网上商店 | 15 | 1003 | 127761.6 | 2200.6 | 134552.3 | 23636.3 | | 110916.0 | 5456.4 |

# 11-4　限额以上住宿业和餐饮业经营情况(一)

## Management of chain enterprises above designated size in hotel and catering service(1)

单位：万元

| 指　标 | 法人企业数(个) | 从业人员期末人数(人) | 营业额 | #使用银行卡支付的营业额 | 客房收入 | #通过公共网络实现的客房收入 | #通过非自营平台实现的客房收入 | 餐费收入 |
|---|---|---|---|---|---|---|---|---|
| **总　计** | **198** | **24723** | **350065.1** | **61933.3** | **86265.4** | **6140.8** | **2433.9** | **241292.2** |
| **一、住宿业** | **83** | **9611** | **119903.5** | **30996.0** | **60167.5** | **5059.6** | **2417.3** | **42705.2** |
| 旅游饭店 | 46 | 7862 | 97051.6 | 28306.8 | 46362.5 | 4502.8 | 1988.3 | 38847.8 |
| 一般旅馆 | 36 | 1637 | 21916.1 | 2669.1 | 13600.1 | 548.0 | 420.2 | 3857.4 |
| 其他住宿业 | 1 | 112 | 935.8 | 20.1 | 204.9 | 8.8 | 8.8 | |
| 内资企业 | 83 | 9611 | 119903.5 | 30996.0 | 60167.5 | 5059.6 | 2417.3 | 42705.2 |
| 国有企业 | 22 | 4611 | 54749.6 | 20519.6 | 24332.7 | 2726.3 | 609.7 | 25525.0 |
| 集体企业 | 3 | 201 | 1495.7 | 11.0 | 1126.5 | 1.4 | 0.4 | 283.6 |
| 有限责任公司 | 15 | 1728 | 27253.3 | 4391.1 | 12099.1 | 813.2 | 577.2 | 8137.0 |
| 国有独资公司 | 1 | 71 | 1599.5 | 679.2 | 753.9 | 172.1 | 172.1 | 724.7 |
| 其他有限责任公司 | 14 | 1657 | 25653.8 | 3711.9 | 11345.2 | 641.1 | 405.1 | 7412.3 |
| 私营企业 | 43 | 3071 | 36404.9 | 6074.3 | 22609.2 | 1518.7 | 1230.0 | 8759.6 |
| 私营独资企业 | 2 | 267 | 3285.3 | | 2839.3 | | | 340.6 |
| 私营有限责任公司 | 40 | 2614 | 31548.0 | 6074.3 | 19125.6 | 1518.7 | 1230.0 | 7505.4 |
| 私营股份有限公司 | 1 | 190 | 1571.6 | | 644.3 | | | 913.6 |
| 国有控股 | 30 | 5534 | 68825.6 | 23218.6 | 31356.7 | 3432.8 | 1156.2 | 29776.4 |
| 集体控股 | 3 | 201 | 1495.7 | 11.0 | 1126.5 | 1.4 | 0.4 | 283.6 |
| 私人控股 | 47 | 3299 | 41996.3 | 6274.3 | 23862.0 | 1519.7 | 1230.0 | 9397.7 |
| 其他 | 3 | 577 | 7585.9 | 1492.1 | 3822.3 | 105.7 | 30.7 | 3247.5 |
| 独立门店 | 75 | 9077 | 112704.5 | 30167.1 | 55418.9 | 4649.3 | 2057.7 | 41728.9 |
| 连锁门店 | 5 | 224 | 4424.9 | 660.0 | 3942.0 | 406.2 | 355.5 | 444.7 |
| 其他 | 3 | 310 | 2774.1 | 168.9 | 806.6 | 4.1 | 4.1 | 531.6 |
| 大型 | 1 | 600 | 12818.9 | 7901.9 | 5543.0 | | | 6304.6 |
| 中型 | 12 | 4349 | 51863.7 | 11997.2 | 21730.3 | 2202.9 | 476.6 | 24195.1 |
| 小型 | 63 | 4562 | 54549.6 | 11096.9 | 32294.6 | 2856.7 | 1940.7 | 12151.9 |
| 微型 | 7 | 100 | 671.3 | | 599.6 | | | 53.6 |
| 五星 | 3 | 1454 | 21272.5 | 10177.0 | 9390.6 | 291.6 | 291.6 | 10662.7 |
| 四星 | 11 | 1554 | 17948.2 | 2872.8 | 8996.9 | 92.0 | | 6946.4 |
| 三星 | 21 | 3052 | 37542.6 | 12487.7 | 17171.2 | 1669.9 | 545.3 | 15881.2 |
| 二星 | 3 | 177 | 1679.0 | 1.0 | 1354.8 | 1.0 | | 324.2 |
| 其他 | 45 | 3374 | 41461.2 | 5457.5 | 23254.0 | 3005.1 | 1580.4 | 8890.7 |

11-4 续表 1-1

单位：万元

| 指标 | 法人企业数（个） | 从业人员期末人数（人） | 营业额 | #使用银行卡支付的营业额 | 客房收入 | #通过公共网络实现的客房收入 | #通过非自营平台实现的客房收入 | 餐费收入 |
|---|---|---|---|---|---|---|---|---|
| **二、餐饮业** | **115** | **15112** | **230161.6** | **30937.3** | **26097.9** | **1081.2** | **16.6** | **198587.0** |
| 正餐服务 | 111 | 9848 | 150602.6 | 28279.8 | 26097.9 | 1081.2 | 16.6 | 119028.0 |
| 快餐服务 | 4 | 5264 | 79559.0 | 2657.5 | | | | 79559.0 |
| 内资企业 | 112 | 10112 | 158949.3 | 27889.8 | 25964.4 | 981.2 | 16.6 | 127508.2 |
| 国有企业 | 5 | 473 | 4695.2 | 554.6 | 1649.0 | 102.3 | 16.6 | 2793.8 |
| 股份合作企业 | 1 | 35 | 480.5 | 110.5 | 256.5 | | | 224.0 |
| 有限责任公司 | 18 | 2310 | 37065.1 | 4547.4 | 6913.9 | 281.5 | | 27266.5 |
| 其他有限责任公司 | 18 | 2310 | 37065.1 | 4547.4 | 6913.9 | 281.5 | | 27266.5 |
| 私营企业 | 87 | 7284 | 116558.6 | 22677.3 | 17013.6 | 597.4 | | 97205.4 |
| 私营独资企业 | 6 | 262 | 2990.0 | 218.7 | 127.4 | | | 2861.2 |
| 私营有限责任公司 | 80 | 6962 | 112829.1 | 22458.6 | 16227.3 | 597.4 | | 94263.6 |
| 私营股份有限公司 | 1 | 60 | 739.5 | | 658.9 | | | 80.6 |
| 其他企业 | 1 | 10 | 149.9 | | 131.4 | | | 18.5 |
| 港、澳、台商投资企业 | 2 | 511 | 13595.3 | 3047.5 | 133.5 | 100.0 | | 13461.8 |
| 港澳台商独资企业 | 2 | 511 | 13595.3 | 3047.5 | 133.5 | 100.0 | | 13461.8 |
| 外商投资企业 | 1 | 4489 | 57617.0 | | | | | 57617.0 |
| 外资企业 | 1 | 4489 | 57617.0 | | | | | 57617.0 |
| 国有控股 | 10 | 1430 | 15003.3 | 554.6 | 4909.6 | 129.4 | 16.6 | 8034.3 |
| 私人控股 | 97 | 8330 | 137969.6 | 27224.7 | 20398.8 | 836.8 | | 114242.4 |
| 港澳台商控股 | 2 | 511 | 13595.3 | 3047.5 | 133.5 | 100.0 | | 13461.8 |
| 外商控股 | 1 | 4489 | 57617.0 | | | | | 57617.0 |
| 其他 | 5 | 352 | 5976.4 | 110.5 | 656.0 | 15.0 | | 5231.5 |
| 独立门店 | 100 | 7509 | 101389.3 | 21028.3 | 23099.7 | 1066.2 | 16.6 | 73114.4 |
| 连锁总店 | 7 | 6766 | 110242.0 | 7778.8 | 2307.2 | | | 107722.2 |
| 连锁门店 | 3 | 248 | 4890.3 | 2130.2 | 326.7 | | | 4563.6 |
| 其他 | 5 | 589 | 13640.0 | | 364.3 | 15.0 | | 13186.8 |
| 大型 | 2 | 4938 | 70591.5 | 2657.5 | | | | 70591.5 |
| 中型 | 20 | 5836 | 98726.6 | 20754.5 | 15582.5 | 833.6 | | 80096.2 |
| 小型 | 74 | 4141 | 59838.6 | 7272.8 | 10210.9 | 244.1 | 16.6 | 47360.6 |
| 微型 | 19 | 197 | 1004.9 | 252.5 | 304.5 | 3.5 | | 538.7 |

# 11-4 限额以上住宿业和餐饮业经营情况(二)

## Management of chain enterprises above designated size in hotel and catering service(2)

单位：万元

| 指 标 | #通过公共网络实现的餐费收入 | #通过非自营平台实现的餐费收入 | 商品销售额收入 | 其他收入 | 客房数(间) | 床位数(个) | 餐位数(位) | 年末餐饮营业面积(平方米) |
|---|---|---|---|---|---|---|---|---|
| **总 计** | **8682.2** | **786.1** | **1506.9** | **21000.6** | **15773** | **26660** | **87054** | **498710.0** |
| **一、住宿业** | **2445.7** | **691.4** | **490.5** | **16540.3** | **11066** | **18685** | **20828** | **125034.0** |
| 旅游饭店 | 2359.0 | 667.4 | 462.0 | 11379.3 | 7468 | 12097 | 16719 | 91330.0 |
| 一般旅馆 | 86.7 | 24.0 | 28.5 | 4430.1 | 3528 | 6438 | 4109 | 33704.0 |
| 其他住宿业 | | | | 730.9 | 70 | 150 | | |
| 内资企业 | 2445.7 | 691.4 | 490.5 | 16540.3 | 11066 | 18685 | 20828 | 125034.0 |
| 国有企业 | 1698.1 | 332.2 | 48.2 | 4843.7 | 3552 | 6032 | 8986 | 47278.0 |
| 集体企业 | 6.0 | | | 85.6 | 255 | 510 | 350 | 800.0 |
| 有限责任公司 | 35.9 | 10.4 | 182.0 | 6835.2 | 2203 | 3542 | 4706 | 39270.0 |
| 国有独资公司 | | | | 120.9 | 222 | 360 | 150 | 500.0 |
| 其他有限责任公司 | 35.9 | 10.4 | 182.0 | 6714.3 | 1981 | 3182 | 4556 | 38770.0 |
| 私营企业 | 705.7 | 348.8 | 260.3 | 4775.8 | 5056 | 8601 | 6786 | 37686.0 |
| 私营独资企业 | | | 96.1 | 9.3 | 390 | 750 | 600 | 4500.0 |
| 私营有限责任公司 | 705.7 | 348.8 | 150.5 | 4766.5 | 4506 | 7551 | 5286 | 32186.0 |
| 私营股份有限公司 | | | 13.7 | | 160 | 300 | 900 | 1000.0 |
| 国有控股 | 1730.9 | 339.5 | 59.7 | 7632.8 | 4889 | 8143 | 11252 | 62003.0 |
| 集体控股 | 6.0 | | | 85.6 | 255 | 510 | 350 | 800.0 |
| 私人控股 | 705.7 | 348.8 | 260.3 | 8476.3 | 5431 | 9214 | 7796 | 49831.0 |
| 其他 | 3.1 | 3.1 | 170.5 | 345.6 | 491 | 818 | 1430 | 12400.0 |
| 独立门店 | 2445.7 | 691.4 | 453.0 | 15103.7 | 10003 | 17064 | 19393 | 113829.0 |
| 连锁门店 | | | 5.4 | 32.8 | 789 | 1137 | 705 | 10055.0 |
| 其他 | | | 32.1 | 1403.8 | 274 | 484 | 730 | 1150.0 |
| 大型 | | | | 971.3 | 401 | 527 | 600 | 4000.0 |
| 中型 | 995.5 | 329.8 | 151.1 | 5787.2 | 2925 | 4836 | 7469 | 40167.0 |
| 小型 | 1450.2 | 361.6 | 332.4 | 9770.7 | 7431 | 12903 | 12266 | 78077.0 |
| 微型 | | | 7.0 | 11.1 | 309 | 419 | 493 | 2790.0 |
| 五星 | 22.8 | 22.8 | | 1219.2 | 954 | 1421 | 2320 | 18860.0 |
| 四星 | 180.5 | | 125.4 | 1879.5 | 1834 | 2861 | 4666 | 26623.0 |
| 三星 | 1675.9 | 314.3 | 218.7 | 4271.5 | 2877 | 5068 | 7441 | 39619.0 |
| 二星 | | | | | 305 | 574 | 623 | 1610.0 |
| 其他 | 566.5 | 354.3 | 146.4 | 9170.1 | 5096 | 8761 | 5778 | 38322.0 |

11-4　续表 2-1

单位：万元

| 指　　标 | #通过公共网络实现的餐费收入 | #通过非自营平台实现的餐费收入 | 商品销售额收入 | 其他收入 | 客房数(间) | 床位数(个) | 餐位数(位) | 年末餐饮营业面积(平方米) |
|---|---|---|---|---|---|---|---|---|
| **二、餐饮业** | **6236.5** | **94.7** | **1016.4** | **4460.3** | **4707** | **7975** | **66226** | **373676.0** |
| 正餐服务 | 6234.3 | 92.5 | 1016.4 | 4460.3 | 4707 | 7975 | 52655 | 335197.0 |
| 快餐服务 | 2.2 | 2.2 | | | | | 13571 | 38479.0 |
| 内资企业 | 5867.0 | 92.5 | 1016.4 | 4460.3 | 4615 | 7795 | 53483 | 333997.0 |
| 国有企业 | | | 45.1 | 207.3 | 433 | 820 | 2227 | 7191.0 |
| 股份合作企业 | | | | | 24 | 50 | 300 | 2000.0 |
| 有限责任公司 | 2617.5 | | 408.5 | 2476.2 | 1160 | 1950 | 7647 | 57883.0 |
| 其他有限责任公司 | 2617.5 | | 408.5 | 2476.2 | 1160 | 1950 | 7647 | 57883.0 |
| 私营企业 | 3249.5 | 92.5 | 562.8 | 1776.8 | 2982 | 4944 | 43189 | 266723.0 |
| 私营独资企业 | | | | 1.4 | 45 | 90 | 1860 | 5453.0 |
| 私营有限责任公司 | 3249.5 | 92.5 | 562.8 | 1775.4 | 2751 | 4510 | 40329 | 251820.0 |
| 私营股份有限公司 | | | | | 186 | 344 | 1000 | 9450.0 |
| 其他企业 | | | | | 16 | 31 | 120 | 200.0 |
| 港、澳、台商投资企业 | 369.5 | 2.2 | | | 92 | 180 | 3743 | 12729.0 |
| 港澳台商独资企业 | 369.5 | 2.2 | | | 92 | 180 | 3743 | 12729.0 |
| 外商投资企业 | | | | | | | 9000 | 26950.0 |
| 外资企业 | | | | | | | 9000 | 26950.0 |
| 国有控股 | 11.7 | | 45.1 | 2014.3 | 1048 | 1898 | 4445 | 32196.0 |
| 私人控股 | 3298.2 | 92.5 | 971.3 | 2357.1 | 3447 | 5669 | 46420 | 284324.0 |
| 港澳台商控股 | 369.5 | 2.2 | | | 92 | 180 | 3743 | 12729.0 |
| 外商控股 | | | | | | | 9000 | 26950.0 |
| 其他 | 2557.1 | | | 88.9 | 120 | 228 | 2618 | 17477.0 |
| 独立门店 | 6065.8 | 92.5 | 952.8 | 4222.4 | 4309 | 7427 | 38933 | 254538.0 |
| 连锁总店 | 2.2 | 2.2 | 63.6 | 149.0 | 260 | 300 | 23663 | 99528.0 |
| 连锁门店 | 125.0 | | | | 64 | 110 | 1464 | 6523.0 |
| 其他 | 43.5 | | | 88.9 | 74 | 138 | 2166 | 13087.0 |
| 大型 | 2.2 | 2.2 | | | | | 11743 | 35179.0 |
| 中型 | 3091.1 | | 506.9 | 2541.0 | 2089 | 3135 | 23132 | 142099.0 |
| 小型 | 3142.1 | 92.5 | 509.5 | 1757.6 | 2213 | 4072 | 29389 | 160882.0 |
| 微型 | 1.1 | | | 161.7 | 405 | 768 | 1962 | 35516.0 |

# 11-5 限额以上批发和

## The financial condition of the legal person enterprises in

| 指 标 | 法人企业数(个) | 执行《2006年企业会计准则》企业数(个) | 年初存货 | 流动资产合计 | 应收帐款 |
|---|---|---|---|---|---|
| **总 计** | **697** | **595** | **1667764.7** | **14878090.8** | **2842965.7** |
| **一、批发业** | **298** | **253** | **1038498.7** | **11650955.5** | **2446150.1** |
| 农、林、牧产品批发 | 6 | 6 | 17614.7 | 31366.5 | 1846.0 |
| 谷物、豆及薯类批发 | 6 | 6 | 17614.7 | 31366.5 | 1846.0 |
| 食品、饮料及烟草制品批发 | 26 | 21 | 84010.2 | 363645.2 | 70915.1 |
| 米、面制品及食用油批发 | 3 | 1 | 6782.9 | 13065.8 | 484.1 |
| 糕点、糖果及糖批发 | 1 | 1 | 553.4 | 1461.5 | |
| 果品、蔬菜批发 | 1 | 1 | 10166.1 | 63666.6 | 50195.5 |
| 肉、禽、蛋、奶及水产品批发 | 3 | 2 | 814.8 | 2306.1 | 576.6 |
| 盐及调味品批发 | 4 | 3 | 6851.9 | 64608.6 | 8504.3 |
| 营养和保健品批发 | 1 | 1 | 273.4 | 2713.9 | 1836.9 |
| 酒、饮料及茶叶批发 | 9 | 9 | 17738.8 | 32728.0 | 6423.9 |
| 烟草制品批发 | 1 | 1 | 37382.3 | 158337.4 | 955.5 |
| 其他食品批发 | 3 | 2 | 3446.6 | 24757.3 | 1938.3 |
| 纺织、服装及家庭用品批发 | 19 | 17 | 126350.6 | 1267006.0 | 33917.1 |
| 服装批发 | 7 | 6 | 55888.5 | 1163226.3 | 24852.1 |
| 鞋帽批发 | 2 | 2 | 192.0 | 6195.3 | 1783.0 |
| 厨房、卫生间用具及日用杂货批发 | 1 | 1 | 7.9 | 1036.6 | 232.6 |
| 家用电器批发 | 8 | 7 | 68025.1 | 91676.2 | 3200.1 |
| 其他家庭用品批发 | 1 | 1 | 2237.1 | 4871.6 | 3849.3 |
| 文化、体育用品及器材批发 | 8 | 7 | 47729.4 | 270489.4 | 72103.6 |
| 文具用品批发 | 3 | 3 | 19595.7 | 89544.1 | 31100.6 |
| 体育用品及器材批发 | 1 | 1 | 5.6 | 22923.9 | 16134.0 |
| 图书批发 | 2 | 2 | 25258.8 | 151491.0 | 21504.3 |
| 首饰、工艺品及收藏品批发 | 2 | 1 | 2869.3 | 6530.4 | 3364.7 |
| 医药及医疗器材批发 | 44 | 34 | 135935.1 | 917545.2 | 466894.9 |
| 西药批发 | 17 | 12 | 97758.8 | 530058.7 | 262558.1 |
| 中药批发 | 17 | 13 | 28110.2 | 238455.0 | 109467.2 |
| 医疗用品及器材批发 | 10 | 9 | 10066.1 | 149031.5 | 94869.6 |
| 矿产品、建材及化工产品批发 | 142 | 125 | 536159.4 | 8252907.5 | 1580440.9 |
| 煤炭及制品批发 | 56 | 53 | 223445.3 | 6372661.6 | 1135620.1 |
| 石油及制品批发 | 13 | 13 | 106335.6 | 232880.0 | 33434.8 |
| 非金属矿及制品批发 | 2 | 2 | 809.7 | 2223.5 | 229.8 |
| 金属及金属矿批发 | 49 | 38 | 176273.9 | 1207146.5 | 228030.9 |
| 建材批发 | 14 | 11 | 13601.4 | 188220.5 | 85544.5 |
| 化肥批发 | 3 | 3 | 9620.9 | 213174.2 | 90098.0 |
| 其他化工产品批发 | 5 | 5 | 6072.6 | 36601.2 | 7482.8 |
| 机械设备、五金产品及电子产品批发 | 41 | 34 | 36655.7 | 364687.7 | 212266.3 |
| 农业机械批发 | 2 | 2 | 1263.2 | 4952.5 | 2573.3 |
| 汽车批发 | 4 | 4 | 1761.8 | 9820.7 | 5913.4 |
| 汽车零配件批发 | 1 | | 338.7 | 1378.7 | 920.9 |
| 五金产品批发 | 4 | 4 | 2539.7 | 8461.8 | 5481.9 |
| 电气设备批发 | 4 | 3 | 4278.8 | 10260.6 | 4892.0 |
| 计算机、软件及辅助设备批发 | 4 | 3 | 1146.3 | 6910.3 | 5079.0 |

# 零售业法人企业财务状况(一)
## the wholesale and retail trade of the above designated size(1)

单位：万元

| 存货 | 固定资产合计 | 固定资产原价 | 累计折旧 | # 本年折旧 | 在建工程 | 资产总计 |
|---|---|---|---|---|---|---|
| **1933853.3** | **2061557.1** | **2854830.7** | **795170.6** | **133999.1** | **1391614.8** | **23109164.2** |
| **1097270.9** | **1554494.2** | **2064986.6** | **511502.3** | **102939.7** | **1311271.4** | **18894404.1** |
| 18160.8 | 9831.9 | 16136.9 | 6305.0 | 393.0 | 145.5 | 45779.8 |
| 18160.8 | 9831.9 | 16136.9 | 6305.0 | 393.0 | 145.5 | 45779.8 |
| 69765.9 | 67017.7 | 115756.9 | 48769.5 | 9713.5 | 6190.4 | 502764.7 |
| 5559.6 | 3277.8 | 6873.0 | 3595.2 | 94.6 | 6008.9 | 27034.7 |
| 451.1 | 0.5 | 6.9 | 6.4 | 0.2 | | 1462.0 |
| 8615.5 | 25430.8 | 33838.3 | 8407.5 | 8407.5 | 175.9 | 95155.3 |
| 606.9 | 268.7 | 727.3 | 488.9 | 105.6 | | 6094.4 |
| 5373.0 | 5938.4 | 13077.6 | 7139.2 | 494.7 | | 93102.4 |
| 281.7 | 32.3 | 222.6 | 190.3 | 3.9 | | 2746.2 |
| 18848.6 | 4261.3 | 10281.4 | 6020.1 | 448.6 | | 38269.7 |
| 26524.3 | 25946.9 | 46978.2 | 21031.3 | 141.8 | 5.6 | 189862.3 |
| 3505.2 | 1861.0 | 3751.6 | 1890.6 | 16.6 | | 49037.7 |
| 103291.3 | 6479.0 | 11930.5 | 5451.5 | 1939.2 | | 3132096.0 |
| 67646.9 | 5942.5 | 10610.3 | 4667.8 | 1513.1 | | 3027446.0 |
| 18.7 | 15.3 | 35.0 | 19.7 | 45.0 | | 6210.6 |
| 7.9 | 67.8 | 191.1 | 123.3 | 6.2 | | 1203.5 |
| 34688.1 | 443.7 | 1077.3 | 633.6 | 371.9 | | 92354.6 |
| 929.7 | 9.7 | 16.8 | 7.1 | 3.0 | | 4881.3 |
| 44049.7 | 17835.5 | 26693.0 | 8857.5 | 1083.6 | | 368268.7 |
| 12559.3 | 975.9 | 2465.4 | 1489.5 | 81.8 | | 93271.8 |
| 5.6 | 678.0 | 1024.8 | 346.8 | 49.3 | | 27101.4 |
| 28517.5 | 16141.9 | 23073.7 | 6931.8 | 935.0 | | 241325.4 |
| 2967.3 | 39.7 | 129.1 | 89.4 | 17.5 | | 6570.1 |
| 259138.2 | 46507.4 | 61384.5 | 15305.9 | 6638.2 | 6463.1 | 1036453.1 |
| 175416.4 | 29614.9 | 37452.7 | 8266.6 | 4557.1 | 2209.3 | 602070.0 |
| 48162.5 | 15407.1 | 20627.3 | 5220.2 | 1883.3 | 4253.8 | 279600.9 |
| 35559.3 | 1485.4 | 3304.5 | 1819.1 | 197.8 | | 154782.2 |
| 520787.3 | 1368047.5 | 1766277.6 | 398630.9 | 77221.9 | 1298253.0 | 13184566.1 |
| 232551.7 | 1217975.2 | 1494925.2 | 277350.8 | 59295.2 | 1143685.9 | 10642469.0 |
| 73937.1 | 102305.5 | 196722.7 | 94417.2 | 14500.0 | 89321.5 | 413229.0 |
| 1055.8 | 76.4 | 329.0 | 252.6 | 8.7 | | 2519.9 |
| 178098.1 | 11845.8 | 23290.1 | 11444.3 | 1498.8 | 64320.5 | 1612452.9 |
| 17731.0 | 20417.3 | 28851.2 | 8433.9 | 1244.9 | 0.6 | 220649.5 |
| 12435.3 | 8657.6 | 11766.9 | 3109.3 | 409.9 | 149.3 | 229689.6 |
| 4978.3 | 6769.7 | 10392.5 | 3622.8 | 264.4 | 775.2 | 63556.2 |
| 33292.9 | 24283.5 | 40374.3 | 16090.8 | 4832.3 | 69.4 | 412799.3 |
| 349.6 | 4286.2 | 6004.9 | 1718.7 | 135.1 | | 9338.7 |
| 1972.1 | 170.0 | 265.5 | 95.5 | 18.8 | | 9990.9 |
| 403.8 | 207.3 | 336.8 | 129.5 | 27.8 | | 1637.8 |
| 1758.3 | 32.1 | 387.8 | 355.7 | 7.7 | | 8493.9 |
| 3033.4 | 70.6 | 300.8 | 230.2 | 65.8 | | 10457.9 |
| 1110.1 | 4.8 | 73.8 | 69.0 | 11.6 | | 6918.3 |

11-5 续表 1-1

| 指 标 | 法人企业数(个) | 执行《2006年企业会计准则》企业数(个) | 年初存货 | 流动资产合计 | 应收帐款 |
|---|---|---|---|---|---|
| 其他机械设备及电子产品批发 | 22 | 18 | 25327.2 | 322903.1 | 187405.8 |
| 贸易经纪与代理 | 1 | 1 | 18216.6 | 127612.4 | 316.2 |
| 贸易代理 | 1 | 1 | 18216.6 | 127612.4 | 316.2 |
| 其他批发业 | 11 | 8 | 35827.0 | 55695.6 | 7450.0 |
| 再生物资回收与批发 | 2 | 2 | 305.2 | 3280.3 | 534.8 |
| 其他未列明批发业 | 9 | 6 | 35521.8 | 52415.3 | 6915.2 |
| 内资企业 | 293 | 248 | 981842.8 | 11404987.2 | 2424346.2 |
| 国有企业 | 18 | 18 | 133762.3 | 501202.8 | 72043.8 |
| 集体企业 | 4 | 3 | 3989.7 | 52307.0 | 8596.0 |
| 有限责任公司 | 86 | 81 | 384023.4 | 4913157.3 | 1552184.8 |
| 国有独资公司 | 20 | 19 | 122603.0 | 2449312.7 | 576918.1 |
| 其他有限责任公司 | 66 | 62 | 261420.4 | 2463844.6 | 975266.7 |
| 股份有限公司 | 8 | 8 | 146820.0 | 3265466.0 | 238454.1 |
| 私营企业 | 177 | 138 | 313247.4 | 2672854.1 | 553067.5 |
| 私营有限责任公司 | 173 | 135 | 273856.2 | 1527486.9 | 532912.3 |
| 私营股份有限公司 | 4 | 3 | 39391.2 | 1145367.2 | 20155.2 |
| 港、澳、台商投资企业 | 4 | 4 | 56507.4 | 245379.8 | 21494.2 |
| 合资经营企业 (港或澳、台资) | 2 | 2 | 45132.8 | 202124.1 | 19733.5 |
| 港、澳、台商独资经营企业 | 2 | 2 | 11374.6 | 43255.7 | 1760.7 |
| 外商投资企业 | 1 | 1 | 148.5 | 588.5 | 309.7 |
| 中外合资经营企业 | 1 | 1 | 148.5 | 588.5 | 309.7 |
| 国有控股 | 81 | 80 | 556467.9 | 7824951.8 | 1673129.4 |
| 集体控股 | 6 | 5 | 13698.1 | 306500.0 | 28034.4 |
| 私人控股 | 188 | 147 | 396933.9 | 2875774.6 | 635988.4 |
| 港澳台商控股 | 3 | 3 | 11386.1 | 47930.6 | 1760.7 |
| 其他 | 20 | 18 | 60012.7 | 595798.5 | 107237.2 |
| 独立门店 | 166 | 136 | 554809.3 | 5021151.3 | 1067948.1 |
| 其他 | 132 | 117 | 483689.4 | 6629804.2 | 1378202.0 |
| 大型 | 15 | 14 | 282696.4 | 3887964.6 | 740980.9 |
| 中型 | 112 | 96 | 528287.4 | 6034493.8 | 1179305.8 |
| 小型 | 103 | 85 | 129915.5 | 858564.5 | 199236.7 |
| 微型 | 68 | 58 | 97599.4 | 869932.6 | 326626.7 |
| **二、零售业** | **399** | **342** | **629266.0** | **3227135.3** | **396815.6** |
| 综合零售 | 29 | 27 | 61212.8 | 646228.3 | 6625.4 |
| 百货零售 | 16 | 14 | 8089.7 | 458506.1 | 2554.6 |
| 超级市场零售 | 10 | 10 | 50967.1 | 135539.0 | 3378.9 |
| 其他综合零售 | 3 | 3 | 2156.0 | 52183.2 | 691.9 |
| 食品、饮料及烟草制品专门零售 | 48 | 43 | 37348.6 | 102908.3 | 13453.0 |
| 粮油零售 | 8 | 6 | 8789.3 | 15512.9 | 1640.4 |
| 糕点、面包零售 | 1 | 1 | 696.4 | 9935.5 | 1333.0 |

单位：万元

| 存货 | 固定资产合计 | 固定资产原价 | 累计折旧 | # 本年折旧 | 在建工程 | 资产总计 |
|---|---|---|---|---|---|---|
| 24665.6 | 19512.5 | 33004.7 | 13492.2 | 4565.5 | 69.4 | 365961.8 |
| 14576.6 | 7796.9 | 13669.3 | 5872.4 | 452.7 | | 146779.0 |
| 14576.6 | 7796.9 | 13669.3 | 5872.4 | 452.7 | | 146779.0 |
| 34208.2 | 6694.8 | 12763.6 | 6218.8 | 665.3 | 150.0 | 64897.4 |
| 231.0 | 536.0 | 895.8 | 359.8 | 50.2 | | 5238.7 |
| 33977.2 | 6158.8 | 11867.8 | 5859.0 | 615.1 | 150.0 | 59658.7 |
| 1034834.0 | 1538963.6 | 2043256.9 | 505303.2 | 100231.3 | 1311271.4 | 18604983.7 |
| 118717.8 | 44366.7 | 80774.0 | 36407.3 | 816.1 | 70427.1 | 678991.8 |
| 2885.4 | 6665.2 | 14022.5 | 7357.3 | 404.3 | | 89791.8 |
| 320220.1 | 1263335.6 | 1582387.0 | 319207.9 | 79786.9 | 1167021.1 | 8412752.5 |
| 93366.0 | 1170916.7 | 1428462.6 | 257695.9 | 57033.2 | 1142141.3 | 5440499.1 |
| 226854.1 | 92418.9 | 153924.4 | 61512.0 | 22753.7 | 24879.8 | 2972253.4 |
| 172249.0 | 110622.2 | 194111.1 | 83488.9 | 10257.1 | 67456.0 | 4574800.7 |
| 420761.7 | 113973.9 | 171962.3 | 58841.8 | 8966.9 | 6367.2 | 4848646.9 |
| 379424.8 | 108999.6 | 162884.4 | 54738.2 | 8363.5 | 6367.2 | 1828814.1 |
| 41336.9 | 4974.3 | 9077.9 | 4103.6 | 603.4 | | 3019832.8 |
| 62399.1 | 15343.4 | 21113.1 | 5769.7 | 2607.4 | | 288644.7 |
| 46803.9 | 29.1 | 151.7 | 122.6 | 0.4 | | 230038.8 |
| 15595.2 | 15314.3 | 20961.4 | 5647.1 | 2607.0 | | 58605.9 |
| 37.8 | 187.2 | 616.6 | 429.4 | 101.0 | | 775.7 |
| 37.8 | 187.2 | 616.6 | 429.4 | 101.0 | | 775.7 |
| 532086.2 | 1361202.7 | 1771790.8 | 410744.6 | 75345.2 | 1304343.0 | 12201725.6 |
| 9352.5 | 9220.8 | 17441.4 | 8220.6 | 710.4 | | 553173.8 |
| 480886.0 | 141756.7 | 209726.6 | 68823.3 | 18089.3 | 6543.1 | 5086021.3 |
| 15607.6 | 15331.3 | 21077.9 | 5746.6 | 2607.0 | | 63297.8 |
| 59338.6 | 26982.7 | 44949.9 | 17967.2 | 6187.8 | 385.3 | 990185.6 |
| 590631.4 | 1305599.1 | 1641741.3 | 336723.3 | 73143.5 | 1211315.6 | 10305999.9 |
| 506639.5 | 248895.1 | 423245.3 | 174779.0 | 29796.2 | 99955.8 | 8588404.2 |
| 362115.9 | 1233780.6 | 1523347.6 | 289567.0 | 69453.8 | 1206229.3 | 8812992.1 |
| 531183.1 | 253905.8 | 422374.7 | 169212.7 | 28326.2 | 97384.7 | 8045307.3 |
| 100474.0 | 59590.4 | 101880.8 | 42290.4 | 3794.8 | 526.9 | 1069194.1 |
| 103497.9 | 7217.4 | 17383.5 | 10432.2 | 1364.9 | 7130.5 | 966910.6 |
| **836582.4** | **507062.9** | **789844.1** | **283668.3** | **31059.4** | **80343.4** | **4214760.1** |
| 69383.7 | 158862.8 | 248474.0 | 89611.2 | 4150.2 | 4800.3 | 1001810.6 |
| 9194.3 | 29388.2 | 54808.2 | 25420.0 | 1067.7 | 3624.7 | 566592.7 |
| 58262.2 | 115908.9 | 174924.3 | 59015.4 | 2151.7 | 227.3 | 347698.8 |
| 1927.2 | 13565.7 | 18741.5 | 5175.8 | 930.8 | 948.3 | 87519.1 |
| 33112.3 | 47852.5 | 66678.6 | 18826.1 | 1474.7 | 44314.3 | 205712.6 |
| 8477.5 | 5444.9 | 8101.3 | 2656.4 | 115.7 | | 22996.7 |
| 423.8 | 1257.9 | 2765.4 | 1507.5 | 44.6 | 33225.6 | 46815.3 |

11-5 续表 1-2

| 指　标 | 法人企业数(个) | 执行《2006 年企业会计准则》企业数(个) | 年初存货 | 流动资产合计 | 应收帐款 |
|---|---|---|---|---|---|
| 果品、蔬菜零售 | 10 | 9 | 1278.7 | 8928.5 | 2122.3 |
| 肉、禽、蛋、奶及水产品零售 | 2 | 2 | 394.0 | 5484.4 | 672.7 |
| 酒、饮料及茶叶零售 | 18 | 17 | 18847.5 | 46590.4 | 6875.0 |
| 烟草制品零售 | 2 | 2 | 2219.3 | 6478.5 | 90.0 |
| 其他食品零售 | 7 | 6 | 5123.4 | 9978.1 | 719.6 |
| 纺织、服装及日用品专门零售 | 44 | 38 | 55742.0 | 266316.1 | 40025.3 |
| 纺织品及针织品零售 | 2 | 2 | 1580.2 | 22415.3 | 5587.5 |
| 服装零售 | 35 | 30 | 51788.3 | 232245.8 | 31922.8 |
| 鞋帽零售 | 1 | 1 | 7.6 | 2050.2 | |
| 化妆品及卫生用品零售 | 2 | 2 | 1367.3 | 4520.9 | 1001.0 |
| 钟表、眼镜零售 | 3 | 2 | 799.0 | 4521.5 | 1143.5 |
| 其他日用品零售 | 1 | 1 | 199.6 | 562.4 | 370.5 |
| 文化、体育用品及器材专门零售 | 22 | 17 | 29618.4 | 47683.0 | 5126.3 |
| 文具用品零售 | 3 | 2 | 929.3 | 2048.9 | 935.7 |
| 体育用品及器材零售 | 1 | | 100.0 | 125.0 | 0.5 |
| 图书、报刊零售 | 5 | 4 | 1037.6 | 1648.9 | 438.1 |
| 珠宝首饰零售 | 6 | 5 | 22803.4 | 37314.0 | 3215.6 |
| 工艺美术品及收藏品零售 | 2 | 1 | 1595.8 | 2797.7 | 27.1 |
| 乐器零售 | 2 | 2 | 2216.2 | 2117.4 | -56.4 |
| 照相器材零售 | 2 | 2 | 534.9 | 1112.8 | 456.2 |
| 其他文化用品零售 | 1 | 1 | 401.2 | 518.3 | 109.5 |
| 医药及医疗器材专门零售 | 23 | 20 | 67572.9 | 489891.9 | 214167.7 |
| 药品零售 | 21 | 19 | 66972.6 | 486556.5 | 211898.1 |
| 医疗用品及器材零售 | 2 | 1 | 600.3 | 3335.4 | 2269.6 |
| 汽车、摩托车、燃料及零配件专门零售 | 163 | 145 | 343510.1 | 1415282.3 | 83331.3 |
| 汽车零售 | 118 | 108 | 308354.7 | 860243.5 | 71128.8 |
| 汽车零配件零售 | 9 | 7 | 3606.6 | 11135.4 | 3542.2 |
| 机动车燃料零售 | 36 | 30 | 31548.8 | 543903.4 | 8660.3 |
| 家用电器及电子产品专门零售 | 40 | 31 | 26895.7 | 187079.8 | 20937.8 |
| 家用视听设备零售 | 1 | | 219.1 | 363.0 | |
| 日用家电设备零售 | 11 | 8 | 11372.5 | 128086.7 | 2755.5 |
| 计算机、软件及辅助设备零售 | 19 | 14 | 10484.6 | 45654.0 | 13471.9 |
| 通信设备零售 | 7 | 7 | 4603.9 | 11119.3 | 3702.7 |
| 其他电子产品零售 | 2 | 2 | 215.6 | 1856.8 | 1007.7 |
| 五金、家具及室内装饰材料专门零售 | 16 | 12 | 6271.1 | 47937.1 | 8291.2 |
| 五金零售 | 7 | 4 | 803.9 | 7737.6 | 6296.3 |
| 家具零售 | 3 | 2 | 3859.1 | 5931.6 | 464.0 |
| 陶瓷、石材装饰材料零售 | 3 | 3 | 462.7 | 31400.1 | 1014.2 |
| 其他室内装饰材料零售 | 3 | 3 | 1145.4 | 2867.8 | 516.7 |
| 货摊、无店铺及其他零售业 | 14 | 9 | 1094.4 | 23808.5 | 4857.6 |
| 互联网零售 | 10 | 6 | 750.1 | 19873.7 | 4568.9 |
| 其他未列明零售业 | 4 | 3 | 344.3 | 3934.8 | 288.7 |
| 内资企业 | 388 | 331 | 588009.0 | 3125940.3 | 387382.0 |
| 国有企业 | 12 | 10 | 8997.5 | 17865.9 | 2042.3 |
| 集体企业 | 10 | 8 | 7443.4 | 12410.5 | 2393.8 |
| 股份合作企业 | 1 | 1 | 56.7 | 816.2 | 160.2 |
| 有限责任公司 | 48 | 44 | 122538.5 | 741950.0 | 213255.9 |

单位：万元

| 存货 | 固定资产合计 | 固定资产原价 | 累计折旧 | # 本年折旧 | 在建工程 | 资产总计 |
|---|---|---|---|---|---|---|
| 669.2 | 29361.7 | 31518.4 | 2156.7 | 504.0 | 8131.0 | 47944.3 |
| 573.3 | 285.5 | 371.2 | 85.7 | 6.7 | 2381.7 | 9798.7 |
| 17701.8 | 9914.9 | 20000.6 | 10085.7 | 705.8 | 437.7 | 60106.9 |
| 2137.7 | 139.5 | 624.1 | 484.6 | 53.2 | | 6618.0 |
| 3129.0 | 1448.1 | 3297.6 | 1849.5 | 44.7 | 138.3 | 11432.7 |
| 62729.2 | 87793.5 | 125767.9 | 37974.4 | 5031.1 | 18576.4 | 392128.1 |
| 13794.5 | 11726.1 | 12416.0 | 689.9 | 232.2 | | 39232.5 |
| 46766.2 | 69317.8 | 105537.0 | 36219.2 | 4428.2 | 16565.5 | 327860.1 |
| 7.6 | 5607.3 | 6145.0 | 537.7 | 47.3 | 1734.2 | 11658.7 |
| 1556.6 | 708.1 | 1013.9 | 305.8 | 301.7 | 276.7 | 7220.5 |
| 487.6 | 433.2 | 646.4 | 213.2 | 21.2 | | 5592.9 |
| 116.7 | 1.0 | 9.6 | 8.6 | 0.5 | | 563.4 |
| 31852.8 | 12813.6 | 23696.0 | 10882.4 | 1227.6 | | 72062.4 |
| 386.5 | 27.6 | 126.9 | 99.3 | 9.6 | | 2076.6 |
| 100.0 | 73.0 | 85.0 | 12.0 | | | 198.0 |
| 775.7 | 297.5 | 872.0 | 574.5 | 38.4 | | 2073.4 |
| 25439.7 | 12365.2 | 22262.3 | 9897.1 | 1172.8 | | 61103.4 |
| 2483.9 | 40.7 | 144.2 | 103.5 | 2.4 | | 2852.8 |
| 1733.7 | 7.5 | 29.1 | 21.6 | 4.1 | | 2125.0 |
| 532.1 | 2.1 | 176.5 | 174.4 | 0.3 | | 1114.9 |
| 401.2 | | | | | | 518.3 |
| 95949.4 | 14967.1 | 25424.8 | 10457.7 | 938.4 | 4139.3 | 539705.1 |
| 95548.2 | 14837.3 | 25243.0 | 10405.7 | 905.2 | 4139.3 | 536235.5 |
| 401.2 | 129.8 | 181.8 | 52.0 | 33.2 | | 3469.6 |
| 499346.4 | 168135.6 | 278300.3 | 110964.9 | 16652.8 | 4739.9 | 1705270.7 |
| 300512.4 | 122560.8 | 195023.8 | 73258.7 | 14423.3 | 3021.9 | 1055205.3 |
| 4036.3 | 141.2 | 315.2 | 178.5 | 72.3 | | 11276.6 |
| 194797.7 | 45433.6 | 82961.3 | 37527.7 | 2157.2 | 1718.0 | 638788.8 |
| 33525.7 | 2567.9 | 4924.3 | 2356.4 | 451.1 | 3202.7 | 203690.5 |
| 240.5 | 0.3 | 0.8 | 0.5 | 0.3 | | 363.3 |
| 13331.5 | 885.0 | 1239.1 | 354.1 | 49.9 | 3202.7 | 139628.1 |
| 14739.2 | 929.2 | 2033.0 | 1103.8 | 175.5 | | 49586.0 |
| 4944.3 | 751.1 | 1607.8 | 856.7 | 223.6 | | 12254.0 |
| 270.2 | 2.3 | 43.6 | 41.3 | 1.8 | | 1859.1 |
| 6457.3 | 10168.1 | 11923.5 | 1755.4 | 673.5 | | 58245.0 |
| 655.4 | 90.0 | 186.2 | 96.2 | 31.9 | | 7830.6 |
| 4312.1 | 4864.4 | 6255.3 | 1390.9 | 612.0 | | 10812.7 |
| 445.4 | 5172.9 | 5266.1 | 93.2 | 17.6 | | 36573.0 |
| 1044.4 | 40.8 | 215.9 | 175.1 | 12.0 | | 3028.7 |
| 4225.6 | 3901.8 | 4654.7 | 839.8 | 460.0 | 570.5 | 36135.1 |
| 3988.5 | 1808.4 | 2240.7 | 432.3 | 319.6 | 66.2 | 27101.4 |
| 237.1 | 2093.4 | 2414.0 | 407.5 | 140.4 | 504.3 | 9033.7 |
| 793493.3 | 474825.9 | 730549.9 | 256611.1 | 25152.8 | 80057.5 | 4069622.6 |
| 8573.7 | 6258.5 | 9796.2 | 3537.7 | 166.2 | | 26344.7 |
| 4526.4 | 2143.6 | 10226.5 | 8082.9 | 220.2 | 138.3 | 16969.4 |
| 55.7 | 84.8 | 250.3 | 165.5 | 35.2 | | 941.0 |
| 147412.6 | 41092.5 | 76657.7 | 35652.1 | 7125.7 | 39963.6 | 885226.7 |

11-5 续表 1-3

| 指　　标 | 法人企业数(个) | 执行《2006 年企业会计准则》企业数(个) | 年初存货 | 流动资产合计 | 应收帐款 |
|---|---|---|---|---|---|
| 国有独资公司 | 2 | 2 | 192.6 | 4216.4 | 825.0 |
| 其他有限责任公司 | 46 | 42 | 122345.9 | 737733.6 | 212430.9 |
| 股份有限公司 | 6 | 4 | 24459.8 | 505827.0 | 11270.9 |
| 私营企业 | 308 | 261 | 424311.7 | 1844776.3 | 158169.9 |
| 私营独资企业 | 10 | 8 | 1350.6 | 3928.7 | 1892.2 |
| 私营有限责任公司 | 292 | 248 | 379923.7 | 1690827.4 | 153112.6 |
| 私营股份有限公司 | 6 | 5 | 43037.4 | 150020.2 | 3165.1 |
| 其他企业 | 3 | 3 | 201.4 | 2294.4 | 89.0 |
| 港、澳、台商投资企业 | 8 | 8 | 37993.0 | 90106.1 | 9307.9 |
| 合资经营企业 (港或澳、台资) | 3 | 3 | 32479.5 | 43580.4 | 7107.6 |
| 港、澳、台商独资经营企业 | 5 | 5 | 5513.5 | 46525.7 | 2200.3 |
| 外商投资企业 | 3 | 3 | 3264.0 | 11088.9 | 125.7 |
| 中外合资经营企业 | 1 | 1 | 1093.1 | 2906.2 | |
| 外资企业 | 1 | 1 | 2161.4 | 5057.1 | 3.8 |
| 其他外商投资企业 | 1 | 1 | 9.5 | 3125.6 | 121.9 |
| 国有控股 | 29 | 27 | 101999.4 | 1011236.1 | 204192.0 |
| 集体控股 | 19 | 14 | 41622.6 | 74644.1 | 17769.5 |
| 私人控股 | 324 | 275 | 432032.1 | 1926137.9 | 163777.3 |
| 港澳台商控股 | 7 | 7 | 27323.2 | 81166.0 | 7199.5 |
| 外商控股 | 2 | 2 | 3254.5 | 7963.3 | 3.8 |
| 其他 | 18 | 17 | 23034.2 | 125987.9 | 3873.5 |
| 独立门店 | 325 | 280 | 504945.8 | 1986726.8 | 343645.5 |
| 连锁总店 | 30 | 29 | 70143.7 | 1012753.7 | 29529.1 |
| 连锁门店 | 7 | 7 | 40356.5 | 119255.2 | 3431.6 |
| 其他 | 37 | 26 | 13820.0 | 108399.6 | 20209.4 |
| 大型 | 21 | 21 | 198894.7 | 1602672.9 | 224527.9 |
| 中型 | 118 | 106 | 305769.0 | 1075496.9 | 84263.3 |
| 小型 | 172 | 140 | 97224.1 | 401089.3 | 56422.0 |
| 微型 | 88 | 75 | 27378.2 | 147876.2 | 31602.4 |
| 有店铺零售 | 375 | 326 | 623407.5 | 3182720.2 | 387072.6 |
| 便利店 | 3 | 3 | 2156.0 | 52183.2 | 691.9 |
| 超市 | 14 | 14 | 2223.6 | 12849.7 | 3132.7 |
| 大型超市 | 8 | 8 | 52111.7 | 133598.2 | 2506.8 |
| 百货店 | 23 | 19 | 11007.9 | 496416.5 | 3163.4 |
| 专业店 | 171 | 145 | 250281.4 | 1554930.6 | 289454.3 |
| 专卖店 | 129 | 115 | 266414.8 | 769800.1 | 73892.7 |
| 家居建材商店 | 4 | 4 | 1020.5 | 32464.5 | 1520.8 |
| 购物中心 | 8 | 8 | 24014.7 | 85593.5 | 1120.0 |
| 厂家直销中心 | 15 | 10 | 14176.9 | 44883.9 | 11590.0 |
| 无店铺零售 | 24 | 16 | 5858.5 | 44415.1 | 9743.0 |
| 网上商店 | 15 | 8 | 2910.0 | 28855.0 | 4935.7 |

单位：万元

| 存货 | 固定资产合计 | 固定资产原价 | 累计折旧 | #本年折旧 | 在建工程 | 资产总计 |
|---|---|---|---|---|---|---|
| 144.7 | 2990.4 | 5743.7 | 2753.3 | 177.1 | | 7212.5 |
| 147267.9 | 38102.1 | 70914.0 | 32898.8 | 6948.6 | 39963.6 | 878014.2 |
| 189029.3 | 52661.5 | 79627.3 | 26965.8 | 1830.4 | 696.2 | 583079.8 |
| 443651.6 | 371752.1 | 553047.4 | 182095.5 | 15769.2 | 33508.0 | 2547981.7 |
| 1169.9 | 545.7 | 600.8 | 55.1 | 22.6 | | 4474.5 |
| 393774.2 | 248107.2 | 386016.4 | 138709.4 | 15083.0 | 33357.8 | 2166353.9 |
| 48707.5 | 123099.2 | 166430.2 | 43331.0 | 663.6 | 150.2 | 377153.3 |
| 244.0 | 832.9 | 944.5 | 111.6 | 5.9 | 5751.4 | 9079.3 |
| 37879.1 | 13839.4 | 26293.1 | 12453.7 | 2421.5 | 276.7 | 114401.5 |
| 29535.1 | 9544.7 | 18008.9 | 8464.2 | 1659.0 | | 61423.2 |
| 8344.0 | 4294.7 | 8284.2 | 3989.5 | 762.5 | 276.7 | 52978.3 |
| 5210.0 | 18397.6 | 33001.1 | 14603.5 | 3485.1 | 9.2 | 30736.0 |
| 1190.7 | 7.9 | 5757.5 | 5749.6 | 1685.6 | | 2989.6 |
| 4007.0 | 2088.0 | 4169.1 | 2081.1 | 378.7 | | 8308.7 |
| 12.3 | 16301.7 | 23074.5 | 6772.8 | 1420.8 | 9.2 | 19437.7 |
| 283738.6 | 68252.7 | 117943.6 | 49777.8 | 3155.2 | 4934.7 | 1161395.1 |
| 35148.5 | 22692.2 | 40115.4 | 17423.2 | 3563.6 | 33363.9 | 136703.7 |
| 458319.6 | 373927.1 | 556140.8 | 183013.9 | 16010.9 | 35889.7 | 2636995.7 |
| 31109.9 | 13839.4 | 26293.1 | 12453.7 | 2421.5 | 276.7 | 105461.4 |
| 5197.7 | 2095.9 | 9926.6 | 7830.7 | 2064.3 | | 11298.3 |
| 23068.1 | 26255.6 | 39424.6 | 13169.0 | 3843.9 | 5878.4 | 162905.9 |
| 513046.7 | 327769.3 | 514624.9 | 187655.8 | 23613.1 | 42312.7 | 2569130.9 |
| 257410.9 | 62159.1 | 111292.8 | 49133.7 | 5649.8 | 35030.2 | 1192107.5 |
| 47442.3 | 108831.0 | 149426.0 | 40595.0 | 348.2 | 116.6 | 320216.3 |
| 18682.5 | 8303.5 | 14500.4 | 6283.8 | 1448.3 | 2883.9 | 133305.4 |
| 399646.9 | 231015.5 | 344232.2 | 113216.7 | 6080.3 | 4886.6 | 2084492.6 |
| 312975.3 | 201115.2 | 332209.7 | 131343.8 | 19376.0 | 60857.6 | 1468497.4 |
| 105890.8 | 55059.8 | 87997.2 | 33138.1 | 4803.3 | 13753.9 | 483062.1 |
| 18069.4 | 19872.4 | 25405.0 | 5969.7 | 799.8 | 845.3 | 178708.0 |
| 828537.2 | 501569.6 | 780572.6 | 279890.1 | 30225.7 | 77897.6 | 4152127.6 |
| 1927.2 | 13565.7 | 18741.5 | 5175.8 | 930.8 | 948.3 | 87519.1 |
| 2575.2 | 3701.9 | 6815.7 | 3113.8 | 287.1 | 142.5 | 17583.1 |
| 60909.0 | 114549.2 | 172793.5 | 58244.3 | 2257.8 | 84.8 | 344955.3 |
| 8658.9 | 52540.9 | 95852.0 | 43311.1 | 2619.3 | 3756.3 | 629433.7 |
| 451392.7 | 219972.6 | 315318.1 | 95978.8 | 13823.7 | 35777.9 | 1957941.9 |
| 255916.9 | 83415.6 | 150388.7 | 67222.4 | 9569.6 | 37049.5 | 928044.4 |
| 1003.2 | 5180.2 | 5322.9 | 142.7 | 24.3 | | 37652.0 |
| 21841.9 | 1049.1 | 3966.0 | 2916.9 | 327.0 | | 90150.7 |
| 24312.2 | 7594.4 | 11374.2 | 3784.3 | 386.1 | 138.3 | 58847.4 |
| 8045.2 | 5493.3 | 9271.5 | 3778.2 | 833.7 | 2445.8 | 62632.5 |
| 6266.5 | 2186.6 | 2783.7 | 597.1 | 441.5 | 66.2 | 39066.7 |

# 11-5 限额以上批发和

## The financial condition of the legal person enterprises in

| 指 标 | 流动负债合计 | #应付帐款 | 非流动负债合计 | 负债合计 | 所有者权益合计 |
|---|---|---|---|---|---|
| **总 计** | **13590897.5** | **2781308.2** | **2554252.0** | **16148902.7** | **6960261.5** |
| **一、批发业** | **10474158.5** | **2029805.6** | **2289986.6** | **12764145.3** | **6130258.8** |
| 农、林、牧产品批发 | 28637.5 | 2021.9 | 6067.7 | 34705.2 | 11074.6 |
| 谷物、豆及薯类批发 | 28637.5 | 2021.9 | 6067.7 | 34705.2 | 11074.6 |
| 食品、饮料及烟草制品批发 | 249289.5 | 131172.7 | 29340.8 | 278630.3 | 224134.4 |
| 米、面制品及食用油批发 | 12394.0 | 3331.1 | 7667.1 | 20061.1 | 6973.6 |
| 糕点、糖果及糖批发 | 1107.9 | 199.1 |  | 1107.9 | 354.1 |
| 果品、蔬菜批发 | 68997.6 | 51432.6 | 19000.0 | 87997.6 | 7157.7 |
| 肉、禽、蛋、奶及水产品批发 | 7939.4 | 3061.1 |  | 7939.4 | -1845.0 |
| 盐及调味品批发 | 55091.5 | 35320.7 | 874.4 | 55965.9 | 37136.5 |
| 营养和保健品批发 | 2286.8 | 944.4 | 146.0 | 2432.8 | 313.4 |
| 酒、饮料及茶叶批发 | 43371.6 | 10153.3 | 537.3 | 43908.9 | -5639.2 |
| 烟草制品批发 | 26539.9 | 15165.5 |  | 26539.9 | 163322.4 |
| 其他食品批发 | 31560.8 | 11564.9 | 1116.0 | 32676.8 | 16360.9 |
| 纺织、服装及家庭用品批发 | 661914.4 | 29519.2 | 5103.8 | 667018.2 | 2465077.8 |
| 服装批发 | 544823.3 | 22221.5 | 2653.8 | 547477.1 | 2479968.9 |
| 鞋帽批发 | 4219.5 | 572.2 |  | 4219.5 | 1991.1 |
| 厨房、卫生间用具及日用杂货批发 | 890.9 | 700.8 |  | 890.9 | 312.6 |
| 家用电器批发 | 109338.7 | 7479.6 |  | 109338.7 | -16984.1 |
| 其他家庭用品批发 | 2642.0 | -1454.9 | 2450.0 | 5092.0 | -210.7 |
| 文化、体育用品及器材批发 | 237544.0 | 133569.1 | 130.0 | 237674.0 | 130594.7 |
| 文具用品批发 | 79935.3 | 28073.3 | 100.0 | 80035.3 | 13236.5 |
| 体育用品及器材批发 | 23790.9 | 23764.3 |  | 23790.9 | 3310.5 |
| 图书批发 | 128506.7 | 79380.8 | 30.0 | 128536.7 | 112788.7 |
| 首饰、工艺品及收藏品批发 | 5311.1 | 2350.7 |  | 5311.1 | 1259.0 |
| 医药及医疗器材批发 | 866393.3 | 335798.0 | 19615.3 | 886008.7 | 150444.4 |
| 西药批发 | 495396.0 | 198764.9 | 9646.3 | 505042.3 | 97027.7 |
| 中药批发 | 231273.5 | 80374.0 | 7012.6 | 238286.1 | 41314.8 |
| 医疗用品及器材批发 | 139723.8 | 56659.1 | 2956.4 | 142680.3 | 12101.9 |
| 矿产品、建材及化工产品批发 | 7955517.4 | 1111846.4 | 2204571.6 | 10160089.1 | 3024477.0 |
| 煤炭及制品批发 | 6375486.9 | 643886.7 | 1985915.5 | 8361402.5 | 2281066.5 |
| 石油及制品批发 | 249691.9 | 122923.5 | 155659.4 | 405351.3 | 7877.7 |
| 非金属矿及制品批发 | 2256.0 | 470.0 |  | 2256.0 | 263.9 |
| 金属及金属矿批发 | 852559.8 | 208551.8 | 60657.1 | 913216.9 | 699236.0 |
| 建材批发 | 226654.6 | 71928.5 |  | 226654.6 | -6005.1 |
| 化肥批发 | 190509.6 | 57685.4 | 2289.7 | 192799.3 | 36890.3 |
| 其他化工产品批发 | 58358.6 | 6400.5 | 49.9 | 58408.5 | 5147.7 |
| 机械设备、五金产品及电子产品批发 | 327443.0 | 240000.3 | 533.4 | 327976.4 | 84822.9 |
| 农业机械批发 | 7198.4 | 4178.3 | 143.0 | 7341.4 | 1997.3 |
| 汽车批发 | 8095.3 | 4425.6 |  | 8095.3 | 1895.6 |
| 汽车零配件批发 | 1173.1 | 1109.8 |  | 1173.1 | 464.7 |
| 五金产品批发 | 4970.3 | 3398.6 |  | 4970.3 | 3523.6 |
| 电气设备批发 | 11107.6 | 10100.1 |  | 11107.6 | -649.7 |
| 计算机、软件及辅助设备批发 | 4646.2 | 1919.4 |  | 4646.2 | 2272.1 |

# 零售业法人企业财务状况(二)
# the wholesale and retail trade of the above designated size(2)

单位：万元

| 实收资本 | 国家资本 | 集体资本 | 法人资本 | 个人资本 | 港澳台资本 | 外商资本 |
|---|---|---|---|---|---|---|
| **2400529.0** | **1029888.2** | **101103.4** | **573832.9** | **578493.6** | **109062.9** | **8148.0** |
| **1692590.6** | **913375.8** | **95325.6** | **245150.3** | **340594.0** | **98144.9** | |
| 8343.6 | 8343.6 | | | | | |
| 8343.6 | 8343.6 | | | | | |
| 47385.1 | 10224.5 | 5213.8 | 27946.8 | 4000.0 | | |
| 1749.3 | 1599.3 | | 60.0 | 90.0 | | |
| 50.0 | | | 50.0 | | | |
| 16000.0 | | | 16000.0 | | | |
| 1150.0 | | | 1150.0 | | | |
| 8650.9 | | 5000.9 | 3000.0 | 650.0 | | |
| 200.0 | | | 200.0 | | | |
| 10520.3 | 6941.4 | 212.9 | 406.0 | 2960.0 | | |
| 1683.8 | 1683.8 | | | | | |
| 7380.8 | | | 7080.8 | 300.0 | | |
| 155840.7 | | | 1861.9 | 150266.0 | 3712.8 | |
| 148384.7 | | | 661.9 | 144011.0 | 3711.8 | |
| 2000.0 | | | | 2000.0 | | |
| 305.0 | | | | 305.0 | | |
| 5101.0 | | | 1200.0 | 3900.0 | 1.0 | |
| 50.0 | | | | 50.0 | | |
| 21955.7 | 14955.7 | | 2000.0 | 5000.0 | | |
| 1695.3 | 1695.3 | | | | | |
| 3000.0 | | | | 3000.0 | | |
| 15260.4 | 13260.4 | | 2000.0 | | | |
| 2000.0 | | | | 2000.0 | | |
| 98556.1 | 5665.0 | 121.0 | 33826.0 | 58944.1 | | |
| 48089.8 | | 31.0 | 23026.0 | 25032.8 | | |
| 35440.3 | 2750.0 | | 6115.0 | 26575.3 | | |
| 15026.0 | 2915.0 | 90.0 | 4685.0 | 7336.0 | | |
| 1264050.5 | 838728.3 | 88474.2 | 168403.3 | 94944.7 | 73500.0 | |
| 685504.8 | 564294.9 | 8031.0 | 84693.0 | 28485.9 | | |
| 35674.2 | 8728.0 | 3745.9 | 16138.3 | 7062.0 | | |
| 500.0 | | | | 500.0 | | |
| 475659.3 | 243656.2 | 70727.3 | 54450.0 | 33325.8 | 73500.0 | |
| 32899.0 | 5000.0 | | 5571.0 | 22328.0 | | |
| 25693.2 | 13249.2 | 2200.0 | 7551.0 | 2693.0 | | |
| 8120.0 | 3800.0 | 3770.0 | | 550.0 | | |
| 78560.9 | 34065.5 | 238.8 | 10312.3 | 13012.2 | 20932.1 | |
| 1329.5 | 1190.7 | 138.8 | | | | |
| 3010.0 | | 100.0 | 2410.0 | 500.0 | | |
| 300.0 | | | 105.0 | 195.0 | | |
| 3505.0 | | | 300.0 | 3205.0 | | |
| 1810.0 | | | 1700.0 | 110.0 | | |
| 2100.0 | | | | 2100.0 | | |

11-5 续表 2-1

| 指 标 | 流动负债合计 | #应付帐款 | 非流动负债合计 | 负债合计 | 所有者权益合计 |
|---|---|---|---|---|---|
| 其他机械设备及电子产品批发 | 290252.1 | 214868.5 | 390.4 | 290642.5 | 75319.3 |
| 贸易经纪与代理 | 91111.2 | 31441.2 | 23967.7 | 115078.9 | 31700.1 |
| 贸易代理 | 91111.2 | 31441.2 | 23967.7 | 115078.9 | 31700.1 |
| 其他批发业 | 56308.2 | 14436.8 | 656.3 | 56964.5 | 7932.9 |
| 再生物资回收与批发 | 2356.4 | 732.6 | 447.4 | 2803.8 | 2434.9 |
| 其他未列明批发业 | 53951.8 | 13704.2 | 208.9 | 54160.7 | 5498.0 |
| 内资企业 | 10351489.2 | 1990095.9 | 2289986.5 | 12641475.9 | 5963507.8 |
| 国有企业 | 302677.1 | 67610.6 | 58930.9 | 361608.0 | 317383.8 |
| 集体企业 | 50095.9 | 38279.8 | 1321.8 | 51417.7 | 38374.1 |
| 有限责任公司 | 5196290.5 | 1095441.1 | 1645102.2 | 6841392.7 | 1571359.8 |
| 国有独资公司 | 2765260.5 | 283470.1 | 1600184.2 | 4365444.7 | 1075054.4 |
| 其他有限责任公司 | 2431030.0 | 811971.0 | 44918.0 | 2475948.0 | 496305.4 |
| 股份有限公司 | 2744252.1 | 240888.0 | 535820.4 | 3280072.5 | 1294728.2 |
| 私营企业 | 2058173.6 | 547876.4 | 48811.2 | 2106985.0 | 2741661.9 |
| 私营有限责任公司 | 1504061.6 | 532575.7 | 46818.8 | 1550880.6 | 277933.5 |
| 私营股份有限公司 | 554112.0 | 15300.7 | 1992.4 | 556104.4 | 2463728.4 |
| 港、澳、台商投资企业 | 120923.5 | 38358.4 | 0.1 | 120923.6 | 167721.1 |
| 合资经营企业（港或澳、台资） | 98759.5 | 35037.4 | | 98759.5 | 131279.3 |
| 港、澳、台商独资经营企业 | 22164.0 | 3321.0 | 0.1 | 22164.1 | 36441.8 |
| 外商投资企业 | 1745.8 | 1351.3 | | 1745.8 | -970.1 |
| 中外合资经营企业 | 1745.8 | 1351.3 | | 1745.8 | -970.1 |
| 国有控股 | 7651033.2 | 1216680.2 | 2219417.7 | 9870450.9 | 2331274.7 |
| 集体控股 | 208147.7 | 54376.8 | 1647.0 | 209794.7 | 343379.1 |
| 私人控股 | 2266418.3 | 630701.6 | 67811.2 | 2334229.7 | 2751791.6 |
| 港澳台商控股 | 26735.9 | 6248.9 | 0.1 | 26736.0 | 36561.8 |
| 其他 | 321823.4 | 121798.1 | 1110.6 | 322934.0 | 667251.6 |
| 独立门店 | 4465684.5 | 878826.0 | 1648919.0 | 6114603.6 | 4191396.3 |
| 其他 | 6008474.0 | 1150979.6 | 641067.6 | 6649541.7 | 1938862.5 |
| 大型 | 3446826.1 | 494047.6 | 1672214.2 | 5119040.3 | 3693951.8 |
| 中型 | 5335351.9 | 957355.7 | 571611.8 | 5906963.8 | 2138343.5 |
| 小型 | 932741.2 | 254546.2 | 36286.8 | 969028.0 | 100166.1 |
| 微型 | 759239.3 | 323856.1 | 9873.8 | 769113.2 | 197797.4 |
| **二、零售业** | **3116739.0** | **751502.6** | **264265.4** | **3384757.4** | **830002.7** |
| 综合零售 | 613730.4 | 231407.9 | 172494.3 | 786224.7 | 215585.9 |
| 百货零售 | 283630.0 | 86691.4 | 127957.3 | 411587.3 | 155005.4 |
| 超级市场零售 | 284200.3 | 124935.9 | 33336.8 | 317537.1 | 30161.7 |
| 其他综合零售 | 45900.1 | 19780.6 | 11200.2 | 57100.3 | 30418.8 |
| 食品、饮料及烟草制品专门零售 | 142342.9 | 60623.2 | 24014.2 | 166414.1 | 39298.5 |
| 粮油零售 | 15947.7 | 1884.7 | 2684.1 | 18688.8 | 4307.9 |
| 糕点、面包零售 | 43787.2 | 8729.7 | 18617.0 | 62404.2 | -15588.9 |

单位：万元

| 实收资本 | | | | | | |
| --- | --- | --- | --- | --- | --- | --- |
| | 国家资本 | 集体资本 | 法人资本 | 个人资本 | 港澳台资本 | 外商资本 |
| 66506.4 | 32874.8 | | 5797.3 | 6902.2 | 20932.1 | |
| 5000.0 | | | | 5000.0 | | |
| 5000.0 | | | | 5000.0 | | |
| 12898.0 | 1393.2 | 1277.8 | 800.0 | 9427.0 | | |
| 1777.8 | | 1277.8 | | 500.0 | | |
| 11120.2 | 1393.2 | | 800.0 | 8927.0 | | |
| 1517895.7 | 836875.8 | 95325.6 | 245100.3 | 340594.0 | | |
| 117320.3 | 117181.5 | 138.8 | | | | |
| 9388.7 | | 9388.7 | | | | |
| 739907.3 | 506942.4 | 85027.1 | 125454.8 | 22483.0 | | |
| 339143.8 | 317724.1 | | 21419.7 | | | |
| 400763.5 | 189218.3 | 85027.1 | 104035.1 | 22483.0 | | |
| 225301.9 | 212751.9 | | 3500.0 | 9050.0 | | |
| 425977.5 | | 771.0 | 116145.5 | 309061.0 | | |
| 279230.5 | | 771.0 | 116145.5 | 162314.0 | | |
| 146747.0 | | | | 146747.0 | | |
| 174644.9 | 76500.0 | | | | 98144.9 | |
| 150001.0 | 76500.0 | | | | 73501.0 | |
| 24643.9 | | | | | 24643.9 | |
| 50.0 | | | 50.0 | | | |
| 50.0 | | | 50.0 | | | |
| 1086367.2 | 913175.8 | 7668.6 | 78359.8 | 13663.0 | 73500.0 | |
| 82116.0 | | 80116.0 | 2000.0 | | | |
| 464102.5 | | 771.0 | 137940.5 | 325391.0 | | |
| 24644.9 | | | | | 24644.9 | |
| 35360.0 | 200.0 | 6770.0 | 26850.0 | 1540.0 | | |
| 824549.1 | 316979.6 | 83919.9 | 111705.0 | 238444.6 | 73500.0 | |
| 868041.5 | 596396.2 | 11405.7 | 133445.3 | 102149.4 | 24644.9 | |
| 504625.4 | 310833.1 | 4921.0 | 28519.5 | 156640.0 | 3711.8 | |
| 753256.8 | 431293.2 | 86025.1 | 123971.3 | 91034.1 | 20933.1 | |
| 173014.5 | 41857.0 | 541.7 | 71699.5 | 58916.3 | | |
| **261693.9** | **129392.5** | **3837.8** | **20960.0** | **34003.6** | **73500.0** | |
| 707938.4 | 116512.4 | 5777.8 | 328682.6 | 237899.6 | 10918.0 | 8148.0 |
| 170187.7 | 1872.0 | 833.2 | 121138.1 | 43696.4 | | 2648.0 |
| 134360.9 | 135.7 | 833.2 | 118824.0 | 11920.0 | | 2648.0 |
| 24326.8 | 1736.3 | | 1314.1 | 21276.4 | | |
| 11500.0 | | | 1000.0 | 10500.0 | | |
| 51470.1 | 9333.0 | 744.9 | 25486.8 | 15235.2 | 670.2 | |
| 5083.2 | 4193.0 | | 710.2 | 180.0 | | |
| 1926.6 | | | 1926.6 | | | |

11-5　续表 2-2

| 指　标 | 流动负债合计 | #应付帐款 | 非流动负债合计 | 负债合计 | 所有者权益合计 |
|---|---|---|---|---|---|
| 果品、蔬菜零售 | 29943.0 | 23217.0 | 1336.7 | 31279.7 | 16664.6 |
| 肉、禽、蛋、奶及水产品零售 | 8049.3 | 1797.1 | | 8049.3 | 1749.4 |
| 酒、饮料及茶叶零售 | 40048.5 | 21405.9 | 1077.4 | 41125.9 | 18981.0 |
| 烟草制品零售 | 576.9 | 432.3 | | 576.9 | 6041.1 |
| 其他食品零售 | 3990.3 | 3156.5 | 299.0 | 4289.3 | 7143.4 |
| 纺织、服装及日用品专门零售 | 356994.2 | 85743.0 | 52210.4 | 409204.6 | -17076.5 |
| 纺织品及针织品零售 | 25292.5 | 14690.1 | 2320.5 | 27613.0 | 11619.5 |
| 服装零售 | 324310.0 | 68581.5 | 49706.8 | 374016.8 | -46156.7 |
| 鞋帽零售 | 1499.6 | | | 1499.6 | 10159.1 |
| 化妆品及卫生用品零售 | 4038.9 | 1507.4 | | 4038.9 | 3181.6 |
| 钟表、眼镜零售 | 1823.4 | 934.2 | 183.1 | 2006.5 | 3586.4 |
| 其他日用品零售 | 29.8 | 29.8 | | 29.8 | 533.6 |
| 文化、体育用品及器材专门零售 | 40856.0 | 14825.5 | 731.8 | 41587.8 | 30474.6 |
| 文具用品零售 | 1065.1 | 468.9 | | 1065.1 | 1011.5 |
| 体育用品及器材零售 | 14.5 | 13.0 | | 14.5 | 183.5 |
| 图书、报刊零售 | 1932.0 | 1630.5 | 6.3 | 1938.3 | 135.1 |
| 珠宝首饰零售 | 35906.9 | 11486.8 | 725.5 | 36632.4 | 24471.0 |
| 工艺美术品及收藏品零售 | 505.2 | 23.2 | | 505.2 | 2347.6 |
| 乐器零售 | 700.5 | 534.3 | | 700.5 | 1424.5 |
| 照相器材零售 | 291.1 | 228.1 | | 291.1 | 823.8 |
| 其他文化用品零售 | 440.7 | 440.7 | | 440.7 | 77.6 |
| 医药及医疗器材专门零售 | 359000.4 | 177514.7 | 4024.8 | 363025.3 | 176679.8 |
| 药品零售 | 355988.9 | 177368.1 | 4024.8 | 360013.7 | 176221.8 |
| 医疗用品及器材零售 | 3011.5 | 146.6 | | 3011.6 | 458.0 |
| 汽车、摩托车、燃料及零配件专门零售 | 1364952.5 | 135319.0 | 8094.9 | 1376743.3 | 328527.4 |
| 汽车零售 | 857423.2 | 119705.0 | 5093.9 | 866208.0 | 188997.3 |
| 汽车零配件零售 | 8363.8 | 6045.4 | | 8363.8 | 2912.8 |
| 机动车燃料零售 | 499165.5 | 9568.6 | 3001.0 | 502171.5 | 136617.3 |
| 家用电器及电子产品专门零售 | 168642.2 | 18860.3 | 1695.0 | 170337.2 | 33353.3 |
| 家用视听设备零售 | 122.8 | 112.0 | 150.0 | 272.8 | 90.5 |
| 日用家电设备零售 | 130128.6 | 4543.8 | 1545.0 | 131673.6 | 7954.5 |
| 计算机、软件及辅助设备零售 | 27306.5 | 6635.6 | | 27306.5 | 22279.5 |
| 通信设备零售 | 9811.2 | 6510.7 | | 9811.2 | 2442.8 |
| 其他电子产品零售 | 1273.1 | 1058.2 | | 1273.1 | 586.0 |
| 五金、家具及室内装饰材料专门零售 | 47694.4 | 19774.7 | | 47694.4 | 10550.6 |
| 五金零售 | 6905.3 | 4188.9 | | 6905.3 | 925.3 |
| 家具零售 | 3011.4 | 2912.2 | | 3011.4 | 7801.3 |
| 陶瓷、石材装饰材料零售 | 35508.7 | 11561.8 | | 35508.7 | 1064.3 |
| 其他室内装饰材料零售 | 2269.0 | 1111.8 | | 2269.0 | 759.7 |
| 货摊、无店铺及其他零售业 | 22526.0 | 7434.3 | 1000.0 | 23526.0 | 12609.1 |
| 互联网零售 | 18427.3 | 7004.9 | | 18427.3 | 8674.1 |
| 其他未列明零售业 | 4098.7 | 429.4 | 1000.0 | 5098.7 | 3935.0 |
| 内资企业 | 3000846.4 | 720197.2 | 264895.8 | 3269495.2 | 800127.4 |
| 国有企业 | 19509.2 | 3402.7 | 2891.0 | 22457.2 | 3887.5 |
| 集体企业 | 7782.4 | 4932.4 | 2198.6 | 9981.0 | 6988.4 |
| 股份合作企业 | 645.2 | 1.1 | | 645.2 | 295.8 |
| 有限责任公司 | 613618.8 | 252611.7 | 50089.5 | 667404.6 | 217822.1 |

单位：万元

| 实收资本 | 国家资本 | 集体资本 | 法人资本 | 个人资本 | 港澳台资本 | 外商资本 |
|---|---|---|---|---|---|---|
| 8421.2 | 30.0 | 50.0 | 25.0 | 8316.2 | | |
| 3010.0 | | | | 3010.0 | | |
| 31107.2 | 5100.0 | 100.0 | 21938.0 | 3299.0 | 670.2 | |
| 400.5 | | 220.5 | 180.0 | | | |
| 1521.4 | 10.0 | 374.4 | 707.0 | 430.0 | | |
| 54813.6 | | 1468.0 | 34670.1 | 12575.5 | 1100.0 | 5000.0 |
| 4410.0 | | 312.0 | 4000.0 | 98.0 | | |
| 47379.1 | | 1156.0 | 28952.7 | 12170.4 | 100.0 | 5000.0 |
| 200.0 | | | 160.0 | 40.0 | | |
| 1007.4 | | | 7.4 | | 1000.0 | |
| 1317.1 | | | 1100.0 | 217.1 | | |
| 500.0 | | | 450.0 | 50.0 | | |
| 17620.5 | 40.1 | 1552.1 | 5591.8 | 9288.7 | 1147.8 | |
| 1016.0 | | | 806.0 | 210.0 | | |
| 100.0 | | | | 100.0 | | |
| 50.1 | 40.1 | | 10.0 | | | |
| 13314.4 | | 753.6 | 4235.8 | 7177.2 | 1147.8 | |
| 1050.0 | | 798.5 | | 251.5 | | |
| 1440.0 | | | 440.0 | 1000.0 | | |
| 600.0 | | | 100.0 | 500.0 | | |
| 50.0 | | | | 50.0 | | |
| 127524.4 | 102433.3 | | 15710.0 | 9381.1 | | |
| 127024.4 | 102433.3 | | 15410.0 | 9181.1 | | |
| 500.0 | | | 300.0 | 200.0 | | |
| 240839.1 | 1551.0 | 678.1 | 114184.0 | 115926.0 | 8000.0 | 500.0 |
| 181258.9 | 1300.0 | 150.0 | 59509.6 | 111799.3 | 8000.0 | 500.0 |
| 1900.0 | | | 1580.0 | 320.0 | | |
| 57680.2 | 251.0 | 528.1 | 53094.4 | 3806.7 | | |
| 30301.5 | | 70.0 | 8830.8 | 21400.7 | | |
| 100.0 | | | 100.0 | | | |
| 8634.9 | | | 4572.0 | 4062.9 | | |
| 18480.1 | | 70.0 | 2506.8 | 15903.3 | | |
| 2536.5 | | | 1612.0 | 924.5 | | |
| 550.0 | | | 40.0 | 510.0 | | |
| 3335.5 | | 431.5 | 956.0 | 1948.0 | | |
| 736.0 | | | 686.0 | 50.0 | | |
| 1060.0 | | | | 1060.0 | | |
| 500.0 | | | 270.0 | 230.0 | | |
| 1039.5 | | 431.5 | | 608.0 | | |
| 11846.0 | 1283.0 | | 2115.0 | 8448.0 | | |
| 6840.0 | | | 815.0 | 6025.0 | | |
| 5006.0 | 1283.0 | | 1300.0 | 2423.0 | | |
| 679510.9 | 116512.4 | 5777.8 | 325117.4 | 231603.3 | | 500.0 |
| 5135.0 | 4965.1 | 69.9 | 100.0 | | | |
| 1253.9 | 10.0 | 957.3 | 53.5 | 233.1 | | |
| 200.0 | | 200.0 | | | | |
| 221494.7 | 111407.3 | 2458.6 | 94138.6 | 12990.2 | | 500.0 |

11-5　续表 2-3

| 指　　标 | 流动负债合计 | #应付帐款 | 非流动负债合计 | 负债合计 | 所有者权益合计 |
|---|---|---|---|---|---|
| 国有独资公司 | 4405.5 | 1462.8 | 834.7 | 5240.2 | 1972.3 |
| 其他有限责任公司 | 609213.3 | 251148.9 | 49254.8 | 662164.4 | 215849.8 |
| 股份有限公司 | 491559.9 | 2560.1 | | 491559.9 | 91519.9 |
| 私营企业 | 1865821.5 | 456345.2 | 209710.8 | 2075532.0 | 472449.7 |
| 私营独资企业 | 2843.2 | 1690.3 | | 2843.2 | 1631.3 |
| 私营有限责任公司 | 1605986.4 | 347938.6 | 172153.8 | 1778139.9 | 388214.0 |
| 私营股份有限公司 | 256991.9 | 106716.3 | 37557.0 | 294548.9 | 82604.4 |
| 其他企业 | 1909.4 | 344.0 | 5.9 | 1915.3 | 7164.0 |
| 港、澳、台商投资企业 | 61693.8 | 24865.5 | −1588.2 | 60105.6 | 54295.9 |
| 合资经营企业（港或澳、台资） | 35909.0 | 17865.9 | | 35909.0 | 25514.2 |
| 港、澳、台商独资经营企业 | 25784.8 | 6999.6 | −1588.2 | 24196.6 | 28781.7 |
| 外商投资企业 | 54198.8 | 6439.9 | 957.8 | 55156.6 | −24420.6 |
| 中外合资经营企业 | 17685.3 | | | 17685.3 | −14695.7 |
| 外资企业 | 11973.2 | 4447.6 | 957.8 | 12931.0 | −4622.3 |
| 其他外商投资企业 | 24540.3 | 1992.3 | | 24540.3 | −5102.6 |
| 国有控股 | 851721.7 | 196993.8 | 8979.1 | 860757.8 | 300637.3 |
| 集体控股 | 110060.7 | 42885.0 | 22384.5 | 132445.2 | 4258.5 |
| 私人控股 | 1931283.6 | 465200.1 | 210203.6 | 2141486.9 | 495508.8 |
| 港澳台商控股 | 53007.4 | 16721.7 | −1588.2 | 51419.2 | 54042.2 |
| 外商控股 | 29658.5 | 4447.6 | 957.8 | 30616.3 | −19318.0 |
| 其他 | 141007.1 | 25254.4 | 23328.6 | 168032.0 | −5126.1 |
| 独立门店 | 1822914.2 | 522825.1 | 174098.8 | 2000766.0 | 568364.9 |
| 连锁总店 | 968264.1 | 102685.8 | 60720.6 | 1028984.7 | 163122.8 |
| 连锁门店 | 233308.6 | 107108.5 | 27666.2 | 260974.8 | 59241.5 |
| 其他 | 92252.1 | 18883.2 | 1779.8 | 94031.9 | 39273.5 |
| 大型 | 1493042.3 | 404984.9 | 97534.8 | 1590577.1 | 493915.5 |
| 中型 | 1118281.9 | 231081.9 | 103896.3 | 1222178.3 | 246319.1 |
| 小型 | 387630.1 | 76027.1 | 51448.7 | 442775.1 | 40287.0 |
| 微型 | 117784.7 | 39408.7 | 11385.6 | 129226.9 | 49481.1 |
| 有店铺零售 | 3081879.8 | 740328.0 | 261151.9 | 3346784.7 | 805342.9 |
| 便利店 | 45900.1 | 19780.6 | 11200.2 | 57100.3 | 30418.8 |
| 超市 | 12125.0 | 6282.8 | 834.7 | 12959.7 | 4623.4 |
| 大型超市 | 288943.7 | 125952.0 | 33459.9 | 322403.6 | 22551.7 |
| 百货店 | 343386.2 | 93271.9 | 147172.8 | 490559.0 | 138874.7 |
| 专业店 | 1446224.7 | 290703.8 | 27032.4 | 1477010.2 | 480931.7 |
| 专卖店 | 752356.6 | 144802.0 | 23035.6 | 775392.1 | 152652.3 |
| 家居建材商店 | 36333.3 | 12186.1 | | 36333.3 | 1318.7 |
| 购物中心 | 116015.8 | 26468.5 | 16926.8 | 132942.6 | −42791.9 |
| 厂家直销中心 | 40594.4 | 20880.3 | 1489.5 | 42083.9 | 16763.5 |
| 无店铺零售 | 34859.2 | 11174.6 | 3113.5 | 37972.7 | 24659.8 |
| 网上商店 | 22444.3 | 7666.5 | | 22444.3 | 16622.4 |

单位：万元

| 实收资本 | 国家资本 | 集体资本 | 法人资本 | 个人资本 | 港澳台资本 | 外商资本 |
|---|---|---|---|---|---|---|
| 1836.3 | 1836.3 | | | | | |
| 219658.4 | 109571.0 | 2458.6 | 94138.6 | 12990.2 | | 500.0 |
| 2960.1 | | 946.0 | 2014.1 | | | |
| 442352.2 | 100.0 | 1096.0 | 228786.2 | 212370.0 | | |
| 758.4 | | | 300.0 | 458.4 | | |
| 423690.8 | 100.0 | 842.0 | 226095.1 | 196653.7 | | |
| 17903.0 | | 254.0 | 2391.1 | 15257.9 | | |
| 6115.0 | 30.0 | 50.0 | 25.0 | 6010.0 | | |
| 24979.5 | | | 2765.2 | 6296.3 | 10918.0 | 5000.0 |
| 16888.8 | | | 1444.7 | 6296.3 | 9147.8 | |
| 8090.7 | | | 1320.5 | | 1770.2 | 5000.0 |
| 3448.0 | | | 800.0 | | | 2648.0 |
| 300.0 | | | 300.0 | | | |
| 2648.0 | | | | | | 2648.0 |
| 500.0 | | | 500.0 | | | |
| 185209.3 | 115492.4 | 118.9 | 68675.0 | 923.0 | | |
| 8381.1 | 10.0 | 4081.4 | 3367.1 | 922.6 | | |
| 466824.0 | 180.0 | 1096.0 | 245134.3 | 220413.7 | | |
| 24979.5 | | | 2765.2 | 6296.3 | 10918.0 | 5000.0 |
| 2948.0 | | | 300.0 | | | 2648.0 |
| 19596.5 | 830.0 | 481.5 | 8441.0 | 9344.0 | | 500.0 |
| 616009.0 | 112216.1 | 5777.8 | 307148.8 | 181218.5 | 9147.8 | 500.0 |
| 54066.7 | 1700.0 | | 9896.6 | 33151.9 | 1670.2 | 7648.0 |
| 9546.3 | 1736.3 | | 1500.0 | 6210.0 | 100.0 | |
| 28316.4 | 860.0 | | 10137.2 | 17319.2 | | |
| 279665.3 | 101800.0 | 254.0 | 81451.1 | 91160.2 | | 5000.0 |
| 287283.7 | 6144.1 | 2339.9 | 199746.0 | 65657.9 | 10247.8 | 3148.0 |
| 98046.6 | 2887.1 | 3050.6 | 35397.3 | 56041.4 | 670.2 | |
| 42942.8 | 5681.2 | 133.3 | 12088.2 | 25040.1 | | |
| 686325.6 | 112825.6 | 5777.8 | 325322.8 | 223333.4 | 10918.0 | 8148.0 |
| 11500.0 | | | 1000.0 | 10500.0 | | |
| 4627.3 | 2296.3 | 431.5 | 1161.5 | 738.0 | | |
| 24224.4 | | | 300.0 | 21276.4 | | 2648.0 |
| 144917.1 | 135.7 | 1053.7 | 128797.7 | 14930.0 | | |
| 303720.7 | 103783.6 | 2206.0 | 94910.8 | 101050.1 | 1770.2 | |
| 171268.1 | 6300.0 | 1632.2 | 84632.6 | 69055.5 | 9147.8 | 500.0 |
| 1000.0 | | | 270.0 | 730.0 | | |
| 16100.0 | | | 8000.0 | 3100.0 | | 5000.0 |
| 8968.0 | 310.0 | 454.4 | 6250.2 | 1953.4 | | |
| 21612.8 | 3686.8 | | 3359.8 | 14566.2 | | |
| 11048.0 | | | 2241.8 | 8806.2 | | |

# 11-5 限额以上批发和

The financial condition of the legal person enterprises in

| 指 标 | 营业收入 | #主营业务收入 | 营业成本 | #主营业务成本 | 营业税金及附加 |
|---|---|---|---|---|---|
| **总 计** | **34185394.5** | **33994831.1** | **32462391.6** | **32420092.2** | **104620.2** |
| **一、批发业** | **26956540.6** | **26884691.0** | **25964263.5** | **25936650.0** | **82902.3** |
| 农、林、牧产品批发 | 33343.3 | 33246.8 | 32558.3 | 32558.3 | 1.3 |
| 谷物、豆及薯类批发 | 33343.3 | 33246.8 | 32558.3 | 32558.3 | 1.3 |
| 食品、饮料及烟草制品批发 | 964267.1 | 962383.6 | 773413.1 | 773291.6 | 66760.4 |
| 米、面制品及食用油批发 | 53313.0 | 53313.0 | 52228.4 | 52228.4 | 25.5 |
| 糕点、糖果及糖批发 | 3938.0 | 3938.0 | 3727.4 | 3727.4 | |
| 果品、蔬菜批发 | 197205.9 | 196434.1 | 191076.2 | 191024.5 | 54.3 |
| 肉、禽、蛋、奶及水产品批发 | 26312.2 | 26220.4 | 21879.4 | 21879.4 | 73.1 |
| 盐及调味品批发 | 78919.9 | 78134.2 | 57645.7 | 57581.7 | 270.9 |
| 营养和保健品批发 | 7532.8 | 7532.8 | 7107.4 | 7107.4 | 9.9 |
| 酒、饮料及茶叶批发 | 41060.7 | 40948.7 | 34073.9 | 34068.1 | 103.2 |
| 烟草制品批发 | 473782.4 | 473660.2 | 332869.2 | 332869.2 | 66055.3 |
| 其他食品批发 | 82202.2 | 82202.2 | 72805.5 | 72805.5 | 168.2 |
| 纺织、服装及家庭用品批发 | 657220.1 | 655547.4 | 509978.8 | 508946.4 | 692.2 |
| 服装批发 | 437474.4 | 437439.9 | 298682.5 | 298482.5 | 494.7 |
| 鞋帽批发 | 9489.2 | 9489.2 | 9854.0 | 9854.0 | 11.3 |
| 厨房、卫生间用具及日用杂货批发 | 629.4 | 629.4 | 438.2 | 438.2 | 0.8 |
| 家用电器批发 | 198944.7 | 197923.3 | 191811.6 | 191395.1 | 155.5 |
| 其他家庭用品批发 | 10682.4 | 10065.6 | 9192.5 | 8776.6 | 29.9 |
| 文化、体育用品及器材批发 | 371317.0 | 371010.6 | 338157.2 | 338139.0 | 361.1 |
| 文具用品批发 | 123233.7 | 122989.9 | 119132.4 | 119114.2 | 175.9 |
| 体育用品及器材批发 | 17542.5 | 17542.5 | 17412.6 | 17412.6 | 1.0 |
| 图书批发 | 154681.7 | 154619.1 | 126119.0 | 126119.0 | 158.2 |
| 首饰、工艺品及收藏品批发 | 75859.1 | 75859.1 | 75493.2 | 75493.2 | 26.0 |
| 医药及医疗器材批发 | 1556759.1 | 1552034.4 | 1408639.6 | 1407513.7 | 3245.3 |
| 西药批发 | 1081672.4 | 1078248.9 | 991475.0 | 990900.7 | 1937.1 |
| 中药批发 | 290236.8 | 289024.6 | 254391.1 | 253849.5 | 863.4 |
| 医疗用品及器材批发 | 184849.9 | 184760.9 | 162773.5 | 162763.5 | 444.8 |
| 矿产品、建材及化工产品批发 | 18750138.0 | 18689220.1 | 18301948.5 | 18276861.2 | 11089.9 |
| 煤炭及制品批发 | 10832323.6 | 10780887.1 | 10512381.8 | 10491480.0 | 5230.3 |
| 石油及制品批发 | 559700.9 | 557144.3 | 511623.3 | 510026.1 | 2041.8 |
| 非金属矿及制品批发 | 2076.4 | 2076.4 | 1805.9 | 1805.9 | 0.1 |
| 金属及金属矿批发 | 3967364.9 | 3962371.1 | 3911205.3 | 3909502.5 | 1213.8 |
| 建材批发 | 236560.4 | 235597.7 | 223807.9 | 223310.9 | 137.9 |
| 化肥批发 | 3035527.9 | 3035525.7 | 3028006.0 | 3028006.0 | 1002.9 |
| 其他化工产品批发 | 116583.9 | 115617.8 | 113118.3 | 112729.8 | 1463.1 |
| 机械设备、五金产品及电子产品批发 | 4544648.9 | 4542729.6 | 4524720.9 | 4524492.7 | 665.3 |
| 农业机械批发 | 5292.3 | 5201.7 | 4563.3 | 4563.3 | 3.0 |
| 汽车批发 | 18117.4 | 18117.4 | 17961.1 | 17961.1 | 1.8 |
| 汽车零配件批发 | 7608.3 | 7608.3 | 6887.6 | 6887.6 | 18.5 |
| 五金产品批发 | 9257.9 | 9257.9 | 8816.6 | 8816.6 | 7.6 |
| 电气设备批发 | 10316.1 | 10316.1 | 10041.0 | 10041.0 | 31.0 |
| 计算机、软件及辅助设备批发 | 16855.7 | 16855.7 | 16260.7 | 16260.7 | 12.9 |

# 零售业法人企业财务状况（三）

## the wholesale and retail trade of the above designated size(3)

单位：万元

| 主营业务税金及附加 | 其他业务利润 | 销售费用 | 管理费用 | 税金 | 财务费用 | 利息收入 |
|---|---|---|---|---|---|---|
| **102654.7** | **148828.2** | **810988.4** | **459555.7** | **13555.9** | **225403.8** | **50488.0** |
| **81641.9** | **46604.5** | **390860.3** | **268321.8** | **10312.9** | **170952.4** | **47929.2** |
| 0.3 | 27.3 | 1254.8 | 2043.1 | | 125.4 | 10.6 |
| 0.3 | 27.3 | 1254.8 | 2043.1 | | 125.4 | 10.6 |
| 66747.2 | 2289.8 | 37461.4 | 33555.4 | 1132.0 | 115.6 | 4810.3 |
| 25.5 | | 823.6 | 605.4 | | 67.7 | 0.1 |
| | | 202.4 | | | -0.1 | 0.4 |
| 54.3 | 720.1 | 5826.0 | 1342.5 | 296.6 | 3111.8 | |
| 73.1 | 125.0 | 4758.4 | 623.7 | 20.8 | 10.3 | -0.3 |
| 270.9 | 352.6 | 13852.2 | 5063.3 | 126.7 | 37.6 | 15.8 |
| 9.9 | | 339.8 | 50.6 | | 2.8 | |
| 103.2 | 422.0 | 4921.7 | 3068.5 | 12.2 | 1043.3 | 17.0 |
| 66055.3 | | 4925.2 | 20925.2 | 667.7 | -4770.6 | 4771.6 |
| 155.0 | 670.1 | 1812.1 | 1876.2 | 8.0 | 612.8 | 5.7 |
| 692.2 | -39.6 | 89610.5 | 12996.8 | 77.5 | 3086.4 | 373.2 |
| 494.7 | 34.5 | 78696.2 | 8906.7 | 34.1 | 1753.0 | 81.2 |
| 11.3 | | 429.8 | 65.2 | 6.1 | 19.7 | 20.0 |
| 0.8 | | 190.8 | 21.5 | | -0.7 | 0.8 |
| 155.5 | -74.1 | 9526.0 | 3564.0 | 34.1 | 1049.9 | 269.4 |
| 29.9 | | 767.7 | 439.4 | 3.2 | 264.5 | 1.8 |
| 361.0 | 288.3 | 5333.0 | 9191.1 | 18.0 | -914.9 | 1915.8 |
| 175.8 | 225.7 | 1362.2 | 1464.9 | | 530.6 | 236.5 |
| 1.0 | | 64.9 | 383.4 | 18.0 | -545.3 | 663.6 |
| 158.2 | 62.6 | 3748.3 | 7237.1 | | -968.2 | 1014.9 |
| 26.0 | | 157.6 | 105.7 | | 68.0 | 0.8 |
| 3244.5 | 6840.6 | 62463.5 | 45813.2 | 512.9 | 20208.6 | 451.5 |
| 1937.1 | 1748.7 | 37672.7 | 24114.4 | 384.2 | 14540.3 | 339.5 |
| 863.4 | 4551.4 | 15991.4 | 11999.0 | 123.9 | 4237.0 | 43.2 |
| 444.0 | 540.5 | 8799.4 | 9699.8 | 4.8 | 1431.3 | 68.8 |
| 9845.6 | 37052.2 | 181890.6 | 149540.8 | 5867.0 | 142455.2 | 40144.3 |
| 4117.2 | 32334.5 | 132190.0 | 128473.8 | 3409.1 | 119243.1 | 41280.2 |
| 2032.2 | 956.2 | 15150.0 | 370.2 | 507.8 | 1353.8 | 26.3 |
| 0.1 | 31.9 | 233.2 | 81.3 | | -10.1 | 27.8 |
| 1100.5 | 2408.1 | 28528.2 | 12522.6 | 1524.0 | 18397.2 | 1139.6 |
| 129.6 | 480.5 | 1091.3 | 4152.9 | 162.3 | 2015.2 | 6.0 |
| 1002.9 | 4.4 | 3584.9 | 2128.6 | 122.8 | 237.4 | -2399.6 |
| 1463.1 | 836.6 | 1113.0 | 1811.4 | 141.0 | 1218.6 | 64.0 |
| 664.4 | 19.5 | 8340.4 | 12054.4 | 2669.4 | 2988.6 | 109.7 |
| 3.0 | | 735.4 | 617.6 | 2.6 | 7.7 | 0.7 |
| 1.2 | 0.5 | 170.7 | 130.3 | 4.9 | 53.3 | |
| 18.5 | | 592.7 | 41.9 | 3.6 | 0.7 | |
| 7.6 | | 87.6 | 392.3 | 4.4 | 1.9 | 0.3 |
| 31.0 | | 1379.8 | 639.1 | 11.8 | -0.6 | -1.1 |
| 12.9 | | 207.5 | 222.6 | 3.6 | 97.6 | 4.8 |

11-5　续表 3-1

| 指　　标 | 营业收入 | #主营业务收入 | 营业成本 | #主营业务成本 | 营业税金及附加 |
|---|---|---|---|---|---|
| 其他机械设备及电子产品批发 | 4477201.2 | 4475372.5 | 4460190.6 | 4459962.4 | 590.5 |
| 贸易经纪与代理 | 35842.6 | 35768.6 | 35078.3 | 35078.3 | 0.1 |
| 贸易代理 | 35842.6 | 35768.6 | 35078.3 | 35078.3 | 0.1 |
| 其他批发业 | 43004.5 | 42749.9 | 39768.8 | 39768.8 | 86.7 |
| 再生物资回收与批发 | 5746.2 | 5746.2 | 5384.8 | 5384.8 | 5.7 |
| 其他未列明批发业 | 37258.3 | 37003.7 | 34384.0 | 34384.0 | 81.0 |
| 内资企业 | 25672505.2 | 25601224.5 | 24712711.5 | 24685110.5 | 82572.0 |
| 国有企业 | 1674080.0 | 1673104.0 | 1505320.2 | 1505301.1 | 66567.2 |
| 集体企业 | 45765.7 | 45241.7 | 37925.2 | 37750.7 | 157.9 |
| 有限责任公司 | 18488304.4 | 18430963.2 | 18085513.4 | 18060665.5 | 8219.6 |
| 国有独资公司 | 5587472.2 | 5542081.4 | 5321828.3 | 5301038.9 | 4296.1 |
| 其他有限责任公司 | 12900832.2 | 12888881.8 | 12763685.1 | 12759626.6 | 3923.5 |
| 股份有限公司 | 2751912.1 | 2745412.1 | 2656168.5 | 2656168.5 | 1996.0 |
| 私营企业 | 2712443.0 | 2706503.5 | 2427784.2 | 2425224.7 | 5631.3 |
| 私营有限责任公司 | 2345621.0 | 2339681.5 | 2185547.2 | 2182987.7 | 5382.9 |
| 私营股份有限公司 | 366822.0 | 366822.0 | 242237.0 | 242237.0 | 248.4 |
| 港、澳、台商投资企业 | 1276923.4 | 1276446.3 | 1245971.1 | 1245958.6 | 303.6 |
| 合资经营企业（港或澳、台资） | 1214845.9 | 1214403.3 | 1199625.8 | 1199613.3 | 34.8 |
| 港、澳、台商独资经营企业 | 62077.5 | 62043.0 | 46345.3 | 46345.3 | 268.8 |
| 外商投资企业 | 7112.0 | 7020.2 | 5580.9 | 5580.9 | 26.7 |
| 中外合资经营企业 | 7112.0 | 7020.2 | 5580.9 | 5580.9 | 26.7 |
| 国有控股 | 22419822.7 | 22359216.0 | 21816854.6 | 21792921.8 | 75953.3 |
| 集体控股 | 102332.0 | 100209.8 | 92734.2 | 92315.5 | 188.5 |
| 私人控股 | 3081749.1 | 3074841.6 | 2783034.0 | 2780050.1 | 5916.3 |
| 港澳台商控股 | 99107.9 | 99073.4 | 81781.5 | 81781.5 | 297.5 |
| 其他 | 1253528.9 | 1251350.2 | 1189859.2 | 1189581.1 | 546.7 |
| 独立门店 | 11199318.8 | 11148807.8 | 10493092.2 | 10471019.7 | 73773.0 |
| 其他 | 15757221.8 | 15735883.2 | 15471171.3 | 15465630.3 | 9129.3 |
| 大型 | 7407234.0 | 7360955.1 | 6809230.3 | 6788111.7 | 71595.6 |
| 中型 | 12702105.7 | 12682658.6 | 12356009.6 | 12351535.5 | 8183.1 |
| 小型 | 922867.2 | 920176.4 | 898068.3 | 897824.2 | 1199.5 |
| 微型 | 5924333.7 | 5920900.9 | 5900955.3 | 5899178.6 | 1924.1 |
| **二、零售业** | **7228853.9** | **7110140.1** | **6498128.1** | **6483442.2** | **21717.9** |
| 综合零售 | 1442710.0 | 1371166.8 | 1229037.8 | 1225245.4 | 6970.4 |
| 百货零售 | 416308.5 | 398066.0 | 335981.6 | 335414.1 | 3946.1 |
| 超级市场零售 | 851059.4 | 797758.7 | 730934.3 | 727709.4 | 2455.2 |
| 其他综合零售 | 175342.1 | 175342.1 | 162121.9 | 162121.9 | 569.1 |
| 食品、饮料及烟草制品专门零售 | 269184.2 | 268803.4 | 239593.3 | 239191.7 | 1104.3 |
| 粮油零售 | 9576.9 | 9576.9 | 8566.9 | 8540.3 | 9.8 |
| 糕点、面包零售 | 13142.1 | 13142.1 | 11525.4 | 11525.4 | 46.6 |

单位：万元

| 主营业务税金及附加 | 其他业务利润 | 销售费用 | 管理费用 | 税金 | 财务费用 | 利息收入 |
|---|---|---|---|---|---|---|
| 590.2 | 19.0 | 5166.7 | 10010.6 | 2638.5 | 2828.0 | 105.0 |
| 0.1 | 74.0 | 408.9 | 1216.2 | 0.1 | 2463.5 | |
| 0.1 | 74.0 | 408.9 | 1216.2 | 0.1 | 2463.5 | |
| 86.6 | 52.4 | 4097.2 | 1910.8 | 36.0 | 424.0 | 113.8 |
| 5.6 | | 56.1 | 274.0 | 7.8 | -1.2 | |
| 81.0 | 52.4 | 4041.1 | 1636.8 | 28.2 | 425.2 | 113.8 |
| 81311.6 | 45980.5 | 377765.2 | 263549.6 | 9596.3 | 166711.9 | 47863.8 |
| 66566.1 | 674.8 | 25089.5 | 29172.5 | 1003.8 | -2576.2 | 5463.2 |
| 148.6 | 349.6 | 278.1 | 4185.5 | 105.4 | -3.7 | 5.5 |
| 7059.3 | 35809.8 | 155251.9 | 154922.2 | 6893.3 | 131908.0 | 32792.2 |
| 3294.9 | 22156.0 | 86567.4 | 106372.6 | 2621.7 | 80502.8 | 11070.7 |
| 3764.4 | 13653.8 | 68684.5 | 48549.6 | 4271.6 | 51405.2 | 21721.5 |
| 1996.0 | | 42100.8 | 11711.7 | 532.8 | 14501.1 | 8798.3 |
| 5541.6 | 9146.3 | 155044.9 | 63557.7 | 1061.0 | 22882.7 | 804.6 |
| 5293.2 | 9132.1 | 84199.1 | 57092.7 | 1024.1 | 21007.7 | 728.7 |
| 248.4 | 14.2 | 70845.8 | 6465.0 | 36.9 | 1875.0 | 75.9 |
| 303.6 | 532.2 | 11266.8 | 4562.8 | 713.3 | 4232.2 | 65.4 |
| 34.8 | 497.7 | 4838.0 | 2262.3 | 703.0 | 3275.5 | 65.4 |
| 268.8 | 34.5 | 6428.8 | 2300.5 | 10.3 | 956.7 | |
| 26.7 | 91.8 | 1828.3 | 209.4 | 3.3 | 8.3 | |
| 26.7 | 91.8 | 1828.3 | 209.4 | 3.3 | 8.3 | |
| 74792.7 | 34967.5 | 161362.4 | 177489.6 | 8126.3 | 136331.3 | 45906.6 |
| 179.2 | 1703.6 | 357.3 | 5513.8 | 105.4 | 3612.1 | 154.5 |
| 5825.8 | 9670.6 | 170325.1 | 70177.5 | 1392.1 | 28030.9 | 1066.1 |
| 297.5 | 102.0 | 7920.0 | 2359.1 | 10.3 | 984.3 | |
| 546.7 | 160.8 | 50895.5 | 12781.8 | 678.8 | 1993.8 | 802.0 |
| 72712.8 | 31082.8 | 256129.5 | 184082.5 | 5120.8 | 89987.5 | 21852.7 |
| 8929.1 | 15521.7 | 134730.8 | 84239.3 | 5192.1 | 80964.9 | 26076.5 |
| 70627.5 | 33988.9 | 207604.8 | 144896.1 | 4162.1 | 84286.2 | 19365.0 |
| 8105.1 | 9847.6 | 153906.6 | 89921.8 | 2458.3 | 53557.2 | 9502.9 |
| 1122.9 | 1415.6 | 22510.2 | 22057.9 | 245.8 | 38964.0 | 444.2 |
| 1786.4 | 1352.4 | 6838.7 | 11446.0 | 3446.7 | -5855.0 | 18617.1 |
| **21012.8** | **102223.7** | **420128.1** | **191233.9** | **3243.0** | **54451.4** | **2558.8** |
| 6750.4 | 63803.2 | 138756.5 | 34592.8 | 379.6 | 19307.3 | 587.7 |
| 3785.2 | 8864.0 | 32692.9 | 17130.6 | 293.4 | 9262.9 | 120.2 |
| 2396.1 | 54939.2 | 100269.2 | 12393.2 | 47.8 | 8540.7 | 454.7 |
| 569.1 | | 5794.4 | 5069.0 | 38.4 | 1503.7 | 12.8 |
| 1064.4 | 503.9 | 17166.7 | 10478.5 | 89.2 | 3577.3 | 128.4 |
| 9.8 | | 462.8 | 571.9 | 4.7 | 93.8 | 7.2 |
| 46.6 | | 1390.3 | 1346.7 | 8.7 | 3386.1 | 52.4 |

## 11-5 续表 3-2

| 指　标 | 营业收入 | #主营业务收入 | 营业成本 | #主营业务成本 | 营业税金及附加 |
|---|---|---|---|---|---|
| 果品、蔬菜零售 | 121399.6 | 121399.6 | 117302.7 | 117302.7 | 558.3 |
| 肉、禽、蛋、奶及水产品零售 | 27605.9 | 27605.9 | 24358.0 | 24358.0 | 73.0 |
| 酒、饮料及茶叶零售 | 68888.0 | 68507.2 | 55439.3 | 55164.3 | 283.8 |
| 烟草制品零售 | 9471.2 | 9471.2 | 7944.0 | 7944.0 | 32.0 |
| 其他食品零售 | 19100.5 | 19100.5 | 14457.0 | 14357.0 | 100.8 |
| 纺织、服装及日用品专门零售 | 499933.2 | 484306.4 | 429332.1 | 429235.5 | 2524.1 |
| 纺织品及针织品零售 | 37032.1 | 36776.5 | 29549.1 | 29484.1 | 211.0 |
| 服装零售 | 433813.4 | 418487.4 | 380383.8 | 380352.2 | 2061.5 |
| 鞋帽零售 | 1401.4 | 1401.4 | 167.8 | 167.8 | 1.9 |
| 化妆品及卫生用品零售 | 20054.6 | 20054.6 | 12956.4 | 12956.4 | 219.3 |
| 钟表、眼镜零售 | 6744.8 | 6699.6 | 5480.4 | 5480.4 | 28.8 |
| 其他日用品零售 | 886.9 | 886.9 | 794.6 | 794.6 | 1.6 |
| 文化、体育用品及器材专门零售 | 81210.8 | 81080.0 | 70535.2 | 70528.5 | 1043.0 |
| 文具用品零售 | 2342.3 | 2342.1 | 2111.6 | 2111.6 | 10.0 |
| 体育用品及器材零售 | 1357.0 | 1357.0 | 1266.0 | 1266.0 | 0.8 |
| 图书、报刊零售 | 5955.1 | 5863.7 | 4883.1 | 4876.4 | 13.3 |
| 珠宝首饰零售 | 62436.7 | 62399.0 | 54419.9 | 54419.9 | 998.4 |
| 工艺美术品及收藏品零售 | 3368.1 | 3368.1 | 2827.9 | 2827.9 | 10.0 |
| 乐器零售 | 3805.2 | 3805.2 | 3250.7 | 3250.7 | 8.4 |
| 照相器材零售 | 1163.8 | 1162.3 | 1029.6 | 1029.6 | 1.6 |
| 其他文化用品零售 | 782.6 | 782.6 | 746.4 | 746.4 | 0.5 |
| 医药及医疗器材专门零售 | 885109.1 | 882178.4 | 773093.8 | 773080.6 | 1804.9 |
| 药品零售 | 881072.2 | 878141.5 | 769649.4 | 769638.2 | 1787.2 |
| 医疗用品及器材零售 | 4036.9 | 4036.9 | 3444.4 | 3442.4 | 17.7 |
| 汽车、摩托车、燃料及零配件专门零售 | 3418923.1 | 3399925.6 | 3207880.9 | 3201246.2 | 4264.3 |
| 汽车零售 | 2677196.0 | 2658541.9 | 2538740.9 | 2532293.9 | 3240.4 |
| 汽车零配件零售 | 27355.9 | 27223.9 | 25597.1 | 25597.1 | 26.4 |
| 机动车燃料零售 | 714371.2 | 714159.8 | 643542.9 | 643355.2 | 997.5 |
| 家用电器及电子产品专门零售 | 397753.5 | 389023.8 | 345156.3 | 341728.4 | 1283.3 |
| 家用视听设备零售 | 921.3 | 858.0 | 798.4 | 798.4 | 1.1 |
| 日用家电设备零售 | 263568.9 | 259665.5 | 226863.5 | 226354.4 | 694.5 |
| 计算机、软件及辅助设备零售 | 94318.6 | 92847.4 | 83167.8 | 82483.1 | 123.7 |
| 通信设备零售 | 36721.0 | 33618.8 | 32315.3 | 30174.0 | 461.8 |
| 其他电子产品零售 | 2223.7 | 2034.1 | 2011.3 | 1918.5 | 2.2 |
| 五金、家具及室内装饰材料专门零售 | 107360.8 | 107208.6 | 94473.0 | 94473.0 | 2603.7 |
| 五金零售 | 11288.7 | 11288.7 | 10884.5 | 10884.5 | 22.9 |
| 家具零售 | 35169.1 | 35169.1 | 29954.5 | 29954.5 | 46.2 |
| 陶瓷、石材装饰材料零售 | 56449.9 | 56449.9 | 49891.4 | 49891.4 | 2522.3 |
| 其他室内装饰材料零售 | 4453.1 | 4300.9 | 3742.6 | 3742.6 | 12.3 |
| 货摊、无店铺及其他零售业 | 126669.2 | 126447.1 | 109025.7 | 108712.9 | 119.9 |
| 互联网零售 | 121618.8 | 121414.7 | 105607.7 | 105407.7 | 101.8 |
| 其他未列明零售业 | 5050.4 | 5032.4 | 3418.0 | 3305.2 | 18.1 |
| 内资企业 | 6969082.9 | 6858050.8 | 6279211.6 | 6266881.3 | 20626.8 |
| 国有企业 | 22477.6 | 22368.2 | 19369.0 | 19335.7 | 48.5 |
| 集体企业 | 28173.6 | 27962.6 | 22060.6 | 21872.9 | 174.0 |
| 股份合作企业 | 6724.7 | 6724.7 | 5307.8 | 5307.8 | 28.0 |
| 有限责任公司 | 1678347.7 | 1659495.7 | 1474652.0 | 1472361.4 | 4362.3 |

单位：万元

| 主营业务税金及附加 | 其他业务利润 | 销售费用 | 管理费用 | 税金 | 财务费用 | 利息收入 |
|---|---|---|---|---|---|---|
| 558.3 | 115.6 | 2070.2 | 928.5 | 2.3 | 137.6 | 0.2 |
| 73.0 | | 3655.3 | 245.0 | 22.0 | 19.8 | 0.6 |
| 243.9 | 140.3 | 7790.3 | 4390.1 | 3.1 | −38.3 | 29.9 |
| 32.0 | 248.0 | 249.6 | 1155.5 | 4.6 | −0.7 | 1.0 |
| 100.8 | | 1548.2 | 1840.8 | 43.8 | −21.0 | 37.1 |
| 2121.5 | 17474.6 | 45113.4 | 28485.1 | 602.5 | 6216.1 | 161.3 |
| 211.0 | | 2851.0 | 2960.5 | | 226.1 | 65.2 |
| 1660.1 | 16756.3 | 37559.2 | 23537.1 | 286.9 | 5864.1 | 89.0 |
| 1.9 | | | 291.4 | | 130.8 | |
| 219.3 | 257.4 | 3711.9 | 1213.8 | 310.0 | −0.4 | 7.4 |
| 27.6 | 460.9 | 937.4 | 452.5 | 5.6 | −2.0 | 2.4 |
| 1.6 | | 53.9 | 29.8 | | −2.5 | −2.7 |
| 1042.9 | 633.4 | 6643.5 | 2792.2 | 37.7 | 403.1 | 15.6 |
| 10.0 | 37.1 | 64.0 | 137.2 | 0.4 | 0.4 | 0.1 |
| 0.8 | | 52.0 | 25.0 | | 1.9 | |
| 13.2 | 77.0 | 553.6 | 456.0 | | −2.9 | 5.6 |
| 998.4 | 288.8 | 5105.4 | 1936.0 | 36.8 | 391.9 | 4.0 |
| 10.0 | | 265.5 | 115.5 | 0.1 | 1.8 | 3.9 |
| 8.4 | 230.5 | 466.7 | 53.4 | | 7.9 | 0.3 |
| 1.6 | | 111.8 | 62.2 | | 1.7 | 1.7 |
| 0.5 | | 24.5 | 6.9 | 0.4 | 0.4 | |
| 1804.2 | 2005.8 | 61806.8 | 20100.8 | 774.6 | 3388.5 | 625.8 |
| 1786.5 | 2005.8 | 61755.4 | 19613.4 | 772.7 | 3385.2 | 626.0 |
| 17.7 | | 51.4 | 487.4 | 1.9 | 3.3 | −0.2 |
| 4251.6 | 13832.5 | 106237.4 | 68444.9 | 1161.8 | 19565.3 | 894.6 |
| 3227.7 | 12799.9 | 69306.8 | 51549.1 | 963.3 | 18326.9 | 708.0 |
| 26.4 | 500.0 | 542.5 | 487.7 | 13.1 | 41.6 | 29.6 |
| 997.5 | 532.6 | 36388.1 | 16408.1 | 185.4 | 1196.8 | 157.0 |
| 1254.5 | 565.9 | 30751.7 | 16646.9 | 152.9 | 1561.1 | 74.7 |
| 1.0 | | 97.5 | 22.3 | 8.4 | | |
| 668.5 | 167.9 | 22242.1 | 11159.7 | 52.6 | 877.2 | 59.1 |
| 123.7 | 149.5 | 5496.6 | 3560.2 | 45.0 | 549.7 | 15.9 |
| 459.1 | 151.7 | 2884.2 | 1753.3 | 46.7 | 134.2 | −0.3 |
| 2.2 | 96.8 | 31.3 | 151.4 | 0.2 | | |
| 2603.7 | 3369.5 | 3257.9 | 2850.1 | 15.8 | 177.7 | 10.0 |
| 22.9 | | 100.3 | 303.5 | 7.3 | 0.1 | 0.1 |
| 46.2 | | 1185.3 | 558.2 | 3.5 | 15.1 | 0.5 |
| 2522.3 | 3217.4 | 1623.4 | 1641.4 | 3.8 | 153.6 | 5.6 |
| 12.3 | 152.1 | 348.9 | 347.0 | 1.2 | 9.0 | 3.8 |
| 119.6 | 34.9 | 10394.2 | 6842.6 | 28.9 | 255.0 | 60.7 |
| 101.8 | 16.9 | 10018.9 | 5803.4 | 17.2 | 225.4 | 60.0 |
| 17.8 | 18.0 | 375.3 | 1039.2 | 11.7 | 29.6 | 0.7 |
| 20098.7 | 97264.3 | 392160.6 | 183715.1 | 3103.2 | 53150.7 | 2436.2 |
| 48.1 | 95.0 | 1382.1 | 1680.5 | 46.1 | 97.7 | 12.8 |
| 174.0 | 248.0 | 1789.3 | 3288.5 | 42.6 | 15.6 | −1.0 |
| 28.0 | | | 1314.5 | | 3.4 | 1.3 |
| 4199.2 | 7324.8 | 108634.7 | 43780.8 | 979.1 | 11465.7 | 1005.3 |

11-5 续表 3-3

| 指 标 | 营业收入 | #主营业务收入 | 营业成本 | #主营业务成本 | 营业税金及附加 |
|---|---|---|---|---|---|
| 国有独资公司 | 11464.3 | 11464.3 | 10526.6 | 10526.6 | 23.7 |
| 其他有限责任公司 | 1666883.4 | 1648031.4 | 1464125.4 | 1461834.8 | 4338.6 |
| 股份有限公司 | 576125.2 | 575723.1 | 539968.8 | 539958.0 | 450.5 |
| 私营企业 | 4655830.1 | 4564372.5 | 4216630.5 | 4206822.6 | 15562.8 |
| 私营独资企业 | 14706.9 | 14706.9 | 13210.8 | 13210.8 | 12.0 |
| 私营有限责任公司 | 3844993.9 | 3799133.2 | 3514382.2 | 3507870.7 | 12532.4 |
| 私营股份有限公司 | 796129.3 | 750532.4 | 689037.5 | 685741.1 | 3018.4 |
| 其他企业 | 1404.0 | 1404.0 | 1222.9 | 1222.9 | 0.7 |
| 港、澳、台商投资企业 | 217437.9 | 211608.7 | 184601.7 | 182246.1 | 752.0 |
| 合资经营企业 (港或澳、台资) | 92549.4 | 88495.2 | 81958.0 | 79602.4 | 243.5 |
| 港、澳、台商独资经营企业 | 124888.5 | 123113.5 | 102643.7 | 102643.7 | 508.5 |
| 外商投资企业 | 42333.1 | 40480.6 | 34314.8 | 34314.8 | 339.1 |
| 中外合资经营企业 | 9694.6 | 9268.8 | 7793.3 | 7793.3 | 48.7 |
| 外资企业 | 18098.2 | 17900.0 | 14609.6 | 14609.6 | 69.0 |
| 其他外商投资企业 | 14540.3 | 13311.8 | 11911.9 | 11911.9 | 221.4 |
| 国有控股 | 1624106.8 | 1617411.3 | 1446602.0 | 1446179.4 | 3190.5 |
| 集体控股 | 172814.1 | 171883.8 | 154689.6 | 154501.9 | 666.6 |
| 私人控股 | 4877131.0 | 4784036.1 | 4408847.3 | 4398566.4 | 16015.5 |
| 港澳台商控股 | 209563.2 | 203734.0 | 177378.7 | 175023.1 | 752.0 |
| 外商控股 | 27792.8 | 27168.8 | 22402.9 | 22402.9 | 117.7 |
| 其他 | 317446.0 | 305906.1 | 288207.6 | 286768.5 | 975.6 |
| 独立门店 | 4668279.1 | 4611745.2 | 4259875.8 | 4252201.0 | 14655.5 |
| 连锁总店 | 1401475.9 | 1389792.7 | 1229837.7 | 1226933.6 | 3476.8 |
| 连锁门店 | 822289.5 | 775167.2 | 708993.8 | 705893.6 | 3048.7 |
| 其他 | 336809.4 | 333435.0 | 299420.8 | 298414.0 | 536.9 |
| 大型 | 3592901.3 | 3525317.2 | 3195724.1 | 3191653.1 | 9879.0 |
| 中型 | 2587064.5 | 2547369.3 | 2334178.2 | 2327590.3 | 7113.0 |
| 小型 | 876716.3 | 865283.6 | 809326.7 | 805539.4 | 1719.3 |
| 微型 | 172171.8 | 172170.0 | 158899.1 | 158659.4 | 3006.6 |
| 有店铺零售 | 7060813.3 | 6942303.6 | 6353483.8 | 6338997.9 | 21536.1 |
| 便利店 | 175342.1 | 175342.1 | 162121.9 | 162121.9 | 569.1 |
| 超市 | 49063.2 | 48174.3 | 42902.1 | 42676.3 | 177.5 |
| 大型超市 | 844411.1 | 791648.9 | 723916.4 | 720817.3 | 2469.0 |
| 百货店 | 452184.8 | 430746.3 | 367541.9 | 366974.4 | 4397.4 |
| 专业店 | 3251868.5 | 3242121.8 | 2950308.9 | 2949175.8 | 6368.7 |
| 专卖店 | 1992839.6 | 1971316.7 | 1863180.5 | 1853785.1 | 3574.1 |
| 家居建材商店 | 56479.9 | 56479.9 | 49914.9 | 49914.9 | 2522.3 |
| 购物中心 | 175419.8 | 163524.9 | 141645.5 | 141645.5 | 1154.6 |
| 厂家直销中心 | 63204.3 | 62948.7 | 51951.7 | 51886.7 | 303.4 |
| 无店铺零售 | 168040.6 | 167836.5 | 144644.3 | 144444.3 | 181.8 |
| 网上商店 | 145917.2 | 145713.1 | 123593.5 | 123393.5 | 147.8 |

单位：万元

| 主营业务税金及附加 | 其他业务利润 | 销售费用 | 管理费用 | 税金 | 财务费用 | 利息收入 |
|---|---|---|---|---|---|---|
| 23.7 | | 291.1 | 1004.4 | 25.4 | 71.0 | 1.6 |
| 4175.5 | 7324.8 | 108343.6 | 42776.4 | 953.7 | 11394.7 | 1003.7 |
| 450.5 | 95.7 | 20595.0 | 7745.4 | 220.6 | 1067.8 | 19.1 |
| 15198.2 | 89500.8 | 259679.6 | 125849.9 | 1814.7 | 40430.9 | 1398.7 |
| 12.0 | | 927.7 | 484.9 | 1.5 | 26.2 | |
| 12167.8 | 41816.5 | 171626.6 | 112965.2 | 1795.0 | 31222.2 | 923.5 |
| 3018.4 | 47684.3 | 87125.3 | 12399.8 | 18.2 | 9182.5 | 475.2 |
| 0.7 | | 79.9 | 55.5 | 0.1 | 69.6 | |
| 752.0 | 3730.9 | 18548.3 | 6526.9 | 135.8 | 599.2 | 113.0 |
| 243.5 | 1698.5 | 6263.7 | 1309.7 | 85.6 | 53.1 | 16.6 |
| 508.5 | 2032.4 | 12284.6 | 5217.2 | 50.2 | 546.1 | 96.4 |
| 162.1 | 1228.5 | 9419.2 | 991.9 | 4.0 | 701.5 | 9.6 |
| 48.7 | | 2672.9 | 139.1 | 3.5 | 539.1 | 5.2 |
| 69.0 | | 4339.1 | 293.2 | 0.5 | 102.2 | 1.9 |
| 44.4 | 1228.5 | 2407.2 | 559.6 | | 60.2 | 2.5 |
| 3134.9 | 5936.4 | 92408.2 | 31200.9 | 956.1 | 4901.4 | 778.4 |
| 593.5 | 1254.1 | 7375.5 | 9258.2 | 207.8 | 4073.4 | 53.3 |
| 15624.9 | 89596.6 | 281285.8 | 131393.3 | 1895.5 | 40851.1 | 1461.8 |
| 752.0 | 3730.9 | 18548.3 | 6526.9 | 135.8 | 599.2 | 113.0 |
| 117.7 | | 7012.0 | 432.3 | 4.0 | 641.3 | 7.1 |
| 789.8 | 1705.7 | 13498.3 | 12422.3 | 43.8 | 3385.0 | 145.2 |
| 14048.4 | 48868.5 | 199936.8 | 124399.6 | 2486.5 | 38245.8 | 1417.9 |
| 3450.1 | 3650.7 | 106715.7 | 41452.0 | 318.6 | 7559.4 | 507.2 |
| 3017.4 | 49359.6 | 92467.0 | 12070.2 | 25.4 | 7513.7 | 471.4 |
| 496.9 | 344.9 | 21008.6 | 13312.1 | 412.5 | 1132.5 | 162.3 |
| 9797.8 | 67140.6 | 234386.4 | 78539.2 | 1080.6 | 18920.2 | 1395.9 |
| 6510.1 | 17959.3 | 134158.3 | 78650.5 | 1305.7 | 30557.2 | 866.3 |
| 1698.3 | 13163.4 | 45647.0 | 27765.8 | 459.1 | 2998.5 | 322.3 |
| 3006.6 | 3960.4 | 5936.4 | 6278.4 | 397.6 | 1975.5 | -25.7 |
| 20831.0 | 101314.5 | 407420.9 | 182230.6 | 3211.8 | 53774.3 | 2462.6 |
| 569.1 | | 5794.4 | 5069.0 | 38.4 | 1503.7 | 12.8 |
| 177.5 | 762.9 | 3886.5 | 1991.1 | 354.5 | 128.5 | 19.5 |
| 2409.9 | 54328.4 | 102509.3 | 11794.9 | 18.0 | 8555.9 | 441.8 |
| 3843.7 | 12325.4 | 32814.0 | 20172.3 | 370.2 | 12296.0 | 131.7 |
| 6297.8 | 6855.7 | 158917.5 | 78805.8 | 1381.4 | 11194.2 | 1004.1 |
| 3562.0 | 11929.8 | 70373.0 | 41166.1 | 1009.6 | 18527.9 | 713.0 |
| 2522.3 | 3217.4 | 1623.4 | 1653.2 | 3.8 | 153.6 | 5.6 |
| 1145.9 | 11894.9 | 26503.7 | 16565.6 | | 1190.0 | 71.3 |
| 302.8 | | 4999.1 | 5012.6 | 35.9 | 224.5 | 62.8 |
| 181.8 | 909.2 | 12707.2 | 9003.3 | 31.2 | 677.1 | 96.2 |
| 147.8 | 516.9 | 12131.8 | 8499.5 | 26.2 | 648.3 | 98.4 |

# 11-5　限额以上批发和

## The financial condition of the legal person enterprises in

| 指　标 | 利息支出 | 资产减值损失 | 公允价值变动收益 | 投资收益 | 营业利润 |
|---|---|---|---|---|---|
| **总　计** | **194725.7** | **26310.0** | **-13.6** | **21509.2** | **94640.7** |
| **一、批发业** | **164083.3** | **21032.0** | **-14.7** | **19808.1** | **51212.4** |
| 农、林、牧产品批发 | 136.5 | | | | -2612.4 |
| 谷物、豆及薯类批发 | 136.5 | | | | -2612.4 |
| 食品、饮料及烟草制品批发 | 1667.4 | 235.4 | | | 53744.6 |
| 米、面制品及食用油批发 | 4.8 | | | | -437.6 |
| 糕点、糖果及糖批发 | | 1.7 | | | 6.6 |
| 果品、蔬菜批发 | 1370.9 | | | | -4204.9 |
| 肉、禽、蛋、奶及水产品批发 | 8.5 | | | | -999.3 |
| 盐及调味品批发 | 33.3 | 200.0 | | | 1850.2 |
| 营养和保健品批发 | | | | | 22.3 |
| 酒、饮料及茶叶批发 | 11.4 | 33.7 | | | -1868.3 |
| 烟草制品批发 | | | | | 53778.1 |
| 其他食品批发 | 238.5 | | | | 5597.5 |
| 纺织、服装及家庭用品批发 | 2813.6 | 948.9 | | 3137.3 | 45428.3 |
| 服装批发 | 1828.9 | 1002.1 | | 3137.3 | 51924.1 |
| 鞋帽批发 | 35.9 | | | | -890.8 |
| 厨房、卫生间用具及日用杂货批发 | | | | | -21.2 |
| 家用电器批发 | 696.4 | -53.2 | | | -5572.2 |
| 其他家庭用品批发 | 252.4 | | | | -11.6 |
| 文化、体育用品及器材批发 | 876.3 | 2547.7 | | | 16641.8 |
| 文具用品批发 | 669.0 | 158.2 | | | 409.5 |
| 体育用品及器材批发 | 118.3 | | | | 225.9 |
| 图书批发 | 23.2 | 2389.5 | | | 15997.8 |
| 首饰、工艺品及收藏品批发 | 65.8 | | | | 8.6 |
| 医药及医疗器材批发 | 10450.1 | 312.1 | | 1092.3 | 17588.0 |
| 西药批发 | 6011.3 | 212.1 | | 1092.3 | 13232.0 |
| 中药批发 | 2959.4 | 78.5 | | | 2676.4 |
| 医疗用品及器材批发 | 1479.4 | 21.5 | | | 1679.6 |
| 矿产品、建材及化工产品批发 | 143379.5 | 16610.1 | -14.7 | 15541.9 | -68711.0 |
| 煤炭及制品批发 | 123120.1 | 16230.6 | | 9975.4 | -108416.9 |
| 石油及制品批发 | 2000.5 | 283.2 | | -32.4 | 28846.2 |
| 非金属矿及制品批发 | 10.4 | | | | -34.0 |
| 金属及金属矿批发 | 12579.0 | -1510.1 | -14.7 | 3652.5 | 6756.1 |
| 建材批发 | 1679.9 | 1474.0 | | 1285.1 | 5181.1 |
| 化肥批发 | 2820.8 | 98.5 | | | 469.6 |
| 其他化工产品批发 | 1168.8 | 33.9 | | 661.3 | -1513.1 |
| 机械设备、五金产品及电子产品批发 | 2812.1 | 261.7 | | 36.6 | -4195.8 |
| 农业机械批发 | 7.9 | | | | -634.7 |
| 汽车批发 | 53.0 | | | | -144.0 |
| 汽车零配件批发 | 0.7 | 41.9 | | | 66.9 |
| 五金产品批发 | | | | | -48.1 |
| 电气设备批发 | 0.5 | -3.1 | | | -1771.2 |
| 计算机、软件及辅助设备批发 | 50.1 | | | | 29.9 |

# 零售业法人企业财务状况(四)
## the wholesale and retail trade of the above designated size(4)

单位：万元

| 营业外收入 | 补贴收入 | 利润总额 | 应交所得税 | 应付职工薪酬（本年贷方累计发生额） | 应交增值税 |
|---|---|---|---|---|---|
| **109727.2** | **61888.4** | **185022.5** | **67010.9** | **434453.8** | **159843.8** |
| **86954.8** | **60341.7** | **126022.2** | **49399.5** | **246274.3** | **104399.0** |
| 2703.2 | 2212.6 | 37.9 | 2.6 | 854.0 | 4.5 |
| 2703.2 | 2212.6 | 37.9 | 2.6 | 854.0 | 4.5 |
| 8534.6 | 471.7 | 63785.5 | 16454.2 | 26620.5 | 34989.7 |
| 470.9 | 470.8 | 33.1 | 0.7 | 673.8 | 158.9 |
| | | 6.6 | 2.4 | 19.4 | |
| 7651.3 | | 3430.1 | | 2778.9 | 682.2 |
| 7.0 | | -1002.0 | | 1154.8 | 599.9 |
| 188.1 | | 3614.2 | 903.5 | 5938.6 | 9428.3 |
| 0.3 | | 22.6 | 5.7 | 125.9 | 76.2 |
| 25.9 | 0.9 | -1846.3 | 33.2 | 1747.4 | 754.6 |
| 6.5 | | 53764.5 | 14055.3 | 12832.8 | 23127.6 |
| 184.6 | | 5762.7 | 1453.4 | 1348.9 | 162.0 |
| 125.8 | | 43980.9 | 384.2 | 14867.9 | 4453.7 |
| 42.5 | | 51956.0 | 9.2 | 9831.3 | 1311.1 |
| 4.3 | | -976.9 | 0.3 | 123.2 | 97.0 |
| 65.4 | | 44.2 | 0.2 | 49.3 | |
| 13.6 | | -7030.8 | 374.5 | 4556.7 | 1306.2 |
| | | -11.6 | | 307.4 | 1739.4 |
| 445.6 | | 16976.9 | 4545.8 | 3166.2 | 626.9 |
| | | 404.4 | 153.7 | 1268.2 | 586.1 |
| 9.5 | | 199.3 | 49.8 | 234.1 | |
| 436.1 | | 16364.8 | 4342.3 | 1556.4 | |
| | | 8.4 | | 107.5 | 40.8 |
| 1452.3 | 219.0 | 18695.4 | 4642.1 | 27433.8 | 20750.2 |
| 424.2 | 4.0 | 13198.6 | 2740.2 | 20633.8 | 12986.0 |
| 1019.5 | 215.0 | 3829.3 | 1184.5 | 5029.5 | 5728.1 |
| 8.6 | | 1667.5 | 717.4 | 1770.5 | 2036.1 |
| 70119.2 | 57191.9 | -9437.4 | 23129.8 | 165332.7 | 40590.2 |
| 67029.0 | 55571.2 | -50031.2 | 19199.8 | 134272.1 | 18338.9 |
| 645.1 | 6.0 | 29426.7 | 2412.0 | 11961.6 | 13803.3 |
| 2.6 | 2.6 | 0.5 | | 81.7 | 2.0 |
| 657.0 | 123.1 | 6985.4 | 766.9 | 15423.6 | 4933.6 |
| 17.6 | 0.5 | 5073.6 | 181.3 | 1545.1 | 728.7 |
| 1730.7 | 1460.0 | 650.1 | 566.9 | 728.5 | 2453.0 |
| 37.2 | 28.5 | -1542.5 | 2.9 | 1320.1 | 330.7 |
| 3401.7 | 77.8 | -1515.7 | 213.7 | 6449.0 | 2407.2 |
| 520.0 | | -114.9 | 3.2 | 359.5 | 5.3 |
| 0.1 | | -200.1 | | 139.6 | 90.2 |
| | | 63.5 | 17.5 | 352.2 | 119.9 |
| 5.4 | | 42.9 | 4.9 | 160.5 | 66.4 |
| 23.4 | | -1772.8 | 3.7 | 645.6 | 320.9 |
| 16.8 | | 46.2 | 8.8 | 142.5 | 54.8 |

11-5 续表 4-1

| 指 标 | 利息支出 | 资产减值损失 | 公允价值变动收益 | 投资收益 | 营业利润 |
|---|---|---|---|---|---|
| 其他机械设备及电子产品批发 | 2699.9 | 222.9 | | 36.6 | -1694.6 |
| 贸易经纪与代理 | 1516.7 | | | | -3324.4 |
| 贸易代理 | 1516.7 | | | | -3324.4 |
| 其他批发业 | 431.1 | 116.1 | | | -3346.7 |
| 再生物资回收与批发 | -1.4 | | | | 26.8 |
| 其他未列明批发业 | 432.5 | 116.1 | | | -3373.5 |
| 内资企业 | 163133.6 | 21032.0 | -14.7 | 19789.4 | 41148.4 |
| 国有企业 | 2598.3 | 1829.6 | | 1020.2 | 49724.6 |
| 集体企业 | 0.8 | 200.0 | | 0.2 | 3022.9 |
| 有限责任公司 | 146264.2 | 11444.4 | -14.7 | 8482.2 | -85673.2 |
| 国有独资公司 | 87470.2 | 17542.6 | | 5995.5 | -23350.9 |
| 其他有限责任公司 | 58794.0 | -6098.2 | -14.7 | 2486.7 | -62322.3 |
| 股份有限公司 | 4594.6 | 4690.6 | | 2969.8 | 23713.2 |
| 私营企业 | 9675.7 | 2867.4 | | 7317.0 | 50360.9 |
| 私营有限责任公司 | 7725.9 | 1865.3 | | 3037.1 | 1918.1 |
| 私营股份有限公司 | 1949.8 | 1002.1 | | 4279.9 | 48442.8 |
| 港、澳、台商投资企业 | 941.4 | | | 18.7 | 10605.6 |
| 合资经营企业（港或澳、台资） | | | | 18.7 | 4828.2 |
| 港、澳、台商独资经营企业 | 941.4 | | | | 5777.4 |
| 外商投资企业 | 8.3 | | | | -541.6 |
| 中外合资经营企业 | 8.3 | | | | -541.6 |
| 国有控股 | 144535.8 | 17005.6 | | 10181.2 | 8255.0 |
| 集体控股 | 3597.1 | 200.0 | -14.7 | 2309.9 | 2021.3 |
| 私人控股 | 12799.4 | 2876.7 | | 7317.0 | 38668.1 |
| 港澳台商控股 | 941.4 | | | | 5765.5 |
| 其他 | 2209.6 | 949.7 | | | -3497.5 |
| 独立门店 | 90173.0 | 7087.1 | -14.7 | 13045.6 | 116038.5 |
| 其他 | 73910.3 | 13944.9 | | 6762.5 | -64826.1 |
| 大型 | 83423.4 | 14607.2 | | 10454.6 | 85495.5 |
| 中型 | 44286.2 | -9641.7 | -14.7 | 7556.5 | 16712.5 |
| 小型 | 27560.2 | 5489.5 | | 1146.5 | -50466.5 |
| 微型 | 8813.5 | 10577.0 | | 650.5 | -529.1 |
| **二、零售业** | **30642.4** | **5278.0** | **1.1** | **1701.1** | **43428.3** |
| 综合零售 | 5237.0 | 2492.9 | | 3340.6 | 14790.1 |
| 百货零售 | 2522.4 | 1209.3 | | | 15982.3 |
| 超级市场零售 | 2714.6 | 1283.6 | | | -4816.8 |
| 其他综合零售 | | | | 3340.6 | 3624.6 |
| 食品、饮料及烟草制品专门零售 | 3319.7 | 17.6 | 1.1 | 59.6 | -2587.6 |
| 粮油零售 | 99.4 | | | | -128.3 |
| 糕点、面包零售 | 3181.8 | | | | -4553.0 |

单位：万元

| 营业外收入 | 补贴收入 | 利润总额 | 应交所得税 | 应付职工薪酬（本年贷方累计发生额） | 应交增值税 |
|---|---|---|---|---|---|
| 2836.0 | 77.8 | 419.5 | 175.6 | 4649.1 | 1749.7 |
| 161.8 | 159.6 | -3162.4 | | 126.7 | |
| 161.8 | 159.6 | -3162.4 | | 126.7 | |
| 10.6 | 9.1 | -3338.9 | 27.1 | 1423.5 | 576.6 |
| | | 25.1 | 2.5 | 189.9 | 0.3 |
| 10.6 | 9.1 | -3364.0 | 24.6 | 1233.6 | 576.3 |
| 86865.6 | 60341.7 | 115806.6 | 49190.3 | 237988.6 | 102655.9 |
| 3609.2 | 2589.8 | 53197.4 | 14257.2 | 26669.1 | 25654.4 |
| 2.5 | | 3024.9 | 761.0 | 3036.5 | 7857.7 |
| 80261.4 | 57195.0 | -16778.3 | 29617.5 | 164889.6 | 32655.8 |
| 58439.7 | 47420.6 | 34425.9 | 20696.1 | 121969.8 | 15597.0 |
| 21821.7 | 9774.4 | -51204.2 | 8921.4 | 42919.8 | 17058.8 |
| 727.4 | | 24398.7 | 1347.1 | 10419.1 | 14597.7 |
| 2265.1 | 556.9 | 51963.9 | 3207.5 | 32974.3 | 21890.3 |
| 2225.0 | 556.9 | 3496.1 | 3089.0 | 28254.2 | 21809.3 |
| 40.1 | | 48467.8 | 118.5 | 4720.1 | 81.0 |
| 86.4 | | 10754.7 | 209.2 | 7365.5 | 1526.9 |
| 73.3 | | 4967.2 | 209.2 | 2142.7 | 246.4 |
| 13.1 | | 5787.5 | | 5222.8 | 1280.5 |
| 2.8 | | -539.1 | | 920.2 | 216.2 |
| 2.8 | | -539.1 | | 920.2 | 216.2 |
| 76353.8 | 59680.6 | 73577.7 | 44507.6 | 184572.3 | 67638.8 |
| 2.5 | | 1878.9 | 761.0 | 4030.0 | 7857.7 |
| 9953.2 | 556.9 | 46250.3 | 3491.9 | 39328.8 | 24318.8 |
| 13.1 | | 5841.4 | 209.2 | 6365.4 | 1519.9 |
| 632.2 | 104.2 | -1526.1 | 429.8 | 11977.8 | 3063.8 |
| 64456.2 | 44731.3 | 177198.5 | 41554.8 | 180289.7 | 62856.5 |
| 22498.6 | 15610.4 | -51176.3 | 7844.7 | 65984.6 | 41542.5 |
| 65477.0 | 47949.7 | 149494.8 | 34771.5 | 168733.0 | 49363.4 |
| 6983.0 | 3009.4 | 21163.4 | 13763.6 | 60649.3 | 49745.2 |
| 11231.9 | 9003.2 | -46936.7 | 711.1 | 11085.2 | 2630.2 |
| 3262.9 | 379.4 | 2300.7 | 153.3 | 5806.8 | 2660.2 |
| **22772.4** | **1546.7** | **59000.3** | **17611.4** | **188179.5** | **55444.8** |
| 18183.6 | 20.3 | 29057.3 | 5697.5 | 40663.3 | 9787.1 |
| 712.2 | | 14357.3 | 4650.5 | 12352.6 | 7943.3 |
| 16859.0 | 20.3 | 10608.0 | 123.4 | 26361.5 | 1036.0 |
| 612.4 | | 4092.0 | 923.6 | 1949.2 | 807.8 |
| 1115.6 | 886.0 | -2713.9 | 361.4 | 14386.3 | 2667.5 |
| 802.3 | 760.5 | -12.4 | 2.0 | 460.3 | 30.8 |
| 18.3 | | -4588.3 | | 1908.7 | 477.7 |

## 11-5 续表 4-2

| 指 标 | 利息支出 | 资产减值损失 | 公允价值变动收益 | 投资收益 | 营业利润 |
|---|---|---|---|---|---|
| 果品、蔬菜零售 | 71.0 | 0.3 | 1.1 | 59.6 | 275.7 |
| 肉、禽、蛋、奶及水产品零售 | 9.6 | | | | -745.2 |
| 酒、饮料及茶叶零售 | -42.6 | 17.3 | | | 1361.9 |
| 烟草制品零售 | | | | | 90.8 |
| 其他食品零售 | 0.5 | | | | 1110.5 |
| 纺织、服装及日用品专门零售 | 5078.2 | 1477.6 | | -3137.7 | -15113.1 |
| 纺织品及针织品零售 | 161.0 | 260.8 | | -287.3 | 1207.8 |
| 服装零售 | 4778.9 | 1216.8 | | -2850.4 | -19659.5 |
| 鞋帽零售 | 130.8 | | | | 809.5 |
| 化妆品及卫生用品零售 | 7.0 | | | | 2211.0 |
| 钟表、眼镜零售 | 0.3 | | | | 308.6 |
| 其他日用品零售 | 0.2 | | | | 9.5 |
| 文化、体育用品及器材专门零售 | 11.6 | | | 85.5 | -77.9 |
| 文具用品零售 | | | | | 19.1 |
| 体育用品及器材零售 | | | | | 11.3 |
| 图书、报刊零售 | 2.3 | | | | 52.0 |
| 珠宝首饰零售 | 1.3 | | | 85.5 | -286.6 |
| 工艺美术品及收藏品零售 | | | | | 147.4 |
| 乐器零售 | 8.0 | | | | 18.1 |
| 照相器材零售 | | | | | -43.1 |
| 其他文化用品零售 | | | | | 3.9 |
| 医药及医疗器材专门零售 | 3094.1 | 684.0 | | 48.3 | 24293.1 |
| 药品零售 | 3094.1 | 684.0 | | 48.3 | 24260.4 |
| 医疗用品及器材零售 | | | | | 32.7 |
| 汽车、摩托车、燃料及零配件专门零售 | 13216.2 | 551.3 | | 3.5 | 14039.0 |
| 汽车零售 | 12570.1 | 46.9 | | 3.5 | -2515.4 |
| 汽车零配件零售 | 10.6 | | | | 688.8 |
| 机动车燃料零售 | 635.5 | 504.4 | | | 15865.6 |
| 家用电器及电子产品专门零售 | 250.1 | 54.8 | | 1300.3 | 3294.9 |
| 家用视听设备零售 | | | | | 2.0 |
| 日用家电设备零售 | 32.6 | 16.2 | | 1697.3 | 3117.1 |
| 计算机、软件及辅助设备零售 | 217.5 | 38.6 | | | 1371.9 |
| 通信设备零售 | | | | -397.0 | -1224.8 |
| 其他电子产品零售 | | | | | 28.7 |
| 五金、家具及室内装饰材料专门零售 | 154.4 | | | | 3998.4 |
| 五金零售 | -0.4 | | | | -22.5 |
| 家具零售 | | | | | 3409.8 |
| 陶瓷、石材装饰材料零售 | 154.4 | | | | 617.8 |
| 其他室内装饰材料零售 | 0.4 | | | | -6.7 |
| 货摊、无店铺及其他零售业 | 281.1 | -0.2 | | 1.0 | 791.4 |
| 互联网零售 | 259.7 | | | 1.0 | 483.1 |
| 其他未列明零售业 | 21.4 | -0.2 | | | 308.3 |
| 内资企业 | 29537.8 | 2768.2 | 1.1 | 1701.1 | 42704.3 |
| 国有企业 | 84.4 | | | | -100.2 |
| 集体企业 | 1.8 | | | | 678.6 |
| 股份合作企业 | | | | | 71.0 |
| 有限责任公司 | 9013.2 | 1257.9 | | 130.6 | 34656.7 |

单位：万元

| 营业外收入 | 补贴收入 | 利润总额 | 应交所得税 | 应付职工薪酬（本年贷方累计发生额） | 应交增值税 |
|---|---|---|---|---|---|
| 124.5 | 124.5 | 561.7 | 47.6 | 1234.0 | 251.7 |
| 7.3 | | 539.1 | | 2827.1 | 275.4 |
| 52.6 | | -165.1 | 59.5 | 6850.1 | 967.8 |
| 14.3 | | 103.6 | 29.0 | 615.5 | 296.0 |
| 96.3 | 1.0 | 847.5 | 223.3 | 490.6 | 368.1 |
| 237.4 | | -15004.7 | 1275.2 | 10045.3 | 3400.1 |
| 2.1 | | 994.4 | 147.3 | 1324.2 | |
| 212.6 | | -19327.8 | 372.9 | 7302.4 | 1958.5 |
| 12.2 | | 793.2 | | 105.8 | |
| 8.2 | | 2221.7 | 675.2 | 926.6 | 1191.2 |
| 2.3 | | 304.3 | 78.8 | 353.2 | 234.4 |
| | | 9.5 | 1.0 | 33.1 | 16.0 |
| 50.5 | 8.0 | -79.6 | 65.1 | 3481.5 | 1362.3 |
| 0.2 | | 19.0 | 4.5 | 51.5 | 161.3 |
| | | 11.3 | 1.1 | 38.1 | 22.0 |
| 10.0 | 8.0 | 82.3 | 15.1 | 520.7 | 29.5 |
| 22.3 | | -315.1 | 1.2 | 2531.1 | 1014.9 |
| 0.1 | | 126.1 | 40.5 | 148.2 | 68.6 |
| | | 18.1 | 2.3 | 125.1 | 53.5 |
| 17.9 | | -25.2 | 0.4 | 58.9 | 12.5 |
| | | 3.9 | | 7.9 | |
| 186.0 | 33.7 | 23647.0 | 6036.7 | 26792.1 | 13712.5 |
| 186.0 | 33.7 | 23627.4 | 6027.8 | 26612.3 | 13629.8 |
| | | 19.6 | 8.9 | 179.8 | 82.7 |
| 2012.3 | 46.8 | 15675.7 | 3265.4 | 59478.9 | 18285.5 |
| 1630.5 | 14.5 | -1848.8 | 2594.1 | 43583.5 | 15111.3 |
| 0.2 | | 687.9 | 145.8 | 344.6 | 101.5 |
| 381.6 | 32.3 | 16836.6 | 525.5 | 15550.8 | 3072.7 |
| 350.7 | 215.1 | 3106.9 | 298.0 | 20752.5 | 3596.4 |
| | | 2.0 | 0.2 | 67.6 | 7.7 |
| 311.6 | 215.1 | 3262.2 | 1.6 | 7056.3 | 2040.1 |
| 34.1 | | 980.0 | 234.0 | 12394.2 | 780.1 |
| 4.9 | | -1164.9 | 62.2 | 1223.5 | 745.8 |
| 0.1 | | 27.6 | | 10.9 | 22.7 |
| 44.6 | | 4041.9 | 497.9 | 940.0 | 1393.8 |
| | | -22.5 | 1.7 | 208.3 | 264.7 |
| | | 3408.7 | 340.6 | 275.9 | 971.1 |
| | | 617.8 | 155.6 | 182.4 | 137.7 |
| 44.6 | | 37.9 | | 273.4 | 20.3 |
| 591.7 | 336.8 | 1269.7 | 114.2 | 11639.6 | 1239.6 |
| 481.4 | 226.8 | 936.7 | 57.7 | 10748.8 | 1180.5 |
| 110.3 | 110.0 | 333.0 | 56.5 | 890.8 | 59.1 |
| 22350.4 | 1532.4 | 59503.9 | 15487.0 | 179565.5 | 50965.4 |
| 802.8 | 760.5 | 10.9 | 18.7 | 1208.0 | 217.0 |
| 30.4 | | 633.5 | 144.2 | 1393.9 | 984.8 |
| 2.8 | 2.8 | 73.8 | 18.4 | 197.9 | 212.7 |
| 1267.2 | 278.3 | 34836.0 | 8532.5 | 45615.7 | 21542.2 |

11-5　续表 4-3

| 指　标 | 利息支出 | 资产减值损失 | 公允价值变动收益 | 投资收益 | 营业利润 |
|---|---|---|---|---|---|
| 国有独资公司 | 3.5 | | | | -452.5 |
| 其他有限责任公司 | 9009.7 | 1257.9 | | 130.6 | 35109.2 |
| 股份有限公司 | 105.3 | | | 5.9 | 6008.0 |
| 私营企业 | 20263.5 | 1510.0 | | 1563.0 | 1412.4 |
| 私营独资企业 | 26.2 | | | | 45.0 |
| 私营有限责任公司 | 18051.8 | 1510.0 | | -1667.7 | 2729.6 |
| 私营股份有限公司 | 2185.5 | | | 3230.7 | -1362.2 |
| 其他企业 | 69.6 | 0.3 | 1.1 | 1.6 | -22.2 |
| 港、澳、台商投资企业 | 500.3 | | | | 6667.2 |
| 合资经营企业（港或澳、台资） | 66.0 | | | | 2721.4 |
| 港、澳、台商独资经营企业 | 434.3 | | | | 3945.8 |
| 外商投资企业 | 604.3 | 2509.8 | | | -5943.2 |
| 中外合资经营企业 | 544.3 | 1277.9 | | | -2776.4 |
| 外资企业 | 60.0 | 1209.2 | | | -2524.1 |
| 其他外商投资企业 | | 22.7 | | | -642.7 |
| 国有控股 | 3416.4 | 1014.3 | | 48.3 | 45169.7 |
| 集体控股 | 3350.8 | | | 86.2 | -3330.0 |
| 私人控股 | 20307.7 | 1707.7 | | 1563.0 | 1980.7 |
| 港澳台商控股 | 500.3 | | | | 6015.5 |
| 外商控股 | 604.3 | 2487.1 | | | -5300.5 |
| 其他 | 2462.9 | 68.9 | 1.1 | 3.6 | -1107.1 |
| 独立门店 | 23358.1 | 2492.4 | 1.1 | -3100.8 | 27989.4 |
| 连锁总店 | 4300.3 | 2785.7 | | 4798.9 | 15395.3 |
| 连锁门店 | 2157.8 | 0.1 | | | -1804.0 |
| 其他 | 826.2 | -0.2 | | 3.0 | 1847.6 |
| 大型 | 5670.9 | 1350.2 | | 168.6 | 54312.1 |
| 中型 | 22490.3 | 2685.1 | | -1777.4 | -1534.1 |
| 小型 | 2106.9 | 1242.4 | | 82.8 | -9401.4 |
| 微型 | 374.3 | 0.3 | 1.1 | 3227.1 | 51.7 |
| 有店铺零售 | 30329.8 | 5278.0 | 1.1 | 1700.1 | 41979.0 |
| 便利店 | | | | 3340.6 | 3624.6 |
| 超市 | 8.8 | | | | -22.5 |
| 大型超市 | 2774.6 | 2492.8 | | | -7327.2 |
| 百货店 | 5530.0 | 22.8 | | 0.9 | 14838.5 |
| 专业店 | 8026.5 | 2434.8 | 1.1 | 1416.1 | 46141.3 |
| 专卖店 | 12839.9 | 65.8 | | 85.5 | -2018.3 |
| 家居建材商店 | 154.4 | | | | 612.5 |
| 购物中心 | 830.6 | | | -2857.2 | -14496.8 |
| 厂家直销中心 | 165.0 | 261.8 | | -285.8 | 626.9 |
| 无店铺零售 | 312.6 | | | 1.0 | 1449.3 |
| 网上商店 | 311.9 | | | 1.0 | 1517.8 |

单位：万元

| 营业外收入 | 补贴收入 | 利润总额 | 应交所得税 | 应付职工薪酬（本年贷方累计发生额） | 应交增值税 |
|---|---|---|---|---|---|
| 502.4 | | 46.7 | 11.7 | 654.9 | 76.2 |
| 764.8 | 278.3 | 34789.3 | 8520.8 | 44960.8 | 21466.0 |
| 246.6 | | 6901.6 | 29.1 | 11332.0 | 800.6 |
| 19874.6 | 366.3 | 16947.1 | 6741.3 | 119708.5 | 27207.6 |
| | | 14.1 | 4.1 | 484.4 | 81.4 |
| 3688.6 | 166.3 | 2830.2 | 6646.1 | 95031.4 | 26163.1 |
| 16186.0 | 200.0 | 14102.8 | 91.1 | 24192.7 | 963.1 |
| 126.0 | 124.5 | 101.0 | 2.8 | 109.5 | 0.5 |
| 161.6 | 14.3 | 6024.7 | 2124.4 | 5420.4 | 3624.0 |
| 56.9 | 14.3 | 2061.8 | 570.6 | 3253.3 | 1593.2 |
| 104.7 | | 3962.9 | 1553.8 | 2167.1 | 2030.8 |
| 260.4 | | -6528.3 | | 3193.6 | 855.4 |
| 243.4 | | -3288.7 | | 660.3 | 273.5 |
| 12.6 | | -2600.5 | | 1931.8 | 246.9 |
| 4.4 | | -639.1 | | 601.5 | 335.0 |
| 1848.1 | 823.7 | 45930.6 | 8203.5 | 34855.3 | 16008.4 |
| 90.9 | 2.8 | -4053.6 | 251.2 | 7266.2 | 2029.9 |
| 20133.1 | 581.4 | 18090.4 | 6837.8 | 133875.6 | 31208.7 |
| 161.6 | 14.3 | 6024.7 | 2106.6 | 5105.5 | 3624.0 |
| 256.0 | | -5889.2 | | 2592.1 | 520.4 |
| 282.7 | 124.5 | -1102.6 | 212.3 | 4484.8 | 2053.4 |
| 3550.4 | 987.9 | 27283.6 | 13608.1 | 105601.7 | 39338.4 |
| 2473.2 | 448.8 | 14396.7 | 3484.0 | 47008.9 | 12495.4 |
| 16492.9 | | 15325.7 | 316.7 | 26235.7 | 684.8 |
| 255.9 | 110.0 | 1994.3 | 202.6 | 9333.2 | 2926.2 |
| 18056.7 | 278.3 | 70609.8 | 10521.4 | 77702.4 | 25489.4 |
| 3068.0 | 171.4 | -363.4 | 5032.9 | 84611.6 | 19938.2 |
| 1552.7 | 1097.0 | -10114.2 | 1774.4 | 23610.1 | 8858.8 |
| 95.0 | | -1131.9 | 282.7 | 2255.4 | 1158.4 |
| 22064.2 | 1209.9 | 56917.1 | 17376.0 | 175196.5 | 53982.5 |
| 612.4 | | 4092.0 | 923.6 | 1949.2 | 807.8 |
| 663.4 | 1.0 | 361.5 | 128.1 | 2257.6 | 501.0 |
| 16284.6 | 20.3 | 7439.5 | 1.7 | 26876.0 | 1244.6 |
| 740.7 | | 13379.8 | 4706.7 | 12645.1 | 8412.0 |
| 1429.6 | 505.6 | 46150.6 | 8007.9 | 70376.7 | 24879.4 |
| 1517.9 | 14.5 | -1908.5 | 2943.4 | 56106.0 | 16637.3 |
| | | 612.5 | 155.6 | 195.4 | 137.7 |
| 79.8 | | -14435.7 | 243.1 | 2470.7 | 851.4 |
| 735.8 | 668.5 | 1225.4 | 265.9 | 2319.8 | 511.3 |
| 708.2 | 336.8 | 2083.2 | 235.4 | 12983.0 | 1462.3 |
| 625.2 | 336.8 | 2052.5 | 219.8 | 12580.9 | 1366.9 |

# 11-6 限额以上住宿和

## The financial condition hotels and catering

| 指 标 | 法人企业数(个) | 执行《2006年企业会计准则》企业数(个) | 年初存货 | 流动资产合计 | 应收帐款 | 存货 |
|---|---|---|---|---|---|---|
| **总 计** | **198** | **171** | **17498.3** | **247823.3** | **34867.2** | **14328.6** |
| **一、住宿业** | **83** | **68** | **6564.0** | **139121.8** | **16981.2** | **5601.4** |
| 旅游饭店 | 46 | 39 | 5500.6 | 119987.0 | 12806.9 | 4925.4 |
| 一般旅馆 | 36 | 28 | 1039.8 | 17715.0 | 4174.6 | 638.5 |
| 其他住宿业 | 1 | 1 | 23.6 | 1419.8 | -0.3 | 37.5 |
| 内资企业 | 83 | 68 | 6564.0 | 139121.8 | 16981.2 | 5601.4 |
| 国有企业 | 22 | 16 | 2754.1 | 76679.9 | 6370.1 | 2497.5 |
| 集体企业 | 3 | 3 | 28.7 | 730.0 | 241.1 | 46.0 |
| 有限责任公司 | 15 | 11 | 1234.0 | 22176.6 | 4442.8 | 1059.9 |
| 国有独资公司 | 1 | 1 | 75.3 | 253.1 | 68.5 | 75.3 |
| 其他有限责任公司 | 14 | 10 | 1158.7 | 21923.5 | 4374.3 | 984.6 |
| 私营企业 | 43 | 38 | 2547.2 | 39535.3 | 5927.2 | 1998.0 |
| 私营独资企业 | 2 | 2 | 152.8 | 4493.1 | 9.9 | 207.4 |
| 私营有限责任公司 | 40 | 35 | 2345.5 | 29605.8 | 4845.5 | 1749.4 |
| 私营股份有限公司 | 1 | 1 | 48.9 | 5436.4 | 1071.8 | 41.2 |
| 国有控股 | 30 | 22 | 3564.0 | 84780.2 | 10284.4 | 3148.6 |
| 集体控股 | 3 | 3 | 28.7 | 730.0 | 241.1 | 46.0 |
| 私人控股 | 47 | 41 | 2633.7 | 40787.3 | 6205.0 | 2086.5 |
| 其他 | 3 | 2 | 337.6 | 12824.3 | 250.7 | 320.3 |
| 独立门店 | 75 | 63 | 6096.9 | 134967.0 | 16641.7 | 5204.5 |
| 连锁门店 | 5 | 4 | 235.1 | 1895.2 | 234.6 | 211.5 |
| 其他 | 3 | 1 | 232.0 | 2259.6 | 104.9 | 185.4 |
| 大型 | 1 | 1 | 607.3 | 16268.3 | 175.2 | 626.2 |
| 中型 | 12 | 12 | 2550.7 | 75907.8 | 6527.8 | 2396.9 |
| 小型 | 63 | 49 | 2739.3 | 44744.0 | 8448.3 | 2543.1 |
| 微型 | 7 | 6 | 666.7 | 2201.7 | 1829.9 | 35.2 |
| 五星 | 3 | 3 | 1582.3 | 30993.9 | 594.7 | 1480.9 |
| 四星 | 11 | 11 | 1577.5 | 24502.6 | 8450.0 | 1415.5 |
| 三星 | 21 | 12 | 1475.5 | 51547.1 | 3756.9 | 1205.2 |
| 二星 | 3 | 3 | 124.5 | 931.7 | 264.9 | 34.2 |
| 其他 | 45 | 39 | 1804.2 | 31146.5 | 3914.7 | 1465.6 |

# 餐饮业法人企业财务状况(一)
## corporation on enterprise above designated size(1)

单位：万元

| 固定资产合计 | 固定资产原价 | 累计折旧 | #本年折旧 | 在建工程 | 资产总计 | 流动负债合计 | #应付帐款 | 非流动负债合计 |
|---|---|---|---|---|---|---|---|---|
| **230751.1** | **492002.5** | **261261.4** | **26026.1** | **65065.4** | **669019.0** | **451127.7** | **103303.0** | **151679.0** |
| **157773.9** | **327427.6** | **169663.6** | **17720.9** | **51056.4** | **390899.0** | **219426.8** | **38663.6** | **118258.0** |
| 141220.2 | 296239.1 | 155028.6 | 16404.4 | 49277.3 | 341792.4 | 185524.0 | 31598.8 | 113452.1 |
| 16542.9 | 31132.9 | 14590.2 | 1310.8 | 1704.4 | 47601.2 | 33666.3 | 6854.2 | 4805.9 |
| 10.8 | 55.6 | 44.8 | 5.7 | 74.7 | 1505.4 | 236.5 | 210.6 | |
| 157773.9 | 327427.6 | 169663.6 | 17720.9 | 51056.4 | 390899.0 | 219426.8 | 38663.6 | 118258.0 |
| 100395.0 | 202549.5 | 102154.5 | 11033.5 | 45021.0 | 227707.3 | 98574.8 | 10849.2 | 94921.8 |
| 608.2 | 2021.7 | 1413.5 | 191.6 | | 1740.1 | 1882.3 | 190.8 | |
| 42685.3 | 79303.5 | 36618.2 | 2287.6 | 182.5 | 68889.3 | 37633.2 | 5673.3 | 10357.2 |
| 2775.9 | 6669.7 | 3893.8 | 68.4 | | 3029.0 | 931.3 | | |
| 39909.4 | 72633.8 | 32724.4 | 2219.2 | 182.5 | 65860.3 | 36701.9 | 5673.3 | 10357.2 |
| 14085.4 | 43552.9 | 29477.4 | 4208.2 | 5852.9 | 92562.3 | 81336.5 | 21950.3 | 12979.0 |
| 372.6 | 1149.8 | 777.2 | 185.9 | | 7226.9 | 7176.6 | 1209.0 | |
| 13341.5 | 39499.9 | 26168.3 | 1490.4 | 5852.9 | 79523.7 | 71340.2 | 19397.0 | 11727.0 |
| 371.3 | 2903.2 | 2531.9 | 2531.9 | | 5811.7 | 2819.7 | 1344.3 | 1252.0 |
| 128735.2 | 258945.5 | 130210.3 | 12553.6 | 45191.0 | 266738.2 | 108924.6 | 14673.4 | 102409.5 |
| 608.2 | 2021.7 | 1413.5 | 191.6 | | 1740.1 | 1882.3 | 190.8 | |
| 19689.0 | 50824.8 | 31145.7 | 4591.6 | 5854.1 | 99911.0 | 86529.1 | 22245.7 | 13848.5 |
| 8741.5 | 15635.6 | 6894.1 | 384.1 | 11.3 | 22509.7 | 22090.8 | 1553.7 | 2000.0 |
| 150998.6 | 313915.8 | 162927.1 | 17341.8 | 51056.4 | 378299.5 | 207410.3 | 37538.4 | 117598.2 |
| 1363.6 | 2679.5 | 1315.9 | 165.3 | | 4068.2 | 6197.2 | 791.0 | 659.8 |
| 5411.7 | 10832.3 | 5420.6 | 213.8 | | 8531.3 | 5819.3 | 334.2 | |
| 35492.8 | 57543.6 | 22050.8 | 6621.8 | | 52241.1 | 7313.8 | 1520.3 | 38943.0 |
| 78381.3 | 148998.9 | 70617.6 | 4253.9 | 44291.1 | 214790.2 | 114074.1 | 10001.0 | 56134.1 |
| 42464.7 | 119315.9 | 76861.1 | 6821.5 | 5889.0 | 114799.2 | 92119.9 | 25377.9 | 23120.6 |
| 1435.1 | 1569.2 | 134.1 | 23.7 | 876.3 | 9068.5 | 5919.0 | 1764.4 | 60.3 |
| 71374.9 | 107053.6 | 35678.7 | 7863.0 | 337.6 | 104372.7 | 26131.7 | 3085.0 | 39083.0 |
| 22624.7 | 62875.0 | 40260.0 | 4637.2 | 235.2 | 54355.2 | 24930.8 | 6431.2 | 16748.7 |
| 35898.8 | 87611.4 | 51712.6 | 2656.6 | 45225.8 | 144986.0 | 90858.8 | 8499.3 | 52233.3 |
| 832.3 | 1832.8 | 1000.5 | 220.5 | 348.0 | 1764.0 | 1948.1 | 1344.1 | 60.3 |
| 27043.2 | 68054.8 | 41011.8 | 2343.6 | 4909.8 | 85421.1 | 75557.4 | 19304.0 | 10132.7 |

11-6 续表 1-1

| 指 标 | 法人企业数(个) | 执行《2006年企业会计准则》企业数(个) | 年初存货 | 流动资产合计 | 应收帐款 | 存货 |
|---|---|---|---|---|---|---|
| **二、餐饮业** | **115** | **103** | **10934.3** | **108701.5** | **17886.0** | **8727.2** |
| 正餐服务 | 111 | 100 | 8964.6 | 99689.8 | 17729.2 | 7804.0 |
| 快餐服务 | 4 | 3 | 1969.7 | 9011.7 | 156.8 | 923.2 |
| 内资企业 | 112 | 101 | 9048.3 | 104264.9 | 17858.0 | 8028.3 |
| 国有企业 | 5 | 5 | 345.0 | 1831.1 | 367.9 | 333.9 |
| 股份合作企业 | 1 | 1 | 5.9 | 101.1 | 9.6 | 12.8 |
| 有限责任公司 | 18 | 16 | 1632.3 | 26118.5 | 4111.1 | 1780.5 |
| 其他有限责任公司 | 18 | 16 | 1632.3 | 26118.5 | 4111.1 | 1780.5 |
| 私营企业 | 87 | 78 | 7050.7 | 76114.6 | 13345.1 | 5886.7 |
| 私营独资企业 | 6 | 6 | 165.0 | 477.2 | 133.1 | 107.6 |
| 私营有限责任公司 | 80 | 71 | 6828.6 | 71100.9 | 8803.1 | 5729.0 |
| 私营股份有限公司 | 1 | 1 | 57.1 | 4536.5 | 4408.9 | 50.1 |
| 其他企业 | 1 | 1 | 14.4 | 99.6 | 24.3 | 14.4 |
| 港、澳、台商投资企业 | 2 | 1 | 200.4 | 3445.1 | 26.4 | 233.8 |
| 港澳台商独资企业 | 2 | 1 | 200.4 | 3445.1 | 26.4 | 233.8 |
| 外商投资企业 | 1 | 1 | 1685.6 | 991.5 | 1.6 | 465.1 |
| 外资企业 | 1 | 1 | 1685.6 | 991.5 | 1.6 | 465.1 |
| 国有控股 | 10 | 10 | 722.3 | 11630.4 | 814.9 | 629.1 |
| 私人控股 | 97 | 87 | 8011.5 | 90392.3 | 16809.2 | 7071.4 |
| 港澳台商控股 | 2 | 1 | 200.4 | 3445.1 | 26.4 | 233.8 |
| 外商控股 | 1 | 1 | 1685.6 | 991.5 | 1.6 | 465.1 |
| 其他 | 5 | 4 | 314.5 | 2242.2 | 233.9 | 327.8 |
| 独立门店 | 100 | 90 | 7236.9 | 88068.1 | 15758.9 | 6142.5 |
| 连锁总店（总部） | 7 | 5 | 3025.6 | 13039.9 | 2011.7 | 1954.4 |
| 连锁门店 | 3 | 3 | 69.1 | 488.2 | 43.1 | 52.3 |
| 其他 | 5 | 5 | 602.7 | 7105.3 | 72.3 | 578.0 |
| 大型 | 2 | 1 | 1865.2 | 4374.7 | 6.0 | 692.5 |
| 中型 | 20 | 20 | 4929.2 | 43784.5 | 8946.3 | 4017.5 |
| 小型 | 74 | 65 | 3228.5 | 45171.9 | 8284.5 | 3101.3 |
| 微型 | 19 | 17 | 911.4 | 15370.4 | 649.2 | 915.9 |

单位：万元

| 固定资产合计 | 固定资产原价 | 累计折旧 | #本年折旧 | 在建工程 | 资产总计 | 流动负债合计 | #应付帐款 | 非流动负债合计 |
|---|---|---|---|---|---|---|---|---|
| **72977.2** | **164574.9** | **91597.8** | **8305.2** | **14009.0** | **278120.0** | **231700.9** | **64639.4** | **33421.0** |
| 65399.2 | 148935.9 | 83536.8 | 7921.9 | 11084.0 | 239515.2 | 206940.1 | 60578.4 | 32805.9 |
| 7578.0 | 15639.0 | 8061.0 | 383.3 | 2925.0 | 38604.8 | 24760.8 | 4061.0 | 615.1 |
| 65543.7 | 149548.9 | 84005.3 | 7941.4 | 13016.0 | 246651.5 | 212652.8 | 63125.2 | 32671.5 |
| 2316.8 | 9227.2 | 6910.4 | 640.6 | 57.2 | 6076.9 | 5960.2 | 4187.1 | 2156.4 |
| 48.8 | 105.2 | 56.4 | 5.8 |  | 149.9 | 30.6 | 5.8 |  |
| 10443.9 | 34115.7 | 23671.8 | 2436.5 | 9730.1 | 55601.9 | 64787.9 | 20146.7 | 14187.0 |
| 10443.9 | 34115.7 | 23671.8 | 2436.5 | 9730.1 | 55601.9 | 64787.9 | 20146.7 | 14187.0 |
| 52710.6 | 105847.4 | 53136.9 | 4855.5 | 3228.7 | 184298.9 | 141405.8 | 38557.1 | 16328.1 |
| 438.5 | 685.4 | 246.9 | 51.6 | 30.5 | 1365.0 | 640.1 | 85.9 |  |
| 47225.2 | 98010.2 | 50785.1 | 4803.9 | 3198.2 | 173350.5 | 131854.5 | 30273.6 | 16328.1 |
| 5046.9 | 7151.8 | 2104.9 |  |  | 9583.4 | 8911.2 | 8197.6 |  |
| 23.6 | 253.4 | 229.8 | 3.0 |  | 523.9 | 468.3 | 228.5 |  |
| 4564.0 | 5242.5 | 678.5 | 363.8 | 80.0 | 17455.9 | 13220.5 | 1113.2 | 234.4 |
| 4564.0 | 5242.5 | 678.5 | 363.8 | 80.0 | 17455.9 | 13220.5 | 1113.2 | 234.4 |
| 2869.5 | 9783.5 | 6914.0 |  | 913.0 | 14012.6 | 5827.6 | 401.0 | 515.1 |
| 2869.5 | 9783.5 | 6914.0 |  | 913.0 | 14012.6 | 5827.6 | 401.0 | 515.1 |
| 2970.2 | 15307.3 | 12337.1 | 875.4 | 57.2 | 17368.0 | 11959.6 | 5359.8 | 2156.4 |
| 61056.4 | 131261.4 | 70205.1 | 5659.0 | 12932.5 | 224175.0 | 198838.2 | 57108.9 | 30515.1 |
| 4564.0 | 5242.5 | 678.5 | 363.8 | 80.0 | 17455.9 | 13220.5 | 1113.2 | 234.4 |
| 2869.5 | 9783.5 | 6914.0 |  | 913.0 | 14012.6 | 5827.6 | 401.0 | 515.1 |
| 1517.1 | 2980.2 | 1463.1 | 1407.0 | 26.3 | 5108.5 | 1855.0 | 656.5 |  |
| 49141.9 | 115250.6 | 66108.8 | 4747.2 | 13016.0 | 208191.1 | 183903.1 | 56258.9 | 32905.9 |
| 22352.4 | 45854.4 | 23502.0 | 2354.4 | 993.0 | 59144.6 | 41800.2 | 5017.1 | 515.1 |
| 52.6 | 212.8 | 160.2 | 15.5 |  | 902.0 | 494.8 | 266.1 |  |
| 1430.3 | 3257.1 | 1826.8 | 1188.1 |  | 9882.3 | 5502.8 | 3097.3 |  |
| 7417.2 | 14965.4 | 7548.2 | 357.5 | 993.0 | 31138.0 | 18979.8 | 1473.3 | 515.1 |
| 38114.0 | 91064.0 | 52950.0 | 4179.6 | 11166.9 | 126020.7 | 131960.6 | 28588.8 | 19530.2 |
| 22056.3 | 43786.4 | 21730.2 | 3122.4 | 1849.1 | 96127.9 | 64314.1 | 27560.5 | 4561.8 |
| 5389.7 | 14759.1 | 9369.4 | 645.7 |  | 24833.4 | 16446.4 | 7016.8 | 8813.9 |
| 157773.9 | 327427.6 | 169663.6 | 17720.9 | 51056.4 | 390899.0 | 219426.8 | 38663.6 | 118258.0 |

# 11-6　限额以上住宿和
## The financial condition hotels and catering

| 指　标 | 负债合计 | 所有者权益合计 | 实收资本 | 国家资本 | 集体资本 | 法人资本 |
|---|---|---|---|---|---|---|
| **总　计** | **603404.0** | **65615.0** | **208740.4** | **85032.9** | **387.8** | **55816.5** |
| **一、住宿业** | **338137.9** | **52761.1** | **147030.9** | **76938.1** | **387.8** | **28405.9** |
| 旅游饭店 | 298976.1 | 42816.3 | 119156.8 | 70191.5 | | 26955.9 |
| 一般旅馆 | 38925.3 | 8675.9 | 26874.1 | 6746.6 | 387.8 | 1450.0 |
| 其他住宿业 | 236.5 | 1268.9 | 1000.0 | | | |
| 内资企业 | 338137.9 | 52761.1 | 147030.9 | 76938.1 | 387.8 | 28405.9 |
| 国有企业 | 193949.7 | 33757.6 | 67662.0 | 67662.0 | | |
| 集体企业 | 1882.3 | -142.2 | 535.0 | 10.0 | 387.8 | 137.2 |
| 有限责任公司 | 47990.4 | 20898.9 | 34364.4 | 9266.1 | | 14328.7 |
| 国有独资公司 | 931.3 | 2097.7 | 427.3 | 427.3 | | |
| 其他有限责任公司 | 47059.1 | 18801.2 | 33937.1 | 8838.8 | | 14328.7 |
| 私营企业 | 94315.5 | -1753.2 | 44469.5 | | | 13940.0 |
| 私营独资企业 | 7176.6 | 50.3 | 2110.0 | | | 2000.0 |
| 私营有限责任公司 | 83067.2 | -3543.5 | 40619.5 | | | 11940.0 |
| 私营股份有限公司 | 4071.7 | 1740.0 | 1740.0 | | | |
| 国有控股 | 211787.2 | 54951.0 | 89459.7 | 76928.1 | | 11600.0 |
| 集体控股 | 1882.3 | -142.2 | 535.0 | 10.0 | 387.8 | 137.2 |
| 私人控股 | 100377.6 | -466.6 | 46389.5 | | | 15260.0 |
| 其他 | 24090.8 | -1581.1 | 10646.7 | | | 1408.7 |
| 独立门店 | 325461.6 | 52837.9 | 139718.0 | 70025.2 | 387.8 | 28185.9 |
| 连锁门店 | 6857.0 | -2788.8 | 400.0 | | | 220.0 |
| 其他 | 5819.3 | 2712.0 | 6912.9 | 6912.9 | | |
| 大型 | 46256.8 | 5984.3 | 2985.0 | 2985.0 | | |
| 中型 | 170208.2 | 44582.0 | 70162.3 | 50200.9 | | 8762.0 |
| 小型 | 115693.6 | -894.4 | 69999.7 | 23371.2 | 387.8 | 19643.9 |
| 微型 | 5979.3 | 3089.2 | 3883.9 | 381.0 | | |
| 五星 | 65214.7 | 39158.0 | 45168.6 | 37168.6 | | |
| 四星 | 41679.5 | 12675.7 | 27550.0 | 5000.0 | | 13810.0 |
| 三星 | 143092.1 | 1893.9 | 36950.9 | 25279.7 | | 5908.7 |
| 二星 | 2008.4 | -244.4 | 525.5 | 351.1 | 174.4 | |
| 其他 | 86143.2 | -722.1 | 36835.9 | 9138.7 | 213.4 | 8687.2 |

# 餐饮业法人企业财务状况(二)
## corporation on enterprise above designated size(2)

单位：万元

| | | | 营业收入 | | 营业成本 | | 营业税金及附加 | |
|---|---|---|---|---|---|---|---|---|
| 个人资本 | 港澳台资本 | 外商资本 | | #主营业务收入 | | #主营业务成本 | | 主营业务税金及附加 |
| **65736.9** | **27.8** | **1738.5** | **342978.5** | **338787.1** | **147889.9** | **147691.0** | **8916.9** | **8626.4** |
| **41299.1** | | | **118160.4** | **117014.6** | **34998.1** | **34977.2** | **3420.3** | **3241.3** |
| 22009.4 | | | 95052.5 | 94725.7 | 29192.4 | 29172.8 | 2657.9 | 2656.7 |
| 18289.7 | | | 22214.1 | 22091.4 | 5805.7 | 5804.4 | 730.0 | 552.2 |
| 1000.0 | | | 893.8 | 197.5 | | | 32.4 | 32.4 |
| 41299.1 | | | 118160.4 | 117014.6 | 34998.1 | 34977.2 | 3420.3 | 3241.3 |
| | | | 54025.1 | 54025.1 | 14036.7 | 14036.7 | 1566.1 | 1566.1 |
| | | | 1535.3 | 1535.3 | 583.2 | 583.2 | 32.3 | 32.3 |
| 10769.6 | | | 27007.8 | 26949.9 | 6962.1 | 6942.5 | 923.9 | 757.0 |
| | | | 1592.0 | 1592.0 | 200.1 | 200.1 | 30.0 | 30.0 |
| 10769.6 | | | 25415.8 | 25357.9 | 6762.0 | 6742.4 | 893.9 | 727.0 |
| 30529.5 | | | 35592.2 | 34504.3 | 13416.1 | 13414.8 | 898.0 | 885.9 |
| 110.0 | | | 3233.9 | 3233.9 | 760.2 | 760.2 | 74.6 | 74.6 |
| 28679.5 | | | 30786.7 | 29698.8 | 12048.8 | 12047.5 | 787.1 | 775.0 |
| 1740.0 | | | 1571.6 | 1571.6 | 607.1 | 607.1 | 36.3 | 36.3 |
| 931.6 | | | 67914.4 | 67856.5 | 17890.1 | 17870.5 | 2066.0 | 2066.0 |
| | | | 1535.3 | 1535.3 | 583.2 | 583.2 | 32.3 | 32.3 |
| 31129.5 | | | 41179.5 | 40091.6 | 13830.8 | 13829.5 | 1157.3 | 978.3 |
| 9238.0 | | | 7531.2 | 7531.2 | 2694.0 | 2694.0 | 164.7 | 164.7 |
| 41119.1 | | | 110960.4 | 109838.1 | 33175.9 | 33155.0 | 3228.2 | 3049.2 |
| 180.0 | | | 4425.9 | 4402.4 | 1031.8 | 1031.8 | 134.3 | 134.3 |
| | | | 2774.1 | 2774.1 | 790.4 | 790.4 | 57.8 | 57.8 |
| | | | 12818.9 | 12818.9 | 2535.4 | 2535.4 | 732.0 | 732.0 |
| 11199.4 | | | 50208.2 | 50080.5 | 15063.3 | 15063.0 | 1239.0 | 1239.0 |
| 26596.8 | | | 54461.6 | 53444.5 | 17230.9 | 17210.3 | 1414.1 | 1235.1 |
| 3502.9 | | | 671.7 | 670.7 | 168.5 | 168.5 | 35.2 | 35.2 |
| 8000.0 | | | 21063.5 | 21063.5 | 5508.7 | 5508.7 | 862.7 | 862.7 |
| 8740.0 | | | 17387.4 | 17363.9 | 5867.8 | 5848.2 | 591.4 | 591.4 |
| 5762.5 | | | 36344.7 | 36310.3 | 11674.8 | 11674.8 | 741.3 | 741.3 |
| | | | 1671.7 | 1671.7 | 364.3 | 364.3 | 28.7 | 28.7 |
| 18796.6 | | | 41693.1 | 40605.2 | 11582.5 | 11581.2 | 1196.2 | 1017.2 |

11-6 续表 2-1

| 指　　标 | 负债合计 | 所有者权益合计 | 实收资本 | | | |
|---|---|---|---|---|---|---|
| | | | | 国家资本 | 集体资本 | 法人资本 |
| **二、餐饮业** | **265266.1** | **12853.9** | **61709.5** | **8094.8** | | **27410.6** |
| 正餐服务 | 239890.2 | -375.0 | 53911.0 | 8094.8 | | 22350.6 |
| 快餐服务 | 25375.9 | 13228.9 | 7798.5 | | | 5060.0 |
| 内资企业 | 245468.5 | 1183.0 | 54943.2 | 8094.8 | | 22410.6 |
| 国有企业 | 8116.6 | -2039.7 | 2054.1 | 2054.1 | | |
| 股份合作企业 | 30.6 | 119.3 | 100.0 | | | |
| 有限责任公司 | 79076.2 | -23474.3 | 12929.5 | 6040.7 | | 3871.7 |
| 其他有限责任公司 | 79076.2 | -23474.3 | 12929.5 | 6040.7 | | 3871.7 |
| 私营企业 | 157776.8 | 26522.1 | 39659.6 | | | 18538.9 |
| 私营独资企业 | 640.1 | 724.9 | 881.5 | | | 545.0 |
| 私营有限责任公司 | 148225.5 | 25125.0 | 38178.1 | | | 17543.9 |
| 私营股份有限公司 | 8911.2 | 672.2 | 600.0 | | | 450.0 |
| 其他企业 | 468.3 | 55.6 | 200.0 | | | |
| 港、澳、台商投资企业 | 13454.9 | 4001.0 | 5027.8 | | | 5000.0 |
| 港澳台商独资企业 | 13454.9 | 4001.0 | 5027.8 | | | 5000.0 |
| 外商投资企业 | 6342.7 | 7669.9 | 1738.5 | | | |
| 外资企业 | 6342.7 | 7669.9 | 1738.5 | | | |
| 国有控股 | 14116.0 | 3252.0 | 8768.7 | 8094.8 | | 78.5 |
| 私人控股 | 229396.2 | -5221.2 | 42841.3 | | | 19098.9 |
| 港澳台商控股 | 13454.9 | 4001.0 | 5027.8 | | | 5000.0 |
| 外商控股 | 6342.7 | 7669.9 | 1738.5 | | | |
| 其他 | 1956.3 | 3152.2 | 3333.2 | | | 3233.2 |
| 独立门店 | 216953.2 | -8762.1 | 49980.5 | 8094.8 | | 19475.1 |
| 连锁总店（总部） | 42315.3 | 16829.3 | 8839.5 | | | 6201.0 |
| 连锁门店 | 494.8 | 407.2 | 260.0 | | | 110.0 |
| 其他 | 5502.8 | 4379.5 | 2629.5 | | | 1624.5 |
| 大型 | 19494.9 | 11643.1 | 6738.5 | | | 5000.0 |
| 中型 | 151490.8 | -25470.1 | 22201.7 | 5500.0 | | 8230.0 |
| 小型 | 69020.1 | 27107.8 | 25977.2 | 2054.1 | | 8804.6 |
| 微型 | 25260.3 | -426.9 | 6792.1 | 540.7 | | 5376.0 |

单位：万元

| 个人资本 | 港澳台资本 | 外商资本 | 营业收入 | # 主营业务收入 | 营业成本 | # 主营业务成本 | 营业税金及附加 | 主营业务税金及附加 |
|---|---|---|---|---|---|---|---|---|
| **24437.8** | **27.8** | **1738.5** | **224818.1** | **221772.5** | **112891.8** | **112713.8** | **5496.6** | **5385.1** |
| 23437.8 | 27.8 | | 146029.3 | 142983.7 | 75551.7 | 75373.7 | 3849.8 | 3738.3 |
| 1000.0 | | 1738.5 | 78788.8 | 78788.8 | 37340.1 | 37340.1 | 1646.8 | 1646.8 |
| 24437.8 | | | 154125.7 | 151080.1 | 80778.1 | 80600.1 | 3992.2 | 3880.7 |
| | | | 4663.9 | 4663.9 | 1860.3 | 1860.3 | 126.1 | 126.1 |
| 100.0 | | | 469.6 | 469.6 | 256.9 | 256.9 | 7.2 | 7.2 |
| 3017.1 | | | 36362.5 | 35403.3 | 18879.3 | 18873.7 | 1039.4 | 931.7 |
| 3017.1 | | | 36362.5 | 35403.3 | 18879.3 | 18873.7 | 1039.4 | 931.7 |
| 21120.7 | | | 112479.8 | 110393.4 | 59766.4 | 59594.0 | 2817.9 | 2814.1 |
| 336.5 | | | 2990.0 | 2990.0 | 1528.3 | 1521.3 | 99.2 | 96.2 |
| 20634.2 | | | 108750.3 | 106663.9 | 58125.4 | 57960.0 | 2698.0 | 2697.2 |
| 150.0 | | | 739.5 | 739.5 | 112.7 | 112.7 | 20.7 | 20.7 |
| 200.0 | | | 149.9 | 149.9 | 15.2 | 15.2 | 1.6 | 1.6 |
| | 27.8 | | 13075.4 | 13075.4 | 4183.4 | 4183.4 | 216.1 | 216.1 |
| | 27.8 | | 13075.4 | 13075.4 | 4183.4 | 4183.4 | 216.1 | 216.1 |
| | | 1738.5 | 57617.0 | 57617.0 | 27930.3 | 27930.3 | 1288.3 | 1288.3 |
| | | 1738.5 | 57617.0 | 57617.0 | 27930.3 | 27930.3 | 1288.3 | 1288.3 |
| 595.4 | | | 14647.9 | 14647.9 | 6540.2 | 6540.2 | 326.2 | 248.3 |
| 23742.4 | | | 133506.1 | 130460.5 | 71958.0 | 71780.0 | 3547.6 | 3514.0 |
| | 27.8 | | 13075.4 | 13075.4 | 4183.4 | 4183.4 | 216.1 | 216.1 |
| | | 1738.5 | 57617.0 | 57617.0 | 27930.3 | 27930.3 | 1288.3 | 1288.3 |
| 100.0 | | | 5971.7 | 5971.7 | 2279.9 | 2279.9 | 118.4 | 118.4 |
| 22382.8 | 27.8 | | 98327.6 | 96284.4 | 43119.2 | 42941.2 | 2788.0 | 2676.5 |
| 900.0 | | 1738.5 | 109610.6 | 108786.5 | 61585.2 | 61585.2 | 2168.7 | 2168.7 |
| 150.0 | | | 3514.2 | 3514.2 | 1657.2 | 1657.2 | 110.7 | 110.7 |
| 1005.0 | | | 13365.7 | 13187.4 | 6530.2 | 6530.2 | 429.2 | 429.2 |
| | | 1738.5 | 70071.6 | 70071.6 | 31965.1 | 31965.1 | 1492.1 | 1492.1 |
| 8471.7 | | | 95993.0 | 93690.6 | 52234.7 | 52229.1 | 2361.1 | 2262.5 |
| 15090.7 | 27.8 | | 58147.4 | 57534.7 | 28491.5 | 28319.1 | 1621.6 | 1609.5 |
| 875.4 | | | 606.1 | 475.6 | 200.5 | 200.5 | 21.8 | 21.0 |

# 11-6 限额以上住宿和
## The financial condition hotels and catering

| 指 标 | 其他业务利润 | 销售费用 | 管理费用 | | 财务费用 | |
|---|---|---|---|---|---|---|
| | | | | 税金 | | 利息收入 |
| **总 计** | **4506.2** | **137002.5** | **68899.6** | **1299.0** | **5120.9** | **454.6** |
| **一、住宿业** | **1372.6** | **59218.0** | **37426.9** | **917.0** | **1531.0** | **310.5** |
| 旅游饭店 | 434.5 | 50992.5 | 27641.3 | 843.9 | 1364.0 | 303.7 |
| 一般旅馆 | 241.8 | 7879.6 | 9442.7 | 70.2 | 166.6 | 6.7 |
| 其他住宿业 | 696.3 | 345.9 | 342.9 | 2.9 | 0.4 | 0.1 |
| 内资企业 | 1372.6 | 59218.0 | 37426.9 | 917.0 | 1531.0 | 310.5 |
| 国有企业 | -35.0 | 29412.2 | 17532.1 | 359.2 | 819.2 | 261.8 |
| 集体企业 | | 0.3 | 905.5 | 3.7 | 1.0 | 0.1 |
| 有限责任公司 | 1.8 | 10935.0 | 10955.8 | 502.3 | 237.7 | 46.9 |
| 国有独资公司 | | 884.0 | 527.3 | | 4.2 | |
| 其他有限责任公司 | 1.8 | 10051.0 | 10428.5 | 502.3 | 233.5 | 46.9 |
| 私营企业 | 1405.8 | 18870.5 | 8033.5 | 51.8 | 473.1 | 1.7 |
| 私营独资企业 | | 2185.6 | 311.1 | 0.5 | 17.6 | |
| 私营有限责任公司 | 1405.8 | 15926.6 | 7179.1 | 51.3 | 446.0 | 1.7 |
| 私营股份有限公司 | | 758.3 | 543.3 | | 9.5 | |
| 国有控股 | -33.2 | 35663.2 | 22614.8 | 698.0 | 806.6 | 308.4 |
| 集体控股 | | 0.3 | 905.5 | 3.7 | 1.0 | 0.1 |
| 私人控股 | 1405.8 | 20324.0 | 11804.9 | 51.9 | 483.5 | 1.8 |
| 其他 | | 3230.5 | 2101.7 | 163.4 | 239.9 | 0.2 |
| 独立门店 | 1372.6 | 55463.0 | 34816.9 | 806.9 | 1493.0 | 310.1 |
| 连锁门店 | | 2300.8 | 1230.3 | 22.8 | 34.0 | 0.2 |
| 其他 | | 1454.2 | 1379.7 | 87.3 | 4.0 | 0.2 |
| 大型 | | 3928.3 | 6779.8 | | -127.9 | 128.4 |
| 中型 | 91.9 | 30987.8 | 10438.6 | 608.4 | 747.0 | 165.7 |
| 小型 | 1279.7 | 23283.4 | 19721.5 | 307.6 | 911.3 | 16.0 |
| 微型 | 1.0 | 1018.5 | 487.0 | 1.0 | 0.6 | 0.4 |
| 五星 | | 8122.0 | 10673.3 | 52.4 | -26.1 | 153.0 |
| 四星 | 2.3 | 8643.7 | 6588.0 | 264.8 | -51.1 | 109.4 |
| 三星 | 185.7 | 17814.1 | 8662.8 | 526.3 | 1334.6 | 41.9 |
| 二星 | | 732.9 | 540.9 | 4.4 | -0.1 | 0.1 |
| 其他 | 1184.6 | 23905.3 | 10961.9 | 69.1 | 273.7 | 6.1 |

# 餐饮业法人企业财务状况(三)
## corporation on enterprise above designated size(3)

单位：万元

| 利息支出 | 资产减值损失 | 投资收益 | 营业利润 | 营业外收入 | 补贴收入 | 利润总额 | 应交所得税 | 应付职工薪酬（本年贷方累计发生额） |
|---|---|---|---|---|---|---|---|---|
| **2811.2** | **1554.4** | **60.0** | **-23794.5** | **4771.1** | **2164.6** | **-19417.9** | **1428.7** | **73531.1** |
| **1445.5** | **58.8** | **43.3** | **-18230.1** | **2332.3** | **1298.7** | **-16285.0** | **187.7** | **39831.5** |
| 1391.9 | 58.8 | 36.7 | -16627.2 | 1910.7 | 1298.7 | -14588.0 | 90.5 | 33795.6 |
| 53.3 | | 6.6 | -1775.1 | 420.6 | | -1870.2 | 53.5 | 5771.1 |
| 0.3 | | | 172.2 | 1.0 | | 173.2 | 43.7 | 264.8 |
| 1445.5 | 58.8 | 43.3 | -18230.1 | 2332.3 | 1298.7 | -16285.0 | 187.7 | 39831.5 |
| 982.5 | 17.8 | 50.6 | -9279.4 | 2197.4 | 1298.7 | -7350.5 | 30.0 | 22521.7 |
| | | | 13.0 | 0.1 | | 13.1 | 1.2 | 539.7 |
| 196.6 | 40.6 | | -3042.2 | 66.2 | | -2971.9 | 62.9 | 7356.4 |
| | | | -53.6 | 2.4 | | -55.8 | | 665.2 |
| 196.6 | 40.6 | | -2988.6 | 63.8 | | -2916.1 | 62.9 | 6691.2 |
| 266.4 | 0.4 | -7.3 | -5921.5 | 68.6 | | -5975.7 | 93.6 | 9413.7 |
| | | -7.3 | -122.5 | 9.6 | | -113.4 | 1.1 | 792.0 |
| 266.4 | 0.4 | | -5416.1 | 56.7 | | -5481.7 | 92.5 | 7933.2 |
| | | | -382.9 | 2.3 | | -380.6 | | 688.5 |
| 974.1 | 58.0 | 50.6 | -11099.5 | 2219.0 | 1298.7 | -9205.4 | 34.9 | 26768.9 |
| | | | 13.0 | 0.1 | | 13.1 | 1.2 | 539.7 |
| 266.4 | 0.4 | -7.3 | -6243.6 | 88.8 | | -6216.0 | 94.5 | 10101.7 |
| 205.0 | 0.4 | | -900.0 | 24.4 | | -876.7 | 57.1 | 2421.2 |
| 1438.5 | 58.4 | 43.3 | -17016.4 | 2132.1 | 1298.7 | -15262.3 | 171.2 | 37882.4 |
| 7.0 | 0.4 | | -305.7 | 0.5 | | -306.1 | 16.5 | 634.9 |
| | | | -908.0 | 199.7 | | -716.6 | | 1314.2 |
| | | | -1028.7 | | | -1028.7 | | 5135.6 |
| 751.8 | 40.6 | 36.7 | -8271.4 | 1689.0 | 1298.7 | -6422.4 | 62.0 | 17107.6 |
| 693.7 | 18.2 | 6.6 | -7891.9 | 445.1 | | -7530.1 | 124.3 | 17217.3 |
| | | | -1038.1 | 198.2 | | -1303.8 | 1.4 | 371.0 |
| 100.0 | 0.4 | | -4077.5 | 1324.4 | 1298.7 | -2754.3 | | 10250.2 |
| -2.0 | 20.6 | 44.0 | -4229.0 | 69.9 | | -3966.0 | -4.0 | 5317.4 |
| 1292.1 | 37.4 | | -3730.6 | 518.2 | | -3887.1 | 86.8 | 15134.7 |
| -0.2 | | | 5.0 | | | 5.0 | 0.8 | 537.7 |
| 55.6 | 0.4 | -0.7 | -6198.0 | 419.8 | | -5682.6 | 104.1 | 8591.5 |

11-6 续表 3-1

| 指 标 | 其他业务利润 | 销售费用 | 管理费用 | 税金 | 财务费用 | 利息收入 |
|---|---|---|---|---|---|---|
| **二、餐饮业** | **3133.6** | **77784.5** | **31472.7** | **382.0** | **3589.9** | **144.1** |
| 正餐服务 | 3133.6 | 49964.8 | 26151.2 | 382.0 | 3081.0 | 144.1 |
| 快餐服务 | | 27819.7 | 5321.5 | | 508.9 | |
| 内资企业 | 3133.6 | 52360.9 | 26096.6 | 382.0 | 3115.6 | 144.1 |
| 国有企业 | 25.1 | 1461.4 | 2673.5 | 56.8 | 3.9 | 1.6 |
| 股份合作企业 | | 146.5 | 35.9 | | 1.9 | |
| 有限责任公司 | 1.7 | 12787.6 | 6428.3 | 10.4 | 1036.0 | 97.7 |
| 其他有限责任公司 | 1.7 | 12787.6 | 6428.3 | 10.4 | 1036.0 | 97.7 |
| 私营企业 | 3106.8 | 37838.2 | 16952.1 | 314.8 | 2073.7 | 44.8 |
| 私营独资企业 | | 560.7 | 700.1 | 48.0 | 7.5 | 7.5 |
| 私营有限责任公司 | 3106.8 | 36527.3 | 15993.6 | 266.8 | 2065.0 | 37.3 |
| 私营股份有限公司 | | 750.2 | 258.4 | | 1.2 | |
| 其他企业 | | 127.2 | 6.8 | | 0.1 | |
| 港、澳、台商投资企业 | | 7575.7 | 497.5 | | 439.0 | |
| 港澳台商独资企业 | | 7575.7 | 497.5 | | 439.0 | |
| 外商投资企业 | | 17847.9 | 4878.6 | | 35.3 | |
| 外资企业 | | 17847.9 | 4878.6 | | 35.3 | |
| 国有控股 | 25.1 | 6025.9 | 5288.9 | 56.8 | -62.9 | 98.7 |
| 私人控股 | 3106.8 | 43345.6 | 20073.9 | 322.0 | 3150.0 | 45.3 |
| 港澳台商控股 | | 7575.7 | 497.5 | | 439.0 | |
| 外商控股 | | 17847.9 | 4878.6 | | 35.3 | |
| 其他 | 1.7 | 2989.4 | 733.8 | 3.2 | 28.5 | 0.1 |
| 独立门店 | 610.7 | 38413.8 | 22300.1 | 340.0 | 2581.0 | 117.6 |
| 连锁总店（总部） | 2261.3 | 33113.0 | 8226.6 | 42.0 | 925.4 | |
| 连锁门店 | 261.4 | 1373.0 | 65.6 | | 30.5 | 26.5 |
| 其他 | 0.2 | 4884.7 | 880.4 | | 53.0 | |
| 大型 | | 25032.5 | 5305.1 | | 470.3 | |
| 中型 | 2263.0 | 32675.7 | 13492.9 | 148.5 | 2179.9 | 130.9 |
| 小型 | 740.1 | 19442.3 | 11843.1 | 199.5 | 905.4 | 13.2 |
| 微型 | 130.5 | 634.0 | 831.6 | 34.0 | 34.3 | |

单位：万元

| 利息支出 | 资产减值损失 | 投资收益 | 营业利润 | 营业外收入 | 补贴收入 | 利润总额 | 应交所得税 | 应付职工薪酬（本年贷方累计发生额） |
|---|---|---|---|---|---|---|---|---|
| **1365.7** | **1495.6** | **16.7** | **-5564.4** | **2438.8** | **865.9** | **-3132.9** | **1241.0** | **33699.6** |
| 1365.7 | 41.0 | 16.7 | -10261.6 | 1854.5 | 865.9 | -7785.3 | 356.3 | 29666.2 |
| | 1454.6 | | 4697.2 | 584.3 | | 4652.4 | 884.7 | 4033.4 |
| 1365.7 | 41.0 | 16.7 | -9910.1 | 1854.6 | 865.9 | -7445.3 | 364.5 | 30679.0 |
| 1.0 | | | -1461.3 | 1413.4 | 865.6 | 271.1 | | 1979.6 |
| | | | 21.2 | | | 21.1 | | 111.5 |
| 599.1 | 41.0 | | -1653.8 | 54.1 | 0.1 | -1564.7 | 125.6 | 6682.3 |
| 599.1 | 41.0 | | -1653.8 | 54.1 | 0.1 | -1564.7 | 125.6 | 6682.3 |
| 765.6 | | 16.7 | -6815.2 | 386.4 | 0.2 | -6172.5 | 238.9 | 21878.8 |
| | | | 94.2 | 0.5 | | 79.7 | 15.9 | 711.9 |
| 765.6 | | 16.7 | -6505.7 | 385.8 | 0.2 | -5848.6 | 223.0 | 20903.4 |
| | | | -403.7 | 0.1 | | -403.6 | | 263.5 |
| | | | -1.0 | 0.7 | | -0.3 | | 26.8 |
| | | | 163.7 | 5.5 | | 92.2 | | 1975.8 |
| | | | 163.7 | 5.5 | | 92.2 | | 1975.8 |
| | 1454.6 | | 4182.0 | 578.7 | | 4220.2 | 876.5 | 1044.8 |
| | 1454.6 | | 4182.0 | 578.7 | | 4220.2 | 876.5 | 1044.8 |
| 23.2 | 41.0 | | -1293.9 | 1424.2 | 865.7 | 424.1 | 66.1 | 4912.6 |
| 1321.4 | | 16.7 | -8415.8 | 420.0 | 0.2 | -7736.5 | 274.1 | 24801.5 |
| | | | 163.7 | 5.5 | | 92.2 | | 1975.8 |
| | 1454.6 | | 4182.0 | 578.7 | | 4220.2 | 876.5 | 1044.8 |
| 21.1 | | | -200.4 | 10.4 | | -132.9 | 24.3 | 964.9 |
| 1362.7 | 41.0 | 16.7 | -8566.7 | 1660.9 | 865.9 | -6390.8 | 333.0 | 24231.4 |
| | 1454.6 | | 2137.0 | 764.7 | | 2283.2 | 876.5 | 6895.4 |
| 3.0 | | | 277.2 | | | 288.1 | 23.2 | 675.7 |
| | | | 588.1 | 13.2 | | 686.6 | 8.3 | 1897.1 |
| | 1454.6 | | 4351.9 | 584.2 | | 4318.6 | 876.5 | 2842.9 |
| 788.1 | 41.0 | 16.7 | -4758.1 | 336.1 | | -4454.8 | 118.7 | 17571.7 |
| 543.4 | | | -4080.8 | 1517.1 | 865.7 | -1920.2 | 242.8 | 12771.1 |
| 34.2 | | | -1077.4 | 1.4 | 0.2 | -1076.5 | 3.0 | 513.9 |

## 11-7 对外贸易进出口情况(海关数)

## Import and export of foreign trade (customs number)

单位：万美元

| 指 标 | 2016 | 2015 | 比2015年增长% |
|---|---|---|---|
| **地区进出口总额** | **1331433** | **1067737** | **24.7** |
| 出口总额 | 832914 | 659225 | 26.3 |
| 进口总额 | 498519 | 408513 | 22.0 |

## 11-8 三资企业情况

## The situation of foreign-funded enterprises, sino-foreign joint ventures and sino-foreign cooperative enterprises

| 指 标 | 单位 | 2016 | 2015 | 比2015年增长% |
|---|---|---|---|---|
| 年内新批三资企业 | 个 | 12 | 13 | -7.7 |
| 总投资额 | 万美元 | 46400 | 92742 | -50.0 |
| 合同外资额 | 万美元 | 3760 | 15358 | -75.5 |
| 直接到位外资额 | 万美元 | 46214 | 85049 | -45.7 |

## 11-9 旅游人数及收入

## Number of tourists and income

| 指 标 | 2016 | 2015 |
|---|---|---|
| **一、海外旅游人数（人次）** | **219486** | **210065** |
| 外国人 | 154582 | 147961 |
| 香港同胞 | 36344 | 34804 |
| 澳门同胞 | 4230 | 4042 |
| 台湾同胞 | 24330 | 23258 |
| **二、国内旅游人数（万人次）** | **5666.17** | **4891.47** |
| **三、旅游外汇收入（万美元）** | **8445.85** | **8059.54** |
| **四、国内旅游收入（亿元）** | **678.66** | **583.34** |

## 11-10 出境旅游人数

## Number of outbound tourism

单位：人次

| 指 标 | 2016 | 2015 |
|---|---|---|
| **出境旅游人数** | **574160** | **483119** |
| # 出国游 | 379001 | 259372 |
| 香港游 | 73582 | 95993 |
| 澳门游 | 49820 | 55861 |
| 台湾游 | 71757 | 71893 |
| **首站前往国家** | | |
| 日本 | 35400 | 24342 |
| 泰国 | 106009 | 58936 |
| 韩国 | 59082 | 43267 |
| 德国 | 8243 | 8167 |
| 澳大利亚 | 14836 | 7629 |
| 新加坡 | 16828 | 13503 |
| 马来西亚 | 12054 | 5496 |
| 印度尼西亚 | 23494 | 19186 |
| 法国 | 8538 | 7498 |
| 其他 | 94517 | 71348 |

# 第12篇

## 财政、金融、税务和保险

## *Finance, Banking, Taxation and Insurance*

## 资料整理、审核

师　超　　郑慧华　　李红令　　马　娜　　陶姝钰

# 12-1 公共财政预算收入
## Financial general budget revenue

单位：万元

| 指　　标 | 2016 | 2015 |
|---|---|---|
| **一般公共预算收入** | **2826893** | **2742403** |
| **一、税收收入** | **2203842** | **2213479** |
| 增值税 | 593397 | 291745 |
| 营业税 | 326559 | 676008 |
| 企业所得税 | 282243 | 294608 |
| 个人所得税 | 94157 | 84853 |
| 资源税 | 27041 | 29982 |
| 城市维护建设税 | 180567 | 178448 |
| 房产税 | 117284 | 134578 |
| 印花税 | 65542 | 67648 |
| 城镇土地使用税 | 60995 | 58863 |
| 土地增值税 | 216479 | 195790 |
| 车船税 | 52545 | 42282 |
| 耕地占用税 | 27588 | 14699 |
| 契税 | 159445 | 143975 |
| **二、非税收入** | **623051** | **528924** |
| 专项收入 | 221022 | 240565 |
| 行政事业性收费收入 | 130746 | 122269 |
| 罚没收入 | 60822 | 49688 |
| 国有资本经营收入 | 5334 | 572 |
| 国有资源（资产）有偿使用收入 | 68067 | 46451 |
| 其他收入 | 137060 | 69379 |

# 12-2 公共财政预算支出
## General budget expenditure

单位：万元

| 指　　标 | 2016 | 2015 |
|---|---|---|
| **一般公共预算支出** | **4240666** | **4199913** |
| 一般公共服务支出 | 283833 | 243036 |
| 公共安全支出 | 323102 | 262727 |
| 教育支出 | 703360 | 620878 |
| 科学技术支出 | 83197 | 128030 |
| 文化体育与传媒支出 | 72106 | 67028 |
| 社会保障和就业支出 | 532951 | 509441 |
| 医疗卫生与计划生育支出 | 328275 | 270398 |
| 节能环保支出 | 205766 | 140039 |
| 城乡社区支出 | 911891 | 1055036 |
| 农林水支出 | 210352 | 155176 |
| 交通运输支出 | 108630 | 109046 |
| 资源勘探信息等支出 | 118837 | 148825 |
| 商业服务业等支出 | 12312 | 12694 |
| 金融支出 | 3455 | 19900 |
| 援助其他地区支出 |  | 3877 |
| 国土海洋气象等支出 | 50452 | 222244 |
| 住房保障支出 | 248274 | 170591 |
| 粮油物资储备支出 | 7298 | 5845 |
| 其他支出 | 17864 | 40065 |
| 债务付息支出 | 18711 | 15037 |

# 12-3 财政收入分级情况
## Classification of financial income

单位：万元

| 指　　标 | 全市 | 市级 | 县区 |
|---|---|---|---|
| **本年收入合计** | **2826893** | **1467509** | **1359384** |
| 税收收入 | 2203842 | 1037907 | 1165935 |
| 增值税 | 593397 | 246229 | 347168 |
| 营业税 | 326559 | 119098 | 207461 |
| 企业所得税 | 282243 | 216977 | 65266 |
| 个人所得税 | 94157 | 59669 | 34488 |
| 资源税 | 27041 | 19596 | 7445 |
| 城市维护建设税 | 180567 | 99131 | 81436 |
| 房产税 | 117284 | 48779 | 68505 |
| 印花税 | 65542 | 27012 | 38530 |
| 城镇土地使用税 | 60995 | 22657 | 38338 |
| 土地增值税 | 216479 | 35814 | 180665 |
| 车船税 | 52545 | 3 | 52542 |
| 耕地占用税 | 27588 | | 27588 |
| 契税 | 159445 | 142942 | 16503 |
| 非税收入 | 623051 | 429602 | 193449 |
| 专项收入 | 221022 | 150280 | 70742 |
| 行政事业性收费收入 | 130746 | 80874 | 49872 |
| 罚没收入 | 60822 | 42691 | 18131 |
| 国有资本经营收入 | 5334 | 407 | 4927 |
| 国有资源（资产）有偿使用收入 | 68067 | 33085 | 34982 |
| 其他收入 | 137060 | 122265 | 14795 |

# 12-4 财政支出分级情况
## Classification of financial expenditure

单位：万元

| 指　　标 | 全市 | 市级 | 县级 | 乡镇级 |
|---|---|---|---|---|
| **本年支出合计** | **4240666** | **2013193** | **2150454** | **77019** |
| 一般公共服务支出 | 283833 | 97274 | 167090 | 19469 |
| 公共安全支出 | 323102 | 228592 | 94481 | 29 |
| 教育支出 | 703360 | 280938 | 409941 | 12481 |
| 科学技术支出 | 83197 | 12291 | 70906 | |
| 文化体育与传媒支出 | 72106 | 57540 | 14216 | 350 |
| 社会保障和就业支出 | 532951 | 223077 | 303034 | 6840 |
| 医疗卫生与计划生育支出 | 328275 | 150462 | 175463 | 2350 |
| 节能环保支出 | 205766 | 137809 | 65593 | 2364 |
| 城乡社区支出 | 911891 | 425022 | 476211 | 10658 |
| 农林水支出 | 210352 | 31531 | 160716 | 18105 |
| 交通运输支出 | 108630 | 70862 | 36591 | 1177 |
| 资源勘探信息等支出 | 118837 | 31746 | 86856 | 235 |
| 商业服务业等支出 | 12312 | 7806 | 4506 | |
| 金融支出 | 3455 | 405 | 3050 | |
| 援助其他地区支出 | | | | |
| 国土海洋气象等支出 | 50452 | 16412 | 31839 | 2201 |
| 住房保障支出 | 248274 | 214313 | 33211 | 750 |
| 粮油物资储备支出 | 7298 | 6061 | 1237 | |
| 其他支出 | 17864 | 2341 | 15513 | 10 |
| 债务付息支出 | 18711 | 18711 | | |
| 债务发行费用支出 | | | | |

# 12-5 金融机构(含外资)本外币信贷收支

## Financial institutions (including foreign capital) in this foreign currency credit

单位：万元

| 指 标 | 年末余额 |
|---|---|
| **资金来源** | |
| 一、各项存款 | 114974867 |
| (一)境内存款 | 114935156 |
| 1.住户存款 | 40917144 |
| (1)活期存款 | 12611096 |
| (2)定期及其他存款 | 28306048 |
| 2.非金融企业存款 | 41387369 |
| (1)活期存款 | 17003561 |
| (2)定期及其他存款 | 24383808 |
| 3.广义政府存款 | 27735867 |
| (1)财政性存款 | 4474518 |
| (2)机关团体存款 | 23261349 |
| 4.非银行金融机构存款 | 4894776 |
| (二)境外存款 | 39711 |
| 二、金融债券 | 200000 |
| 其中:境外发行 | |
| 三、卖出回购资产 | 79390 |
| 四、借款及非银行业金融机构拆入 | 655681 |
| 五、联行往来(净) | |
| 六、应付及暂收款 | 2779054 |
| 七、各项准备 | 4272354 |
| 八、所有者权益 | 2621457 |
| 其中:实收资本 | 1119353 |
| 九、其他 | -2103234 |
| **资金运用** | |
| 一、各项贷款 | 102167819 |
| (一)境内贷款 | 102131463 |
| 1.住户贷款 | 12693038 |
| (1)短期贷款 | 2940061 |
| 消费贷款 | 1583491 |
| 经营贷款 | 1356570 |
| (2)中长期贷款 | 9752977 |
| 消费贷款 | 8714654 |
| 经营贷款 | 1038323 |
| 2.非金融企业及机关团体贷款 | 89438425 |
| (1)短期贷款 | 26347607 |
| (2)中长期贷款 | 57363230 |
| (3)票据融资 | 5098928 |
| (4)融资租赁 | 240739 |
| (5)各项垫款 | 387920 |
| 3.非银行金融机构贷款 | |
| (二)境外贷款 | 36357 |
| 二、债券投资 | 9066842 |
| 其中:境外债券 | |
| 三、股权及其他资产 | 8124490 |
| 四、买入返售资产 | 93270 |
| 五、存放非银行业金融机构款项 | 24974 |
| 六、联行往来(净) | 1739987 |
| 其中:境内存放二级准备金 | 6738907 |
| 七、金银占款 | |
| 八、中央银行外汇占款 | |
| 九、应收及预付款 | 1211105 |
| 十、投资性房地产 | 145 |
| 十一、固定资产 | 1050938 |

# 12-6 金融机构(含外资)人民币信贷收支
## Financial institutions (including foreign capital) of the RMB credit

单位：万元

| 指 标 | 年末余额 |
|---|---|
| **资金来源** | |
| 一、各项存款 | 110700427 |
| (一)境内存款 | 110663936 |
| 1.住户存款 | 40260280 |
| (1)活期存款 | 12306155 |
| (2)定期及其他存款 | 27954125 |
| 2.非金融企业存款 | 37805762 |
| (1)活期存款 | 16469186 |
| (2)定期及其他存款 | 21336576 |
| 3.广义政府存款 | 27713886 |
| (1)财政性存款 | 4474518 |
| (2)机关团体存款 | 23239368 |
| 4.非银行业金融机构存款 | 4884009 |
| (二)境外存款 | 36491 |
| 二、金融债券 | 200000 |
| 其中:境外发行 | |
| 三、卖出回购资产 | 79390 |
| 四、借款及非银行业金融机构拆入 | 26000 |
| 五、联行往来(净) | 2128224 |
| 六、应付及暂收款 | 2754786 |
| 七、各项准备 | 4191694 |
| 八、所有者权益 | 2646912 |
| 其中:实收资本 | 1114150 |
| 九、其他 | -2131927 |
| **资金运用** | |
| 一、各项贷款 | 101033637 |
| (一)境内贷款 | 100999015 |
| 1.住户贷款 | 12691381 |
| (1)短期贷款 | 2938403 |
| 消费贷款 | 1581834 |
| 经营贷款 | 1356570 |
| (2)中长期贷款 | 9752977 |
| 消费贷款 | 8714654 |
| 经营贷款 | 1038323 |
| 2.非金融企业及机关团体贷款 | 88307634 |
| (1)短期贷款 | 25270078 |
| (2)中长期贷款 | 57321673 |
| (3)票据融资 | 5098928 |
| (4)融资租赁 | 240739 |
| (5)各项垫款 | 376216 |
| 3.非银行业金融机构贷款 | |
| (二)境外贷款 | 34623 |
| 二、债券投资 | 9066842 |
| 其中:境外债券 | |
| 三、股权及其他投资 | 8124490 |
| 四、买入返售资产 | 93270 |
| 五、存放非银行业金融机构款项 | 24965 |
| 六、联行往来(净) | |
| 其中:境内存放二级准备金 | 6731270 |
| 七、金银占款 | |
| 八、中央银行外汇占款 | |
| 九、应收及预付款 | 1201239 |
| 十、投资性房地产 | 145 |
| 十一、固定资产 | 1050918 |

## 12-7 国税系统税收入库情况

## Tax system and the storage of tax

单位：万元

| 指 标 | 2016 |
|---|---|
| **合 计** | **2954204** |
| **一、按税种分** | |
| 国内增值税 | 1955271 |
| 国内消费税 | 213735 |
| 企业所得税 | 612585 |
| 储蓄利息个人所得税 | 28 |
| 车辆购置税 | 172585 |
| **二、按经济类型分** | |
| 国有企业 | 262081 |
| 集体企业 | 22918 |
| 股份合作公司 | 24199 |
| 联营企业 | 76 |
| 有限责任公司 | 894475 |
| 股份有限公司 | 815769 |
| 私营企业 | 331439 |
| 港、澳、台商投资企业 | 165146 |
| 外商投资企业 | 232812 |
| 个体经营 | 193052 |
| 其他企业 | 12237 |

## 12-8 国税系统县(市、区)税收入库情况

## Tax system counties (cities, districts) tax warehousing

单位：万元

| 指 标 | 2016 | 2015 |
|---|---|---|
| **合 计** | **2954204** | **2391204** |
| 市直分局 | 1380724 | 1178921 |
| 高新区 | 160965 | 140899 |
| 经济区 | 310592 | 263842 |
| 民营区 | 33144 | 24105 |
| 小店区 | 267341 | 203596 |
| 迎泽区 | 157329 | 115351 |
| 杏花岭区 | 167725 | 116119 |
| 尖草坪区 | 84077 | 65334 |
| 万柏林区 | 139844 | 82885 |
| 晋源区 | 67162 | 42627 |
| 古交市 | 31381 | 28520 |
| 清徐县 | 75157 | 65467 |
| 阳曲县 | 19586 | 15462 |
| 娄烦县 | 21554 | 22528 |
| 不锈钢园区局 | 37623 | 25548 |

## 12-9 地税系统(分税种)税收
## Local tax system (sub categories) tax

单位：万元

| 指 标 | 2016 | 2015 |
|---|---|---|
| **合 计** | **2035453** | **2343497** |
| 增值税 | 7860 | |
| 营业税 | 502752 | 944664 |
| 企业所得税 | 348225 | 299580 |
| 个人所得税 | 306027 | 270089 |
| 资源税 | 16963 | 23245 |
| 城市维护建设税 | 169070 | 167319 |
| 房产税 | 109630 | 127007 |
| 印花税 | 60509 | 61367 |
| 城镇土地使用税 | 58360 | 55566 |
| 土地增值税 | 216479 | 195788 |
| 车船使用税 | 52545 | 42275 |
| 耕地占用税 | 27588 | 14593 |
| 契税 | 159445 | 142004 |

## 12-10 地税系统(分企业)税收
## Local tax system (Branch) tax

单位：万元

| 指 标 | 2016 | 2015 |
|---|---|---|
| **合计** | **2035453** | **2343497** |
| 国有企业 | 124385 | 166789 |
| 集体企业 | 18824 | 21223 |
| 股份合作企业 | 2685 | 4102 |
| 联营企业 | 58 | 122 |
| 股份有限公司 | 1563610 | 1843964 |
| 私营企业 | 41339 | 36234 |
| 其他企业 | 153571 | 127974 |
| 个体 | 104071 | 107592 |
| 港澳台投资企业 | 5685 | 6985 |
| 外商投资企业 | 21225 | 28512 |

## 12-11 地税系统县(市、区)税收
## County (city, district) tax revenue system

单位：万元

| 指 标 | 2016 | 2015 |
|---|---|---|
| **合计** | **2035453** | **2343497** |
| 市直分局 | 661212 | 853878 |
| 高新区 | 124343 | 141568 |
| 经济区 | 121993 | 129902 |
| 不锈钢分局 | 13153 | 16535 |
| 迎泽区 | 165234 | 199891 |
| 杏花岭区 | 164920 | 186642 |
| 万柏林区 | 248915 | 217846 |
| 小店区 | 245630 | 274215 |
| 尖草坪区 | 74281 | 73235 |
| 晋源区 | 72519 | 84144 |
| 古交市 | 33788 | 34903 |
| 清徐县 | 44292 | 39904 |
| 阳曲县 | 18924 | 20854 |
| 娄烦县 | 14758 | 19666 |
| 民营区 | 31491 | 50314 |

# 12-12 保险业基本情况
# Basic situation of insurance

| 项目 | 原保险保费收入 | | 赔款与给付支出 | |
|---|---|---|---|---|
| | 金额(万元) | 增长(%) | 金额(万元) | 增长(%) |
| **合计** | **2201659.92** | **37.0** | **543801.08** | **26.3** |
| 国寿股份 | 182022.42 | 20.9 | 109101.52 | 88.9 |
| 国寿存续 | 7483.02 | -4.7 | 10276.25 | -14.0 |
| 太保人寿 | 100581.10 | 17.6 | 18462.96 | 47.2 |
| 平安人寿 | 227034.09 | 35.6 | 24733.18 | 25.1 |
| 新华人寿 | 53922.87 | -2.2 | 28841.14 | 27.6 |
| 泰康人寿 | 96393.65 | 27.7 | 29633.48 | -7.4 |
| 太平人寿 | 71951.64 | 24.8 | 9415.69 | 1.8 |
| 工银安盛 | 89874.46 | 212.3 | 101.78 | 1702.0 |
| 信诚人寿 | 2262.21 | 135.5 | 153.74 | 1192.4 |
| 光大永明 | 12866.12 | 24.3 | 1182.15 | 168.9 |
| 民生人寿 | 14251.37 | -48.0 | 1104.22 | 73.6 |
| 生命人寿 | 66689.17 | -9.2 | 3534.56 | 47.5 |
| 平安养老 | 8672.16 | 6.6 | 3064.38 | 5.0 |
| 合众人寿 | 24795.85 | 252.6 | 963.56 | -67.4 |
| 人保健康 | 36564.05 | 43.4 | 11133.47 | 100.2 |
| 农银人寿 | 18881.47 | 76.3 | 3552.74 | -16.7 |
| 人保寿险 | 45632.49 | 22.6 | 38400.20 | 316.1 |
| 国华人寿 | 47326.59 | -47.9 | 1336.49 | 140.6 |
| 英大人寿 | 8378.35 | 42.0 | 1708.40 | -32.3 |
| 泰康养老 | 10984.05 | 44.7 | 1007.96 | 232.3 |
| 幸福人寿 | 32031.07 | 27.9 | 866.98 | 226.1 |
| 阳光人寿 | 59288.78 | -32.4 | 6267.81 | 34.3 |
| 百年人寿 | 23212.67 | 416.9 | 1003.85 | 4045.9 |
| 安邦人寿 | 441955.60 | 296.7 | 89.06 | |
| 人保产险 | 107678.10 | 11.9 | 61018.85 | 3.1 |
| 大地产险 | 14114.45 | 16.4 | 8156.67 | 18.9 |
| 中国信保 | 5673.40 | 5.2 | 1142.87 | 15.7 |
| 中华联合 | 12285.10 | 17.2 | 7593.05 | -10.2 |
| 太保产险 | 40413.16 | 13.9 | 19567.80 | -7.4 |
| 平安产险 | 125715.13 | 14.6 | 48823.04 | 11.6 |
| 华泰产险 | 10289.36 | 8.9 | 4063.13 | 9.4 |
| 天安产险 | 7087.26 | 9.1 | 3695.01 | 5.3 |
| 华安产险 | 18739.72 | 69.4 | 5344.52 | 70.1 |
| 永安产险 | 13101.20 | 156.9 | 3008.13 | 27.7 |
| 太平产险 | 15899.52 | 12.7 | 6064.66 | 16.6 |
| 中银保险 | 8748.05 | 32.8 | 3799.33 | 0.2 |
| 永诚产险 | 4145.19 | -41.3 | 3610.02 | -14.9 |
| 安邦产险 | 1119.08 | 62.6 | 262.77 | -29.1 |
| 信达产险 | 6560.32 | -9.1 | 2003.52 | -0.5 |
| 安盛天平 | 15695.37 | 12.1 | 6944.05 | 1.1 |
| 阳光产险 | 15127.67 | 15.3 | 5967.86 | 40.4 |
| 都邦产险 | 3939.55 | -8.1 | 1810.64 | 27.0 |
| 渤海产险 | 793.92 | 92.7 | 225.12 | 0.1 |
| 华农产险 | 242.36 | | 7.94 | |
| 国寿产险 | 35683.92 | 2.1 | 22549.29 | -6.5 |
| 安诚产险 | 6430.09 | 38.2 | 2397.91 | 66.5 |
| 中煤产险 | 17031.00 | 38.7 | 8083.00 | -19.1 |
| 英大产险 | 19260.29 | 35.8 | 6922.59 | 6.2 |
| 紫金产险 | 8117.52 | 11.6 | 3422.00 | 1.7 |
| 众安产险（虚拟） | 3088.56 | 42.6 | 1309.98 | 1.1 |
| 中铁自保（虚拟） | 1608.62 | 9991.5 | 71.38 | |
| 阳光渝融（虚拟） | 7.01 | | 0.00 | |
| 泰康在线（虚拟） | 5.85 | 859.8 | 0.04 | |
| 易安产险（虚拟） | 1.76 | | | |
| 安心产险（虚拟） | 2.18 | | 0.30 | |

# 12-13 上市公司主要经济指标
## Listing Corporation main economic indicators

| 指 标 | 营业收入(万元) | 净利润(万元) | 每股收益(元) | 总股本(万元) | 所有者权益(万元) | 每股净资产(元) | 经营活动现金净流量(万元) | 每股经营现金净流量(元) | 净资产收益率(%) |
|---|---|---|---|---|---|---|---|---|---|
| ST生化 | 56743.64 | 4432.06 | 0.20 | 27257.76 | 54691.21 | 2.03 | 6248.74 | 0.23 | 10.2 |
| 美锦能源 | 710991.66 | 76669.24 | 0.30 | 228107.34 | 739907.84 | 3.03 | 24475.54 | 0.11 | 10.3 |
| 漳泽电力 | 825816.72 | 13770.82 | 0.04 | 225373.78 | 1053846.62 | 2.87 | 119861.41 | 0.39 | 1.2 |
| 英洛华 | 165105.43 | 3137.94 | 0.03 | 113368.41 | 199994.67 | 1.74 | 14105.74 | 0.12 | 2.2 |
| 太钢不锈 | 5673819.00 | 102177.47 | 0.20 | 569624.78 | 2312947.09 | 3.94 | 765401.20 | 1.34 | 5.2 |
| 煤气化 | 125095.56 | 37954.20 | 0.82 | 51374.70 | 148601.81 | 1.77 | 54031.99 | 0.70 | 48.4 |
| 西山煤电 | 1961094.43 | 45095.11 | 0.14 | 315120.00 | 1938150.30 | 5.21 | 262246.81 | 0.83 | 2.7 |
| 山西证券 | 234562.51 | 52757.60 | 0.17 | 282872.52 | 1302990.93 | 4.34 | −91327.16 | −0.32 | 3.8 |
| 跨境通 | 853690.75 | 42803.97 | 0.29 | 142911.04 | 424911.37 | 2.94 | −105946.63 | −0.74 | 12.6 |
| 东杰智能 | 19893.97 | −4966.79 | −0.35 | 14138.09 | 62664.96 | 4.42 | 3762.42 | 0.27 | −7.5 |
| 太原重工 | 427740.58 | −191968.13 | −0.79 | 256395.50 | 411141.44 | 1.59 | −167325.95 | −0.65 | −40.4 |
| ST山水 | 2062.66 | 1291.19 | 0.07 | 20244.59 | 11679.25 | 0.48 | 2163.67 | 0.11 | 19.9 |
| 太化股份 | 158109.12 | 3361.40 | 0.06 | 51440.20 | 56700.77 | 1.07 | −13549.23 | −0.26 | 6.2 |
| 盛和资源 | 137113.35 | −3132.70 | −0.03 | 94103.94 | 139392.21 | 1.27 | −10661.56 | −0.11 | −2.7 |
| 晋西车轴 | 96132.94 | 2694.31 | 0.02 | 120819.09 | 310426.31 | 2.57 | −13508.95 | −0.11 | 0.9 |
| 狮头股份 | 18996.25 | −3077.70 | −0.05 | 23000.00 | 47678.57 | 2.05 | −6189.45 | −0.27 | −2.2 |
| 山煤国际 | 4915975.95 | 65415.73 | 0.16 | 198245.61 | 743840.25 | 2.03 | 391056.58 | 1.97 | 7.9 |
| 国新能源 | 698018.42 | 35085.01 | 0.34 | 108466.37 | 434797.45 | 3.42 | 25538.60 | 0.24 | 10.3 |
| 通宝能源 | 488450.32 | 7150.62 | 0.09 | 114650.25 | 469018.75 | 4.10 | 113892.60 | 0.99 | 2.2 |

# 第13篇

## 科教、文卫、体育和民政

***Science, Education, Culture, Public health, Sports and Civil Affairs***

## 资料整理、审核

王翠莲　　刘红芳　　刘俊欢

## 13-1　规模以上工业企业 R&D 人员情况(一)

## Above scale industrial enterprise R&D personnel situation(1)

| 指　　标 | 企业数（个） | R&D 人员合计（人） | #1.参加项目人员 | 2.管理和服务人员 | # 女性 | # 研究人员 | #1.全时人员 | 2.非全时人员 |
|---|---|---|---|---|---|---|---|---|
| **总　计** | **358** | **12359** | **11068** | **1291** | **2488** | **5645** | **8549** | **3810** |
| **一、按企业规模分组** | | | | | | | | |
| 大型企业 | 25 | 10282 | 9204 | 1078 | 2057 | 4783 | 7076 | 3206 |
| 中型企业 | 69 | 1261 | 1109 | 152 | 299 | 548 | 866 | 395 |
| 小型企业 | 253 | 811 | 750 | 61 | 127 | 313 | 602 | 209 |
| 微型企业 | 11 | 5 | 5 | | 5 | 1 | 5 | |
| **二、按登记注册类型分组** | | | | | | | | |
| 内资企业 | 338 | 10588 | 9303 | 1285 | 2247 | 4707 | 6972 | 3616 |
| 港、澳、台商投资企业 | 3 | | | | | | | |
| 外商投资企业 | 17 | 1771 | 1765 | 6 | 241 | 938 | 1577 | 194 |
| **三、按国民经济行业分组** | | | | | | | | |
| 采矿业 | 26 | 858 | 749 | 109 | 128 | 455 | 314 | 544 |
| 制造业 | 311 | 11501 | 10319 | 1182 | 2360 | 5190 | 8235 | 3266 |
| 电力、燃气及水的生产和供应业 | 21 | | | | | | | |
| **四、按隶属关系分组** | | | | | | | | |
| 中央 | 34 | 3810 | 3310 | 500 | 1021 | 1750 | 2797 | 1013 |
| 地方 | 324 | 8549 | 7758 | 791 | 1467 | 3895 | 5752 | 2797 |

## 13-1　规模以上工业企业 R&D 人员情况(二)

## Above scale industrial enterprise R&D personnel situation(2)

| 指　　标 | R&D 人员折合全时当量合计（人年） | # 研究人员 | #1.基础研究人员 | 2.应用研究人员 | 3.试验发展人员 |
|---|---|---|---|---|---|
| **总　计** | **8478** | **3876** | | **657** | **7822** |
| **一、按企业规模分组** | | | | | |
| 大型企业 | 7247 | 3343 | | 657 | 6591 |
| 中型企业 | 775 | 352 | | | 775 |
| 小型企业 | 452 | 181 | | | 452 |
| 微型企业 | 4 | 1 | | | 4 |
| **二、按登记注册类型分组** | | | | | |
| 内资企业 | 6876 | 3027 | | 657 | 6220 |
| 港、澳、台商投资企业 | | | | | |
| 外商投资企业 | 1602 | 849 | | | 1602 |
| **三、按国民经济行业分组** | | | | | |
| 采矿业 | 616 | 327 | | 162 | 455 |
| 制造业 | 7862 | 3549 | | 495 | 7367 |
| 电力、燃气及水的生产和供应业 | | | | | |
| **四、按隶属关系分组** | | | | | |
| 中央 | 2507 | 1137 | | 41 | 2466 |
| 地方 | 5971 | 2739 | | 616 | 5356 |

# 13-2　规模以上工业企业 R&D 经费支出(一)
## Above scale industrial enterprise R&D spending(1)

单位：万元

| 指　标 | R&D 经费内部支出合计 | (一)按活动类型分组 | | | (二)按支出用途分组 | | | | |
|---|---|---|---|---|---|---|---|---|---|
| | | 1.基础研究支出 | 2.应用研究支出 | 3.试验发展支出 | 1.经常费支出 | # 人员劳务费 | 2.资产性支出 | #①土建工程 | ②仪器设备 |
| **总　计** | **394503** | | **39701** | **354803** | **339440** | **79571** | **55063** | **623** | **54440** |
| **一、按企业规模分组** | | | | | | | | | |
| 大型企业 | 360423 | | 39701 | 320723 | 307160 | 67893 | 53263 | 562 | 52701 |
| 中型企业 | 21002 | | | 21002 | 20015 | 7251 | 987 | 41 | 946 |
| 小型企业 | 12997 | | | 12997 | 12183 | 4405 | 814 | 20 | 794 |
| 微型企业 | 81 | | | 81 | 81 | 22 | | | |
| **二、按登记注册类型分组** | | | | | | | | | |
| 内资企业 | 362749 | | 39701 | 323049 | 307728 | 58270 | 55021 | 623 | 54398 |
| 港、澳、台商投资企业 | | | | | | | | | |
| 外商投资企业 | 31754 | | | 31754 | 31711 | 21301 | 43 | | 43 |
| **三、按国民经济行业分组** | | | | | | | | | |
| 采矿业 | 18083 | | 3310 | 14774 | 14835 | 8548 | 3249 | 290 | 2959 |
| 制造业 | 376420 | | 36390 | 340029 | 324605 | 71023 | 51815 | 333 | 51482 |
| **四、按隶属关系分组** | | | | | | | | | |
| 中央 | 71301 | | 421 | 70880 | 64592 | 18757 | 6709 | 138 | 6571 |
| 地方 | 323202 | | 39279 | 283923 | 274847 | 60814 | 48355 | 485 | 47869 |

# 13-2　规模以上工业企业 R&D 经费支出(二)
## Above scale industrial enterprise R&D spending(2)

单位：万元

| 指　标 | (三)按资金来源分组 | | | | R&D 经费外部支出 | 对境内研究机构支出 | 对境内高等学校支出 | 对境内企业支出 | 对境外支出 |
|---|---|---|---|---|---|---|---|---|---|
| | 1.政府资金 | 2.企业资金 | 3.其他境外资金 | 4.其他资金 | | | | | |
| **总　计** | **21174** | **371869** | | **1460** | **7585** | **2178** | **2167** | **3129** | **111** |
| **一、按企业规模分组** | | | | | | | | | |
| 大型企业 | 19665 | 340734 | | 24 | 6523 | 2058 | 1549 | 2805 | 111 |
| 中型企业 | 579 | 19288 | | 1135 | 497 | 40 | 346 | 111 | |
| 小型企业 | 930 | 11766 | | 301 | 565 | 80 | 271 | 214 | |
| 微型企业 | | 81 | | | | | | | |
| **二、按登记注册类型分组** | | | | | | | | | |
| 内资企业 | 20873 | 340416 | | 1460 | 7585 | 2178 | 2167 | 3129 | 111 |
| 港、澳、台商投资企业 | | | | | | | | | |
| 外商投资企业 | 301 | 31453 | | | | | | | |
| **三、按国民经济行业分组** | | | | | | | | | |
| 采矿业 | | 18083 | | | 1099 | 521 | 495 | 83 | |
| 制造业 | 21174 | 353785 | | 1460 | 6486 | 1657 | 1672 | 3046 | 111 |
| **四、按隶属关系分组** | | | | | | | | | |
| 中央 | 15596 | 54778 | | 927 | 3945 | 1131 | 554 | 2260 | |
| 地方 | 5578 | 317090 | | 533 | 3640 | 1047 | 1613 | 869 | 111 |

# 13-3 各类学校及各级教育基本情况

## Basic situation of various schools and all levels of Education

单位：人

| 指　标 | 学校(所) | 在校生数 | 招生数 | 毕业生数 | 教职工数 | #专任教师 |
|---|---|---|---|---|---|---|
| **高等教育** | **52** | **536028** | **151996** | **156916** | **35295** | **24072** |
| 研究生教育 | | 24354 | 8298 | 7429 | | |
| 普通高等教育 | 44 | 432234 | 122329 | 108299 | 34069 | 23308 |
| 成人高等教育 | 8 | 79440 | 21369 | 41188 | 1226 | 764 |
| **中等职业教育** | **58** | **75753** | **21836** | **29252** | **6428** | **4650** |
| 中等技术教育 | 32 | 50463 | 16216 | 20519 | 4100 | 2707 |
| 成人中等专业教育 | 11 | 8294 | 2602 | 4660 | 1244 | 1060 |
| 职业高中教育 | 15 | 16996 | 3018 | 4073 | 1084 | 883 |
| **技工学校** | **35** | **45173** | **17311** | **14708** | **2853** | **2119** |
| **普通中学** | **218** | **200083** | **67417** | **73467** | **25522** | **18911** |
| 高中 | 88 | 82222 | 27312 | 29428 | 16528 | 7310 |
| 初中 | 130 | 117861 | 40105 | 44039 | 8994 | 11601 |
| **小学** | **433** | **286678** | **52229** | **42072** | **16957** | **17093** |
| **幼儿园** | **709** | **113894** | **40740** | **38301** | **15078** | **8338** |
| **特殊教育** | **7** | **1260** | **269** | **260** | **259** | **203** |
| **工读学校** | **1** | **219** | **113** | **93** | **80** | **66** |

# 13-4 研究生教育基本情况

## Basic information on graduate education

单位：人

| 指　标 | 在校生数 | 招生数 | 毕业生数 |
|---|---|---|---|
| **总计** | **24354** | **8298** | **7429** |
| 山西大学 | 5298 | 1788 | 1544 |
| 太原科技大学 | 1475 | 557 | 534 |
| 中北大学 | 3484 | 1151 | 1092 |
| 太原理工大学 | 5806 | 1792 | 1557 |
| 山西医科大学 | 3803 | 1253 | 1188 |
| 山西财经大学 | 3427 | 1351 | 1335 |
| 山西中医学院 | 620 | 244 | 120 |
| 山西省中医药研究院 | 94 | 31 | 34 |
| 中国辐射防护研究院 | 35 | 11 | 13 |
| 中国日用化学工业研究院 | 34 | 12 | 12 |
| 太原师范学院 | 278 | 108 | |

# 13-5　普通高等教育基本情况

## Basic situation of general higher education

单位：人

| 指　标 | 校数 | 在校生数 | 招生数 | 毕业生数 | 教职工数 | # 专任教师 |
|---|---|---|---|---|---|---|
| **总计** | **44** | **432234** | **122329** | **108299** | **34069** | **23308** |
| 山西大学 | 1 | 23517 | 5993 | 6579 | 2972 | 1602 |
| 太原科技大学 | 1 | 19656 | 5146 | 4477 | 1630 | 1113 |
| 中北大学 | 1 | 34236 | 8587 | 6800 | 2655 | 1812 |
| 太原理工大学 | 1 | 31072 | 7498 | 6596 | 3720 | 2189 |
| 山西医科大学 | 1 | 24048 | 5923 | 4167 | 1917 | 1264 |
| 太原师范学院 | 1 | 22778 | 6053 | 3775 | 1699 | 907 |
| 山西财经大学 | 1 | 16991 | 4119 | 4068 | 1695 | 1185 |
| 山西中医学院 | 1 | 9007 | 1886 | 1468 | 592 | 462 |
| 太原学院 | 1 | 13393 | 4518 | 2474 | 1145 | 755 |
| 山西警察学院 | 1 | 4665 | 1432 | 2132 | 513 | 310 |
| 山西应用科技学院 | 1 | 10539 | 3740 | 1747 | 617 | 455 |
| 山西工商学院 | 1 | 16798 | 4376 | 4218 | 1130 | 845 |
| 太原工业学院 | 1 | 14793 | 3936 | 3488 | 799 | 638 |
| 山西传媒学院 | 1 | 8313 | 2523 | 941 | 442 | 390 |
| 山西能源学院 | 1 | 5332 | 2033 | 1193 | 364 | 295 |
| 山西大学商务学院 | 1 | 15968 | 4105 | 4373 | 1160 | 883 |
| 太原理工大学现代科技学院 | 1 | 12628 | 2772 | 3936 | 1097 | 782 |
| 中北大学信息商务学院 | 1 | 13600 | 3226 | 3518 | 716 | 598 |
| 太原科技大学华科学院 | 1 | 4292 | 1199 | 1330 | 493 | 436 |
| 山西医科大学晋祠学院 | 1 | 3621 | 1369 | 382 | 532 | 309 |
| 山西财经大学华商学院 | 1 | 4987 | 1560 | 1395 | 541 | 423 |
| 山西省财政税务专科学校 | 1 | 5831 | 2349 | 2017 | 403 | 290 |
| 山西艺术职业学院 | 1 | 1365 | 456 | 444 | 323 | 230 |
| 山西建筑职业技术学院 | 1 | 9595 | 3048 | 3281 | 493 | 410 |
| 山西药科职业学院 | 1 | 5621 | 1788 | 1589 | 311 | 221 |
| 山西工程职业技术学院 | 1 | 6248 | 2319 | 2184 | 385 | 300 |
| 山西交通职业技术学院 | 1 | 7826 | 2715 | 2197 | 341 | 287 |
| 山西戏剧职业学院 | 1 | 1174 | 491 | 312 | 275 | 185 |
| 山西财贸职业技术学院 | 1 | 5349 | 1794 | 1411 | 224 | 189 |
| 山西林业职业技术学院 | 1 | 4453 | 1354 | 1743 | 309 | 220 |
| 山西职业技术学院 | 1 | 11797 | 3957 | 3586 | 741 | 579 |
| 山西煤炭职业技术学院 | 1 | 6124 | 1607 | 2297 | 402 | 252 |
| 山西金融职业学院 | 1 | 4495 | 1633 | 1211 | 237 | 172 |
| 太原城市职业技术学院 | 1 | 5091 | 1540 | 1717 | 387 | 262 |
| 山西体育职业学院 | 1 | 1006 | 456 | 408 | 196 | 140 |
| 山西警官职业学院 | 1 | 1883 | 652 | 748 | 222 | 121 |
| 山西国际商务职业学院 | 1 | 2658 | 688 | 881 | 154 | 101 |
| 太原旅游职业学院 | 1 | 4761 | 1658 | 1585 | 351 | 278 |
| 山西旅游职业学院 | 1 | 6092 | 1830 | 1895 | 326 | 252 |
| 山西电力职业技术学院 | 1 | 3019 | 615 | 1690 | 481 | 363 |
| 山西老区职业技术学院 | 1 | 3246 | 1008 | 789 | 224 | 171 |
| 山西经贸职业学院 | 1 | 7767 | 3106 | 2411 | 441 | 387 |
| 山西轻工职业技术学院 | 1 | 4112 | 1283 | 1165 | 175 | 127 |
| 山西青年职业学院 | 1 | 5595 | 1813 | 1503 | 239 | 118 |
| 山西职工医学院 |  | 5083 | 1565 | 1506 |  |  |
| 山西省政法管理干部学院 |  | 1809 | 610 | 672 |  |  |

# 13-6 成人高等教育基本情况
## The basic situation of Adult higher education

单位：人

| 指　　标 | 学校(所) | 在校生数 | 招生数 | 毕业生数 | 教职工数 | # 专任教师 |
|---|---|---|---|---|---|---|
| **总计** | **8** | **79440** | **21369** | **41188** | **1226** | **764** |
| 太原化学工业集团有限公司职工大学 | 1 | 762 | 70 | 181 | 60 | 42 |
| 山西机电职工学院 | 1 | 1776 | 555 | 2936 | 246 | 137 |
| 太原钢铁（集团）有限公司职工钢铁学院 | 1 | 96 | 23 | 21 | 91 | 45 |
| 山西职工医学院 | 1 | 1853 | 684 | 1208 | 305 | 203 |
| 山西兵器工业职工大学 | 1 | 465 | 130 | 1108 | 52 | 42 |
| 山西省职工工艺美术学院 | 1 | 288 | 99 | 374 | 70 | 45 |
| 山西省广播电视大学 | 1 | 1754 | 683 | 1268 | 211 | 101 |
| 山西省政法管理干部学院 | 1 | 5 |  | 93 | 191 | 149 |
| 山西大学 |  | 9188 | 2632 | 5043 |  |  |
| 太原科技大学 |  | 6272 | 1192 | 4224 |  |  |
| 中北大学 |  | 8484 | 2681 | 1160 |  |  |
| 太原理工大学 |  | 22534 | 5289 | 11135 |  |  |
| 山西医科大学 |  | 6103 | 2113 | 2773 |  |  |
| 太原师范学院 |  | 2945 | 980 | 967 |  |  |
| 山西财经大学 |  | 10120 | 3021 | 2944 |  |  |
| 山西中医学院 |  | 1735 | 524 | 876 |  |  |
| 太原学院-专科 |  | 185 | 48 | 46 |  |  |
| 山西警察学院 |  |  |  | 9 |  |  |
| 山西应用科技学院 |  | 86 | 28 | 114 |  |  |
| 山西工商学院 |  |  |  | 42 |  |  |
| 太原工业学院 |  | 864 | 235 | 416 |  |  |
| 山西能源学院 |  | 2914 | 231 | 3631 |  |  |
| 山西省财政税务专科学校 |  | 392 | 50 | 239 |  |  |
| 山西旅游职业学院 |  | 46 | 20 |  |  |  |
| 山西林业职业技术学院 |  |  |  | 4 |  |  |
| 山西交通职业技术学院 |  | 33 | 20 | 8 |  |  |
| 山西艺术职业学院 |  | 9 |  | 15 |  |  |
| 山西建筑职业技术学院 |  | 31 |  | 18 |  |  |
| 山西戏剧职业学 |  | 36 | 14 | 26 |  |  |
| 山西金融职业学院 |  |  |  | 34 |  |  |
| 山西电力职业技术学院 |  | 15 |  | 35 |  |  |
| 山西煤炭职业技术学院 |  | 84 |  | 45 |  |  |
| 太原城市职业技术学院 |  | 53 | 17 | 46 |  |  |
| 山西经贸职业学院 |  | 55 |  | 55 |  |  |
| 山西工程职业技术学院 |  | 257 | 30 | 94 |  |  |

# 13-7　中等技术教育基本情况
## Basic situation of secondary vocational education

单位：人

| 指　标 | 学校(所) | 在校生数 | 招生数 | 毕业生数 | 教职工数 | #专任教师 |
|---|---|---|---|---|---|---|
| **总计** | **32** | **50463** | **16216** | **20519** | **4100** | **2707** |
| 太原市卫生学校 | 1 | 2916 | 1001 | 980 | 140 | 107 |
| 太原市财贸学校 | 1 | 1734 | 715 | 532 | 107 | 87 |
| 太原市财政金融学校 | 1 | 1195 | 375 | 491 | 206 | 181 |
| 太原市交通学校 | 1 | 1494 | 485 | 781 | 157 | 122 |
| 太原幼儿师范学校 | 1 | 9151 | 3331 | 2942 | 354 | 312 |
| 太原市文化艺术学校 | 1 | 953 | 260 | 175 | 112 | 86 |
| 太原市体育运动学校 | 1 | 443 | 141 | 93 | 89 | 45 |
| 太原生态工程学校 | 1 | 532 | 167 | 218 | 204 | 145 |
| 太原铁路技术中等专业学校 | 1 | | | | 360 | 116 |
| 山西省现代经贸学校 | 1 | 1415 | 606 | | 33 | 19 |
| 山西省大众传媒学校 | 1 | 212 | 156 | 19 | 30 | 15 |
| 山西省四方中等技术学校 | 1 | 722 | 722 | 511 | 44 | 25 |
| 太原广播电视中等专业学校 | | 424 | 122 | 111 | | |
| 太原旅游职业学院 | | 455 | 151 | 251 | | |
| 太原学院 | | 245 | | 271 | | |
| 太原城市职业技术学院 | | | | | | |
| 太原铁路机械学校 | 1 | 3967 | 1371 | 1868 | 288 | 221 |
| 山西省工业管理学校 | 1 | 2473 | 568 | 1054 | 261 | 149 |
| 山西省建筑工程技术学院 | 1 | 2736 | 721 | 1587 | 142 | 89 |

13-7 续表 1

单位：人

| 指 标 | 学校(所) | 在校生数 | 招生数 | 毕业生数 | 教职工数 | #专任教师 |
|---|---|---|---|---|---|---|
| 山西省物流技术学校 | 1 | 162 | 50 | 96 | 127 | 89 |
| 山西省人民武装学校 | 1 | | | | | |
| 山西省工贸学校 | 1 | 2240 | 681 | 845 | 137 | 120 |
| 山西广播电影电视学校 | 1 | 612 | 75 | 158 | 68 | 32 |
| 山西省经贸学校 | 1 | 1858 | 556 | 564 | 99 | 64 |
| 山西省司法学校 | 1 | 1123 | 486 | 641 | 121 | 73 |
| 山西省邮电学校 | 1 | | | | 59 | 25 |
| 山西省特殊教育中等专业学校 | 1 | 283 | 106 | 112 | 75 | 36 |
| 山西税务学校 | 1 | | | | 66 | 42 |
| 山西省商务学校 | 1 | 261 | 138 | 211 | 203 | 136 |
| 山西省中医学校 | 1 | 1067 | 374 | 614 | 62 | 33 |
| 山西省贸易学校 | 1 | 2610 | 835 | 1533 | 142 | 102 |
| 山西省城乡建设学校 | 1 | 1879 | 234 | 1113 | 118 | 63 |
| 山西省财政会计学校 | 1 | | | | | |
| 山西省好艺中等专业学校 | 1 | 1853 | 529 | 780 | 62 | 39 |
| 山西省应用技术学校 | 1 | 462 | 102 | 178 | 102 | 49 |
| 山西省畜牧兽医学校 | 1 | 941 | 366 | 269 | 132 | 85 |
| 山西财贸职业技术学院 | | | | | | |
| 山西职业技术学院 | | | | 113 | | |
| 山西轻工职业技术学院 | | | | | | |

13-7　续表2

单位：人

| 指　　标 | 学校(所) | 在校生数 | 招生数 | 毕业生数 | 教职工数 | #专任教师 |
|---|---|---|---|---|---|---|
| 山西金融职业学院 | | | | | | |
| 山西省广播电视大学 | | | | | | |
| 山西警察学院 | | | | | | |
| 山西建筑职业技术学院 | | | | | | |
| 山西药科职业学院 | | 107 | | 156 | | |
| 山西交通职业技术学院 | | 218 | 17 | 179 | | |
| 山西煤炭职业技术学院 | | | | | | |
| 山西体育职业学院 | | 997 | 207 | 618 | | |
| 山西国际商务职业学院 | | | | 15 | | |
| 山西旅游职业学院 | | | | | | |
| 山西艺术职业学院 | | 610 | 158 | 156 | | |
| 山西戏剧职业学院 | | 910 | 142 | 158 | | |
| 山西林业职业技术学院 | | | | | | |
| 山西兵器工业职工大学 | | | | | | |
| 山西煤炭职工联合大学 | | 104 | 63 | 59 | | |
| 山西省政法管理干部学院 | | 57 | 31 | 52 | | |
| 山西省农业广播电视学校 | | 1003 | 160 | | | |
| 山西应用科技学院 | | | | | | |
| 山西工商学院 | | | | | | |
| 山西老区职业技术学院 | | 39 | 14 | 15 | | |

# 13-8 成人中等专业教育基本情况
## Basic situation of Adult secondary specialized education

单位：人

| 指 标 | 学校(所) | 在校生数 | 招生数 | 毕业生数 | 教职工数 | # 专任教师 |
|---|---|---|---|---|---|---|
| **总计** | **11** | **8294** | **2602** | **4660** | **1244** | **1060** |
| 太原广播电视中等专业学校 | 1 | | | | 68 | 38 |
| 山西省农业广播电视学校 | 1 | 7904 | 2602 | 3980 | 962 | 834 |
| 太原市小店区教师进修学校 | 1 | | | | 42 | 33 |
| 太原市迎泽区教师进修学校 | 1 | | | | 26 | 20 |
| 太原市杏花岭区教师进修学校 | 1 | | | | 24 | 23 |
| 太原市尖草坪区教师进修学校 | 1 | | | | 18 | 16 |
| 太原市万柏林区教师进修学校 | 1 | | | | 14 | 13 |
| 清徐县教师进修学校 | 1 | | | | 18 | 18 |
| 阳曲县教师进修学校 | 1 | | | | 22 | 19 |
| 娄烦县教师进修学校 | 1 | | | | 25 | 24 |
| 古交市教师进修学校 | 1 | | | | 25 | 22 |
| 山西煤炭职工联合大学 | | 390 | | 680 | | |

# 13-9　职业高中教育基本情况
## Basic situation of vocational high school education

单位：人

| 指　标 | 学校(所) | 在校生数 | 招生数 | 毕业生数 | 教职工数 | # 专任教师 |
|---|---|---|---|---|---|---|
| **总 计** | **15** | **16996** | **3018** | **4073** | **1084** | **883** |
| 太原市综合高级中学校 | 1 | 537 | 198 | 87 | 146 | 122 |
| 太原市小店区第一职业中学校 | 1 | 447 | 131 | 168 | 50 | 46 |
| 太原市第八职业中学校 | 1 | | | | 106 | 86 |
| 太原市第七职业中学校 | 1 | 220 | 65 | 102 | 97 | 86 |
| 太原市杏花岭区中等职业技术学校 | 1 | 362 | 94 | 61 | 28 | 26 |
| 太原市第四职业中学校 | 1 | 230 | 104 | 67 | 81 | 66 |
| 太原市尖草坪区职业中学校 | 1 | 308 | 119 | 324 | 84 | 80 |
| 太原市第五职业中学校 | 1 | 707 | 246 | 228 | 135 | 108 |
| 太原市晋源区高级职业中学 | 1 | 68 | 12 | 34 | 18 | 9 |
| 清徐县职业教育中心 | 1 | 1673 | 576 | 644 | 102 | 93 |
| 阳曲县高级职业中学校 | 1 | 679 | 253 | 235 | 72 | 55 |
| 娄烦县职业中学校 | 1 | 115 | 48 | 25 | 17 | 12 |
| 古交市职业中学校 | 1 | 426 | 120 | 195 | 42 | 31 |
| 山西大昌汽车专业学校 | 1 | 1235 | 312 | 502 | 71 | 45 |
| 太原市立达职业中学校 | 1 | 341 | 124 | 135 | 35 | 18 |
| 太原市财政金融学校 | | 297 | | 175 | | |
| 太原生态工程学校 | | 7293 | | 644 | | |
| 太原广播电视中等专业学校 | | 26 | 6 | | | |
| 太原市第九中学校 | | 74 | 41 | | | |
| 太原市第十职业中学校 | | 232 | 85 | 52 | | |
| 太原市信息技术学校 | | 745 | 150 | 328 | | |
| 太原市聋人学校 | | 141 | 43 | 50 | | |
| 太原市盲童学校 | | 39 | 13 | 11 | | |
| 太原市长安综合中学校 | | 801 | 278 | 6 | | |

# 13-10 技工学校基本情况
## Basic situation of technical school

单位：人

| 指 标 | 在校生数 | 招生数 | 毕业生数 | 教职工数 | # 专任教师 |
|---|---|---|---|---|---|
| **总 计** | **45173** | **17311** | **14708** | **2853** | **2119** |
| 晋西机器工业集团有限责任公司技工学校 | 91 | 40 | 37 | 33 | 33 |
| 山西冶金高级技工学校 | 9338 | 3376 | 4217 | 352 | 300 |
| 山西省水利技工学校 | 257 | 156 | 203 | 29 | 17 |
| 山西经贸职业学院技工部 | 412 | 383 | | 143 | 143 |
| 山西矿机技工学校 | 20 | | 55 | 7 | 5 |
| 山西机械高级技工学校 | 2797 | 863 | 1366 | 238 | 216 |
| 山西纺织印染技校 | | | | 11 | 10 |
| 山西盛世餐饮旅游技校 | 3585 | 1338 | 632 | 118 | 84 |
| 山西三飞技工学校 | 1182 | 392 | 326 | 38 | 34 |
| 山西省劳动保障技术学校 | 667 | 171 | 276 | 42 | 17 |
| 太原市高级技工学校 | 3455 | 1101 | 1874 | 170 | 151 |
| 山西省林业技工学校 | 469 | 223 | 180 | 51 | 40 |
| 太原市粮食技工学校 | 750 | 275 | 207 | 52 | 37 |
| 太原塑料工业技工学校 | | | 32 | 16 | 16 |
| 山西烹饪技工学校 | 454 | 130 | 173 | 23 | 20 |
| 西山煤电(集团)有限责任公司技工学校 | 192 | | 860 | 181 | 136 |
| 山西国防军星技工学校 | 252 | 61 | 153 | 27 | 26 |
| 山西工业造型设计技工学校 | 1079 | 225 | 127 | 59 | 40 |
| 江阳化工厂技工学校 | 22 | 22 | 46 | 18 | 18 |
| 山西省建筑安装技工学校 | 460 | 178 | 510 | 142 | 61 |
| 山西晋阳技工学校 | 5135 | 2231 | 431 | 241 | 129 |
| 太原煤炭气化(集团)有限责任公司技工学校 | 319 | 74 | 202 | 74 | 74 |
| 燃气工程技术学校 | 1250 | 270 | 261 | 81 | 40 |
| 山西省劳动技术学校 | 3370 | 2167 | 140 | 206 | 195 |
| 山西现代经贸技工学校 | 2255 | 903 | 698 | 110 | 79 |
| 山西大众技工学校 | 2938 | 1319 | 892 | 118 | 71 |
| 山西阳煤化工技校 | 890 | 229 | 373 | 59 | 28 |
| 山西高新技工学校 | 1078 | 211 | 212 | 58 | 23 |
| 太原市慈善技工学校 | 1592 | 472 | 297 | 74 | 53 |
| 山西省东华技工学校 | 864 | 501 | | 82 | 23 |
| 山西省民爆技工学校 | | | | | |
| 新华化工有限责任公司技工学校 | | | | | |
| 山西省商业技工学校 | | | | | |
| 山西通用技术学校 | | | | | |
| 山西新华印刷技工学校 | | | | | |

注：资料来自人社局，有5所停办。

# 13-11 中学基本情况(一)
## Basic situation of middle school(1)

单位：人

| 指　标 | 学校(所) | 班数(个) | | | 在校生数 | | | 招生数 | | |
|---|---|---|---|---|---|---|---|---|---|---|
| | | 合计 | 高中 | 初中 | 合计 | 高中 | 初中 | 合计 | 高中 | 初中 |
| **总　计** | **218** | **4457** | **1755** | **2702** | **200083** | **82222** | **117861** | **67417** | **27312** | **40105** |
| 1.教育部门办 | 171 | 3087 | 1196 | 1891 | 137437 | 57190 | 80247 | 45468 | 19459 | 26009 |
| 地方企业办 | | | | | | | | | | |
| 民办 | 45 | 1352 | 559 | 793 | 62300 | 25032 | 37268 | 21836 | 7853 | 13983 |
| 其它部门办 | 2 | 18 | | 18 | 346 | | 346 | 113 | | 113 |
| 2.城区 | 156 | 3437 | 1442 | 1995 | 154719 | 67951 | 86768 | 52701 | 22844 | 29857 |
| 镇区 | 32 | 735 | 256 | 479 | 33399 | 11594 | 21805 | 10991 | 3736 | 7255 |
| 乡村 | 30 | 285 | 57 | 228 | 11965 | 2677 | 9288 | 3725 | 732 | 2993 |
| 3.小店区 | 41 | 952 | 379 | 573 | 42293 | 16753 | 25540 | 14829 | 5614 | 9215 |
| 迎泽区 | 19 | 596 | 255 | 341 | 27709 | 12355 | 15354 | 9843 | 4363 | 5480 |
| 杏花岭区 | 39 | 798 | 337 | 461 | 34853 | 15504 | 19349 | 11442 | 5001 | 6441 |
| 尖草坪区 | 22 | 351 | 152 | 199 | 14736 | 7003 | 7733 | 4924 | 2381 | 2543 |
| 万柏林区 | 25 | 552 | 221 | 331 | 25610 | 10854 | 14756 | 8599 | 3634 | 4965 |
| 晋源区 | 12 | 254 | 98 | 156 | 11301 | 4607 | 6694 | 3617 | 1463 | 2154 |
| 清徐县 | 20 | 376 | 142 | 234 | 17714 | 7024 | 10690 | 5818 | 2252 | 3566 |
| 阳曲县 | 11 | 203 | 69 | 134 | 9111 | 3088 | 6023 | 2938 | 925 | 2013 |
| 娄烦县 | 8 | 111 | 30 | 81 | 5463 | 1481 | 3982 | 1667 | 484 | 1183 |
| 古交市 | 21 | 264 | 72 | 192 | 11293 | 3553 | 7740 | 3740 | 1195 | 2545 |

# 13-11 中学基本情况(二)
## Basic situation of middle school(2)

单位：人

| 指　标 | 毕业生数 | | | 教职工数 | 专任教师 | | | 代课教师 | 兼任教师 |
|---|---|---|---|---|---|---|---|---|---|
| | 合计 | 高中 | 初中 | | 合计 | 高中 | 初中 | | |
| **总　计** | **73467** | **29428** | **44039** | **25522** | **18911** | **7310** | **11601** | **495** | **262** |
| 1.教育部门办 | 51321 | 20147 | 31174 | 17412 | 14558 | 5387 | 9171 | 343 | 5 |
| 地方企业办 | | | | | | | | | |
| 民办 | 21948 | 9256 | 12692 | 8045 | 4294 | 1923 | 2371 | 152 | 257 |
| 其它部门办 | 198 | 25 | 173 | 65 | 59 | | 59 | | |
| 2.城区 | 57309 | 24282 | 33027 | 19344 | 14690 | 6055 | 8635 | 411 | 256 |
| 镇区 | 11642 | 4066 | 7576 | 4449 | 2955 | 1055 | 1900 | 3 | 6 |
| 乡村 | 4516 | 1080 | 3436 | 1729 | 1266 | 200 | 1066 | 81 | |
| 3.小店区 | 14050 | 5480 | 8570 | 6119 | 3796 | 1482 | 2314 | | 202 |
| 迎泽区 | 10509 | 4394 | 6115 | 2995 | 2500 | 1106 | 1394 | 88 | |
| 杏花岭区 | 14031 | 6134 | 7897 | 4828 | 3455 | 1385 | 2070 | 75 | 39 |
| 尖草坪区 | 5370 | 2428 | 2942 | 1770 | 1555 | 657 | 898 | | 15 |
| 万柏林区 | 9468 | 3941 | 5527 | 2978 | 2430 | 930 | 1500 | 144 | |
| 晋源区 | 4387 | 1704 | 2683 | 1248 | 1088 | 440 | 648 | 83 | |
| 清徐县 | 6452 | 2605 | 3847 | 2065 | 1753 | 659 | 1094 | 83 | 1 |
| 阳曲县 | 2583 | 962 | 1621 | 1396 | 709 | 230 | 479 | | 5 |
| 娄烦县 | 2094 | 560 | 1534 | 669 | 471 | 136 | 335 | | |
| 古交市 | 4523 | 1220 | 3303 | 1454 | 1154 | 285 | 869 | 22 | |

注：按教育局资料分类整理。

# 13-12 小学基本情况

## Basic situation of elementary school

单位：人

| 指 标 | 学校(所) | 班数(个) | 在校生数 | 招生数 | 毕业生数 | 教职工数 | 专任教师 | 代课教师 | 兼任教师 |
|---|---|---|---|---|---|---|---|---|---|
| **总 计** | **433** | **7279** | **286678** | **52229** | **42072** | **16957** | **17093** | **626** | **22** |
| 1.教育部门办 | 412 | 6666 | 264200 | 48687 | 38288 | 16065 | 15524 | 619 | 14 |
| 地方企业办 | | | | | | | | | |
| 民办 | 13 | 514 | 17928 | 2928 | 2986 | 624 | 1326 | 3 | 8 |
| 其它部门办 | 8 | 99 | 4550 | 614 | 798 | 268 | 243 | 4 | |
| 2.城区 | 257 | 5105 | 230711 | 42430 | 33116 | 12692 | 12628 | 463 | 22 |
| 镇区 | 53 | 835 | 32210 | 5936 | 4717 | 1955 | 2102 | 49 | |
| 乡村 | 123 | 1339 | 23757 | 3863 | 4239 | 2310 | 2363 | 114 | |
| 3.小店区 | 69 | 1394 | 63684 | 13070 | 8127 | 2317 | 2882 | 31 | |
| 迎泽区 | 36 | 767 | 33991 | 5874 | 5311 | 2088 | 1985 | 2 | |
| 杏花岭区 | 53 | 1042 | 45449 | 8023 | 6499 | 2358 | 2474 | 75 | |
| 尖草坪区 | 39 | 657 | 24070 | 4416 | 3573 | 1432 | 1369 | | |
| 万柏林区 | 57 | 1023 | 48476 | 8844 | 7207 | 3567 | 3120 | 226 | 14 |
| 晋源区 | 46 | 436 | 16526 | 3254 | 2164 | 983 | 905 | 242 | 8 |
| 清徐县 | 73 | 795 | 21392 | 3614 | 3504 | 1577 | 1598 | 18 | |
| 阳曲县 | 16 | 340 | 8055 | 1252 | 1443 | 586 | 683 | | |
| 娄烦县 | 14 | 254 | 7361 | 1063 | 1294 | 529 | 587 | | |
| 古交市 | 30 | 571 | 17674 | 2819 | 2950 | 1520 | 1490 | 32 | |

注：按教育局资料分类整理。

# 13-13 幼儿园基本情况

## Basic situation of Kindergarten

单位：人

| 指 标 | 幼儿园(所) | 班数(个) | 在园幼儿 | 教职工数 | | |
|---|---|---|---|---|---|---|
| | | | | 合计 | # 专任教师 | 保育员 |
| **总 计** | **709** | **4628** | **113894** | **15078** | **8338** | **2489** |
| 1.教育部门办 | 59 | 835 | 21154 | 1913 | 1232 | 214 |
| 集体办 | 330 | 1220 | 27657 | 2607 | 1716 | 235 |
| 地方办 | 57 | 480 | 15194 | 2137 | 1159 | 401 |
| 事业单位办 | 14 | 135 | 4224 | 625 | 299 | 115 |
| 部队办 | 3 | 23 | 658 | 116 | 33 | 27 |
| 民办 | 237 | 1841 | 41572 | 7248 | 3662 | 1434 |
| 其它部门办 | 9 | 94 | 3435 | 432 | 237 | 63 |
| 2.城区 | 445 | 3360 | 88442 | 13112 | 7042 | 2252 |
| 镇区 | 79 | 520 | 12757 | 1200 | 755 | 192 |
| 乡村 | 185 | 748 | 12695 | 766 | 541 | 45 |
| 3.小店区 | 144 | 1019 | 23231 | 3481 | 1913 | 582 |
| 迎泽区 | 77 | 552 | 14275 | 2233 | 1173 | 375 |
| 杏花岭区 | 84 | 584 | 15432 | 2125 | 1150 | 353 |
| 尖草坪区 | 61 | 485 | 13457 | 1778 | 955 | 280 |
| 万柏林区 | 76 | 596 | 16811 | 2601 | 1363 | 516 |
| 晋源区 | 77 | 356 | 8639 | 1059 | 656 | 137 |
| 清徐县 | 109 | 524 | 10846 | 985 | 664 | 106 |
| 阳曲县 | 54 | 135 | 2904 | 122 | 66 | 27 |
| 娄烦县 | 5 | 139 | 3450 | 143 | 107 | 22 |
| 古交市 | 22 | 238 | 4849 | 551 | 291 | 91 |

注：按教育局资料分类整理。

# 13-14　文化事业情况
## Situation of culture

| 指　　标 | 单 位 | 2016 |
|---|---|---|
| 影剧院数 | 个 | 29 |
| 影厅数 | 个 | 196 |
| 专业及民营艺术表演团体 | 个 | 18 |
| #演职人员 | 人 | 1693 |
| 博物馆 | 个 | 12 |
| 图书馆 | 个 | 12 |
| 图书馆藏书量 | 万册 | 749.35 |
| 文化宫 | 个 | 4 |
| 文化馆(包括群众艺术馆) | 个 | 12 |
| 少年宫 | 个 | 3 |

# 13-15　专业表演团体情况
## Basic situation of professional performance groups

| 指　　标 | 演职人数(人) | 演出场次(场) | 演出收入(万元) | 观众人数(万人次) | 总支出(万元) | 全部职工工资(万元) |
|---|---|---|---|---|---|---|
| **总计** | **1388** | **1759** | **4427.60** | **209.06** | **21476.10** | **6623.20** |
| 山西省京剧院 | 160 | 60 | 226.00 | 9.0 | 2364.50 | 625.00 |
| 山西省晋剧院 | 358 | 511 | 569.40 | 45.99 | 4993.90 | 2417.50 |
| 山西省歌舞剧院 | 219 | 122 | 560.40 | 11.2 | 4631.70 | 499.40 |
| 山西省话剧院 | 154 | 88 | 890.50 | 10.6 | 2954.20 | 488.20 |
| 山西省曲艺团 | 21 | 49 | 103.60 | 4.2 | 601.80 | 181.30 |
| 山西华晋舞剧团 | 62 | 84 | 325.00 | 8.0 | 964.00 | 383.40 |
| 山西华夏之根艺术团 | 32 | 162 | 590.20 | 13.3 | 660.90 | 173.00 |
| 太原市实验晋剧艺术团有限责任公司 | 46 | 161 | 263.80 | 44.0 | 646.30 | 227.80 |
| 太原市实验晋剧艺术院有限责任公司 | 72 | 167 | 418.40 | 31.3 | 913.30 | 290.60 |
| 太原市歌舞杂技团 | 170 | 248 | 334.10 | 20.8 | 1428.70 | 722.90 |
| 太原市话剧团 | 34 | 72 | 32.20 | 6.7 | 693.70 | 318.30 |
| 太原舞蹈团 | 60 | 35 | 114.00 | 4.0 | 623.10 | 295.80 |

注：专业及民营艺术团体共18个，市5个、省7个，民营6个。演职人员1693人，其中专业1388人，民营305人。

# 13-16 影剧院及票房收入情况

## The situation of theaters and grossed

| 指 标 | 影厅数(个) | 座位数(座) | 票房收入(万元) |
|---|---|---|---|
| **总计(29个)** | **196** | **25692** | **28442.13** |
| 太原影都 | 11 | 1100 | 972.71 |
| 太原市宽影幕影院 | 5 | 844 | 443.34 |
| 山西剧院 | 10 | 1524 | 1984.34 |
| 太原市长风剧场 | 5 | 1100 | 975.91 |
| 太原星美影城 | 4 | 530 | 335.31 |
| 太原市解放电影院 | 6 | 1055 | 168.09 |
| 太原横店电影城 | 7 | 713 | 1906.41 |
| 太原中影新影都影城(和信店) | 6 | 1017 | 2494.32 |
| 太原市奥斯卡国际影城 | 10 | 1453 | 2078.54 |
| 太原市尖草坪文化活动中心影城 | 2 | 142 | 4.34 |
| 太原同至人横店影视电影城 | 8 | 1552 | 902.02 |
| 太原贵都横店电影城 | 5 | 530 | 805.27 |
| 太原市金逸影城北美店 | 7 | 813 | 1988.95 |
| 太原市金刚里影城 | 7 | 545 | 905.64 |
| 太原市金亿国际影城 | 5 | 483 | 268.94 |
| 太原 17.5 影院顶好时尚商城店 | 6 | 787 | 394.65 |
| 太原市红灯笼汽车影院 | 1 | 135 | 10.38 |
| 太原华邦影城 | 7 | 875 | 1104.89 |
| 太原市红星影城 | 5 | 550 | 340.73 |
| 清徐县宏凯影院 | 3 | 260 | 28.08 |
| 太原博纳国际影城 | 10 | 1621 | 3076.07 |
| 太原市万达影城龙湖店 | 14 | 2787 | 4475.73 |
| 太原市大地影院 | 6 | 859 | 422.02 |
| 太原市恒大影城 | 7 | 1201 | 1729.99 |
| 阳曲县红全源数字影院 | 3 | 207 | 12.98 |
| 古交市中影世纪国际影城 | 3 | 210 | 10.91 |
| 太原市铜锣湾国际影城 | 14 | 1201 | 573.55 |
| 太原市晋旗影院西华苑店 | 7 | 318 | 6.52 |
| 太原市太原 ume 影城 | 12 | 1280 | 21.50 |

# 13-17　图书出版情况
## Situation of Book publication

| 指　标 | 图书种数(种) | | | 总印数（万册） | 总印张（千印张） | 定价总金额（万元） |
|---|---|---|---|---|---|---|
| | 合计 | 新出 | 重印 | | | |
| **使用《中国标准书号》分类图书合计** | **3513** | **2264** | **1249** | **9860** | **979916** | **168369** |
| A、马克思主义、列宁主义、毛泽东思想 | 2 | 2 | | 1 | 211 | 61 |
| B、哲学 | 59 | 45 | 14 | 21 | 2698 | 839 |
| C、社会科学总论 | 14 | 9 | 5 | 7 | 1242 | 346 |
| D、政治、法律 | 58 | 54 | 4 | 32 | 5498 | 1381 |
| E、军事 | 10 | 7 | 3 | 3 | 453 | 92 |
| F、经济 | 136 | 123 | 13 | 42 | 7159 | 2699 |
| G、文化、科学、教育、体育 | 2031 | 1040 | 991 | 9264 | 894310 | 131315 |
| H、语言、文字 | 29 | 18 | 11 | 15 | 2237 | 381 |
| I、文学 | 511 | 404 | 107 | 227 | 27617 | 9239 |
| J、艺术 | 142 | 112 | 30 | 62 | 7465 | 10551 |
| K、历史、地理 | 281 | 253 | 28 | 104 | 16295 | 7303 |
| N、自然科学总论 | 4 | 1 | 3 | 2 | 229 | 48 |
| O、数理科学、化学 | 2 | 1 | 1 | 1 | 47 | 10 |
| P、天文学、地球科学 | 10 | 3 | 7 | 4 | 277 | 85 |
| Q、生物科学 | 8 | 5 | 3 | 2 | 259 | 74 |
| R、医药、卫生 | 109 | 89 | 20 | 41 | 8171 | 1816 |
| S、农业科学 | 24 | 22 | 2 | 8 | 1018 | 211 |
| T、工业技术 | 22 | 20 | 2 | 3 | 654 | 293 |
| U、交通运输 | 3 | | 3 | 1 | 76 | 13 |
| V、航空、航天 | 1 | | 1 | | 48 | 8 |
| X、环境科学 | 8 | 8 | | 1 | 230 | 79 |
| Z、综合性图书 | 49 | 48 | 1 | 20 | 3725 | 1525 |

# 13-18 报纸出版情况
## Situation of newspaper publication

| 指 标 | 刊期 | 实际出版期数(期) | 平均期印数(份) | 总印数(万份) | 总印张(千印张) |
|---|---|---|---|---|---|
| **总计（49 种）** | | **7708** | **23156867** | **182771** | **1673669** |
| 山西日报 | 周七刊 | 366 | 190317 | 6966 | 208968 |
| 山西农民报 | 周二刊 | 96 | 36145 | 347 | 6940 |
| 山西工人报 | 周七刊 | 336 | 80000 | 2688 | 26880 |
| 山西妇女报 | 周二刊 | 104 | 25000 | 260 | 5200 |
| 山西政协报 | 周二刊 | 104 | 16086 | 167 | 1673 |
| 山西法制报 | 周五刊 | 245 | 58800 | 1441 | 28812 |
| 山西经济日报 | 周七刊 | 337 | 35100 | 1183 | 23657 |
| 山西科技报 | 周四刊 | 179 | 25000 | 448 | 8950 |
| 山西广播电视报 | 周一刊 | 52 | 80000 | 416 | 20800 |
| 山西邮电报 | 周一刊 | 48 | 30000 | 144 | 720 |
| 健康生活报 | 周五刊 | 250 | 24000 | 600 | 6000 |
| 科学导报 | 周二刊 | 93 | 63000 | 586 | 11718 |
| 市场信息报 | 周四刊 | 192 | 30000 | 576 | 11520 |
| 太原日报 | 周七刊 | 350 | 45831 | 1604 | 32082 |
| 太原晚报 | 周七刊 | 341 | 85000 | 2899 | 101448 |
| 人民摄影 | 周一刊 | 52 | 30000 | 156 | 6240 |
| 生活晨报 | 周五刊 | 242 | 40162 | 972 | 19438 |
| 三晋都市报 | 周六刊 | 294 | 28008 | 823 | 16469 |
| 人民代表报 | 周三刊 | 156 | 90000 | 1404 | 28080 |
| 太原广播电视报 | 周一刊 | 52 | 45000 | 234 | 9360 |
| 山西电力报 | 周二刊 | | | | |
| 铁路工程报 | 周一刊 | 50 | 10000 | 50 | 500 |
| 太钢日报 | 周六刊 | 299 | 10100 | 302 | 1510 |
| 瓜果蔬菜报 | 周一刊 | 50 | 18000 | 90 | 900 |
| 生活文摘报 | 周二刊 | 104 | 105654 | 1099 | 21976 |
| 山西晚报 | 周七刊 | 337 | 68265 | 2301 | 92021 |
| 集邮报 | 周一刊 | 52 | 6700 | 35 | 523 |
| 山西商报 | 周七刊 | 350 | 25000 | 875 | 17500 |
| 德育报 | 周二刊 | 100 | 50000 | 500 | 5000 |
| 发展导报 | 周二刊 | 94 | 18000 | 169 | 5076 |
| 山西市场导报 | 周二刊 | 96 | 40000 | 384 | 7680 |
| 山西青年报 | 周六刊 | 260 | 35000 | 910 | 18200 |
| 良友周报 | 周二刊 | 105 | 120584 | 1266 | 25323 |
| 老友导报 | 周二刊 | 95 | 54000 | 513 | 5130 |
| 消费时报 | 周二刊 | 98 | 11000 | 108 | 2156 |
| 作文周刊 | 周六刊 | 288 | 42500 | 1224 | 24480 |
| 学英语报 | 周三刊 | 156 | 1160900 | 18110 | 181100 |
| 语文报 | 周七刊 | 365 | 190000 | 6935 | 69350 |
| 英语周报 | 周一刊 | 52 | 13531275 | 70363 | 351813 |
| 学习方法报 | 周一刊 | 52 | 5767636 | 29992 | 149959 |
| 数理报 | 周五刊 | 260 | 249000 | 6474 | 32370 |
| 学习报 | 周六刊 | 312 | 545504 | 17020 | 85099 |
| 山西大学报 | 周一刊 | 43 | 6300 | 27 | 135 |
| 太原理工大学校报 | 周一刊 | 39 | 5000 | 20 | 98 |
| 山西财经大学报 | 周一刊 | 40 | 3000 | 12 | 60 |
| 山西医科大学报 | 旬刊 | 32 | 6000 | 19 | 192 |
| 中北大学校报 | 周一刊 | 36 | 10000 | 36 | 360 |
| 太原科技大学校报 | 旬刊 | 24 | 6000 | 14 | 144 |
| 山西党校报 | 旬刊 | 30 | 4000 | 12 | 60 |

# 13-19 杂志出版情况
## Situation of periodical publication

| 指 标 | 刊期 | 实际出版期数(期) | 平均期印数(册) | 总印数(万册) | 总印张数(千印张) |
|---|---|---|---|---|---|
| **总计(173种)** | | **2296** | **1193380** | **2292** | **143103** |
| 山西青年 | 半月刊 | 24 | 4000 | 10 | 714 |
| 小学生 | 旬刊 | 36 | 3063 | 11 | 331 |
| 党史文汇 | 月刊 | 12 | 18000 | 22 | 864 |
| 山西老年 | 月刊 | 12 | 223683 | 268 | 14978 |
| 山西财税 | 月刊 | 12 | 23000 | 28 | 1369 |
| 山西教育 | 周刊 | 48 | 16500 | 79 | 3168 |
| 小学语文教学 | 旬刊 | 36 | 30000 | 108 | 5011 |
| 语文教学通讯 | 周刊 | 52 | 32006 | 166 | 10152 |
| 晋图学刊 | 双月刊 | 6 | 1500 | 1 | 45 |
| 教学与管理 | 旬刊 | 36 | 5000 | 18 | 990 |
| 青少年日记 | 半月刊 | 24 | 15000 | 36 | 1114 |
| 对联·民间对联故事 | 月刊 | 12 | 15500 | 19 | 558 |
| 教育理论与实践 | 旬刊 | 36 | 5000 | 18 | 907 |
| 科学之友 | 半月刊 | 24 | 3500 | 8 | 635 |
| 人人健康 | 半月刊 | 24 | 20000 | 48 | 3720 |
| 名作欣赏 | 旬刊 | 36 | 3702 | 13 | 1847 |
| 山西文学 | 月刊 | 12 | 9200 | 11 | 662 |
| 火花 | 月刊 | 12 | 10000 | 12 | 744 |
| 黄河之声 | 半月刊 | 24 | 12000 | 29 | 2673 |
| 山西画报 | 旬刊 | 36 | 7500 | 27 | 2009 |
| 技术经济与管理研究 | 月刊 | 12 | 1800 | 2 | 214 |
| 晋阳学刊 | 双月刊 | 6 | 1500 | 1 | 102 |
| 经济问题 | 月刊 | 12 | 1500 | 2 | 186 |
| 语文研究 | 季刊 | 4 | 2600 | 1 | 52 |
| 会计之友 | 半月刊 | 24 | 8000 | 19 | 2024 |
| 山西农经 | 半月刊 | 18 | 2000 | 4 | 363 |
| 编辑之友 | 月刊 | 12 | 3000 | 4 | 312 |
| 经济师 | 月刊 | 12 | 7000 | 8 | 1554 |
| 新闻采编 | 双月刊 | 6 | 3000 | 2 | 67 |
| 山西大学学报(哲学社会科学版) | 双月刊 | 6 | 1900 | 1 | 129 |
| 黄河 | 双月刊 | 6 | 2500 | 2 | 188 |
| 理论探索 | 双月刊 | 6 | 2500 | 2 | 120 |
| 五台山研究 | 季刊 | 4 | 10000 | 4 | 202 |
| 童话大王 | 月刊 | 12 | 11000 | 13 | 655 |
| 烹调知识 | 月刊 | 12 | 8800 | 11 | 655 |
| 山西煤炭 | 双月刊 | 6 | 2000 | 1 | 76 |
| 山西林业科技 | 季刊 | 4 | 1300 | 1 | 26 |
| 大众标准化 | 月刊 | 12 | 46600 | 56 | 3355 |
| 山西水土保持科技 | 季刊 | 4 | 2100 | 1 | 32 |
| 山西大学学报(自然科学版) | 季刊 | 4 | 1300 | 1 | 75 |
| 山西地震 | 季刊 | 4 | 500 | | 8 |
| 山西医药杂志 | 半月刊 | 24 | 1800 | 4 | 376 |

13-19　续表 1

| 指　标 | 刊期 | 实际出版期数(期) | 平均期印数(册) | 总印数(万册) | 总印张数(千印张) |
|---|---|---|---|---|---|
| 山西化工 | 双月刊 | 6 | 5700 | 3 | 296 |
| 山西中医 | 月刊 | 12 | 2000 | 2 | 111 |
| 山西农业科学 | 月刊 | 12 | 1500 | 2 | 136 |
| 辐射防护通讯 | 双月刊 | 6 | 1000 | 1 | 18 |
| 新型炭材料 | 双月刊 | 6 | 1000 | 1 | 45 |
| 山西水利 | 月刊 | 12 | 2200 | 3 | 116 |
| 山西果树 | 双月刊 | 6 | 4600 | 3 | 110 |
| 机械管理开发 | 月刊 | 12 | 4875 | 6 | 848 |
| 电子工艺技术 | 双月刊 | 6 | 3000 | 2 | 91 |
| 火力与指挥控制 | 月刊 | 12 | 2000 | 2 | 313 |
| 燃料化学学报 | 月刊 | 12 | 1000 | 1 | 119 |
| 煤化工 | 双月刊 | 6 | 4500 | 3 | 119 |
| 辐射防护 | 双月刊 | 6 | 1100 | 1 | 34 |
| 生产力研究 | 月刊 | 12 | 1000 | 1 | 149 |
| 记者观察 | 月刊 | 12 | 8900 | 11 | 795 |
| 种子科技 | 月刊 | 12 | 5000 | 6 | 265 |
| 山西档案 | 双月刊 | 6 | 3000 | 2 | 262 |
| 煤炭转化 | 季刊 | 4 | 1000 | | 30 |
| 山西冶金 | 双月刊 | 6 | 5300 | 3 | 200 |
| 山西科技 | 双月刊 | 6 | 1500 | 1 | 116 |
| 政府法制 | 旬刊 | 36 | 13200 | 48 | 2357 |
| 中国保健营养 | 旬刊 | 32 | 1800 | 6 | 401 |
| 前进 | 月刊 | 12 | 26000 | 31 | 1548 |
| 都市 | 月刊 | 13 | 3000 | 4 | 195 |
| 生活潮 | 半月刊 | 24 | 15300 | 37 | 2049 |
| 山西水利科技 | 季刊 | 4 | 3000 | 1 | 121 |
| 电力学报 | 双月刊 | 6 | 4000 | 2 | 120 |
| 量子光学学报 | 季刊 | 4 | 400 | | 9 |
| 法制博览 | 旬刊 | 36 | 12000 | 43 | 2592 |
| 山西林业 | 双月刊 | 6 | 3000 | 2 | 67 |
| 影视圈 | 双月刊 | 3 | 7000 | 2 | 234 |
| 山西交通科技 | 双月刊 | 6 | 6000 | 4 | 249 |
| 民间传奇故事 | 旬刊 | 36 | 6000 | 22 | 1080 |
| 日用化学品科学 | 月刊 | 12 | 3500 | 4 | 344 |
| 健康向导 | 双月刊 | 6 | 5000 | 3 | 139 |
| 山西电子技术 | 双月刊 | 6 | 3000 | 2 | 136 |
| 山西医科大学学报 | 月刊 | 12 | 1000 | 1 | 93 |
| 中华风湿病学杂志 | 月刊 | 12 | 2800 | 3 | 175 |
| 太原理工大学学报 | 双月刊 | 6 | 1500 | 1 | 102 |
| 山西财经大学学报 | 月刊 | 12 | 2000 | 2 | 234 |
| 实用骨科杂志 | 月刊 | 12 | 3500 | 4 | 312 |
| 山西财政税务专科学校学报 | 双月刊 | 6 | 1200 | 1 | 45 |
| 山西广播电视大学学报 | 季刊 | 4 | 3500 | 1 | 122 |
| 中共山西省委党校学报 | 双月刊 | 6 | 1500 | 1 | 91 |

13-19　续表 2

| 指　标 | 刊期 | 实际出版期数(期) | 平均期印数(册) | 总印数(万册) | 总印张数(千印张) |
|---|---|---|---|---|---|
| 中共太原市委党校学报 | 双月刊 | 6 | 700 | | 26 |
| 山西社会主义学院学报 | 季刊 | 4 | 1000 | | 23 |
| 小学教学设计 | 旬刊 | 36 | 23600 | 85 | 3942 |
| 山西经济管理干部学院学报 | 季刊 | 4 | 1000 | | 38 |
| 山西省政法管理干部学院学报 | 季刊 | 4 | 1500 | 1 | 53 |
| 山西高等学校社会科学学报 | 月刊 | 12 | 1100 | 1 | 108 |
| 文物世界 | 双月刊 | 6 | 1500 | 1 | 56 |
| 山西中医学院学报 | 双月刊 | 6 | 1000 | 1 | 37 |
| 太原理工大学学报(社会科学版) | 双月刊 | 6 | 1000 | 1 | 38 |
| 护理研究 | 旬刊 | 36 | 1300 | 5 | 464 |
| 新作文 | 旬刊 | 36 | 44000 | 158 | 7983 |
| 中外童话故事 | 旬刊 | 36 | 10000 | 36 | 1339 |
| 中国中西医结合肾病杂志 | 月刊 | 12 | 2500 | 3 | 227 |
| 山西建筑 | 旬刊 | 36 | 4800 | 17 | 3511 |
| 实用医学影像杂志 | 双月刊 | 6 | 1500 | 1 | 67 |
| 新美域 | 季刊 | 4 | 5000 | 2 | 160 |
| 文史月刊 | 月刊 | 12 | 10000 | 12 | 696 |
| 山西警官高等专科学校学报 | 季刊 | 4 | 800 | | 19 |
| 母婴世界 | 月刊 | 12 | 5000 | 6 | 756 |
| 银行家 | 月刊 | 12 | 15872 | 19 | 1762 |
| 建材技术与应用 | 双月刊 | 6 | 8500 | 5 | 187 |
| 山西电力 | 双月刊 | 6 | 4000 | 2 | 139 |
| 华北国土资源 | 双月刊 | 6 | 1566 | 1 | 93 |
| 实用医技杂志 | 月刊 | 12 | 4300 | 5 | 419 |
| 临床医药实践 | 月刊 | 12 | 3000 | 4 | 223 |
| 测试技术学报 | 双月刊 | 6 | 1000 | 1 | 45 |
| 中学课程辅导 | 旬刊 | 36 | 5000 | 18 | 1814 |
| 旅游时代 | 月刊 | | | | |
| NBA 特刊 | 半月刊 | 24 | 10000 | 24 | 1814 |
| 农产品加工 | 半月刊 | 24 | 8300 | 20 | 1235 |
| 山西焦煤科技 | 月刊 | 12 | 2000 | 2 | 97 |
| 中西医结合心脑血管病杂志 | 半月刊 | 24 | 1078 | 3 | 257 |
| 太原市人民政府公报 | 半月刊 | 24 | 2000 | 5 | 238 |
| 机械工程与自动化 | 双月刊 | 6 | 4000 | 2 | 435 |
| 日用化学工业 | 月刊 | 12 | 5500 | 7 | 665 |
| 先锋队 | 旬刊 | 36 | 60000 | 216 | 9374 |
| 太原城市职业技术学院学报 | 月刊 | 12 | 900 | 1 | 177 |
| 新课程 | 旬刊 | 36 | 10000 | 36 | 5443 |
| 当代金融家 | 月刊 | 12 | 4000 | 5 | 420 |
| 校园心理 | 双月刊 | 6 | 5200 | 3 | 163 |
| 中北大学学报(社会科学版) | 双月刊 | 6 | 1000 | 1 | 45 |
| 太原科技大学学报 | 双月刊 | 6 | 1100 | 1 | 42 |
| 教育 | 旬刊 | 36 | 6300 | 23 | 1315 |
| 中北大学学报(自然科学版) | 双月刊 | 6 | 1000 | 1 | 45 |

13-19 续表 3

| 指 标 | 刊期 | 实际出版期数(期) | 平均期印数(册) | 总印数(万册) | 总印张数(千印张) |
|---|---|---|---|---|---|
| 系统科学学报 | 季刊 | 4 | 1000 | | 37 |
| 世界高尔夫 | 月刊 | 12 | 10000 | 12 | 1607 |
| 映像 | 月刊 | 12 | 5000 | 6 | 521 |
| 食品工程 | 季刊 | 4 | 2000 | 1 | 40 |
| 当代农机 | 月刊 | 12 | 6000 | 7 | 446 |
| 农业技术与装备 | 月刊 | 12 | 7000 | 8 | 420 |
| 中共山西省直机关党校学报 | 双月刊 | 6 | 1000 | 1 | 50 |
| 文化产业 | 月刊 | 12 | 6000 | 7 | 513 |
| 全科护理 | 旬刊 | 36 | 1200 | 4 | 367 |
| 新晋商 | 月刊 | 12 | 5000 | 6 | 480 |
| 铸造设备与工艺 | 双月刊 | 6 | 5500 | 3 | 260 |
| 科学技术哲学研究 | 双月刊 | 6 | 2180 | 1 | 115 |
| 村委主任 | 半月刊 | 24 | 15000 | 36 | 1588 |
| 美术与市场 | 季刊 | | | | |
| 测试科学与仪器(英文版) | 季刊 | 4 | 1000 | | 33 |
| 科技创新与生产力 | 月刊 | 12 | 3300 | 4 | 297 |
| 能源与节能 | 月刊 | 12 | 3000 | 4 | 432 |
| 高等财经教育研究 | 季刊 | 4 | 1000 | | 30 |
| 现代工业经济和信息化 | 半月刊 | 24 | 9680 | 23 | 2049 |
| 新科幻 | 月刊 | | | | |
| 基础医学教育 | 月刊 | 12 | 1000 | 1 | 108 |
| 经济与社会发展研究 | 月刊 | | | | |
| 炎黄地理 | 月刊 | 12 | 5000 | 6 | 420 |
| 科技与创新 | 半月刊 | 24 | 2000 | 5 | 557 |
| 神州印象 | 月刊 | 12 | 5000 | 6 | 420 |
| 山西青年职业学院学报 | 季刊 | 4 | 1000 | | 28 |
| 经纬天地 | 双月刊 | 6 | 625 | | 29 |
| 名家名作 | 双月刊 | 6 | 3000 | 2 | 187 |
| 天工 | 双月刊 | 6 | 3500 | 2 | 265 |
| 护理研究(英文) | 季刊 | 4 | 1000 | | 15 |
| 名师在线 | 月刊 | 12 | 1800 | 2 | 134 |
| 循证护理 | 季刊 | 4 | 1000 | | 20 |
| 史志学刊 | 双月刊 | 6 | 1600 | 1 | 71 |
| 指挥与控制学报 | 季刊 | 4 | 1250 | 1 | 47 |
| 戏友 | 季刊 | 4 | 2000 | 1 | 40 |
| 现代职业教育 | 旬刊 | 36 | 7000 | 25 | 3810 |
| 中国日用化学品 | 季刊 | 2 | 1000 | | 11 |
| 图书情报导刊 | 月刊 | 12 | 1500 | 2 | 232 |
| 品牌研究 | 双月刊 | 6 | 1500 | 1 | 63 |
| 太原学院学报(社会科学版) | 双月刊 | 6 | 800 | | 36 |
| 太原学院学报(自然科学版) | 季刊 | 4 | 800 | | 31 |
| 武术研究 | 月刊 | 12 | 3000 | 4 | 449 |
| 山西省人民政府公报 | 半月刊 | 24 | 10000 | 24 | 600 |

## 13-20 广播、电视主要指标
## Main indicators of radio and TV

| 指标 | 单位 | 省级 | 市级 | 县级 |
|---|---|---|---|---|
| 电视台 | 座 | | 1（教育电视台） | |
| 广播电视台 | 座 | 1 | 1 | 4 |
| 中短波转播发射台 | 座 | 12 | | |
| | 千瓦 | 439 | | |
| 电视转播发射台 | 座 | 5 | 2 | 3 |
| | 千瓦 | 215 | 4 | 1 |
| 有线广播电视传输网络干线总长 | 公里 | 6118 | 6863 | |
| 有线广播电视用户 | 户 | 183500 | 1029435 | |
| 数字电视用户 | 户 | 157000 | 1019490 | |
| 广播人口覆盖率 | % | | 99.75 | |
| 电视人口覆盖率 | % | | 99.83 | |
| 有线电视入户率 | % | | 90.6 | |

## 13-21 电视节目主要情况
## Major situation of TV program

| 指标 | 单位 | 省级 | 市级 | 县级 |
|---|---|---|---|---|
| 节目套数 | 套 | 9 | 6 | 3 |
| 全年播出节目时间 | 时、分 | 58005:26 | 49886:45 | 5928:03 |
| 新闻资讯类节目 | 时、分 | 7668:43 | 7277:20 | 498:00 |
| 专题服务类节目 | 时、分 | 6321:32 | 4263:15 | 485:03 |
| 综艺益智类节目 | 时、分 | 4714:24 | 5438:10 | 1255:00 |
| 影视剧类节目 | 时、分 | 25745:48 | 13634:50 | 2710:00 |
| 广告类节目 | 时、分 | 8827:37 | 6978:20 | 580:00 |
| 其它类节目 | 时、分 | 4727:22 | 12294:50 | 400:00 |

## 13-22 广播节目主要情况
## Major situation of broadcast program

| 指标 | 单位 | 省级 | 市级 | 县级 |
|---|---|---|---|---|
| 节目套数 | 套 | 7 | 3 | 1 |
| 全年播出节目时间 | 时、分 | 57670:00 | 25908:35 | 3231:00 |
| 新闻资讯类节目 | 时、分 | 6090:48 | 7045:30 | 170:00 |
| 专题服务类节目 | 时、分 | 15314:12 | 3847:35 | 214:00 |
| 综艺益智类节目 | 时、分 | 10744:25 | 7052:30 | 1819:00 |
| 广播剧类节目 | 时、分 | 3284:10 | 4001:00 | 514:00 |
| 广告类节目 | 时、分 | 10769:55 | 3597:00 | 514:00 |
| 其它类节目 | 时、分 | 11466:30 | 365:00 | |

# 13-23 卫生机构、床位和人员情况(一)

## Situation of health institutions, beds and personnels(1)

| 指　标 | 机构数（个） | 床位数（张） | 卫生人员(人) | | | | | |
|---|---|---|---|---|---|---|---|---|
| | | | 合计 | 卫生技术人员（人） | | | | |
| | | | | 小计 | 执业医师 | 执业助理医师 | 注册护士 | 药师（士） |
| **总　计** | **3724** | **37897** | **67412** | **55389** | **19595** | **1240** | **26172** | **2478** |
| 一、医院 | 185 | 35852 | 50399 | 41518 | 13216 | 419 | 21071 | 2124 |
| 综合医院 | 88 | 21046 | 30542 | 25248 | 8206 | 232 | 12916 | 1191 |
| 中医医院 | 23 | 3434 | 4583 | 3903 | 1260 | 49 | 1717 | 411 |
| 中西医结合医院 | 6 | 1628 | 1932 | 1673 | 582 | 30 | 826 | 80 |
| 二、基层医疗卫生机构 | 3480 | 1045 | 13245 | 11089 | 5315 | 732 | 4363 | 292 |
| 社区卫生服务中心(站) | 296 | 267 | 3553 | 3233 | 1352 | 133 | 1431 | 142 |
| 社区卫生服务中心 | 55 | 159 | 1506 | 1320 | 464 | 56 | 557 | 97 |
| 社区卫生服务站 | 241 | 108 | 2047 | 1913 | 888 | 77 | 874 | 45 |
| 卫生院 | 60 | 707 | 747 | 639 | 193 | 123 | 180 | 51 |
| 街道卫生院 | 2 | 10 | 21 | 19 | 6 | 5 | 5 | 3 |
| 乡镇卫生院 | 58 | 697 | 726 | 620 | 187 | 118 | 175 | 48 |
| 中心卫生院 | 18 | 222 | 237 | 202 | 53 | 57 | 48 | 13 |
| 乡卫生院 | 40 | 475 | 489 | 418 | 134 | 61 | 127 | 35 |
| 村卫生室 | 965 | | 1703 | 317 | 141 | 153 | 23 | |
| 门诊部 | 186 | 71 | 2150 | 1879 | 879 | 69 | 806 | 42 |
| 综合门诊部 | 24 | 10 | 392 | 335 | 152 | 1 | 146 | 8 |
| 中医门诊部 | 25 | 10 | 239 | 191 | 104 | 9 | 63 | 12 |
| 中西医结合门诊部 | 10 | 11 | 90 | 88 | 42 | | 44 | |
| 专科门诊部 | 127 | 40 | 1429 | 1265 | 581 | 59 | 553 | 22 |
| 诊所、卫生所、医务室 | 1973 | | 5092 | 5021 | 2750 | 254 | 1923 | 57 |
| 诊所 | 1779 | | 4258 | 4234 | 2363 | 234 | 1587 | 36 |
| 卫生所、医务室 | 194 | | 834 | 787 | 387 | 20 | 336 | 21 |
| 三、专业公共卫生机构 | 44 | 450 | 2778 | 2162 | 845 | 85 | 561 | 57 |
| 疾病预防控制中心 | 14 | | 840 | 646 | 334 | 69 | 19 | 9 |
| 专科疾病防治院(所、站) | 1 | 10 | 113 | 78 | 40 | 1 | 19 | 1 |
| 健康教育所(站、中心) | 1 | | 23 | 13 | | | | |
| 妇幼保健院(所、站) | 13 | 440 | 1123 | 926 | 327 | 15 | 454 | 42 |
| 妇幼保健院 | 6 | 440 | 949 | 792 | 252 | 4 | 421 | 39 |
| 妇幼保健所 | 4 | | 94 | 74 | 50 | 4 | 13 | 2 |
| 妇幼保健站 | 3 | | 80 | 60 | 25 | 7 | 20 | 1 |
| 急救中心(站) | 1 | | 227 | 168 | 120 | | 37 | 4 |
| 采供血机构 | 1 | | 121 | 87 | 22 | | 29 | 1 |
| 卫生监督所(中心) | 12 | | 326 | 239 | | | | |
| 计划生育技术服务机构 | 1 | | 5 | 5 | 2 | | 3 | |
| 四、其他卫生机构 | 15 | 550 | 990 | 620 | 219 | 4 | 177 | 5 |
| 疗养院 | 3 | 550 | 240 | 71 | 21 | 1 | 38 | 1 |
| 卫生监督检验(监测、检测)所(站) | 1 | | 46 | 46 | 1 | | | |
| 医学科学研究机构 | 1 | | 59 | 49 | 12 | | | 4 |
| 临床检验中心(所、站) | 3 | | 166 | 97 | 10 | | 11 | |
| 统计信息中心 | 1 | | 7 | | | | | |
| 其他 | 6 | | 472 | 357 | 175 | 3 | 128 | |

# 13–23　卫生机构、床位和人员情况(二)

## Situation of health institutions, beds and personnels(2)

| 指　标 | 卫生人员(人) | | | | 其他技术人员(人) | 管理人员(人) | 工勤技能人员(人) |
|---|---|---|---|---|---|---|---|
| | 卫生技术人员 (人) | | | | | | |
| | 技师(士) | #检验师 | 其他 | #见习医师 | | | |
| **总　计** | **2674** | **1985** | **3230** | **598** | **2664** | **3338** | **4635** |
| 一、医院 | 2071 | 1469 | 2617 | 542 | 2326 | 2650 | 3905 |
| 综合医院 | 1202 | 862 | 1501 | 417 | 1169 | 1591 | 2534 |
| 中医医院 | 179 | 125 | 287 | 11 | 246 | 171 | 263 |
| 中西医结合医院 | 102 | 73 | 53 | | 62 | 63 | 134 |
| 二、基层医疗卫生机构 | 185 | 135 | 202 | 45 | 102 | 266 | 402 |
| 社区卫生服务中心(站) | 85 | 62 | 90 | 26 | 70 | 125 | 125 |
| 社区卫生服务中心 | 73 | 51 | 73 | 21 | 41 | 53 | 92 |
| 社区卫生服务站 | 12 | 11 | 17 | 5 | 29 | 72 | 33 |
| 卫生院 | 14 | 11 | 78 | 16 | 23 | 30 | 55 |
| 街道卫生院 | | | | | | | 2 |
| 乡镇卫生院 | 14 | 11 | 78 | 16 | 23 | 30 | 53 |
| 中心卫生院 | 2 | 2 | 29 | | 7 | 9 | 19 |
| 乡卫生院 | 12 | 9 | 49 | 16 | 16 | 21 | 34 |
| 村卫生室 | | | | | | | |
| 门诊部 | 66 | 47 | 17 | 2 | 9 | 111 | 151 |
| 综合门诊部 | 22 | 17 | 6 | 1 | 2 | 23 | 32 |
| 中医门诊部 | 3 | 2 | | | 1 | 21 | 26 |
| 中西医结合门诊部 | 2 | 2 | | | | 2 | |
| 专科门诊部 | 39 | 26 | 11 | 1 | 6 | 65 | 93 |
| 诊所、卫生所、医务室 | 20 | 15 | 17 | 1 | | | 71 |
| 诊所 | 3 | 2 | 11 | 1 | | | 24 |
| 卫生所、医务室 | 17 | 13 | 6 | | | | 47 |
| 三、专业公共卫生机构 | 270 | 251 | 344 | 11 | 199 | 278 | 139 |
| 疾病预防控制中心 | 182 | 176 | 33 | 2 | 62 | 88 | 44 |
| 专科疾病防治院(所、站) | 7 | 5 | 10 | | 20 | 11 | 4 |
| 健康教育所(站、中心) | | | 13 | | 7 | 3 | |
| 妇幼保健院(所、站) | 58 | 53 | 30 | 9 | 71 | 88 | 38 |
| 妇幼保健院 | 51 | 46 | 25 | 9 | 64 | 58 | 35 |
| 妇幼保健所 | 3 | 3 | 2 | | 3 | 15 | 2 |
| 妇幼保健站 | 4 | 4 | 3 | | 4 | 15 | 1 |
| 急救中心(站) | 7 | 2 | | | 18 | 6 | 35 |
| 采供血机构 | 16 | 15 | 19 | | 19 | 7 | 8 |
| 卫生监督所(中心) | | | 239 | | 2 | 75 | 10 |
| 计划生育技术服务机构 | | | | | | | |
| 四、其他卫生机构 | 148 | 130 | 67 | | 37 | 144 | 189 |
| 疗养院 | 6 | 4 | 4 | | 15 | 55 | 99 |
| 卫生监督检验(监测、检测)所(站) | 45 | 45 | | | | | |
| 医学科学研究机构 | 6 | 3 | 27 | | 10 | | |
| 临床检验中心(所、站) | 58 | 58 | 18 | | 1 | 47 | 21 |
| 统计信息中心 | | | | | | 7 | |
| 其他 | 33 | 20 | 18 | | 11 | 35 | 69 |

注：资料来自市卫生计生委。

# 13-24 律师工作情况
## Condition of lawyer working

| 指 标 | 单 位 | 2016 | 2015 |
|---|---|---|---|
| 律师事务所 | 个 | 208 | 184 |
| 律师工作人员(注册) | 人 | 1860 | 1595 |
| 专职律师 | 人 | 1702 | 1449 |
| 兼职律师 | 人 | 116 | 104 |
| 法律援助律师 | 人 | 12 | 12 |
| 公职律师 | 人 | 30 | 30 |
| 聘请常年法律顾问的单位 | 个 | 2682 | 2466 |
| 民事、经济诉讼代理 | 件 | 9887 | 8392 |
| 刑事辨护及代理 | 件 | 6752 | 4987 |
| 非诉讼法律事务 | 件 | 4605 | 3702 |

# 13-25 公证和调解工作情况
## Condition of notarization and mediation work

| 指 标 | 单 位 | 2016 | 2015 |
|---|---|---|---|
| **公证工作** | | | |
| 公证处 | 个 | 7 | 7 |
| 公证员（含公证员助理） | 人 | 126 | 133 |
| 办理国内民事公证 | 件 | 76079 | 46217 |
| 办理国内经济公证 | 件 | 13096 | 11220 |
| 办理涉外公证 | 件 | 22465 | 24485 |
| 涉港澳台公证 | 件 | 183 | 339 |
| **调解工作** | | | |
| 司法所工作人员 | 人 | 168 | 153 |
| 人民调解委员会 | 个 | 1937 | 1958 |
| 调解人员 | 人 | 8450 | 8867 |
| 调解各类纠纷 | 件 | 31377 | 31076 |
| 防止民间纠纷引起自杀 | 人 | 35 | 41 |
| 防止民间纠纷转化为刑事案件 | 件 | 27 | 22 |

# 13-26 后备运动员及教练员项目分布情况

## Distribution of sports athletes and coaches

单位：人

| 项 目 | 运动员 | 教练员 |
|---|---|---|
| **合 计** | **897** | **57** |
| 田径 | 75 | 11 |
| 自行车 | 85 | 2 |
| 击剑 | 20 | 2 |
| 举重 | 50 | 3 |
| 柔道 | 47 | 1 |
| 国际摔跤 | 70 | 4 |
| 跆拳道 | 30 | 1 |
| 拳击 | 21 | 1 |
| 武术套路 | 60 | 1 |
| 武术散打 | 15 | 1 |
| 射击 | 50 | 4 |
| 射箭 | 35 | 1 |
| 游泳 | 83 | 6 |
| 跳水 | 25 | 2 |
| 乒乓球 | 30 | 2 |
| 篮球 | 30 | 6 |
| 网球 | 33 | 1 |
| 体操 | 42 | 3 |
| 蹦床 | 42 | 2 |
| 皮划艇 | 22 | 1 |
| 赛艇 | 18 | 1 |
| 帆船 | 14 | 1 |

# 13-27 等级裁判员项目分布情况

## Distribution of grade judges

单位：人

| 项 目 | 一级以上裁判员合计 | # 女性 | 1、国际级裁判员 | 2、国家级裁判员 | 3、一级裁判员 | 二级裁判员 |
|---|---|---|---|---|---|---|
| **合计** | **1256** | **511** | **28** | **141** | **1087** | **1491** |
| 田径 | 109 | 58 | 1 | 12 | 96 | 219 |
| 游泳 | 70 | 30 | | 10 | 60 | 14 |
| 跳水 | 11 | 3 | 1 | 1 | 9 | |
| 自行车 | 54 | 17 | 1 | 16 | 37 | 6 |
| 举重 | 16 | 11 | 3 | 2 | 11 | |
| 射击 | 80 | 36 | 1 | 4 | 75 | 3 |
| 射箭 | 50 | 22 | | 3 | 47 | |
| 国际摔跤 | 21 | 2 | 1 | 2 | 18 | 1 |
| 柔道 | 15 | 5 | 1 | 7 | 7 | 1 |
| 跆拳道 | 36 | 10 | 1 | 3 | 32 | 18 |
| 拳击 | 32 | 4 | | | 32 | |
| 体操 | 43 | 18 | 6 | | 37 | |
| 蹦床 | 22 | 12 | 5 | | 17 | |
| 武术套路 | 70 | 28 | 2 | 10 | 58 | 167 |
| 武术散打 | 15 | 1 | 1 | 1 | 13 | |
| 击剑 | 12 | 5 | | 1 | 11 | |
| 足球 | 46 | 7 | | 3 | 43 | 98 |
| 篮球 | 98 | 34 | | 8 | 90 | 388 |
| 排球 | 29 | 7 | 1 | 6 | 22 | 111 |
| 沙滩排球 | 6 | 2 | 1 | 5 | | |
| 乒乓球 | 66 | 54 | | 10 | 56 | 214 |
| 网球 | 72 | 33 | 1 | 13 | 58 | 77 |
| 羽毛球 | 74 | 38 | | 5 | 69 | 151 |
| 门球 | 24 | 13 | | 2 | 22 | |
| 台球 | 3 | 1 | | | 3 | |
| 中国象棋 | 18 | 2 | | 1 | 17 | 2 |
| 国际象棋 | 20 | 7 | | 1 | 19 | 14 |
| 围棋 | 16 | 6 | | 3 | 13 | 7 |
| 健美操 | 30 | 21 | | 2 | 28 | |
| 体育舞蹈 | 13 | 5 | | 2 | 11 | |
| 健美 | 10 | 4 | 1 | 1 | 8 | |
| 健身气功 | 8 | 4 | | 1 | 7 | |
| 跳伞 | 1 | 1 | | | 1 | |
| 拔河 | 2 | 1 | | 1 | 1 | |
| 毽球 | 12 | 4 | | | 12 | |
| 健身秧歌 | 2 | 2 | | 1 | 1 | |
| 电子竞技 | 6 | | | 1 | 5 | |
| 信鸽 | 30 | | | | 30 | |
| 航模 | 9 | | | 2 | 7 | |
| 定向 | 5 | 1 | | 1 | 4 | |

注：本表数据口径只包括市局管辖数据，不包含省管辖口径。

# 13-28 等级运动员项目分布情况
## Distribution of the athletes in class

单位：人

| 项 目 | 等级运动员合计 | #女性 | 1、一级运动员 | 2、二级运动员 |
|---|---|---|---|---|
| **合计** | **1692** | **665** | **486** | **1206** |
| 田径 | 284 | 85 | 11 | 273 |
| 游泳 | 53 | 19 | 11 | 42 |
| 跳水 | 1 | | 1 | |
| 自行车 | 20 | 9 | 15 | 5 |
| 举重 | 8 | 6 | 4 | 4 |
| 射击 | 46 | 23 | 29 | 17 |
| 射箭 | 15 | 5 | 4 | 11 |
| 国际摔跤 | 49 | 20 | 15 | 34 |
| 柔道 | 14 | 7 | 6 | 8 |
| 跆拳道 | 55 | 26 | 35 | 20 |
| 拳击 | 27 | 11 | 12 | 15 |
| 体操 | 2 | 2 | 2 | |
| 蹦床 | 6 | 5 | 6 | |
| 武术套路 | 44 | 20 | 5 | 39 |
| 武术散打 | 24 | 9 | 7 | 17 |
| 击剑 | 9 | 7 | 3 | 6 |
| 足球 | 212 | 51 | 43 | 169 |
| 篮球 | 252 | 101 | 66 | 186 |
| 排球 | 295 | 138 | 146 | 149 |
| 沙滩排球 | | | | |
| 乒乓球 | 97 | 43 | 39 | 58 |
| 网球 | 70 | 37 | | 70 |
| 羽毛球 | 22 | 11 | | 22 |
| 手球 | 6 | 4 | | 6 |
| 门球 | | | | |
| 台球 | | | | |
| 中国象棋 | 16 | 5 | 3 | 13 |
| 国际象棋 | 18 | 5 | 5 | 13 |
| 围棋 | 18 | 3 | 3 | 15 |
| 健美操 | 12 | 7 | 4 | 8 |
| 体育舞蹈 | | | | |
| 健美 | | | | |
| 健身气功 | | | | |
| 跳伞 | | | | |
| 拔河 | | | | |
| 毽球 | | | | |
| 健身秧歌 | | | | |
| 电子竞技 | | | | |
| 信鸽 | | | | |
| 航模 | 3 | | 2 | 1 |
| 定向 | | | | |
| 橄榄球 | | | | |
| 技巧 | 2 | 1 | | 2 |
| 中国式摔跤 | 3 | 1 | | 3 |
| 皮划艇 | 8 | 3 | 8 | |
| 赛艇 | 1 | 1 | 1 | |

# 13-29 体育彩票发行情况
## Issue of sports lottery

| 年 份 | 全市体育彩票发行额(万元) | 全省体育彩票发行额(万元) | 全市体育彩票网点数(个) | 全市体育彩票发行额在全省占比(%) |
|---|---|---|---|---|
| 2005 | 8106 | 38877 | 354 | 20.9 |
| 2006 | 12269 | 55930 | 376 | 21.9 |
| 2007 | 12984 | 50780 | 392 | 25.6 |
| 2008 | 27276 | 92377 | 409 | 29.5 |
| 2009 | 22230 | 80709 | 470 | 27.5 |
| 2010 | 26391 | 82260 | 475 | 32.1 |
| 2011 | 35297 | 96358 | 520 | 36.0 |
| 2012 | 34073 | 101566 | 520 | 33.5 |
| 2013 | 50649 | 156171 | 530 | 32.4 |
| 2014 | 60256 | 189702 | 580 | 31.8 |
| 2015 | 66937 | 208464 | 594 | 32.1 |
| 2016 | 72968 | 232870 | 634 | 31.3 |

# 13-30 婚姻登记情况
## Situation of marriage registration

| 指 标 | 结婚登记数(对) | 初婚人数(人) | 再婚人数(人) | | | 离婚登记数(对) |
|---|---|---|---|---|---|---|
| | | | | #女 | 恢复结婚(对) | |
| **总 计** | **33058** | **55812** | **10304** | **5195** | **1546** | **9070** |
| 市本级 | 11 | 18 | 4 | 2 | | 3 |
| 小店区 | 6826 | 11602 | 2050 | 978 | 424 | 1656 |
| 迎泽区 | 4781 | 8068 | 1494 | 781 | 206 | 1281 |
| 杏花岭区 | 5339 | 8671 | 2007 | 965 | 173 | 1636 |
| 尖草坪区 | 2494 | 4010 | 978 | 506 | 176 | 871 |
| 万柏林区 | 5134 | 8631 | 1637 | 798 | 243 | 1384 |
| 晋源区 | 1647 | 2697 | 597 | 298 | 99 | 428 |
| 清徐县 | 2486 | 4477 | 495 | 280 | 70 | 482 |
| 阳曲县 | 1107 | 1932 | 282 | 171 | 24 | 309 |
| 娄烦县 | 1332 | 2351 | 313 | 183 | 57 | 542 |
| 古交市 | 1901 | 3355 | 447 | 233 | 74 | 478 |

# 13-31 社会救济、收养对象情况

## Social relief and adoption object

单位：人、个、张

| 指 标 | 城市居民最低生活保障人数(人) | 农村居民最低生活保障人数(人) | 城市发放最低保障资金(万元) | 农村发放最低保障资金(万元) | 农村集中五保供养人数(人) | 农村分散五保供养人数(人) | 收养类单位数(个) | 收养类单位床位数(张) | 收养类单位在院人数(人) |
|---|---|---|---|---|---|---|---|---|---|
| **总 计** | **29614** | **40322** | **17678.9** | **16385.6** | **3049** | **1008** | **40** | **7193** | **4938** |
| 市本级 | | | | | | | 14 | 2312 | 1280 |
| 小店区 | 849 | 1241 | 638.1 | 682.2 | 98 | 134 | 1 | 200 | 110 |
| 迎泽区 | 1955 | 429 | 1436.3 | 230.8 | 3 | 18 | 1 | 100 | 8 |
| 杏花岭区 | 5886 | 1660 | 3625.1 | 826.1 | 29 | 30 | 7 | 622 | 531 |
| 尖草坪区 | 3748 | 2843 | 2075.3 | 1719.5 | 77 | 268 | 1 | 230 | 70 |
| 万柏林区 | 3259 | 2281 | 2302.6 | 1413.5 | 27 | 35 | 2 | 90 | 72 |
| 晋源区 | 1382 | 7490 | 859.8 | 2828.5 | 68 | 134 | 1 | 108 | 68 |
| 清徐县 | 1293 | 4116 | 706.8 | 1787.1 | 435 | 151 | 6 | 633 | 435 |
| 阳曲县 | 4246 | 4287 | 2128.5 | 1321.0 | 1033 | 124 | 1 | 1269 | 1033 |
| 娄烦县 | 2905 | 10827 | 1663.6 | 3582.1 | 951 | | 5 | 1125 | 1003 |
| 古交市 | 4091 | 5148 | 2242.8 | 1994.8 | 328 | 114 | 1 | 504 | 328 |

# 13-32 优抚对象优待抚恤情况

## Special preferential treatment to the situation

单位：人、户

| 指 标 | 抚恤、补助优抚对象人数 | 定期抚恤人 数 | 定期补助人 数 | 伤残人数 | 优待优抚对象户数 | 优抚对象享受医保人数 |
|---|---|---|---|---|---|---|
| **总 计** | **10680** | **238** | **7370** | **3072** | **5131** | **6171** |
| 小店区 | 1455 | 25 | 815 | 615 | 1499 | 109 |
| 迎泽区 | 908 | 69 | 128 | 711 | 908 | 18 |
| 杏花岭区 | 957 | 23 | 356 | 578 | | 52 |
| 尖草坪区 | 889 | 17 | 639 | 233 | 421 | 187 |
| 万柏林区 | 667 | 24 | 247 | 396 | 239 | 93 |
| 晋源区 | 1031 | 6 | 880 | 145 | | 226 |
| 清徐县 | 2521 | 11 | 2375 | 135 | 267 | 2521 |
| 阳曲县 | 1048 | 20 | 940 | 88 | 1170 | 2096 |
| 娄烦县 | 636 | 32 | 536 | 68 | 59 | 629 |
| 古交市 | 568 | 11 | 454 | 103 | 568 | 240 |

# 第14篇

## 县(市、区)经济概况

## *Basic Economic Statistics of at County Levell (districts, counties and cities)*

# 资料整理、审核

张妙莲

# 14-1 小店区国民经济主要指标

## Main indicators of national economy in Xiaodian District

| 指　　标 | 单 位 | 2016 |
|---|---|---|
| **一、基本情况** | | |
| 行政区域面积 | 平方公里 | 295 |
| 乡个数 | 个 | 2 |
| 镇个数 | 个 | 1 |
| 街道办事处个数 | 个 | 7 |
| **二、人口与就业** | | |
| 常住户数 | 户 | 178461 |
| 常住人口 | 万人 | 83.5 |
| 户籍人口 | 万人 | 62.9 |
| **三、综合经济** | | |
| (一)地区生产总值 | 万元 | 7388145 |
| 第一产业增加值 | 万元 | 82329 |
| 农业 | 万元 | 61439 |
| 林业 | 万元 | 4493 |
| 牧业 | 万元 | 16366 |
| 渔业 | 万元 | 31 |
| 第二产业增加值 | 万元 | 3620730 |
| 工业 | 万元 | 2670611 |
| 第三产业增加值 | 万元 | 3685086 |
| 农林牧渔服务业 | 万元 | 2300 |
| (二)财政、金融 | | |
| 一般公共预算收入 | 万元 | 246035 |
| 各项税收 | 万元 | 209009 |
| 一般公共预算支出 | 万元 | 375279 |
| 农林水事务支出 | 万元 | 23013 |
| 科学技术支出 | 万元 | 3531 |
| 医疗卫生支出 | 万元 | 26334 |
| 教育支出 | 万元 | 52800 |
| **四、农业** | | |
| (一)生产条件 | | |
| 设施农业占地面积 | 公顷 | 282.7 |
| 农业机械总动力 | 万千瓦特 | 6.8 |
| 化肥使用量(折纯量) | 吨 | 3220 |
| 农药使用量 | 吨 | 70 |
| 地膜使用量 | 吨 | 49 |

14-1 续表 1

| 指 标 | 单 位 | 2016 |
|---|---|---|
| 有效灌溉面积 | 公顷 | 9990 |
| 机收面积 | 公顷 | 6950 |
| (二)农作物播种面积 | 公顷 | 12656.9 |
| 粮食作物播种面积 | 公顷 | 7603.7 |
| 小麦 | 公顷 | 58.6 |
| 玉米 | 公顷 | 7483.9 |
| 大豆 | 公顷 | 6.6 |
| 蔬菜播种面积 | 公顷 | 5033.6 |
| (三)农产品产量 | | |
| 粮食总产量 | 吨 | 62440 |
| 小麦 | 吨 | 340 |
| 玉米 | 吨 | 61850 |
| 大豆 | 吨 | 10.5 |
| 园林水果产量 | 吨 | 1042.0 |
| 肉类总产量 | 吨 | 4462.0 |
| 猪肉产量 | 吨 | 2100.0 |
| 年末生猪存栏 | 头 | 17514 |
| 年末牛存栏 | 头 | 8684 |
| 年末羊存栏 | 只 | 18273 |
| 禽蛋产量 | 吨 | 4100 |
| 奶类产量 | 吨 | 42500 |
| 蔬菜产量 | 吨 | 274100 |
| 水产品产量 | 吨 | 46 |
| **五、工业及建筑业** | | |
| 规模以上工业企业单位数 | 个 | 39 |
| 规模以上工业总产值 | 万元 | 523200 |
| 规模以上工业企业从业人员年平均人数 | 人 | 6200 |
| 规模以上工业企业主营业务收入 | 万元 | 473200 |
| 建筑业企业单位数 | 个 | 312 |
| **六、贸易、外经、旅游** | | |
| 社会消费品零售总额 | 万元 | 4423982 |
| 出口总额 | 万美元 | 6831 |
| 当年实际使用外资金额 | 万美元 | 2473 |
| **七、固定资产投资** | | |
| 固定资产投资 | 万元 | 3075369 |
| 新增固定资产 | 万元 | 2380308 |

14-1 续表 2

| 指 标 | 单 位 | 2016 |
|---|---|---|
| 房地产开发投资 | 万元 | 1295566 |
| 住宅 | 万元 | 840664 |
| 住宅竣工面积 | 万平方米 | 220 |
| **八、教育、科技、文化、卫生** | | |
| 普通中学 | 所 | 41 |
| 小学数 | 所 | 69 |
| 普通中学专任教师数 | 人 | 3796 |
| 小学专任教师数 | 人 | 2882 |
| 普通中学在校学生数 | 人 | 42293 |
| 小学在校学生数 | 人 | 63684 |
| 全年专利授权数 | 件 | 1394 |
| 公共图书馆图书总藏量 | 千册 | 112.9 |
| 剧场、影剧院个数 | 个 | 6 |
| 体育场馆个数 | 个 | 2 |
| 医疗卫生机构床位数 | 床 | 6645 |
| 医疗卫生机构技术人员 | 人 | 9606 |
| 执业（助理）医师 | 人 | 3827 |
| **九、居民收入** | | |
| 居民人均可支配收入 | 元 | 29613 |
| 城镇居民人均可支配收入 | 元 | 30560 |
| 农村居民人均纯收入 | 元 | 19851 |
| **十、社会保障** | | |
| 各种社会福利收养性单位数 | 个 | 1 |
| 各种社会福利收养性单位床位数 | 床 | 200 |
| 城镇基本养老保险参保人数 | 人 | 83602 |
| 城镇基本医疗保险参保人数 | 人 | 268370 |
| 失业保险参保人数 | 人 | 44706 |
| 新型农村合作医疗参保人数 | 人 | 152173 |
| 新型农村社会养老保险参保人数 | 人 | 86515 |
| 城镇居民最低生活保障人数 | 人 | 849 |
| 农村居民最低生活保障人数 | 人 | 1241 |
| **十一、资源与环境** | | |
| 森林面积 | 公顷 | 1247 |
| 工业二氧化硫排放量 | 吨 | 1401 |
| 氮氧化物排放量 | 吨 | 2669 |
| 烟（粉）尘排放量 | 吨 | 1346 |
| 污水处理厂数 | 座 | 3 |
| 垃圾处理站数 | 个 | 12 |
| 城区空气质量优良以上天数 | 天 | 232 |

# 14-2　迎泽区国民经济主要指标
## Main indicators of national economy in Yingze District

| 指　　标 | 单　位 | 2016 |
|---|---|---|
| 一、基本情况 | | |
| 行政区域面积 | 平方公里 | 117 |
| 镇个数 | 个 | 1 |
| 街道办事处个数 | 个 | 6 |
| 二、人口与就业 | | |
| 常住户数 | 户 | 155923 |
| 常住人口 | 万人 | 61.0 |
| 户籍人口 | 万人 | 53.8 |
| 三、综合经济 | | |
| (一)地区生产总值 | 万元 | 6022009 |
| 第一产业增加值 | 万元 | 3318 |
| 农业 | 万元 | 177 |
| 林业 | 万元 | 2744 |
| 牧业 | 万元 | 368 |
| 渔业 | 万元 | 29 |
| 第二产业增加值 | 万元 | 805920 |
| 工业 | 万元 | 392082 |
| 第三产业增加值 | 万元 | 5212771 |
| (二)财政、金融 | | |
| 一般公共预算收入 | 万元 | 139219 |
| 各项税收 | 万元 | 122589 |
| 一般公共预算支出 | 万元 | 193940 |
| 农林水事务支出 | 万元 | 3053 |
| 科学技术支出 | 万元 | 265 |
| 医疗卫生支出 | 万元 | 15757 |
| 教育支出 | 万元 | 42674 |
| 四、农业 | | |
| (一)生产条件 | | |
| 设施农业占地面积 | 公顷 | 1.3 |
| 农业机械总动力 | 万千瓦特 | 0.5 |
| 化肥使用量(折纯量) | 吨 | 2.7 |
| 农药使用量 | 吨 | 1.0 |

14-2 续表 1

| 指　标 | 单 位 | 2016 |
|---|---|---|
| 有效灌溉面积 | 公顷 | 250 |
| (二)农作物播种面积 | 公顷 | 182.8 |
| 粮食作物播种面积 | 公顷 | 171.9 |
| 玉米 | 公顷 | 90.4 |
| 大豆 | 公顷 | 1.1 |
| 油料播种面积 | 公顷 | 3.3 |
| 蔬菜播种面积 | 公顷 | 7.5 |
| (三)农产品产量 | | |
| 粮食总产量 | 吨 | 409.4 |
| 玉米 | 吨 | 268.8 |
| 大豆 | 吨 | 2.1 |
| 油料产量 | 吨 | 6.4 |
| 园林水果产量 | 吨 | 178.1 |
| 肉类总产量 | 吨 | 258.0 |
| 猪肉产量 | 吨 | 178.1 |
| 年末生猪存栏 | 头 | 2922 |
| 年末牛存栏 | 头 | 130 |
| 年末羊存栏 | 只 | 6156 |
| 禽蛋产量 | 吨 | 226.0 |
| 奶类产量 | 吨 | 18.0 |
| 蔬菜产量 | 吨 | 255.3 |
| 水产品产量 | 吨 | 50 |
| **五、工业及建筑业** | | |
| 规模以上工业企业单位数 | 个 | 6 |
| 规模以上工业总产值 | 万元 | 635100 |
| 规模以上工业企业从业人员年平均人数 | 人 | 6200 |
| 规模以上工业企业主营业务收入 | 万元 | 637600 |
| 建筑业企业单位数 | 个 | 300 |
| **六、贸易、外经、旅游** | | |

14-2　续表 2

| 指　标 | 单 位 | 2016 |
|---|---|---|
| 社会消费品零售总额 | 万元 | 4401717 |
| 出口总额 | 万美元 | 22087 |
| 当年实际使用外资金额 | 万美元 | 1957 |
| **七、固定资产投资** | | |
| 固定资产投资 | 万元 | 2182485 |
| 新增固定资产 | 万元 | 872854 |
| 房地产开发投资 | 万元 | 1442929 |
| 住宅 | 万元 | 1225170 |
| **八、教育、科技、文化、卫生** | | |
| 普通中学 | 所 | 19 |
| 小学数 | 所 | 36 |
| 普通中学专任教师数 | 人 | 2500 |
| 小学专任教师数 | 人 | 1985 |
| 普通中学在校学生数 | 人 | 27709 |
| 小学在校学生数 | 人 | 33991 |
| 全年专利授权数 | 件 | 538 |
| 公共图书馆图书总藏量 | 千册 | 102.3 |
| 剧场、影剧院个数 | 个 | 8 |
| 体育场馆个数 | 个 | 1 |
| 医疗卫生机构床位数 | 床 | 9476 |
| 医疗卫生机构技术人员 | 人 | 13654 |
| 执业(助理)医师 | 人 | 4844 |
| **九、居民收入** | | |
| 居民人均可支配收入 | 元 | 30084 |
| 城镇居民人均可支配收入 | 元 | 30421 |
| 农村居民人均纯收入 | 元 | 19112 |
| **十、社会保障** | | |
| 各种社会福利收养性单位数 | 个 | 1 |
| 各种社会福利收养性单位床位数 | 床 | 100 |
| 城镇基本养老保险参保人数 | 人 | 54901 |
| 城镇基本医疗保险参保人数 | 人 | 163285 |
| 失业保险参保人数 | 人 | 20929 |
| 新型农村合作医疗参保人数 | 人 | 24082 |
| 新型农村社会养老保险参保人数 | 人 | 26732 |
| 城镇居民最低生活保障人数 | 人 | 1955 |
| 农村居民最低生活保障人数 | 人 | 429 |
| **十一、资源与环境** | | |
| 森林面积 | 公顷 | 1760 |
| 工业二氧化硫排放量 | 吨 | 450 |
| 氮氧化物排放量 | 吨 | 2232 |
| 烟(粉)尘排放量 | 吨 | 107 |
| 垃圾处理站数 | 个 | 11 |
| 城区空气质量优良以上天数 | 天 | 232 |

# 14-3 杏花岭区国民经济主要指标

## Main indicators of national economy in Xinghualing District

| 指　　标 | 单　位 | 2016 |
|---|---|---|
| **一、基本情况** | | |
| 行政区域面积 | 平方公里 | 170 |
| 乡个数 | 个 | 2 |
| 街道办事处个数 | 个 | 10 |
| **二、人口与就业** | | |
| 常住户数 | 户 | 179633 |
| 常住人口 | 万人 | 66.3 |
| 户籍人口 | 万人 | 60.1 |
| **三、综合经济** | | |
| (一)地区生产总值 | 万元 | 5091806 |
| 第一产业增加值 | 万元 | 4971 |
| 农业 | 万元 | 950 |
| 林业 | 万元 | 2339 |
| 牧业 | 万元 | 1682 |
| 第二产业增加值 | 万元 | 953517 |
| 工业 | 万元 | 157450 |
| 第三产业增加值 | 万元 | 4133318 |
| (二)财政、金融 | | |
| 一般公共预算收入 | 万元 | 147489 |
| 各项税收 | 万元 | 133604 |
| 一般公共预算支出 | 万元 | 218239 |
| 农林水事务支出 | 万元 | 4096 |
| 科学技术支出 | 万元 | 526 |
| 医疗卫生支出 | 万元 | 14639 |
| 教育支出 | 万元 | 64712 |
| **四、农业** | | |
| (一)生产条件 | | |
| 设施农业占地面积 | 公顷 | 12.9 |
| 农业机械总动力 | 万千瓦特 | 0.6 |
| 化肥使用量(折纯量) | 吨 | 32.08 |
| 农药使用量 | 吨 | 11.3 |
| 地膜使用量 | 吨 | 4.8 |

14-3　续表 1

| 指　标 | 单　位 | 2016 |
|---|---|---|
| 有效灌溉面积 | 公顷 | 100 |
| (二)农作物播种面积 | 公顷 | 620.4 |
| 粮食作物播种面积 | 公顷 | 569.9 |
| 玉米 | 公顷 | 275.1 |
| 大豆 | 公顷 | 107.7 |
| 油料播种面积 | 公顷 | 3.3 |
| 蔬菜播种面积 | 公顷 | 47.2 |
| (三)农产品产量 | | |
| 粮食总产量 | 吨 | 880.6 |
| 玉米 | 吨 | 480 |
| 大豆 | 吨 | 96.8 |
| 油料产量 | 吨 | 3.4 |
| 园林水果产量 | 吨 | 1128.9 |
| 肉类总产量 | 吨 | 1704 |
| 猪肉产量 | 吨 | 1470.9 |
| 年末生猪存栏 | 头 | 13095 |
| 年末牛存栏 | 头 | 26 |
| 年末羊存栏 | 只 | 7356 |
| 禽蛋产量 | 吨 | 394.2 |
| 奶类产量 | 吨 | 34.2 |
| 蔬菜产量 | 吨 | 2200.4 |
| **五、工业及建筑业** | | |
| 规模以上工业企业单位数 | 个 | 22 |
| 规模以上工业总产值 | 万元 | 348300 |
| 规模以上工业企业从业人员年平均人数 | 人 | 6000 |
| 规模以上工业企业主营业务收入 | 万元 | 357600 |
| 建筑业企业单位数 | 个 | 247 |
| **六、贸易、外经、旅游** | | |
| 社会消费品零售总额 | 万元 | 2044306 |
| 出口总额 | 万美元 | 24434 |
| 当年实际使用外资金额 | 万美元 | 976 |
| **七、固定资产投资** | | |
| 固定资产投资 | 万元 | 1583171 |
| 新增固定资产 | 万元 | 1074068 |
| 房地产开发投资 | 万元 | 1208873 |

14-3　续表 2

| 指　标 | 单　位 | 2016 |
|---|---|---|
| 住宅 | 万元 | 901248 |
| 住宅竣工面积 | 万平方米 | 95 |
| **八、教育、科技、文化、卫生** | | |
| 普通中学 | 所 | 39 |
| 小学数 | 所 | 53 |
| 普通中学专任教师数 | 人 | 3455 |
| 小学专任教师数 | 人 | 2474 |
| 普通中学在校学生数 | 人 | 34853 |
| 小学在校学生数 | 人 | 45449 |
| 全年专利授权数 | 件 | 242 |
| 剧场、影剧院个数 | 个 | 2 |
| 体育场馆个数 | 个 | 1 |
| 医疗卫生机构床位数 | 床 | 9403 |
| 医疗卫生机构技术人员 | 人 | 15154 |
| 执业(助理)医师 | 人 | 5446 |
| **九、居民收入** | | |
| 居民人均可支配收入 | 元 | 29856 |
| 城镇居民人均可支配收入 | 元 | 30463 |
| 农村居民人均纯收入 | 元 | 16816 |
| **十、社会保障** | | |
| 各种社会福利收养性单位数 | 个 | 7 |
| 各种社会福利收养性单位床位数 | 床 | 622 |
| 城镇基本养老保险参保人数 | 人 | 58049 |
| 城镇基本医疗保险参保人数 | 人 | 149604 |
| 失业保险参保人数 | 人 | 33192 |
| 新型农村合作医疗参保人数 | 人 | 29515 |
| 新型农村社会养老保险参保人数 | 人 | 37313 |
| 城镇居民最低生活保障人数 | 人 | 5886 |
| 农村居民最低生活保障人数 | 人 | 1660 |
| **十一、资源与环境** | | |
| 森林面积 | 公顷 | 1687 |
| 工业二氧化硫排放量 | 吨 | 504 |
| 氮氧化物排放量 | 吨 | 3587 |
| 烟(粉)尘排放量 | 吨 | 328 |
| 垃圾处理站数 | 个 | 15 |
| 城区空气质量优良以上天数 | 天 | 232 |

# 14-4　尖草坪区国民经济主要指标

## Main indicators of national economy in Jiancaoping District

| 指　标 | 单 位 | 2016 |
|---|---|---|
| **一、基本情况** | | |
| 行政区域面积 | 平方公里 | 285 |
| 乡个数 | 个 | 3 |
| 镇个数 | 个 | 2 |
| 街道办事处个数 | 个 | 9 |
| **二、人口与就业** | | |
| 常住户数 | 户 | 109647 |
| 常住人口 | 万人 | 43.0 |
| 户籍人口 | 万人 | 33.5 |
| **三、综合经济** | | |
| (一)地区生产总值 | 万元 | 2456869 |
| 第一产业增加值 | 万元 | 35721 |
| 农业 | 万元 | 21992 |
| 林业 | 万元 | 4616 |
| 牧业 | 万元 | 9007 |
| 渔业 | 万元 | 106 |
| 第二产业增加值 | 万元 | 1484264 |
| 工业 | 万元 | 1253102 |
| 第三产业增加值 | 万元 | 936884 |
| 农林牧渔服务业 | 万元 | 365 |
| (二)财政、金融 | | |
| 一般公共预算收入 | 万元 | 73287 |
| 各项税收 | 万元 | 64661 |
| 一般公共预算支出 | 万元 | 132819 |
| 农林水事务支出 | 万元 | 9327 |
| 科学技术支出 | 万元 | 594 |
| 医疗卫生支出 | 万元 | 16687 |
| 教育支出 | 万元 | 32957 |
| **四、农业** | | |
| (一)生产条件 | | |
| 设施农业占地面积 | 公顷 | 92.8 |
| 农业机械总动力 | 万千瓦特 | 2.6 |
| 化肥使用量(折纯量) | 吨 | 982 |
| 农药使用量 | 吨 | 102 |

14-4 续表 1

| 指　标 | 单　位 | 2016 |
|---|---|---|
| 地膜使用量 | 吨 | 142 |
| 有效灌溉面积 | 公顷 | 4370 |
| 机收面积 | 公顷 | 689.8 |
| (二)农作物播种面积 | 公顷 | 5236.2 |
| 粮食作物播种面积 | 公顷 | 4328 |
| 玉米 | 公顷 | 3472.7 |
| 大豆 | 公顷 | 249.7 |
| 油料播种面积 | 公顷 | 41 |
| 蔬菜播种面积 | 公顷 | 831 |
| (三)农产品产量 | | |
| 粮食总产量 | 吨 | 14896.1 |
| 玉米 | 吨 | 13156.9 |
| 大豆 | 吨 | 500.3 |
| 油料产量 | 吨 | 56.5 |
| 园林水果产量 | 吨 | 24905.4 |
| 肉类总产量 | 吨 | 4302 |
| 猪肉产量 | 吨 | 3708.0 |
| 年末生猪存栏 | 头 | 28500 |
| 年末牛存栏 | 头 | 10153 |
| 年末羊存栏 | 只 | 25807 |
| 禽蛋产量 | 吨 | 1719.0 |
| 奶类产量 | 吨 | 26665.5 |
| 蔬菜产量 | 吨 | 56981.1 |
| 水产品产量 | 吨 | 166 |
| **五、工业及建筑业** | | |
| 规模以上工业企业单位数 | 个 | 53 |
| 规模以上工业总产值 | 万元 | 6947400 |
| 规模以上工业企业从业人员年平均人数 | 人 | 51900 |
| 规模以上工业企业主营业务收入 | 万元 | 7585400 |
| 建筑业企业单位数 | 个 | 75 |
| **六、贸易、外经、旅游** | | |
| 社会消费品零售总额 | 万元 | 914496 |
| 出口总额 | 万美元 | 132071 |
| **七、固定资产投资** | | |
| 固定资产投资 | 万元 | 1513933 |
| 新增固定资产 | 万元 | 724744 |
| 房地产开发投资 | 万元 | 328633 |

14-4 续表2

| 指 标 | 单 位 | 2016 |
|---|---|---|
| 住宅 | 万元 | 274988 |
| **八、教育、科技、文化、卫生** | | |
| 普通中学 | 所 | 22 |
| 小学数 | 所 | 39 |
| 普通中学专任教师数 | 人 | 1555 |
| 小学专任教师数 | 人 | 1369 |
| 普通中学在校学生数 | 人 | 14736 |
| 小学在校学生数 | 人 | 24070 |
| 全年专利授权数 | 件 | 699 |
| 公共图书馆图书总藏量 | 千册 | 135.6 |
| 剧场、影剧院个数 | 个 | 5 |
| 体育场馆个数 | 个 | 6 |
| 医疗卫生机构床位数 | 床 | 2744 |
| 医疗卫生机构技术人员 | 人 | 3410 |
| 执业(助理)医师 | 人 | 1492 |
| **九、居民收入** | | |
| 居民人均可支配收入 | 元 | 28686 |
| 城镇居民人均可支配收入 | 元 | 29724 |
| 农村居民人均纯收入 | 元 | 13714 |
| **十、社会保障** | | |
| 各种社会福利收养性单位数 | 个 | 1 |
| 各种社会福利收养性单位床位数 | 床 | 230 |
| 城镇基本养老保险参保人数 | 人 | 53636 |
| 城镇基本医疗保险参保人数 | 人 | 108150 |
| 失业保险参保人数 | 人 | 21505 |
| 新型农村合作医疗参保人数 | 人 | 109467 |
| 新型农村社会养老保险参保人数 | 人 | 75499 |
| 城镇居民最低生活保障人数 | 人 | 3748 |
| 农村居民最低生活保障人数 | 人 | 2843 |
| **十一、资源与环境** | | |
| 森林面积 | 公顷 | 4993 |
| 工业二氧化硫排放量 | 吨 | 33289 |
| 氮氧化物排放量 | 吨 | 35396 |
| 烟(粉)尘排放量 | 吨 | 17250 |
| 污水处理厂数 | 座 | 2 |
| 垃圾处理站数 | 个 | 13 |
| 城区空气质量优良以上天数 | 天 | 232 |

# 14-5 万柏林区国民经济主要指标
## Main indicators of national economy in Wanbailin District

| 指　标 | 单 位 | 2016 |
|---|---|---|
| 一、基本情况 | | |
| 行政区域面积 | 平方公里 | 305 |
| 乡个数 | 个 | 1 |
| 街道办事处个数 | 个 | 14 |
| 二、人口与就业 | | |
| 常住户数 | 户 | 164074 |
| 常住人口 | 万人 | 77.9 |
| 户籍人口 | 万人 | 56.8 |
| 三、综合经济 | | |
| (一)地区生产总值 | 万元 | 3527703 |
| 第一产业增加值 | 万元 | 4788 |
| 农业 | 万元 | 726 |
| 林业 | 万元 | 2775 |
| 牧业 | 万元 | 1273 |
| 渔业 | 万元 | 15 |
| 第二产业增加值 | 万元 | 1795453 |
| 工业 | 万元 | 861220 |
| 第三产业增加值 | 万元 | 1727462 |
| 农林牧渔服务业 | 万元 | 478 |
| (二)财政、金融 | | |
| 一般公共预算收入 | 万元 | 174766 |
| 各项税收 | 万元 | 160266 |
| 一般公共预算支出 | 万元 | 254909 |
| 农林水事务支出 | 万元 | 17340 |
| 科学技术支出 | 万元 | 1633 |
| 医疗卫生支出 | 万元 | 18843 |
| 教育支出 | 万元 | 71574 |
| 四、农业 | | |
| (一)生产条件 | | |
| 设施农业占地面积 | 公顷 | 2.2 |
| 农业机械总动力 | 万千瓦特 | 1 |
| 化肥使用量(折纯量) | 吨 | 45.0 |

14-5　续表 1

| 指　标 | 单 位 | 2016 |
|---|---|---|
| 农药使用量 | 吨 | 1.6 |
| 地膜使用量 | 吨 | 2.1 |
| 有效灌溉面积 | 公顷 | 1350 |
| 机收面积 | 公顷 | 260 |
| (二)农作物播种面积 | 公顷 | 497.8 |
| 粮食作物播种面积 | 公顷 | 414.7 |
| 玉米 | 公顷 | 288.5 |
| 大豆 | 公顷 | 2.7 |
| 蔬菜播种面积 | 公顷 | 45.8 |
| (三)农产品产量 | | |
| 粮食总产量 | 吨 | 1592 |
| 玉米 | 吨 | 1369.2 |
| 大豆 | 吨 | 1.6 |
| 园林水果产量 | 吨 | 602.9 |
| 肉类总产量 | 吨 | 977.0 |
| 猪肉产量 | 吨 | 856.3 |
| 年末生猪存栏 | 头 | 8838 |
| 年末牛存栏 | 头 | 146 |
| 年末羊存栏 | 只 | 872 |
| 禽蛋产量 | 吨 | 717.0 |
| 奶类产量 | 吨 | 323.0 |
| 蔬菜产量 | 吨 | 1292.8 |
| 水产品产量 | 吨 | 20 |
| **五、工业及建筑业** | | |
| 规模以上工业企业单位数 | 个 | 18 |
| 规模以上工业总产值 | 万元 | 2260000 |
| 规模以上工业企业从业人员年平均人数 | 人 | 106600 |
| 规模以上工业企业主营业务收入 | 万元 | 2326800 |
| 建筑业企业单位数 | 个 | 187 |
| **六、贸易、外经、旅游** | | |
| 社会消费品零售总额 | 万元 | 2244762.1 |
| 出口总额 | 万美元 | 9167 |
| 当年实际使用外资金额 | 万美元 | 191 |
| **七、固定资产投资** | | |
| 固定资产投资 | 万元 | 3288364 |
| 新增固定资产 | 万元 | 368655 |

14-5 续表 2

| 指 标 | 单 位 | 2016 |
| --- | --- | --- |
| 房地产开发投资 | 万元 | 1261665 |
| 住宅 | 万元 | 794951 |
| 住宅竣工面积 | 万平方米 | 17 |
| **八、教育、科技、文化、卫生** | | |
| 普通中学 | 所 | 25 |
| 小学数 | 所 | 57 |
| 普通中学专任教师数 | 人 | 2430 |
| 小学专任教师数 | 人 | 3120 |
| 普通中学在校学生数 | 人 | 25610 |
| 小学在校学生数 | 人 | 48476 |
| 全年专利授权数 | 件 | 970 |
| 公共图书馆图书总藏量 | 千册 | 34.0 |
| 剧场、影剧院个数 | 个 | 5 |
| 体育场馆个数 | 个 | 4 |
| 医疗卫生机构床位数 | 床 | 4743 |
| 医疗卫生机构技术人员 | 人 | 8385 |
| 执业(助理)医师 | 人 | 3159 |
| **九、居民收入** | | |
| 居民人均可支配收入 | 元 | 29224 |
| 城镇居民人均可支配收入 | 元 | 29472 |
| 农村居民人均纯收入 | 元 | 19937 |
| **十、社会保障** | | |
| 各种社会福利收养性单位数 | 个 | 2 |
| 各种社会福利收养性单位床位数 | 床 | 90 |
| 城镇基本养老保险参保人数 | 人 | 43293 |
| 城镇基本医疗保险参保人数 | 人 | 210628 |
| 失业保险参保人数 | 人 | 26847 |
| 新型农村合作医疗参保人数 | 人 | 75769 |
| 新型农村社会养老保险参保人数 | 人 | 59776 |
| 城镇居民最低生活保障人数 | 人 | 3259 |
| 农村居民最低生活保障人数 | 人 | 2281 |
| **十一、资源与环境** | | |
| 森林面积 | 公顷 | 4620 |
| 工业二氧化硫排放量 | 吨 | 3312 |
| 氮氧化物排放量 | 吨 | 2987 |
| 烟(粉)尘排放量 | 吨 | 958 |
| 污水处理厂数 | 座 | 1 |
| 垃圾处理站数 | 个 | 28 |
| 城区空气质量优良以上天数 | 天 | 232 |

# 14-6　晋源区国民经济主要指标

## Main indicators of national economy in Jinyuanqu District

| 指　标 | 单 位 | 2016 |
| --- | --- | --- |
| 一、基本情况 | | |
| 行政区域面积 | 平方公里 | 288 |
| 镇个数 | 个 | 3 |
| 街道办事处个数 | 个 | 3 |
| 二、人口与就业 | | |
| 常住户数 | 户 | 64985 |
| 常住人口 | 万人 | 23.0 |
| 户籍人口 | 万人 | 20.2 |
| 三、综合经济 | | |
| (一)地区生产总值 | 万元 | 571632 |
| 第一产业增加值 | 万元 | 40827 |
| 农业 | 万元 | 31032 |
| 林业 | 万元 | 1075 |
| 牧业 | 万元 | 8583 |
| 渔业 | 万元 | 137 |
| 第二产业增加值 | 万元 | 203418 |
| 工业 | 万元 | 102143 |
| 第三产业增加值 | 万元 | 327387 |
| 农林牧渔服务业 | 万元 | 542 |
| (二)财政、金融 | | |
| 一般公共预算收入 | 万元 | 58984 |
| 各项税收 | 万元 | 52317 |
| 一般公共预算支出 | 万元 | 147508 |
| 农林水事务支出 | 万元 | 11763 |
| 科学技术支出 | 万元 | 623 |
| 医疗卫生支出 | 万元 | 14379 |
| 教育支出 | 万元 | 26338 |
| 四、农业 | | |
| (一)生产条件 | | |
| 设施农业占地面积 | 公顷 | 235.2 |
| 农业机械总动力 | 万千瓦特 | 4.3 |
| 化肥使用量(折纯量) | 吨 | 911.6 |
| 农药使用量 | 吨 | 66.2 |
| 地膜使用量 | 吨 | 65 |

14-6 续表 1

| 指　标 | 单 位 | 2016 |
|---|---|---|
| 有效灌溉面积 | 公顷 | 4200 |
| 机收面积 | 公顷 | 795 |
| (二)农作物播种面积 | 公顷 | 5059.2 |
| 粮食作物播种面积 | 公顷 | 2665.7 |
| 稻谷 | 公顷 | 139.7 |
| 玉米 | 公顷 | 2392.9 |
| 大豆 | 公顷 | 15.3 |
| 蔬菜播种面积 | 公顷 | 2393.5 |
| (三)农产品产量 | | |
| 粮食总产量 | 吨 | 21533.8 |
| 稻谷 | 吨 | 884.2 |
| 玉米 | 吨 | 19621.6 |
| 大豆 | 吨 | 56.3 |
| 园林水果产量 | 吨 | 3806.6 |
| 肉类总产量 | 吨 | 4624.0 |
| 猪肉产量 | 吨 | 3234.6 |
| 年末生猪存栏 | 头 | 17359 |
| 年末牛存栏 | 头 | 2378 |
| 年末羊存栏 | 只 | 15876 |
| 禽蛋产量 | 吨 | 5735.0 |
| 奶类产量 | 吨 | 12159.0 |
| 蔬菜产量 | 吨 | 163575.5 |
| 水产品产量 | 吨 | 249 |
| **五、工业及建筑业** | | |
| 规模以上工业企业单位数 | 个 | 18 |
| 规模以上工业总产值 | 万元 | 216700 |
| 规模以上工业企业从业人员年平均人数 | 人 | 6300 |
| 规模以上工业企业主营业务收入 | 万元 | 624800 |
| 建筑业企业单位数 | 个 | 52 |
| **六、贸易、外经、旅游** | | |
| 社会消费品零售总额 | 万元 | 365797 |
| 出口总额 | 万美元 | 86 |
| **七、固定资产投资** | | |
| 固定资产投资 | 万元 | 1945961 |
| 新增固定资产 | 万元 | 412766 |

14-6 续表 2

| 指　标 | 单 位 | 2016 |
|---|---|---|
| 房地产开发投资 | 万元 | 356684 |
| 住宅 | 万元 | 215988 |
| 住宅竣工面积 | 万平方米 | 36 |
| **八、教育、科技、文化、卫生** | | |
| 普通中学 | 所 | 12 |
| 小学数 | 所 | 46 |
| 普通中学专任教师数 | 人 | 1088 |
| 小学专任教师数 | 人 | 905 |
| 普通中学在校学生数 | 人 | 11301 |
| 小学在校学生数 | 人 | 16526 |
| 全年专利授权数 | 件 | 50 |
| 公共图书馆图书总藏量 | 千册 | 25 |
| 体育场馆个数 | 个 | 1 |
| 医疗卫生机构床位数 | 床 | 1264 |
| 医疗卫生机构技术人员 | 人 | 1395 |
| 执业(助理)医师 | 人 | 579 |
| **九、居民收入** | | |
| 居民人均可支配收入 | 元 | 23996 |
| 城镇居民人均可支配收入 | 元 | 29877 |
| 农村居民人均纯收入 | 元 | 13300 |
| **十、社会保障** | | |
| 各种社会福利收养性单位数 | 个 | 1 |
| 各种社会福利收养性单位床位数 | 床 | 108 |
| 城镇基本养老保险参保人数 | 人 | 18337 |
| 城镇基本医疗保险参保人数 | 人 | 23721 |
| 失业保险参保人数 | 人 | 8785 |
| 新型农村合作医疗参保人数 | 人 | 121886 |
| 新型农村社会养老保险参保人数 | 人 | 83049 |
| 城镇居民最低生活保障人数 | 人 | 1382 |
| 农村居民最低生活保障人数 | 人 | 7490 |
| **十一、资源与环境** | | |
| 森林面积 | 公顷 | 4840 |
| 工业二氧化硫排放量 | 吨 | 4211 |
| 氮氧化物排放量 | 吨 | 10053 |
| 烟（粉）尘排放量 | 吨 | 546 |
| 污水处理厂数 | 座 | 1 |
| 垃圾处理站数 | 个 | 3 |
| 城区空气质量优良以上天数 | 天 | 232 |

# 14-7 清徐县国民经济主要指标
## Main indicators of national economy in Qingxu county

| 指　　标 | 单 位 | 2016 |
| --- | --- | --- |
| **一、基本情况** | | |
| 行政区域面积 | 平方公里 | 609 |
| 乡个数 | 个 | 5 |
| 镇个数 | 个 | 4 |
| **二、人口与就业** | | |
| 常住户数 | 户 | 122842 |
| 常住人口 | 万人 | 35.3 |
| 户籍人口 | 万人 | 33.2 |
| **三、综合经济** | | |
| (一)地区生产总值 | 万元 | 1224624 |
| 第一产业增加值 | 万元 | 136223 |
| 农业 | 万元 | 103018 |
| 林业 | 万元 | 1792 |
| 牧业 | 万元 | 30421 |
| 渔业 | 万元 | 992 |
| 第二产业增加值 | 万元 | 640271 |
| 工业 | 万元 | 561118 |
| 第三产业增加值 | 万元 | 448130 |
| 农林牧渔服务业 | 万元 | 4130 |
| (二)财政、金融 | | |
| 一般公共预算收入 | 万元 | 64146 |
| 各项税收 | 万元 | 48304 |
| 一般公共预算支出 | 万元 | 180097 |
| 农林水事务支出 | 万元 | 30769 |
| 科学技术支出 | 万元 | 122 |
| 医疗卫生支出 | 万元 | 26034 |
| 教育支出 | 万元 | 43614 |
| 年末金融机构各项存款余额 | 万元 | 2288800 |
| 居民储蓄存款余额 | 万元 | 1417800 |
| 年末金融机构各项贷款余额 | 万元 | 1417700 |
| **四、农业** | | |
| (一)生产条件 | | |
| 设施农业占地面积 | 公顷 | 1043.4 |
| 农业机械总动力 | 万千瓦特 | 17.8 |
| 化肥使用量(折纯量) | 吨 | 13184 |
| 农药使用量 | 吨 | 474.4 |
| 地膜使用量 | 吨 | 656 |
| 有效灌溉面积 | 公顷 | 24870 |
| 机收面积 | 公顷 | 13828 |

14-7 续表 1

| 指 标 | 单 位 | 2016 |
| --- | --- | --- |
| (二)农作物播种面积 | 公顷 | 30584.8 |
| 粮食作物播种面积 | 公顷 | 20458.3 |
| 小麦 | 公顷 | 22.1 |
| 玉米 | 公顷 | 19625.4 |
| 大豆 | 公顷 | 49.8 |
| 油料播种面积 | 公顷 | 31.5 |
| 花生 | 公顷 | 18.8 |
| 棉花播种面积 | 公顷 | 4.5 |
| 蔬菜播种面积 | 公顷 | 9660.4 |
| (三)农产品产量 | | |
| 粮食总产量 | 吨 | 104104.7 |
| 小麦 | 吨 | 135.9 |
| 玉米 | 吨 | 99277.2 |
| 大豆 | 吨 | 74.4 |
| 油料产量 | 吨 | 61.5 |
| 花生 | 吨 | 37.1 |
| 棉花产量 | 吨 | 8 |
| 园林水果产量 | 吨 | 52447.6 |
| 肉类总产量 | 吨 | 23390 |
| 猪肉产量 | 吨 | 16902.0 |
| 年末生猪存栏 | 头 | 119811 |
| 年末牛存栏 | 头 | 7421 |
| 年末羊存栏 | 只 | 108997 |
| 禽蛋产量 | 吨 | 7277.0 |
| 奶类产量 | 吨 | 12631.0 |
| 蔬菜产量 | 吨 | 663011.5 |
| 水产品产量 | 吨 | 1355 |
| **五、工业及建筑业** | | |
| 规模以上工业企业单位数 | 个 | 55 |
| 规模以上工业总产值 | 万元 | 1581900 |
| 规模以上工业企业从业人员年平均人数 | 人 | 18800 |
| 规模以上工业企业主营业务收入 | 万元 | 1614700 |
| 建筑业企业单位数 | 个 | 20 |
| **六、交通、通讯与能源** | | |
| 民用汽车拥有量 | 辆 | 47799 |
| 年末公交车路数 | 路 | 26 |
| 年末实有公共汽(电)车营运车辆数 | 辆 | 66 |
| 年末实有出租汽车数 | 辆 | 100 |
| 固定电话用户 | 户 | 30000 |
| 移动电话用户 | 户 | 307600 |
| 互联网宽带接入用户 | 户 | 69700 |
| 全社会用电量 | 万千瓦时 | 73087.72 |
| 居民生活用电量 | 万千瓦时 | 14964.47 |

14-7 续表 2

| 指　标 | 单 位 | 2016 |
|---|---|---|
| **七、贸易、外经、旅游** | | |
| 社会消费品零售总额 | 万元 | 557684 |
| 出口总额 | 万美元 | 5583 |
| 当年实际使用外资金额 | 万美元 | 986 |
| **八、固定资产投资** | | |
| 固定资产投资 | 万元 | 745499 |
| 新增固定资产 | 万元 | 260277 |
| 房地产开发投资 | 万元 | 65586 |
| 住宅 | 万元 | 57770 |
| 住宅竣工面积 | 万平方米 | 12 |
| **九、教育、科技、文化、卫生** | | |
| 普通中学 | 所 | 20 |
| 小学数 | 所 | 73 |
| 普通中学专任教师数 | 人 | 1753 |
| 小学专任教师数 | 人 | 1598 |
| 普通中学在校学生数 | 人 | 17714 |
| 小学在校学生数 | 人 | 21392 |
| 全年专利授权数 | 件 | 66 |
| 公共图书馆图书总藏量 | 千册 | 106.3 |
| 剧场、影剧院个数 | 个 | 1 |
| 体育场馆个数 | 个 | 1 |
| 医疗卫生机构床位数 | 床 | 726 |
| 医疗卫生机构技术人员 | 人 | 851 |
| 执业(助理)医师 | 人 | 407 |
| **十、居民收入** | | |
| 居民人均可支配收入 | 元 | 19410 |
| 城镇居民人均可支配收入 | 元 | 28492 |
| 农村居民人均纯收入 | 元 | 16752 |
| **十一、社会保障** | | |
| 各种社会福利收养性单位数 | 个 | 6 |
| 各种社会福利收养性单位床位数 | 床 | 633 |
| 城镇基本养老保险参保人数 | 人 | 31090 |
| 城镇基本医疗保险参保人数 | 人 | 36833 |
| 失业保险参保人数 | 人 | 14943 |
| 新型农村合作医疗参保人数 | 人 | 238554 |
| 新型农村社会养老保险参保人数 | 人 | 169274 |
| 城镇居民最低生活保障人数 | 人 | 1293 |
| 农村居民最低生活保障人数 | 人 | 4116 |
| **十二、资源与环境** | | |
| 森林面积 | 公顷 | 5993 |
| 工业二氧化硫排放量 | 吨 | 5572 |
| 氮氧化物排放量 | 吨 | 4644 |
| 烟(粉)尘排放量 | 吨 | 5366 |
| 污水处理厂数 | 座 | 1 |
| 城区空气质量优良以上天数 | 天 | 180 |

# 14-8　阳曲县国民经济主要指标

## Main indicators of national economy in Yangqu county

| 指　　标 | 单 位 | 2016 |
|---|---|---|
| **一、基本情况** | | |
| 行政区域面积 | 平方公里 | 2059 |
| 乡个数 | 个 | 6 |
| 镇个数 | 个 | 4 |
| **二、人口与就业** | | |
| 常住户数 | 户 | 64277 |
| 常住人口 | 万人 | 12.3 |
| 户籍人口 | 万人 | 15.2 |
| **三、综合经济** | | |
| (一)地区生产总值 | 万元 | 334743 |
| 第一产业增加值 | 万元 | 50396 |
| 农业 | 万元 | 30004 |
| 林业 | 万元 | 4565 |
| 牧业 | 万元 | 15796 |
| 渔业 | 万元 | 31 |
| 第二产业增加值 | 万元 | 176830 |
| 工业 | 万元 | 167221 |
| 第三产业增加值 | 万元 | 107517 |
| 农林牧渔服务业 | 万元 | 1340 |
| (二)财政、金融 | | |
| 一般公共预算收入 | 万元 | 36095 |
| 各项税收 | 万元 | 20139 |
| 一般公共预算支出 | 万元 | 133653 |
| 农林水事务支出 | 万元 | 37384 |
| 科学技术支出 | 万元 | 634 |
| 医疗卫生支出 | 万元 | 14619 |
| 教育支出 | 万元 | 20418 |
| 年末金融机构各项存款余额 | 万元 | 727253 |
| 居民储蓄存款余额 | 万元 | 483339 |
| 年末金融机构各项贷款余额 | 万元 | 248843 |
| **四、农业** | | |
| (一)生产条件 | | |
| 设施农业占地面积 | 公顷 | 402.0 |
| 农业机械总动力 | 万千瓦特 | 10.9 |
| 化肥使用量(折纯量) | 吨 | 8744 |
| 农药使用量 | 吨 | 96 |
| 地膜使用量 | 吨 | 1209 |
| 有效灌溉面积 | 公顷 | 1400 |

14-8 续表 1

| 指 标 | 单 位 | 2016 |
| --- | --- | --- |
| 机收面积 | 公顷 | 14333 |
| (二)农作物播种面积 | 公顷 | 23534.2 |
| 粮食作物播种面积 | 公顷 | 20579.1 |
| 玉米 | 公顷 | 14647.1 |
| 大豆 | 公顷 | 786 |
| 油料播种面积 | 公顷 | 225.1 |
| 花生 | 公顷 | 1.3 |
| 蔬菜播种面积 | 公顷 | 2361.9 |
| (三)农产品产量 | | |
| 粮食总产量 | 吨 | 79269.7 |
| 玉米 | 吨 | 66732.5 |
| 大豆 | 吨 | 1057.2 |
| 油料产量 | 吨 | 425.1 |
| 花生 | 吨 | 2 |
| 园林水果产量 | 吨 | 4313.6 |
| 肉类总产量 | 吨 | 8802 |
| 猪肉产量 | 吨 | 5000.3 |
| 年末生猪存栏 | 头 | 35234 |
| 年末牛存栏 | 头 | 6917 |
| 年末羊存栏 | 只 | 140144 |
| 禽蛋产量 | 吨 | 6735.0 |
| 奶类产量 | 吨 | 17050.8 |
| 蔬菜产量 | 吨 | 93840.8 |
| 水产品产量 | 吨 | 43 |
| **五、工业及建筑业** | | |
| 规模以上工业企业单位数 | 个 | 23 |
| 规模以上工业总产值 | 万元 | 610500 |
| 规模以上工业企业从业人员年平均人数 | 人 | 4500 |
| 规模以上工业企业主营业务收入 | 万元 | 535300 |
| 建筑业企业单位数 | 个 | 6 |
| **六、交通、通讯与能源** | | |
| 民用汽车拥有量 | 辆 | 7628 |
| 年末公交车路数 | 路 | 33 |
| 年末实有公共汽(电)车营运车辆数 | 辆 | 186 |
| 年末实有出租汽车数 | 辆 | 60 |
| 固定电话用户 | 户 | 12981 |
| 移动电话用户 | 户 | 124986 |
| 互联网宽带接入用户 | 户 | 21168 |
| 全社会用电量 | 万千瓦时 | 50710.99 |
| 居民生活用电量 | 万千瓦时 | 4172.23 |
| **七、贸易、外经、旅游** | | |
| 社会消费品零售总额 | 万元 | 133594.7 |

14-8 续表2

| 指 标 | 单 位 | 2016 |
| --- | --- | --- |
| **八、固定资产投资** | | |
| 固定资产投资 | 万元 | 503718 |
| 新增固定资产 | 万元 | 98900 |
| 房地产开发投资 | 万元 | 11325 |
| 住宅 | 万元 | 9543 |
| 住宅竣工面积 | 万平方米 | 1 |
| **九、教育、科技、文化、卫生** | | |
| 普通中学 | 所 | 11 |
| 小学数 | 所 | 16 |
| 普通中学专任教师数 | 人 | 709 |
| 小学专任教师数 | 人 | 683 |
| 普通中学在校学生数 | 人 | 9111 |
| 小学在校学生数 | 人 | 8055 |
| 全年专利授权数 | 件 | 13 |
| 公共图书馆图书总藏量 | 千册 | 55 |
| 剧场、影剧院个数 | 个 | 2 |
| 体育场馆个数 | 个 | 1 |
| 医疗卫生机构床位数 | 床 | 1180 |
| 医疗卫生机构技术人员 | 人 | 824 |
| 执业(助理)医师 | 人 | 260 |
| **十、居民收入** | | |
| 居民人均可支配收入 | 元 | 11824 |
| 城镇居民人均可支配收入 | 元 | 21572 |
| 农村居民人均纯收入 | 元 | 7648 |
| **十一、社会保障** | | |
| 各种社会福利收养性单位数 | 个 | 1 |
| 各种社会福利收养性单位床位数 | 床 | 1269 |
| 城镇基本养老保险参保人数 | 人 | 15857 |
| 城镇基本医疗保险参保人数 | 人 | 22643 |
| 失业保险参保人数 | 人 | 6367 |
| 新型农村合作医疗参保人数 | 人 | 106154 |
| 新型农村社会养老保险参保人数 | 人 | 78913 |
| 城镇居民最低生活保障人数 | 人 | 4246 |
| 农村居民最低生活保障人数 | 人 | 4287 |
| **十二、资源与环境** | | |
| 森林面积 | 公顷 | 38820 |
| 工业二氧化硫排放量 | 吨 | 2323 |
| 氮氧化物排放量 | 吨 | 2996 |
| 烟(粉)尘排放量 | 吨 | 1956 |
| 污水处理厂数 | 座 | 1 |
| 城区空气质量优良以上天数 | 天 | 264 |

# 14–9 娄烦县国民经济主要指标
## Main indicators of national economy in Loufan county

| 指　标 | 单 位 | 2016 |
|---|---|---|
| **一、基本情况** | | |
| 行政区域面积 | 平方公里 | 1276 |
| 乡个数 | 个 | 5 |
| 镇个数 | 个 | 3 |
| **二、人口与就业** | | |
| 常住户数 | 户 | 52316 |
| 常住人口 | 万人 | 10.8 |
| 户籍人口 | 万人 | 12.6 |
| **三、综合经济** | | |
| (一)地区生产总值 | 万元 | 183388 |
| 第一产业增加值 | 万元 | 19653 |
| 农业 | 万元 | 11283 |
| 林业 | 万元 | 3530 |
| 牧业 | 万元 | 4596 |
| 渔业 | 万元 | 244 |
| 第二产业增加值 | 万元 | 70093 |
| 工业 | 万元 | 68618 |
| 第三产业增加值 | 万元 | 93642 |
| 农林牧渔服务业 | 万元 | 818.2 |
| (二)财政、金融 | | |
| 一般公共预算收入 | 万元 | 26482 |
| 各项税收 | 万元 | 16476 |
| 一般公共预算支出 | 万元 | 112482 |
| 农林水事务支出 | 万元 | 22869 |
| 科学技术支出 | 万元 | 201 |
| 医疗卫生支出 | 万元 | 13842 |
| 教育支出 | 万元 | 17544 |
| 年末金融机构各项存款余额 | 万元 | 384521 |
| 居民储蓄存款余额 | 万元 | 238410 |
| 年末金融机构各项贷款余额 | 万元 | 128540 |
| **四、农业** | | |
| (一)生产条件 | | |
| 设施农业占地面积 | 公顷 | 16.1 |
| 农业机械总动力 | 万千瓦特 | 6.1 |
| 化肥使用量(折纯量) | 吨 | 851.8 |
| 农药使用量 | 吨 | 9.6 |
| 地膜使用量 | 吨 | 78 |
| 有效灌溉面积 | 公顷 | 1130 |

14-9　续表1

| 指　标 | 单 位 | 2016 |
|---|---|---|
| 机收面积 | 公顷 | 3100 |
| (二)农作物播种面积 | 公顷 | 10624.4 |
| 粮食作物播种面积 | 公顷 | 9178.8 |
| 玉米 | 公顷 | 1642 |
| 大豆 | 公顷 | 665.6 |
| 油料播种面积 | 公顷 | 726.1 |
| 蔬菜播种面积 | 公顷 | 260.3 |
| (三)农产品产量 | | |
| 粮食总产量 | 吨 | 16820 |
| 玉米 | 吨 | 4515 |
| 大豆 | 吨 | 990 |
| 油料产量 | 吨 | 974 |
| 园林水果产量 | 吨 | 1705.0 |
| 肉类总产量 | 吨 | 2623 |
| 猪肉产量 | 吨 | 1245.0 |
| 年末生猪存栏 | 头 | 12430 |
| 年末牛存栏 | 头 | 3015 |
| 年末羊存栏 | 只 | 69843 |
| 禽蛋产量 | 吨 | 815.0 |
| 蔬菜产量 | 吨 | 9970.2 |
| 水产品产量 | 吨 | 477 |
| **五、工业及建筑业** | | |
| 规模以上工业企业单位数 | 个 | 8 |
| 规模以上工业总产值 | 万元 | 118300 |
| 规模以上工业企业从业人员年平均人数 | 人 | 1000 |
| 规模以上工业企业主营业务收入 | 万元 | 71400 |
| 建筑业企业单位数 | 个 | 1 |
| **六、交通、通讯与能源** | | |
| 民用汽车拥有量 | 辆 | 7580 |
| 年末公交车路数 | 路 | 8 |
| 年末实有公共汽(电)车营运车辆数 | 辆 | 42 |
| 年末实有出租汽车数 | 辆 | 30 |
| 固定电话用户 | 户 | 11015 |
| 移动电话用户 | 户 | 88547 |
| 互联网宽带接入用户 | 户 | 16523 |
| 全社会用电量 | 万千瓦时 | 14818.5 |
| 居民生活用电量 | 万千瓦时 | 3485.4 |

14-9　续表 2

| 指　标 | 单 位 | 2016 |
|---|---|---|
| **七、贸易、外经、旅游** | | |
| 社会消费品零售总额 | 万元 | 43653 |
| **八、固定资产投资** | | |
| 固定资产投资 | 万元 | 306336 |
| 新增固定资产 | 万元 | 220095 |
| **九、教育、科技、文化、卫生** | | |
| 普通中学 | 所 | 8 |
| 小学数 | 所 | 14 |
| 普通中学专任教师数 | 人 | 471 |
| 小学专任教师数 | 人 | 587 |
| 普通中学在校学生数 | 人 | 5463 |
| 小学在校学生数 | 人 | 7361 |
| 全年专利授权数 | 件 | 4 |
| 公共图书馆图书总藏量 | 千册 | 50.8 |
| 医疗卫生机构床位数 | 床 | 316 |
| 医疗卫生机构技术人员 | 人 | 342 |
| 执业(助理)医师 | 人 | 171 |
| **十、居民收入** | | |
| 居民人均可支配收入 | 元 | 10616 |
| 城镇居民人均可支配收入 | 元 | 18702 |
| 农村居民人均纯收入 | 元 | 6033 |
| **十　、社会保障** | | |
| 各种社会福利收养性单位数 | 个 | 5 |
| 各种社会福利收养性单位床位数 | 床 | 1125 |
| 城镇基本养老保险参保人数 | 人 | 10889 |
| 城镇基本医疗保险参保人数 | 人 | 14309 |
| 失业保险参保人数 | 人 | 5331 |
| 新型农村合作医疗参保人数 | 人 | 95716 |
| 新型农村社会养老保险参保人数 | 人 | 49691 |
| 城镇居民最低生活保障人数 | 人 | 2905 |
| 农村居民最低生活保障人数 | 人 | 10827 |
| **十二、资源与环境** | | |
| 森林面积 | 公顷 | 19980 |
| 工业二氧化硫排放量 | 吨 | 1770 |
| 氮氧化物排放量 | 吨 | 330 |
| 烟(粉)尘排放量 | 吨 | 4110 |
| 污水处理厂数 | 座 | 1 |
| 城区空气质量优良以上天数 | 天 | 296 |

# 14-10　古交市国民经济主要指标

## Main indicators of national economy in the city of Gujiao

| 指　标 | 单 位 | 2016 |
|---|---|---|
| 一、基本情况 | | |
| 行政区域面积 | 平方公里 | 1584 |
| 乡个数 | 个 | 7 |
| 镇个数 | 个 | 3 |
| 街道办事处个数 | 个 | 4 |
| 二、人口与就业 | | |
| 常住户数 | 户 | 80128 |
| 常住人口 | 万人 | 21.2 |
| 户籍人口 | 万人 | 21.9 |
| 三、综合经济 | | |
| (一)地区生产总值 | 万元 | 263913 |
| 第一产业增加值 | 万元 | 18994 |
| 农业 | 万元 | 8057 |
| 林业 | 万元 | 4435 |
| 牧业 | 万元 | 6437 |
| 渔业 | 万元 | 65 |
| 第二产业增加值 | 万元 | 94213 |
| 工业 | 万元 | 72761 |
| 第三产业增加值 | 万元 | 150706 |
| 农林牧渔服务业 | 万元 | 1915 |
| (二)财政、金融 | | |
| 一般公共预算收入 | 万元 | 53304 |
| 各项税收 | 万元 | 33111 |
| 一般公共预算支出 | 万元 | 166210 |
| 农林水事务支出 | 万元 | 14575 |
| 科学技术支出 | 万元 | 107 |
| 医疗卫生支出 | 万元 | 15132 |
| 教育支出 | 万元 | 36289 |
| 年末金融机构各项存款余额 | 万元 | 1593789 |
| 居民储蓄存款余额 | 万元 | 1313881 |
| 年末金融机构各项贷款余额 | 万元 | 547366 |
| 四、农业 | | |
| (一)生产条件 | | |
| 设施农业占地面积 | 公顷 | 72.0 |
| 农业机械总动力 | 万千瓦特 | 5.1 |
| 化肥使用量(折纯量) | 吨 | 746 |
| 农药使用量 | 吨 | 31 |
| 地膜使用量 | 吨 | 131 |

14-10 续表 1

| 指 标 | 单 位 | 2016 |
|---|---|---|
| 有效灌溉面积 | 公顷 | 780 |
| 机收面积 | 公顷 | 3432 |
| (二)农作物播种面积 | 公顷 | 9121.5 |
| 粮食作物播种面积 | 公顷 | 7465.3 |
| 玉米 | 公顷 | 1560 |
| 大豆 | 公顷 | 1302 |
| 油料播种面积 | 公顷 | 747.2 |
| 蔬菜播种面积 | 公顷 | 543.7 |
| (三)农产品产量 | | |
| 粮食总产量 | 吨 | 10923.1 |
| 玉米 | 吨 | 3300.3 |
| 大豆 | 吨 | 1330.9 |
| 油料产量 | 吨 | 848 |
| 园林水果产量 | 吨 | 626.4 |
| 肉类总产量 | 吨 | 5298 |
| 猪肉产量 | 吨 | 3306.0 |
| 年末生猪存栏 | 头 | 22017 |
| 年末牛存栏 | 头 | 2433 |
| 年末羊存栏 | 只 | 75606 |
| 禽蛋产量 | 吨 | 3210.6 |
| 奶类产量 | 吨 | 259.0 |
| 蔬菜产量 | 吨 | 42569.4 |
| 水产品产量 | 吨 | 143 |
| **五、工业及建筑业** | | |
| 规模以上工业企业单位数 | 个 | 8 |
| 规模以上工业总产值 | 万元 | 237600 |
| 规模以上工业企业从业人员年平均人数 | 人 | 4100 |
| 规模以上工业企业主营业务收入 | 万元 | 259900 |
| 建筑业企业单位数 | 个 | 12 |
| **六、交通、通讯与能源** | | |
| 民用汽车拥有量 | 辆 | 9534 |
| 年末公交车路数 | 路 | 21 |
| 年末实有公共汽(电)车营运车辆数 | 辆 | 164 |
| 年末实有出租汽车数 | 辆 | 237 |
| 固定电话用户 | 户 | 36942 |
| 移动电话用户 | 户 | 193652 |
| 互联网宽带接入用户 | 户 | 39452 |
| 全社会用电量 | 万千瓦时 | 24121.94 |
| 居民生活用电量 | 万千瓦时 | 5492.346 |

14-10 续表2

| 指 标 | 单 位 | 2016 |
|---|---|---|
| **七、贸易、外经、旅游** | | |
| 社会消费品零售总额 | 万元 | 489117 |
| **八、固定资产投资** | | |
| 固定资产投资 | 万元 | 548159 |
| 新增固定资产 | 万元 | 176145 |
| 房地产开发投资 | 万元 | 58964 |
| 住宅 | 万元 | 42509 |
| 住宅竣工面积 | 万平方米 | 10 |
| **九、教育、科技、文化、卫生** | | |
| 普通中学 | 所 | 21 |
| 小学数 | 所 | 30 |
| 普通中学专任教师数 | 人 | 1154 |
| 小学专任教师数 | 人 | 1490 |
| 普通中学在校学生数 | 人 | 11293 |
| 小学在校学生数 | 人 | 17674 |
| 全年专利授权数 | 件 | 16 |
| 公共图书馆图书总藏量 | 千册 | 50.6 |
| 剧场、影剧院个数 | 个 | 1 |
| 体育场馆个数 | 个 | 1 |
| 医疗卫生机构床位数 | 床 | 1400 |
| 医疗卫生机构技术人员 | 人 | 1768 |
| 执业（助理）医师 | 人 | 650 |
| **十、居民收入** | | |
| 居民人均可支配收入 | 元 | 23772 |
| 城镇居民人均可支配收入 | 元 | 27412 |
| 农村居民人均纯收入 | 元 | 13916 |
| **十一、社会保障** | | |
| 各种社会福利收养性单位数 | 个 | 1 |
| 各种社会福利收养性单位床位数 | 床 | 504 |
| 城镇基本养老保险参保人数 | 人 | 30410 |
| 城镇基本医疗保险参保人数 | 人 | 65473 |
| 失业保险参保人数 | 人 | 34012 |
| 新型农村合作医疗参保人数 | 人 | 69356 |
| 新型农村社会养老保险参保人数 | 人 | 56713 |
| 城镇居民最低生活保障人数 | 人 | 4091 |
| 农村居民最低生活保障人数 | 人 | 5148 |
| **十二、资源与环境** | | |
| 森林面积 | 公顷 | 27167 |
| 工业二氧化硫排放量 | 吨 | 11823 |
| 氮氧化物排放量 | 吨 | 9910 |
| 烟（粉）尘排放量 | 吨 | 2506 |
| 污水处理厂数 | 座 | 4 |
| 城区空气质量优良以上天数 | 天 | 288 |

# 中国统计出版社最新图书简目

（仅供参考，以最后出书为准）

**统计资料**

中国统计年鉴　中国统计摘要　中国发展报告
中国经济普查年鉴　国际统计年鉴　金砖国家联合统计手册
中国-东盟国家统计手册　中国农村统计年鉴　中国县域统计年鉴
中国城市统计年鉴　中国对外直接投资统计公报　中国地区经济监测报告
中国贸易外经统计年鉴　中国零售和餐饮连锁企业统计年鉴　中国商品交易市场统计年鉴
大中型批发零售和住宿餐饮企业统计年鉴　中国农产品价格调查年鉴　中国住户调查年鉴
中国价格统计年鉴　中国能源统计年鉴　全国农产品成本收益资料汇编
中国环境统计年鉴　中国建筑业统计年鉴　国外资源、能源和环境统计资料汇编
中国工业统计年鉴　中国城乡建设统计年鉴　中国县城建设统计年鉴
中国城市建设统计年鉴　中国科技统计年鉴　中国房地产统计年鉴
中国证券期货统计年鉴　中国劳动统计年鉴　中国第三产业统计年鉴
工业企业科技活动资料　中国社会统计年鉴　中国高技术产业统计年鉴
中国人才资源统计报告　中国教育统计年鉴　中国人口和就业统计年鉴
文化及相关产业统计概览　中国文化及相关产业统计年鉴　中国教育经费统计年鉴
中国民族统计年鉴　中国残疾人事业统计年鉴　中国民政统计年鉴
中国乡镇街道行政区域简册　中国基本单位统计年鉴　中国妇女儿童状况统计资料（英）

**省级综合统计年鉴系列**

北京　天津　河北　山西　内蒙古　辽宁　吉林　黑龙江　上海　江苏　浙江　安徽　福建　江西　山东　河南　湖北　湖南
广东　广西　海南　重庆　四川　贵州　云南　西藏　陕西　甘肃　青海　宁夏　新疆　新疆生产建设兵团

**市（县）级综合统计年鉴系列**

滨海新区　石家庄　唐山　邯郸　保定　沧州　邢台　廊坊　承德　衡水　秦皇岛　张家口　太原　大同　阳泉　长治　晋城
朔州　晋中　运城　忻州　临汾　吕梁　呼和浩特　呼和浩特新城区　鄂尔多斯　包头　沈阳　大连　长春　吉林　延吉　四平
通化　松原　哈尔滨　齐齐哈尔　黑龙江垦区　上海浦东新区　南京　无锡　徐州　常州　苏州　南通　连云港　淮安　盐城
扬州　镇江　泰州　宿迁　江阴　丹阳　海门　杭州　宁波　温州　嘉兴　湖州　绍兴　金华　衢州　舟山　台州　丽水　合肥
安庆　马鞍山　福州　厦门　宁德　漳州　龙岩　南昌　九江　上饶　新余　抚州　萍乡　赣州　吉安　景德镇　济南　青岛
潍坊　枣庄　日照　滕州　郑州　洛阳　平顶山　三门峡　商丘　信阳　济源　汝州　武汉　十堰　荆州　宜昌　荆门　咸宁
长沙　广州　深圳　惠州　东莞　汕尾　南宁　柳州　桂林　来宾　河池　防城港　海口　三亚　成都　贵阳　黔南　毕节　昆明
西安　咸阳　延安　宝鸡　安康　铜川　汉中　榆林　兰州　庆阳　银川　乌鲁木齐　兵团一师　兵团十师

**调查年鉴系列**

天津　山西　内蒙古　辽宁　吉林　上海　福建　江西　河南　湖北　湖南　广西　重庆　四川　云南　甘肃　宁夏　新疆

**统计方法应用/实用手册**

实用 SAS 统计分析教程　马克威统计分析与数据挖掘应用案例　统计公文知识问答
乡镇统计人员岗位知识培训系列教材：辅助调查员岗位基础知识　乡镇统计人员岗位基础知识
县级统计人员岗位知识培训系列教材：Excel 在统计工作中的应用　简明统计分析
地市级统计人员岗位知识培训系列教材：统计报告与演示　Excel 在统计工作中的应用

**统计通俗读物/统计科普图书**

国家统计局核心统计指标变迁　货架上的统计　账本里的统计

**重点图书**

砥砺奋进的五年——从十八大到十九大　新编英汉汉英统计大词典　中华医学统计百科全书
新常态下的中国服务业：理论与实践　新动能新产业发展报告-2017
挑大学选专业 2018—考研择校指南　挑大学选专业 2018—高考志愿填报指南